한국생활문화연구 총서 I

# 생활문화의 발전적 계승을 위한 한국생활문화연구

한국생활문화연구 총서 I

# 생활문화의 발전적 계승을 위한 한국생활문화연구

주영애 · 김선주 · 김효주
박영숙 · 홍영윤 · 문지예
박영자 · 박인선 · 원미연 지음

한국학술정보

# 머리말

우리는 급격한 환경의 변화 속에 존재하고 있다. 수 천년의 역사와 문명의 발전을 거쳐 왔지만, 오늘날 수년간 경험한 환경 변화는 그 많은 시간을 능가하며 빠른 속도로 전개되고 있다. 이는 자연환경뿐만 아니라, 정치 경제 사회 문화 환경 모두가 그러하다. 생활 속에서 급변하는 트렌드를 쫓아가는 우리의 삶이 고달프기까지 한 상황이다. 사회적으로는 4차 산업 혁명이 모든 생활환경을 바꾸고 있고, 자고나면 새로운 것이 우리를 위협하기도 한다. 이러한 변화에 얼마나 빨리 적응하는가가 생존의 과제가 되고 있으므로, 새로운 것을 창조해 내지 않으면 도태된다는 강박까지 느끼게 하고 있다.

그러나 빠르게 변모하는 환경 속에서도 간과해서는 안 되는 것은 유지 발전되어야 할 우리의 생활과 삶에 대해 주목해야 한다는 점이다. 생활은 인간생존을 위한 필수 활동으로, 우리를 존속하게 한 근원이며, 새로운 삶의 창조이면에 오랫동안 유지된 문화가 있기 때문이다. 즉 우리는 수 천년의 역사 속에서 한국의 생활문화를 발전시켜왔고, 앞으로도 우리 사회의 지속가능한 공존을 위한 혜안을 줄 수 있는 근간을 그 '생활문화'에서 찾을 수 있기 때문이다.

본 총서에서는 한국생활문화연구의 학문적 이론적 맥락과 체계이론에 근거한 연구의 성과물들을 모아 추후 한국생활문화연구를 위한 방향성 모색의 기초를 마련하고자 하였다. 생활문화의 연구범위는 가족생활문화와 의식주생활문화를 비롯하여 여가생활문화, 의례생활문화 등으로 나누어 볼 수 있다. 이들 각 생활문화연구 분야에서 발표된 학위논문과 연구논문을 중심으로 '생활문화의 발전적 계승을 위한 한국생활문화연구'라는 주제로 9명의 연구자들이 뜻을 모아 재 집필하였다. 이는 한국생활문화연구에 대한 첫 번째 총서이며, 앞으로 이와 같은 한국생활문화연구총서는 지속적으로 집필될 예정이다.

본 총서는 '한국생활문화연구를 위한 시론', '예로부터 배우는 생활예절', '인성교육을 위한 재고', '가정의례의 변천과 계승', '조선시대 여성리더십의 재조명', '세시풍속의 변천과 계승', '생활문화콘텐츠의 개발과 응용' 등 7개의 chapter로 구성하였다. '법고창신'의 정신으로 우리의 역사적 문화적 가치의식을 재발견하고, 이를 계승하기 위한 주제로 연구된 총18편의 연구를 수록하였다. 이번 총서 발간을 위해 수고한 집필진과 마지막 원고정리와 발간 과정에 끝까지 힘써 준 홍영윤 교수와 박인선 박사께 깊은 감사를 드리며, 앞으로 본 총서가 생활문화연구에 관심을 갖고 있는 후학들에게 활용될 수 있기를 기대한다.

2018. 8.

대표저자 梅江 朱 英 愛

## ❑ Contents

## Chapter 04 가정의례의 변천과 계승



## Chapter 05 조선시대 여성 리더십의 재조명

## Chapter 06 세시풍속의 변천과 계승



## Chapter 07 생활문화콘텐츠의 개발과 응용

01

CHAPTER

# 한국생활문화연구를 위한 시론

# 한국생활문화연구에 대한 이해

주영애

## Ⅰ. 서론

인간의 삶은 지구상에 존재하기 시작한 이래, 수많은 변화를 거치며 오늘에 이르고 있다. 원시 석기시대를 이어 청동기·철기시대를 거쳐, 산업혁명을 통한 기술문명의 발달은 인간의 삶을 자연과의 도전과 응전 속에서 강하게 그리고 지혜롭게 만들었다. 오늘날 문명의 발달은 속도를 가늠하기 어려울 정도로 빠르게 변모하고 있다. 그리고 인간의 삶이란 무엇인가에 대한 철학적 질문에 대한 답을 구하고, 그들 간에 이루어지는 복잡한 관계와 현상들에 주목하면서, 보다 나은 삶, 질적으로 향상된 삶을 위해 끊임없이 변화를 거듭해 왔다. 이러한 인류의 진화 과정 속에 존재한 '인간'은 그를 보듬는 내가 아닌 가장 가까운 타인을 내 삶의 범주로 받아들여, 일련의 규칙과 제도를 만들었고, 삶의 질서를 이루어 왔다. 그 질서의 가운데에 있는 가장 원초적인 모습으로 '나'와 '가족'의 삶이 담긴 '가정'이 있는 것이며, 지금까지 존재한다. 그러나 미래사회에는 인류 역사 속에서 삶의 질서로 지켜왔던 '가족'과 '가정'의 범주가 더 이상 존재하지 않게 된다고 예견을 하고 있다.

인류를 지켜온 원동력이었던 가족과 가정이 존재하지 않는다면, 우리의 미래는 어떻게 될 것인가? 우리 사회가 겪기 시작하는 1인 가구의 증가나 저출산·고령화, 인구감소 등의 생활현상은 우리의 끝을 심각하게 고민하라는 메시지를 보내고 있는 전조가 아닐까? 인구의 감소는 우리의 삶을 변화시키고, 급기야 미래에는 국가의 소멸로 몰고 갈 것이라는 부정적 견해도 많다.

그래서도 우리는 인류를 지켜온 원동력으로서의 가족의 삶과 그를 통해 만들어지는 일상의 '생활문화'에 주목해야 한다. 이는 지속가능한 삶의 모체가 되어야 하므로, 이를 연구하여 그 가운데에 존재하는 삶의 행복과 인류 존속의 가치를 깨달아 가야 한다. 이와 같은 노력은 우리 사회가 겪고 있는 비혼과 1인 가구 증가, 저출산·고령화, 인구감소로 이어지는 현상을 보다 객관적으로 파악하고, 지속가능한 삶을 위한 방향 모색의 기틀로 삼을 수 있기 때문이다.

인간은 생존을 위해 필수적인 생활 활동을 한다. 생활이란 생존을 포함한 행위의 총화(김양희 외, 2009)를 말한다. 인류 존속을 생각해 볼 때, 생활을 위한 행위는 반드시 수반되어야 한다. 우리 민족은 오랫동안 한민족의 문화권에서 생활하면서 공통된 생활방식으로 관습적으로 행해지는 생활규범을 형성해 왔다. 생활은 생명유지를 위한 지속적인 기능을 하며, 자율적인 의지로서의 사유와 윤리적 과제를 실현한다. 생활은 문화적 특수성을 바탕으로 장기간 반복되면서 생활의 방식을 만들어 내고, 시대의 흐름과 변천에 따라 함께 변화해 간다. 이러한 생활은 역사성과 학습성, 공유성과 상징성, 적응성 등을 내포한 문화적 속성을 함축하면서 민족과 지역, 사회, 가족에 따라 독특한 생활문화를 형성하도록 한다. 따라서 생활문화는 주로 가족생활을 통해서 형성되므로, '가정생활문화'로도 표현할 수 있다. 인간은 1인 가구든 다인수 가구든 누구나 삶을 영위해 나아가기 위해 필요한 '생활'을 하게 되고, 그것이 하나의 생활방식 또는 생활양식이라는 가시적인 현상으로 나타나는데, 이는 인간-시간-공간이 이루고 있는 생활문화를 창조한다(주영애, 2018). 생활문화는 인간이 향유하는 여러 요소들의 변화까지 포괄하는 문화적 상징행위(김양희, 2009)이며, 보편성과 독창성이 함께 공존하는 생활양식으로 표현된다.

한국생활문화연구에 있어서 2004년에 제정된 '건강가정기본법'은 가정과 생활문화 연구를 위한 법제로서도 큰 의의가 있다. '건강가정기본법'은 가정생활의 영위와 가족의 유지 및 발전을 위한 국민의 권리・의무와 국가 및 지방자치단체 등의 책임을 명백히 하고, 가정문제의 적절한 해결방안을 강구하며 가족구성원의 복지증진에 이바지할 수 있는 지원정책을 강화함으로써 건강가정 구현에 기여하는 것을 목적으로 제정되었고, 제28조에 가정생활문화발전을 위한 내용을 명기하고 있다. 국가와 지방자치단체는 건강가정의 생활문화를 고취하고 지원정책을 수립해야 한다고 보고 있다. 그 내용으로는 가족여가문화, 양성평등한 가족문화, 가족단위 자원봉사 활동, 건강한 의식주 생활문화, 합리적인 소비문화, 지역사회 공동체문화, 그 밖에 건강가정의 생활문화와 관련된 사항으로 되어 있다. 이러한 법제하에 생활문화연구의 필요성이 높다.

생활문화연구에서는 생활문화를 형성하는 주체가 되는 개인과 가족이 겪게 되는 삶의 문제를 해결하고, 그들의 다양한 욕구 충족을 위해 실현가능한 자원의 재분배를 통하여 궁극적으로 삶의 행복을 추구해 나아가는 데에 기여할 수 있어야 한다. 또한 생활문화연구는 제반 환경의 변화에 따라서 생성되고 변용, 소멸, 창조, 계승되는 생활문화의 제 현상들을 연구하여, 개인과 가족의 삶을 위한 방향성을 제시할 수 있어야 한다. 따라서 본 연구에서는 한국생활문화연구에 대한 전반적인 이해를 돕고, 생활문화연구가 앞으로 어떻게 전개되어 나가야 할 것인지, 그 방향과 과제를 논의해 보고자 한다. 이는 우리 사회의 지속가능한 공존을 위해 연구자들이 탐구해야 할 바이기 때문이다.

## II. 본론

### 1. 한국생활문화연구의 이론적 맥락

#### 1) 가정학에 기초한 한국생활문화연구

한국생활문화연구(korean living culture research)의 기본은 학문적 영역으로는 가정학(Home Economics)에 근원을 두고 있으며, 응용적이고 실천과학적인 가정학의 특성을 반영한다. 학문적 성립의 기본 전제가 되는 것은 연구대상과 연구방법이다. 한국생활문화연구의 연구대상은 일상생활의 현상으로, 개인과 가족이 영위하고 있는 가정생활이며, 연구방법은 사회조사방법의 양적연구방법으로 생활현상을 파악하는 관점을 비롯하여 참여관찰이나 면접방식을 적용한 일상에 대한 해석과 분석을 위한 문화기술적 연구(ethnographic study) 관점, 문화원형을 찾기 위해 문헌고찰과 내용분석방법(content analysis) 등을 적용한 생활사적(life history) 관점, 실험방법(experimental research)과 비교방법(comparative methods) 등을 활용한 융합된 문화연구 관점 등 매우 다양하다.

가정을 둘러싼 제반 환경체계는 시간과 공간에 따라 달라진다. 여기서 공간이라 함은 그 가정이 위치한 지리적인 면과 민족국가라는 제한을 의미한다. 따라서 한국생활문화는 한반도에 위치한 한국이라는 제한된 범위를 전제한다. 환경체계의 변화는 동일한 한국의 지리적 범주와 국가를 기본으로 하고, 시간의 변화 속에서 다른 양상으로 펼쳐지는 즉 통시적(通時的) 현상을 파악함과 동시에 공시적(共時的) 영향력을 함께 살펴볼 수 있도록 한다. 따라서 한국생활문화는 근대화 이전의 전통사회와 근대화 이후, 현재까지의 범주로 대별하여 논의할 수 있다. 생활문화는 일상생활 자체만을 기술하는 차원에서는 분석될 수 없는 것이므로 주변 환경과 상호연관성을 갖는 그 시대의 광역, 근접 환경의 영향을 선행 연구함으로써 생활문화에 대하여 다양한 관점으로 접근하여 연구를 전개할 수 있다(주영애, 2018).

가정학에 기초한 한국생활문화연구의 흐름을 살펴보면, 가정학 역사에서 찾아볼 수 있다. 우리나라 가정학의 역사는 개화기 이전에는 가정에서 부모와 조부모로부터 이어지는 비제도적, 비형식적인 여성을 위한 가내 교육으로 이루어져왔다(이영미, 1989). 따라서 한국생활문화연구는 우리나라 근대화 이전에 가정 내에서 이루어졌던 가내 교육이자, 규범교육으로서의 가정교육에 우선적으로 주목한다. 이는 한국생활문화연구가 가정학을 기저로 출발했지만, 연구의 시공간적 범위와 맥락을 이해하기 위한 기틀이 필요하며, 별도의 연구분야로서 우리 생활문화의 원형을 찾는 연구로서 발전시켜 나아갈 필요성이 있기 때문이다.

가정학 연구는 대부분 '가정'교육의 제도화 이후에 주목하고 있다. 윤서석 교수의 '한국가정학의 역사(1981)'에서는 가정학의 변화과정을 다음과 같이 설명하고 있다. "가정 내의 규범과 훈육으로 이루어지던 가정교육이 학교현장으로 옮겨진 것은 19세기 말이며, 그 발단은 이화학당의 창설이었다. 교육내용은 수예, 재봉으로 시작하였다. 이어 여러 학교가 설립되고 교육내용이 가사, 재봉, 수예, 기타 실과과목으로 확대하였고, 30년대에 여자전문학교에 '가사과'가 분리・설치되었다." 우리나라가 광복 후 1947년에 가사과(家事科)로 불리었던 것을 가정과(家政科)로 개칭하고, 대한가정학회가 설립되었다. 1950년대는 '생활의 과학화'를 기치로 이론과 적용 연구가 강조되었고, 한국가정생활의 민주화방안을 적극 제창한 시대였다. 1960년대에는 과학지식의 확산과 더불어 의식주・가정관리・육아에 관한 자연과학적인 측면의 연구가 활발하게 진행되었다. 1970년대는 가정학회에서 '급변하는 사회와 가정'에 관심을 두면서 가정학의 철학과 방향을 탐색하였고, 1980년대에는 '인간 생태학과 가정학'이라는 주제를 통하여 가정학 연구의 생태학적 접근이 소개되었다. 이후 가정학은 사회변화에 따라 다양한 연구주제와 연구방법을 적용하면서 발전해오고 있다.

(사)대한가정학회(http://www.khea.or.kr)의 <가정학연구의 동향과 전망>을 중심으로 가정학의 범주를 살펴보면, 의생활분야, 식생활분야, 주생활분야, 아동가족분야, 소비자 가정관리분야, 가정교육분야 등 6개 분야로 구분되어 있다. 가정관리학에서는 Deacon, R.E. &

F.M. Firebaugh(1988)에 의하여 system approach가 제시된 이래 폭넓게 적용되고 있다. 생활문화를 설명할 수 있는 이론적 틀로서 생태체계이론의 타당성을 찾아볼 수 있다. 국내에서는 임정빈 외(1994)의 『가정관리학』, 문숙재 외(2001)의 『현대사회와 가정』, 이길표·주영애(1997)의 『가정경영과 자원관리』, 홍성희 외(2008)의 『건강가정을 위한 가정자원관리』, 김외숙·이기영(2013)의 『가족자원관리학』 등에서 가정과 가족자원연구의 기본이론으로 적용·제시되어 있다. 또한 (사)대한가정학회에서 가정학의 기초과목이나 교양과목의 교재로 활용될 수 있도록 개발된 『인간과 생활환경』 내용을 보면, 이러한 연구관점을 잘 파악할 수 있다. 제1장 인간과 생활환경에 관한 가정학적 접근, 제2장 부모역할도 자격증이 필요한가? 제3장 아기도 무엇이든 할 수 있어요. 제4장 건강한 결혼·건강한 가족, 제5장 의복의 자연환경, 의복의 사회적 환경 제6장 치수 맞는 옷 고르기, 제7장 나는 유능한 건강인, 제8장 체중관리는 어떻게 하나? 제9장 급식도 경영시대-고객을 잡는 법, 제10장 우리가 사는 집, 우리가 살 집 등이다. 『생활환경과 미래로 가는 가정(주영애 외, 2000)』에서도 의식주 생활, 가족생활, 가족의 시간 창조, 가정과 일, Life cycle과 재테크, 예와 그 실천, Home Computing, 미래로 가는 가정 등으로 기술되어 있다. 이렇듯 인간의 삶이란 환경과의 상호작용을 하는 유기체로서의 특징을 지니고 있어서 환경 속에서 변화하고 적응하며 과거로부터 현재까지 유지되고 있으므로 관련 서적에서는 환경변화에 적응하는 생활양식을 제시해 왔다.

따라서 유기체로서의 특성을 지닌 인간의 행동과 삶을 이해하기 위해서는 개인과 가정의 체계적인 요소와 특징들이 각기 상호보완

한다는 점과 그가 속한 환경의 영향력도 함께 고려해야 한다는 것을 강조하는 연구의 접근방법이 필요하다. 한국생활문화연구에서도 이러한 관점으로 접근한다. 현재 학문적 범주로서의 한국생활문화연구는 학회를 중심으로 그 영역을 살펴볼 때 가정학에 있어서 영역별로는 '가족자원경영학'과 '가정관리학'의 범주에서 주로 연구되고 있다. (사)가족자원경영학회(http://www.kfrma.kr)의 세부 연구영역으로는 8개가 범주화 되어있는데, 이 중 '가정생활문화' 분야가 이에 해당된다. (사)한국가정관리학회(http://www.khma.kr)에서는 가족학, 아동/청소년학, 소비자학, 가정자원경영, 주거학, 정책일반으로 분류된 내용 중에 가정자원경영분야의 세부영역으로 가정철학과 윤리, 가정생활문화에 해당되며, 그 외의 분야에 있어서도 포함될 수 있는 확대된 영역이 존재한다. 한편 융합적 연구로서의 가능성을 열고 있는 (사)한국콘텐츠학회 (http://www.koreacontents.or.kr)에서는 14개의 세부범주로 구분되어 있는데, 이 중 콘텐츠응용 파트의 생활문화콘텐츠와 교육콘텐츠 영역으로, (사)인문사회과학기술융합학회(http://www.hsst.or.kr)에서는 융합연구로서 적용된다. (사)아시아유럽미래학회(http://www.eurasia2001.org)에서는 경제・경영 분야, 정치・외교 분야, 사회・문화・기타 분야로 구분되고 있는데, 이 중 사회・문화・기타 분야에서 '문화학' 영역으로 적용되고 있다. 한편 고문헌의 내용분석을 중심으로 한 한국동양철학회(http://www.sapk.or.kr)와 충남대학교 유학연구소(http://www.cricnu.org)에서는 한국생활문화연구가 '한국학' 영역으로 분류되며, 한국연구재단(http://www.nrf.re.kr)의 학문적 분류로서는 '사회과학', '복합학' 분야로 범주화되고 있다.

### 2) 한국생활문화연구와 체계이론

한국생활문화연구는 '체계이론'을 중심으로 이루어진다. 체계이론은 1947년 오스트리아의 이론 생물학자 베르탈란피(L. von Bertalanffy)가 발표한 이래 여러 학문분야에서 논의되고 적용되어 왔다. 체계란 '특정 목적을 성취하기 위한 계획에 따라서 관련된 상호의존적이고 상호작용적인 구성요소들의 조직적인 통합체'라고 보는 것이다. 이러한 체계이론적인 관점은 행정학, 정치학, 교육학, 사회복지학, 가정학 등 제반 학문분야에서 적용되고 있다.

체계의 특징은 첫째, 독특한 기능을 갖는 부분들은 전체에 대한 관계에서만 그 의미를 갖는다. 둘째, 부분들은 상호보완적인 관계를 갖고 있다. 셋째, 부분들은 체계가 지향하는 목표를 위해서 질서정연하게 결합한다. 넷째, 부분들이 발휘하는 기능의 총 결합 관계에 의해 독특한 특성을 지니는 구조적 틀을 형성하게 된다.

체계이론에 근거하여 환경과 생활문화의 관계를 살펴보면, 즉 인간의 삶은 가정환경(household environment)을 둘러싼 근접 환경(near environment)과 광역 환경(larger environment) 간의 작용(act), 반작용(react), 상호작용(coact)의 결과로 나타난다. 이들의 관련성을 환경체계별로 나누어 보면 다음과 같이 설명할 수 있다.

광역 환경(larger environment)이란 가정을 둘러싸고 있는 제반 환경 중에서 가장 확대된 환경체계로 자연환경을 비롯하여 정치, 경제, 기술, 사회문화 환경 등이 이에 해당된다. 자연환경은 기후조건과 지리적 특성, 동식물의 생태 등이 포함되고, 정치 · 경제적 환경은 국가의 통치체제와 법률을 비롯하여 규제, 보호, 재화와 서비스의 생산, 분배, 소비의 경제수준 등이 포함된다. 기술 환경에는 인간의 삶에 영향을 미치는 제반 기반시설을 제공할 수 있는 기술수준을 비롯하여 가정생활에서 활용하는 다양한 상품과 서비스를 생산・제공하는 신지식과 과학기술을 포함한다. 사회문화적 환경은 역사와 전통으로 유지되며 그 사회에서 통용되는 보편적인 가치관과 관념, 규범적 통제 등을 포함한다(주영애, 2018). 광역 환경이 생활문화에 영향을 미치는 것에 대해서 쉽게 인식되지 않을 수 있다. 그러나 광역 환경은 가족원이 생활하는 모든 상황에 부지불식간에 영향을 미치고 있으며, 이를 통해서 생활문화는 창조된다. 광역 환경인 자연환경이 우리에게 미치는 영향을 예를 들어 본다면, 일상에서의 추위와 더위는 우리로 하여금 기후변화에 적응하도록 요구하며, 환경오염으로 인한 먼지나 미세먼지 등에 끊임없이 대처하면서 삶을 영위하도록 하고 있다.

한편 근접 환경(near environment)은 가족들이 생활하는 지역사회 환경을 말한다. 즉 지역의 자연적 특성과 더불어 직장, 의료시설, 공공기관, 교육기관, 종교시설, 도서관이나 문화원・전시장 등 문화시설, 체육관・공원 등의 여가시설, 금융시설, 백화점, 대형마트, 전통시장 등 각종 지역사회 환경과 시설 등을 포함한다. 근접 환경은 가족과 가장 가까운 환경으로 직접적으로 가정체계에 영향을 미치며, 가족생활에도 직접적으로 영향을 미치면서 각 개인과 가족의 생활문화를 형성하게 만든다. 지역사회의 거주자들이나 가족, 나아가 가족원 개개인도 같은 지역과 같은 장소에 거주하더라도 서로 다른 근접 환경과의 상호작용을 통해서 삶을 영위하게 된다. 오늘날과 같이 SNS의 발달로 사이버상의 네트워크가 전 세계적으로 확산되고 있고, 시간과 공간의 제약에서 벗어난 역동적인 삶이 이루어지는 환경에서는 근접 환경은 가족과 개인의 삶에 있어서도 매우 다른 영향력으로 펼쳐질 수 있다.

가정환경(household environment)은 가족(家族)하위체계, 가사(家事)하위체계, 가도(家道)하위체계로 구성된다. 가족생활이 이루어지는 가족하위체계에는 나와 가족, 생활주기 등의 요소가 관여되며, 가족 간의 상호작용과 생활주기 내에 있는 세대 간의 작용으로 형성된다. 개인의 연령, 교육수준, 성별, 건강상태, 가족이 공유하고 있는 주거를 비롯한 가족용품, 개인용품 등이 포함된다. 가사하위체계에는 의식주를 비롯하여 금전과 시간 등이 포함되며, 가도하위체계는 가정철학, 가족가치관, 가도 등의 요소들로 구성된다.

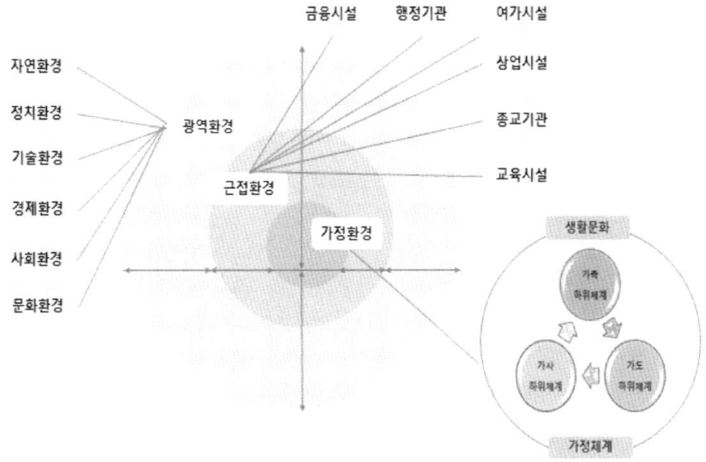


<도 1> 체계이론에서 본 제 환경과 가정체계 및 생활문화

가정은 하나의 체계로서 의미를 갖는다. 가족구성원과 가족생활로 이루어지는 가정은 제반 환경체계 즉 자연환경을 비롯하여 사회·정치 환경체계의 끊임없는 영향을 받으며, 변화, 적응, 소멸, 창조, 계승의 생활문화를 만들어 낸다. 이러한 생활문화는 유형, 무형의 다양한 내용으로 구성된다. 기존 가족자원관리에서는 가정은 인적 하위체계와 관리적 하위체계로 구분하고 있다. 이 이론을 근거로 가정에서 구성되는 한국생활문화는 가족, 가사, 가도의 각 하위체계의 상호작용을 통하여 형성하는 것으로 제시하였다. 각 하위체계를 구성하는 세부요소는 가족생활을 중심으로 하는 요소인 가족구성원과 생활주기 등 가족하위체계와 생활요소인 의식주, 금전, 시간 등을 중심으로 한 가사하위체계, 가정철학, 가족가치관, 자녀교육관, 의례행위 등의 가도(家道)요소 등을 담고 있는 가도하위체계로 구성해 볼 수 있다. 이 가사하위체계(house-keeping subsystem)와 가도하위

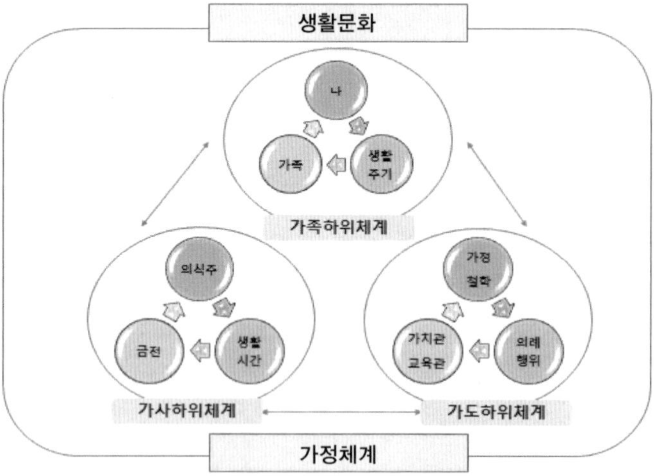


<도 2> 가정체계와 하위체계 및 요소 간의 상호작용으로 구성되는 생활문화

체계(norm subsystem)는 각 요소들 간의 상호보완을 통하여, 가족하위체계(family subsystem)에 작용하여 유형무형의 형태인 생활문화(living culture)로 탄생하게 된다(주영애, 2018). 또한 이는 가정환경체계를 둘러싼 근접 환경체계와 광역 환경체계의 영향을 통하여 변용되고, 재창조된다.

체계의 특성과 작용원리를 각 가정의 생활문화에 적용해 보면, 각 가정과 세대의 독특한 생활문화가 형성되는 과정과 현상도 설명 가능하다. 개인과 가족을 둘러싼 가정체계를 구성하는 가사하위체계와 가도하위체계는 사회, 문화, 자연환경 등 광의의 환경체계가 보완되면서 결합되어 독특한 특성을 지니는 '생활문화'라는 구조적 틀을 형성한다. 따라서 생활문화는 가정체계 안에서 가족하위체계, 가사하위체계, 가도하위체계의 각 요소들이 제각각 기능을 하며, 가족의 공동목표를 달성하기 위해서 상호 결합되어 작용하면서 독특한 형태로 형성된다.

체계이론을 적용한 최근 박사학위 논문(박인선, 2017)에 따르면 가정 환경체계, 학교 환경체계, 사회 환경체계, 인성중요도가 대학생의 인성실천도에 유의적인 영향을 미쳤고, 가정 환경체계에서는 부모의 양육태도 중 애정이 유의적인 영향을 미치는 것으로 분석되었다. 자녀와 부모의 작은 결혼식 선호도에 미치는 영향 연구(주영애·홍영윤, 2015)에서는 가정체계의 가족 및 가도 체계의 영향을 중심으로 전개된 연구 결과, 작은 결혼식 선호에 영향을 미치는 변인은 개인의 소비문화를 비롯하여 결혼식 인식, 개인의 인구학적 변인 등을 밝혔다. 그리고 추가적인 관련변수 연구의 필요성을 제시하였다. 이러한 체계이론에 근거하여 환경체계의 영향력을 검증한 연구

결과는 개인과 가족생활, 선택, 가치관 등에 영향을 미치게 됨을 밝혀, 생활문화 현상을 분석하고, 생활교육을 비롯하여 관련 제도의 변화 등을 위한 자료를 제공한다.

## 2. 한국생활문화연구의 영역과 의의

### 1) 한국생활문화연구의 영역과 연구관점

생활문화란 일상생활에서 개인과 가족들의 구체적인 삶의 모습과 특성 그리고 그들이 공유하는 상징과 의미의 체계(박명희 외, 2003)이다. 또한 일상생활을 영위하는데 있어서 각 집단에 따라 형성되는 의식과 양식의 총체이며 일상적인 삶이 행해지는 소재, 즉 공간과 시간, 의복과 주거, 음식, 출산 등으로 구성되는 총체(계선자 외, 2009)라고 할 수 있다. 이러한 생활문화의 개념에서 보면, 그 핵심이 가정생활이며, 생활문화연구는 가정생활문화의 탐구라 할 수 있다. 생활문화는 역사성을 갖고 있고, 학습되고 계승된다. 또한 사회와 집단에서 추구하는 보편성과 합리성을 갖는다. 즉 사회문화의 특성을 반영한 다양성을 갖게 된다. 또한 생활문화는 상호 유기적으로 통합되어 있으며, 상징성을 갖는다(주영애, 2018).

한국생활문화연구의 영역은 가정의 일상에서 이루어지는 다양한 행위로 나타나는 가족생활문화를 비롯하여 의생활문화, 식생활문화, 주거생활문화, 소비생활문화, 여가생활문화, 의례생활문화 등으로 나누어 볼 수 있다.

<표 1> 한국생활문화연구의 영역

| 구분 | 내용 |
| --- | --- |
| 가족 생활 문화 | 혈연관계로 맺어지거나 그 외의 다양한 형태로 구성된 가족원이 가정에서 일상생활을 공유, 분배하며, 가족생활주기와 가족의 특성, 가족의 철학, 가치관, 교육관 등에 따라 특징적인 생활양식을 갖고, 가족건강, 가족윤리와 규범, 가족교류, 교육 등을 중심으로 가족만의 독특한 생활문화를 형성해 나가는 것을 말한다. |
| 의생활 문화 | 가족구성원이 건강을 지킴과 동시에 개인의 개성과 아름다움을 추구하며, 사회에서 통용되는 옷차림을 할 수 있도록 의사결정 과정을 통해서 생산, 구매, 소비하면서 그에 따른 옷차림 매너를 지키고, 나아가 TPO에 맞추어 전통적인 옷차림과 그 예법을 계승하는 등의 의생활문화를 말한다. |
| 식생활 문화 | 가족구성원의 생명유지와 기호에 따른 식생활 욕구를 충족하기 위해 식품과 음식을 생산, 구매, 소비하며, 고유의 음식문화를 계승함과 동시에 라이프 스타일에 맞는 가족의 식생활문화를 형성해 가는 것을 말한다. |
| 주거 생활 문화 | 가족구성원이 보호와 휴식을 취하며, 안전한 삶을 살 수 있도록 하며, 주거에서 소속감, 사회적 욕구, 자존감, 심미적 욕구 등 주생활욕구를 충족하고, 가족의 라이프 스타일과 주거규범에 맞는 주거선택, 주거이동, 주거관리 및 주택금융이용 등을 통해서 가족의 주거생활문화를 형성해 가는 것을 말한다. |
| 소비 생활 문화 | 가족구성원이 삶을 영위하기 위해서 필요한 모든 재화와 서비스를 라이프스타일에 맞추어 현명한 의사결정과정을 통해서 탐색하고 비교, 선택, 구매의 과정을 거치면서 소유한 물적·인적 자원을 일정한 소비패턴으로 사용하며, 소비에 필요한 물적 자원을 축적하고 관리하기 위한 일련의 금융활동까지 포함하는 것을 의미한다. |
| 여가 생활 문화 | 일-가정의 균형적인 양립을 지향하며, 가족구성원이 갖게 되는 여가생활시간의 보다 효율적 사용을 위해 라이프 스타일에 맞는 여가정보 활용, 여가관리, 여가상품구매 등의 활동을 함으로써 삶의 질 향상과 가족행복을 지향하는 일련의 생활을 말한다. |
| 의례 생활 문화 | 가족생활을 형성하고 삶을 영위해 가는 인생의 기간 동안 거쳐야 하는 중요한 생애사건(life event)인 가족구성원의 출생, 생일, 성년, 결혼, 수연, 상례, 제례의 각 의례를 문화적 배경하에 사회적으로 통용되면서도 각 가정에서 계승되고 있는 형식과 절차에 맞추어 진행하여 의례규범을 지켜가는 생활문화를 말한다. |

*출처: 주영애(2018). 한국 가정의 생활문화, 서울: 도서출판 신정

한국생활문화연구의 연구관점은 <표 2>에 구분하여 제시하였다. 이는 기반연구관점과 응용 및 융합연구 관점으로 나누어 볼 수 있

다. 기반연구관점으로는 한국전통생활문화연구와 한국생활문화에 대한 의식 및 실태조사 연구를 들 수 있다. 이들 연구는 고문헌고찰, 유물과 유구의 사례조사, 내용분석, 사회조사방법을 통한 양적·질적 연구로 이루어진다. 응용 및 융합연구 관점은 한국생활문화교육프로그램 및 교수매체 개발 연구와 한국생활문화산업 활성화 방안 연구로 구분할 수 있다. 이들 연구는 생활문화연구의 기본 관점을 갖고 있으며, 추가로 교육학, 심리학, 경영학, 문화산업학과의 융·복합된 특성을 담고 있고, 다양한 연구방법으로 이루어진다.

<표 2> 한국생활문화연구의 연구관점

| 구분 | | 내용 |
|---|---|---|
| 기반연구 관점 | 한국전통생활문화연구 | 가족생활, 의식주 생활, 여가 및 소비생활, 의례생활 등을 포함하는 전통생활문화에 대한 재조명을 시도하고 생활문화를 계승하는 데에 초점을 둔다. 고문헌 고찰을 비롯하여 기록물, 유물 유구 등을 중심으로 사례조사를 하고, 내용을 분석한다. |
| | 한국생활문화에 대한 의식 및 실태 조사연구 | 현재 이루어지고 있는 가족생활, 의식주 생활, 여가 및 소비생활, 의례생활과 관련된 의식과 실태, 선호도와 요구도 등에 대하여 사회조사방법을 통하여 양적·질적 연구로 이루어지며, 문제의 해결을 위한 방안을 모색한다. |
| 응용 및 융합연구 관점 | 한국생활문화교육 프로그램 및 교수매체 개발연구 | 유아, 청소년, 대학생, 주부, 외국인, 가족 대상 생활문화교육을 위하여 각 프로그램과 교수매체를 개발한다. 고문헌과 자료의 내용분석을 통해 개발하고, 실험연구방법으로 프로그램의 사전·사후 효과성 검증을 통해서 타당성을 제시하여 프로그램의 확산에 기여한다. |
| | 한국생활문화산업 활성화 방안 연구 | 예의문화, 차·생활문화, 의례생활문화, 세시풍속 및 축제문화, 연회 및 파티문화 등의 연구로 한국적인 요소가 담긴 생활문화산업의 활성화를 위해 사회조사방법을 통한 양적·질적 연구를 비롯하여, 문헌고찰과 내용분석, 문화콘텐츠개발 등 융·복합적 연구로 이루어진다. |

### 2) 한국생활문화연구의 의의

한국생활문화연구의 의의는 『전통가정생활문화(이길표・주영애, 1999)』와 『한국 가정의 생활문화(주영애, 2018)』에 제시된 내용을 종합 정리하여 기술하면 다음과 같다.

첫째, 한국생활문화연구는 생활문화를 창조해 낸 당시의 자연, 정치, 경제, 기술, 사회문화 환경의 영향을 전제한 체계적 접근을 통해서 그 현상에 대한 폭 넓은 이해와 해석을 용이하게 한다. 같은 현상을 분석할 때에도 어떠한 관점으로 파악하는가에 따라서 전혀 다른 논의와 해석을 할 수도 있다. 그러므로 한국생활문화 분석에 있어서 한반도를 둘러싼 제반 환경의 영향력을 살핀다면 편향성을 벗어나 보다 객관적인 연구와 분석이 가능하다. 이러한 관점의 연구로는 '신사임당의 생애에 나타난 셀프 리더십과 어머니 리더십에 관한 연구(주영애, 2014)'와 조선시대 여성 문인과 실학자를 중심으로 '조선시대 여성 리더십에 관한 생활문화적 조명 연구(박영숙, 2017)'의 예를 들 수 있다. 전통사회 여성의 삶에 대하여 억압된 사회문화적 환경으로 그들의 역량을 발휘할 수 없다고 보는 시각에서 탈피하여 그들의 삶을 재조명하면서 그 문화적 환경에 적응하면서도 발휘한 여성 개인의 삶의 의미와 역량, 리더십 등을 재해석했던 것이다. 또한 '조선시대 양반가의 주생활문화와 예의생활에 관한 연구(주영애, 1995)'는 오늘날 예의생활에 근거가 되는 수신예절의 실천이 주생활환경과 밀접한 관련성을 갖고 있음을 전제로 하며, 조선시대의 주거환경에 따라 형성된 예의범절의 관련성을 제시하였고, 주생활환경의 변화에 따라 시대에 적합한 예의생활의 필요성을 제안하였다. 이러한 관점은 생활문화를 형성하는 환경체계의 영향에 대해 이해하고, 이를 토대로 기존 연구에 대한 재논의의 필요성을 제시한 연구들이다.

둘째, 한국생활문화연구는 새로운 생활문화 창조의 기틀을 전통에서부터 찾을 수 있는 기회를 제공한다. 통시적·공시적 관점에서 생활문화를 연구하는 이유이기도 하다. 통시적(diachronic) 관점이란 종적인 관점으로 시간의 흐름에 따른 변화를 중심으로 관찰하고 정리하는 관점이며, 공시적(synchronic) 관점은 횡적인 관점으로 시간대보다는 중심과 주변과의 관계 및 그 변화를 중심으로 관찰하고 정리하는 관점을 말한다. 많은 학자들은 공시적 관점의 연구에 집중하지만, 통시적·공시적 관점을 융합한 한국생활문화연구는 개인과 가족의 미래 삶을 준비하는 혜안을 찾을 수 있도록 돕는다. 과거를 무시한 현재가 있을 수 없듯이, 현재를 무시한 미래는 존재할 수 없기 때문이다. 역사를 통하여 한민족 집단의 문화전수과정 속에 반영된 생활문화는 슬기로운 삶의 역사적 산물의 축적이며, 각 시대와 지역에 따라 독특한 형식을 띠고 있다(이길표, 1987). 특히 전통사회의 생활문화는 자연친화적인 태도와 인간관계의 존중, 공동체 생활과 관련된 가치관과 생활태도(홍지명·김영옥, 2010)를 담고 있고, 조상의 삶의 양식을 통해 전수되어온 관습이나 통념, 가치 등을 찾을 수 있다. 구체적으로는 의식주를 비롯하여, 관혼상제 등의 의례 생활, 구비전승, 생활 방식과 풍속 등의 내용(정영금, 2010; 주영애 2012)을 담고 있으며, 이는 일상에서 유지되는 소중한 유형·무형의 문화유산으로 한국인으로서의 정체성을 갖게 하는 밑거름이 된다. 오늘날 회자되는 4차 산업과 첨단 과학기술의 발달, 고효율 에너지의 사용, 지속가능한 환경유지, 문화콘텐츠의 개발, 삶의 질 향상은 모두 새로운 생활문화를 만들어가는 현대의 이슈다. 새로운 것의 창조는 역사와 지혜가 축적된 결과이다. 우리의 문화와 문명은 반드시 지나간 삶을 토대로 세워지는 것이다. 우리의 역사와 생활문화를 바탕으로 한 영화와 드라마 등 문화콘텐츠 개발은 한국의 새로운 문화산업을 이끌어가고 있다. 문화콘텐츠 구성에 있어서 기본이 되는 생활상은 빼놓을 수 없다. 한국생활문화연구는 앞으로 문화콘텐츠의 개발과 창조에 활용되고 기여할 것이다.

셋째, 한국생활문화연구는 전통생활문화에 대한 재조명을 시도하고, 생활문화를 계승하는 데에 의의를 갖는다. 생활문화영역의 문화원형을 밝히는 고문헌과 시·서·화를 비롯한 일기, 사진 등의 기록물 등을 중심으로 한 내용분석, 현장답사 및 유물조사, 증언을 통한 문화기술적 연구, 인물과 가족, 가사, 가도에 대한 사례연구, 전통생활문화에 관한 의식 및 실천조사 등이 수행된다. 이는 전통생활문화에 대해 '시대에 뒤떨어진', '비합리적인', '버려야 할 인습' 정도로 왜곡된 편견으로 받아들이는 인식을 개선할 수 있도록 하며, 새로운 생활문화 창조를 위한 기반으로 응용된다. 생활문화전공과 학습자들은 전통과 현대가 올바르게 접목해야 할 과제를 해결하고(이길표·주영애, 1999), 고유의 전통문화를 보존·계승·발전시켜야 할 책무(이길표, 1998)를 가져야 한다. 전통생활문화와 관련된 연구를 보면, '조선시대 여성의 가정교육에 대한 현대적 재조명(이영미, 1989)'이나, '조선조 상류주택의 살림공간에 관한 생활문화적 고찰(주영애, 1992)', '석기시대 신앙 및 제의와 가정생활문화(안혜숙, 1993)', '율곡의 가정교육관(홍달아기, 1993)', '가례서를 통해 본 혼례관 연구(최배영, 2000)', '조선시대 여성 리더십에 관한 생활문화적 조명(박영숙, 2017)’, ‘결혼 중개에 대한 사적 고찰 및 사례연구(문지예, 2017)’, ‘생활문화관점에서 본 영조정순왕후가례도감의궤에 나타난 보자기 연구(김효주, 2018)’ 등 박사학위논문은 한국생활문화연구에서 의미 있게 보아야 할 연구들이다. 또한 석사학위논문으로 발표된 ‘조선후기 풍속화에 나타난 놀이의 생활문화적 고찰(원미연, 2018)’과 ‘전통문화를 적용한 태교콘텐츠 연구(김경미, 2017)’ 등도 전통생활문화에 대한 재조명과 계승을 위한 제안을 하고 있다.

넷째, 한국생활문화연구는 개인과 가족의 생활영역에 있어서 발생하는 문제해결과 삶의 질 향상을 위한 제안을 통하여, 생활문제의 개선과 제도화에 기여한다. 생활문화연구에서는 가족생활을 비롯한 의식주, 여가와 소비, 의례 등 생활문화영역에 대한 사회조사 방법을 통한 의식조사를 기반으로 하여, 그 의식에 영향을 미치는 제 요소들을 탐색하고, 통제 가능한 요인 중 물리적 · 제도적 요인의 해결방안을 강구한다. 사회 심리적 요인에 따라 밝혀진 문제와 과제는 치유와 교육, 상담 등에도 활용되며, 기업의 마케팅 자료로도 활용된다. 관련 연구로는 박사학위논문인 ‘명절스트레스에 관한 연구(김순종, 2014)’를 비롯하여 학술연구인 ‘소비자의 문화소비성향과 문화서비스속성이 문화서비스만족도에 미치는 영향(주영애 · 홍영윤, 2016)’ 연구와 ‘여대생의 여가소비유형에 따른 가족여가활동과 가족여가만족 및 여가이득과의 구조적 관계(주영애 · 홍영윤, 2017)’, ‘가족행사로서의 성년례 정착을 위한 방안 연구(주영애, 2010)’, ‘가정의례에 대한 여대생의 공감과 적용을 토대로 한 가정의례 교육방안(주영애, 2011)’, ‘세시풍속과 데이 시리즈 문화에 대한 세대별 인식비교(주영애, 2015)’, 석사학위논문인 ‘자녀세대의 효와 실버파티에 대한 인식 연구(박현명, 2016)' 등이 있다.

다섯째, 한국생활문화연구는 생활문화교육을 위한 다양한 교육프로그램과 교수매체의 개발에 기여하는 데에서 그 의의를 찾을 수 있다. 한국생활문화교육이란 전통사회에서는 각 가정에서 '가정교육'으로 조부모로부터 부모, 자녀에게 이어지는 비형식적 교육체계에서 이루어졌다. 그러나 근대화 이후 생활환경의 변화로 '가정교육'도 많은 부분이 사회화 되었고, 현재 한국가정에서는 핵가족 생활과 맞벌이가정이 보편화되면서 자녀에게 생활문화교육을 체계적으로 수행하기가 어렵게 되었다. 따라서 유치원에서부터 초・중・고등학교의 가정・가사교과를 통한 교육과 방과 후 교육, 사회교육 등으로 이루어지고 있지만, 교육과정의 변경으로 인하여 그 시간도 축소되고 있다. 따라서 생활문화연구와 실천적인 교육 프로그램 개발 등은 유용한 교육 자료로 활용될 수 있다. 생활문화연구는 한국인들에게는 역사와 전통이 살아있는 우리의 생활문화에 대한 자긍심을 함양하는 교육 자료로 활용되며, 재외국민, 다문화가족, 북한이탈 주민, 외국인들에게 한국사회에 대한 이해와 적응을 돕기 위한 교육기회를 제공하는 프로그램으로 활용되어 한국생활문화에 대한 이해의 폭을 넓히는 데에 기여한다. 관련 연구를 보면, 박사학위논문인 '유아전통문화교육 통합프로그램 개발 및 효과: 다례와 세시풍속을 중심으로(박영자, 2015)', '외국인 유학생 대상 한국세시풍속 문화체험 교육콘텐츠 연구(이리경, 2017)'를 비롯하여, 학술논문인 '청소년의 행복감 향상을 위한 요가와 차・명상 복합프로그램 개발을 위한 기초 연구(주영애 외, 2013)', '중년기 주부의 행복감 향상을 위한 심신통합프로그램 개발 연구(주영애 외, 2012)', '사소절의 식생활규범을 토대로 한 대학생 인성교육콘텐츠 연구(최배영, 2017)', '교육콘텐츠 개발을 위한 다산 정약용 가정생활관에 대한 고찰(주영애, 2018)' 등이 있다.

여섯째, 한국생활문화연구는 앞으로 그 연구범위가 확대되어 생활문화산업의 발전에 기여할 것이다. 생활문화연구는 제 산업 분야와 융・복합되어 새로운 문화산업을 발전시킬 수 있는 이론적 지지기반이다. 특히 오늘날에는 삶의 질 향상을 위한 여가생활문화에 대한 관심이 높아지고 있고, 이와 연계된 문화콘텐츠의 개발이나 기획에 생활문화연구가 활용될 수 있다. 예컨대, 매너와 예의문화, 차・생활문화나, 의례생활문화를 비롯하여 다양해진 라이프 스타일과 여가선호에 따라 세시풍속과 축제, 컨벤션과 파티문화 등 생활문화사업 개발과 연계된 분야는 연구와 발전의 가능성이 기대되는 영역이다. 이는 가정의 기능이 사회화되면서 가정 내에서 수행되던 많은 활동들이 산업화와 맞물려 변화되고 있는 상황에서 연구와 발전이 확대될 수 있을 것으로 보인다. 생활문화산업관련 연구는 생활문화기업의 마케팅과 상품개발 및 기획에 자료로 활용될 수 있다. 관련 연구로는 박사학위논문으로 '외국인의 한국생활문화 친숙도와 방문행동의도의 관계: 생활문화자원을 중심으로(홍영윤, 2017)' 연구와 석사학위논문으로 '지역문화자원을 활용한 축제의 활성화 방안(윤선희, 2017)', '직장인의 파티중심 회식문화의 발전방안 연구(인미희, 2017)', '전통적인 스타일의 웨딩에 대한 인식과 사례연구(양소희, 2016)', '제주도 차문화 산업 활성화 방안 연구(백주원, 2016)', '가족친화기업의 가족초청파티에 관한 연구(홍은옥, 2016)', 연구논문으로 '돌 의례에 대한 어머니들의 인식과 지식, 돌 의례상품 선택에 관한 연구(주영애, 2014)', '자녀와 부모의 소비문화와 결혼인식이 작은 결혼식 선호도에 미치는 영향(주영애 · 홍영윤, 2015)' 등이다. 한국생활문화연구는 이와 같은 문화발전과 더불어 새로운 문화산업 개발에도 기여하게 될 것이라는 점에서 그 의의를 찾을 수 있다.

## 3. 한국생활문화연구의 방향과 과제

한국생활문화연구는 앞으로 어떠한 연구로 진행되어야 할 것인가? 이러한 물음은 현재 우리가 당면하고 있는 생활문화 환경에 대한 재고에서부터 출발해야 한다.

오늘날 우리의 생활문화는 인간 : 인간의 교류와 적응을 넘어서 인간 : 기계의 교류와 적응에 초점을 두고 변화하고 있고 생활문화의 혁신적인 변화가 나타나고 있다. 오랜 시간 속에서 쌓아온 문명은 촌각을 다투며 진화하고 있고, 인공지능, 로봇기술, 생명과학이 주도하는 사회를 맞이하고 있다. 이러한 변화 속에서 인간은 무엇을 얻고 있는가? 우리는 환경을 끊임없이 통제하면서 삶을 영위할 수밖에 없는 현실에 놓이게 되었다. 편리를 위해 기기를 만들었고, 기기를 작동하기 위해 수많은 자원을 활용한 결과, 자원 활용은 지구환경의 변화를 가져왔고, 우리는 생존을 위해, 변화하는 환경에 대비하기 위해 또 다른 기기에 의존하는 과정을 거듭할 수밖에 없게 되었다. 그 가운데에 인간은 생존을 위한 안전성의 위협에 지속적으로 노출되고 있다. 생활에서의 안전성과 질적 향상을 추구하고, 지속가능한 공존을 위한 협동소비를 추구한다. 나아가 인공지능 정보의 활용가치를 우선적으로 여기는 가운데, 인간의 삶은 보다 개인중심으로 바뀌고 있다.

이와 같은 환경변화에 따라 한국가정생활문화는 끊임없이 변화되고 창조될 것이다. 인구의 감소는 불가피하게 지속될 것이며, 양성평등과 다양성에 대한 상호존중의 가족생활문화를 지향해 나갈 것이다. 개성을 존중하며, 환경과 공존을 위한 의생활과 편리와 쾌적성을 지향하는 개성 있는 주생활을 영위하게 될 것이다. 또한 유전공학과 가공기술의 발달로 새로운 식품과 품종의 개발로 건강과 환경을 생각하는 먹거리를 찾게 될 것이다. 능동적인 소비자로서의 책임의식이 요구되며, 소비자안전에 높은 관심을 보이게 되고, 개성 있는 여가문화를 향유하게 될 것이다. 한국의 정체성을 담은 문화원형에 대한 이해를 바탕으로 소규모화·고급화·차별화된 의례문화를 추구해 갈 것이다. 따라서 우리는 지속가능한 공존을 위한 생활문화에 관심을 가져야 한다. 개별화되는 환경 속에서도 함께 사는 문화를 이어가기 위한 지역사회의 봉사와 나눔의 실천도 확장해야 할 필요성이 크다. 개인과 가족의 개성과 삶에 대한 깊은 이해와 수용이 전제되어야 하고, 교육을 통한 생활문화의 창조와 계승이 지속되어야 한다.

이와 같이 변화하는 한국의 생활문화를 연구하기 위해서는 체계적 접근을 토대로 한 기반연구로서 새로운 문화콘텐츠산업으로 재탄생 할 수 있는 원천적 자료가 되는 한국생활문화원형에 관한 사적 고찰과 현대적 재해석연구가 지속되어야 할 것이다. 그리고 응용적 융합연구로서 생활문화교육을 위한 다양한 교육콘텐츠 개발 연구, 한국의례문화에 대한 원형연구와 더불어 시대성을 반영한 소규모의 고급화·차별화된 각 일생의례에 관한 연구, 나아가 지역문화콘텐츠 개발을 위한 연구, 차별화된 생활문화산업 관련 자격 개발 연구 등도 관심을 두고 확장시켜나가야 할 연구이다. 또한 한국생활문화연구를 위한 연구방법에 대한 연구도 과제 중의 하나이다.

한편 한국사회는 정치적으로 큰 변화의 전환기를 맞이하는 상황에 처해 있다. 한반도는 분단으로 인하여 생활문화가 남북으로 나뉘어져 통합을 이루지 못하고, 그 기간이 70년이 넘는 상황에 이르고 있다. 따라서 앞으로 한국생활문화연구에서는 통일을 대비하기 위하여 남북이 문화적 통합을 우선적으로 실현해 나아갈 수 있도록 생활문화의 공통점을 찾고, 그 문화의 동질성을 회복하기 위한 노력이 이루어져야 한다. 즉 한국생활문화연구의 또 하나의 과제는 통일미래 한국에서 남북의 생활문화에 대한 비교와 통합 연구가 지속적으로 이루어져야 할 것이며, 보다 실천적이고 실현가능한 문화통합 방안을 제시해 나가야 한다. 그리고 한국생활문화연구의 확산적인 관점으로 제안한다면, 중국과 중앙아시아, 러시아 등에서 생활하고 있는 한민족의 생활문화에 대한 연구도 필요하다. 이들은 오랜 세월 한반도를 떠나 생활하고 있지만, 선대로부터 이어온 '우리의 생활문화'를 면면이 지켜가고 있으며, 그들의 3세, 4세들이 한국에 대하여 이해하고 문화적 정체성을 찾도록 해야 하기 때문이다. 또한 북한이탈주민 가정을 비롯하여 국제결혼 가정을 중심으로 생활문화 실태연구와 한국사회에서 적응을 할 수 있도록 그들을 위한 생활문화교육콘텐츠 개발 연구 등도 필요하다. 우리 사회에 산업인력으로 종사하는 수많은 외국인 노동자들이 한국에서 경험한 생활문화연구도 관심 있게 다루어져야 한다. 이와 같은 한국생활문화연구는 앞으로 우리 사회의 통합과 지속가능한 공동체사회로의 지향을 위한 선제적인 과제가 될 것으로 사료된다.

## Ⅲ. 결론

본 연구는 가정학에 기저를 두고 발전해 온 한국생활문화연구에 대한 이해를 위하여 생활문화연구와 체계론적 접근, 생활문화연구의 영역과 범위, 연구의 의의, 연구의 방향과 과제 등에 대하여 고찰해 보았다.

한국생활문화연구는 『전통가정생활문화연구(이길표・주영애, 1999)』로 소개된 이후 이 분야 연구에 대해 종합적인 학문적 위치와 과제 등을 살펴본 연구는 아직 이루어지지 못했다. 이에 본 연구에서는 20여년의 기간 동안 이루어진 관련 연구들을 중심으로 생활문화연구자들의 이해를 돕고자 시론적인 기술을 하였다.

한국생활문화연구 분야의 태동에는 이길표 교수(전 성신여대교수)의 선도적인 노력이 있었다. 1998년 '한국전통생활문화학회(회장 이길표)'가 대학에서 재직하고 있는 연구자들과 산업체 연구자들을 중심으로 구성되어, 관련 연구들을 발전시켜왔다. 학회에서는 혼례, 상례, 돌 의례 등 의례산업분야의 실용적 연구가 이루어졌고, '조선시대 반가의 혼례' 도록집을 발행하였으며, 학술지를 발행하였다. 한편 학술대회에서는 관련연구와 더불어 각 의례의 시연을 제시하여 교육현장과 산업체에서 실용적으로 적용되었다. 이러한 연구와 실천적인 노력은 한국생활문화연구의 모체가 되었다. 그러나 한국전통생활문화학회는 일부 의례산업 부분에 머물렀던 한계점이 있었다.

한국생활문화연구는 앞서 그 영역 고찰에서 제시했듯이 가족생활문화를 비롯하여 의식주 생활문화, 소비 및 여가생활문화, 의례생활문화 등을 중심으로 공시적・통시적 관점에서 연구되어야 한다. 그리고 연구를 위해서는 체계론적 관점을 기반으로 하여 '한국전통생활문화연구', '한국생활문화에 대한 의식 및 실태 조사 연구', 응용 및 융합연구로서 '한국생활문화교육 프로그램 및 교수매체 개발 연구', '한국생활문화산업 활성화 방안 연구'의 범주로 나누어 연구될 필요성이 있음을 제시하였다. 뿐만 아니라, 앞으로 한국생활문화연구의 방향과 과제는 한국사회의 시대적인 변화현상에 맞춘 다양한 연구가 필요함을 제시하였다. 통일을 대비한 과제, 다문화사회에서의 생활문화교육에 대한 과제, 해외거주 한민족과 북한이탈주민, 외국인노동자 등 그들의 생활문화인식과 경험 등에 관한 연구를 통해 문제의 해결을 도모해 나가야 할 것이다. 또한 외국인들을 대상으로 한 한국생활문화 체험과 교육을 위한 IT와 접목된 콘텐츠개발 융합연구 등에도 관심이 모아져야 할 것이다. 이렇듯 한국생활문화연구는 그 범위와 연구의 방법도 광범위하고, 발전의 가능성이 크다. 이는 한국사회에서 개인과 가족이 공존공생하며 삶의 질이 향상된 행복한 삶을 살아갈 수 있도록 대안을 모색하고 바람직한 삶의 방향을 제안하는 다양한 연구가 될 것이므로, 많은 연구자들은 이 연구에 관심과 노력을 경주해야 할 것이다.

## <참고문헌>


계선자 외(2009). 『가족과 문화』. 신정.

김양희 외 8인(2009). 『가족과 생활문화』. 양서원.

박인선(2017). 「대학 인성교육의 재고 : 인성교육의 현황 및 인성실천도를 중심으로」. 성신여자대학교 대학원 박사학위논문.

윤서석(1981). 「한국 가정학의 역사」. Family and Environment Research, 47(4), 101-194.

이길표(1987). 「가정생활문화의 미래와 전망」. 생활문화연구, 성신여자대학교 생활문화연구소 창간호. 1.

이길표 · 주영애(1999). 『전통가정생활문화연구』. 신광출판사.

이영미(1989). 「조선시대 여성의 가정교육에 관한 현대적재조명」. 성신여자대학교 대학원 박사학위논문.

임정빈 외(1994). 『가정관리학』. 학지사.

정영금(2010). 「가정생활문화콘텐츠 개발과 교육에 대한 시론」. 대한가정학회지, 48(2), 63-74.

주영애 외(2000). 『생활환경과 미래로 가는 가정』. 학문사.

주영애(2018). 『한국 가정의 생활문화』. 신정.

주영애 · 홍영윤(2015). 「자녀와 부모의 소비문화와 결혼식 인식이 작은 결혼식 선호도에 미치는 영향」. Family and Environment Research, 53(3), 253-263.

주영애(2012). 「전통생활문화교육에 대한 인식과 실행 : 보육현장의 세시풍속교육을 중심으로」. 한국가정관리학회지, 30(3), 193-208.

홍성희 외 4인(2008). 『건강가정을 위한 가정자원관리』. 신정.

홍지명 · 김영옥(2010). 「전통문화에 기초한 유아환경교육 프로그램 개발 및 효과」. 유아교육연구, 30(3), 353-379.

Deacon, R.E, & F.M. Firebaugh(1988). Family resource management : Principles and applications(2nd ed). Boston: Allyn & Bacon.

(사)한국가정관리학회 http://www.khma.kr

(사)가족자원경영학회 http://www.kfrma.kr

(사)대한가정학회 http://www.khea.or.kr

(사)아시아유럽미래학회 http://www.eurasia2001.org

(사)인문사회과학기술융합학회 http://www.hsst.or.kr

(사)한국콘텐츠학회 http://www.koreacontents.or.kr
유학연구 http://www.cricnu.org
한국동양철학회 http://www.sapk.or.kr
한국연구재단 http://www.nrf.re.kr

CHAPTER 02

# 예로부터 배우는 생활예절

# 조선시대 양반가의 주생활문화와 예의생활*

주영애

## Ⅰ. 서론

### 1. 연구의 의의 및 목적

한국의 전통적 주생활은 한반도의 지리적・기후적 자연환경과 사회문화적 환경의 영향을 받아 형성되어온 하나의 독특한 생활문화적 가치를 지니고 있다. 생활문화적 가치는 오래도록 한 국가나 민족 사회, 혹은 한 가정에서 추구해온 슬기로운 삶의 역사적 산물의 축적으로 각 시대와 지역에 따라 독특한 형식을 띠며 문화전수과정에서 시대를 초월하여 전승되는 문화적 의미를 갖는다. 그러나 우리의 전통적 주생활은 그동안 불합리하고 비실용적이라는 부정적인 평가로 인해 주생활 문화적 차원에서의 재조명 작업은 미진했다. 주

* 본 논문은 1995년『대한가정학회』의「Family and Environment Research」33권4호에 실린 "조선시대 양반가의 주생활문화와 예의생활에 관한 연구"의 일부분 임.

생활교육에서도 전통 주생활에 대하여 긍정적 평가보다는 부정적 시각에서 그 생활상을 설명해 왔다고 해도 과언이 아니다. 한옥의 창호문양이나 난간 등과 관련된 디자인적인 측면을 우선적으로 가치를 부여했을 뿐 그 한옥에서의 생활문화적인 이해는 부족했기 때문이다. 이러한 관점은 우리의 생활문화에 대한 주체적인 자긍심이 결여되었던 데에 기인하는 것이 아닌가 사료된다.

환경개연론(environmental probabilism)은 환경과 인간의 행동 사이에는 규칙성 있는 관계가 있음을 강조하고, 지형이나 기후, 사회환경이 우리의 생활이나 행동을 지배하지는 않으나 행동을 위한 기회나 대안의 잠재적 가능성은 여러 가지로 존재한다고 본다(이경희 외 2인, 1993). 이 관점에서 보자면 인간과 환경과 문화는 독립적인 각각의 요소라기보다는 하나의 통합되고 의존적인 체계로서 서로 상호작용한다는 것을 알 수 있다. 이는 한국의 전통적 주생활문화에 대한 부정적 편견은 생활문화에 영향을 미치는 제 환경요소를 총체적으로 파악하고 상호관련성을 갈파하지 못한 오류에서 출발한 것이다. 따라서 본 연구에서는 한국의 전통적 주생활문화에 대하여 문화적 특수성을 전제한 긍정적 재조명의 작업을 시도하고자 한다.

인간은 일상생활에서 마음에서 우러나오는 예(禮)의 정성스런 표현을 통해 생활의 질서를 지키고, 그 사회에서 바람직하게 여기는 삶의 모습을 이끌어 간다. 이들은 예의생활이나 규범적 생활로 표현될 수도 있다. 그러나 이러한 일상적인 예(禮)도 자연발생적인 것이 아니라 사회문화적 규범과 통제에서 이루어진 생활문화로 정착된 것이다. 인간의 행동이나 관습은 물리적 환경의 영향을 받게 되고 그로 인해 변화, 변용되기도 하기 때문에 현시점에서 볼 때 예의생활의 일부분이 주생활문화와 맞지 않는 경우도 있는데 이는 변화된 주거환경 때문이기도 하다.

그러므로 본 연구에서는 한국의 전통적 주생활문화와 예의생활과의 관련성을 고찰하여 당시 주생활문화에 따른 예의생활내용 중에도 오늘날 변화된 주거환경에 적용 가능한 의미를 내포한 예의생활은 무엇인지 논의해 봄으로써 전통적인 주생활문화에 대한 긍정적인 이해를 시도해보고자 한다.

## 2. 연구방법

본 연구는 문헌고찰과 내용분석방법으로 이루어졌다. 한국의 전통적 주생활문화의 특징은 고문헌을 고찰하고 조선시대 양반가를 중심으로 한 유구의 사례를 살펴봄으로써 제시하였으며, 조선시대에서 예의 및 규범생활의 지침서가 되어온 생활 규범서를 토대로 예의생활 규범을 내용 분석하였다. 주생활문화의 특징은 좌식생활, 공간의 전용성, 남녀의 공간규범, 공간의 위계성, 창호의 반폐쇄성 등으로 구분지어 각각의 특징과 예의생활과의 관련성을 논의하였다. 예의생활규범과 관련하여 참고로 한 고문헌은 『예학』, 『예기』, 『여사서』, 소혜왕후의 『내훈』, 송시열의 『계녀서』, 이덕무의 『사소절』, 이이의 『격몽요결』, 이익의 『성호사설』, 이경근의 『고암가훈』 등이다. 본고에서 고찰한 주생활문화와 예의생활은 조선시대 양반가의 주생활문화를 중심으로 서술범위와 유구의 사례를 제한하였다.

## II. 조선시대 양반가의 주생활문화와 예의생활

### 1. 주생활문화

주생활문화는 인간 생활의 변화와 요구에 따라 끊임없이 변천되고 소멸되기도 하며 창조된다. 그런 의미에서 주생활문화는 의·식생활까지도 담아내는 삶의 터에서 개인과 가족이 만들어가는 생활문화의 중요한 영역이다. 조선시대의 주생활문화는 당시의 생활양식, 가족생활, 가치관, 주택구조 등에 따라 다음과 같은 몇 가지 특징으로 분석해 볼 수 있다.

#### 1) 좌식생활

고구려의 벽화를 보면, 입식생활방식이 기록되어 있고 침대생활이 이루어졌음을 알 수 있다. 이 생활방식은 고려, 조선조 초기, 중기, 말기까지도 부분적으로나마 계속되어 왔다(신영훈, 1982). 그러나 추운 북방에서 시작된 온돌과 습한 남방의 마루가 만나 한 집안에서 정착되는 과정에서 추운 겨울이 긴 우리나라의 경우에 마감을 잘하면 온돌에서는 좌식생활이 가능했다. 이는 공간의 이용, 즉 전용성을 가능케 했으며, 이러한 것이 좌식생활의 정착을 더 지지하는 결과를 가져왔다(홍형옥, 1992). 이러한 좌식 생활은 한식가구에도 영향을 미쳐, 한식가구는 좌고(座高)를 척도로 하여 나지막하게 만들어졌다. 뿐만 아니라 안방에는 다락문을 등지고 앉도록 보료를 깔고 그 위에 사방침을 놓았고, 방의 윗목에는 손님이 앉기 위한 방석을 마련해 두었던 것은 전형적인 한식 좌식생활문화의 소산이다. 그리고 온돌인 방바닥은 아랫목, 윗목 등으로 난방이 잘되는 곳을 분별하여 아랫목에 주인이 정좌해 앉을 수 있는 보료를 두었던 것도 좌식생활문화를 엿볼 수 있는 예이다.

### 2) 전용성

전용성이란 주택평면의 다목적성이나 융통성을 나타내는 것이다. 이 특징은 주생활의 본질을 따지면 극히 모호한 생활상이고 불합리한 것으로 생각되지만 주거보유 사정이 여의치 못한 우리나라 형편에서는 건축공간의 효용성으로 볼 때는 타당하다(정인국, 1985)고 보았다. 예를 들어 중정의 기능상 역할을 보면 대부분 협소하여 정원의 역할을 다하지 못하는 경우가 많다. 이러한 면을 가장 잘 나타내는 주택은 안동 의성 김 씨 종택, 안동 임청각, 월성 향단 등이며 이 경우 중정은 방의 한 부분에 불과하다.

평상시에는 상하의 의견교환처소로 또는 내객의 접근 방향으로 공동생활의 장소로 쓰였으며, 집안의 대소사(환갑, 혼인, 상사 등)가 있을 경우 차일을 쳐서 연회장으로 이용하는 등 효율적으로 활용하였다(주영애, 1992). 뿐만 아니라 안채의 대청에서는 추운 겨울 한철을 제외하고는 가족과 대소가의 모임이 이루어지고, 여성들이 둘러앉아 떡을 빚거나 음식을 장만하며 바느질이나 다듬이질·다림질 등을 하는 가사작업 장소였고, 제사를 지내는 공간이 되기도 하였다. 또한 식량을 보관하는 뒤주 찬장 등을 놓는 등 이 공간의 전용성은 두드러졌음을 알 수 있다(주영애, 1992). 상류주택에 부속된 별당 건물은 주택 내에서는 사랑채의 연장으로 가장의 다목적인 용도로 쓰여 졌다. 접객, 독서, 한유 등의 목적으로 이용되기도 하였다. 강릉 선교장의 활래정이나 안동 임청각의 군자정, 예천 권 씨 종택 별당 등이 있다.

### 3) 남녀의 공간규범

조선시대 건국이념이며 기본정책은 정치, 경제, 사회뿐 아니라 가정의 생활 질서와 주택건축에까지 영향을 미쳤다. 따라서 집은 가정생활에서 유학사상의 기본이 되었던 삼강오륜이 집약되어 인륜지도에 의해 여과된 질서의 표현이 되었으며, 이러한 요인의 영향으로 인하여 道 孝 禮를 다하기 위한 공간이 형성되어 이른바 유교윤리의 실현장(홍형옥, 1982)이 되었다. 따라서 남녀유별, 남녀칠세부동석, 남녀불공식 등을 강조하던 생활 질서는 안채와 사랑채를 별채로 두어 남녀의 생활을 분리시켰다.

조선시대 상류주택에서의 성별 공간분화는 당시 지어진 상류주택의 평면을 살펴보면 이를 입증할 수 있다. 정인국은 상류주택이 두 개의 명확한 유형을 고수하고 있다고 주장하였는데, 이를 토대로 안채와 사랑채의 연결 상태를 볼 때 월성 손 씨 가옥이나 양진당, 충효당, 관가정, 이원용 씨 가옥은 병렬형의 평면으로 일체형이라 볼 수 있으며, 양동마을의 이동기 씨 가옥, 강릉의 임경당, 선교장은 ㄱ자형 평면으로 사랑채와 안채가 독립된 형을 보여준다. 여성 생활공간이었던 안채는 위채에 안방, 건넌방, 대청, 부엌, 아래채에 광, 곳간 등으로 이루어졌으며, 안방과 가사공간인 부엌은 취사와 난방을 목적으로 연결되었고, 부엌에 이어 가장 근접한 곳에 곳간, 광 등의 부수공간을 배치하여 주로 가사공간으로 활용하였다. 사랑채는 주로 서재, 사랑대청, 사랑방, 사랑마당 등으로 이루어져 가사공간이라면 주로 난방을 위한 땔감을 보관하기 위한 광과 함실 같은 공간을 볼 수 있을 뿐이다.

인간의 공간점유라는 면에서 볼 때 안쪽과 바깥쪽으로의 남녀의 공간은 외부와의 접근과 연결성에 있어서도 차이를 보인다. 남성의 공간과 여성의 공간은 각각 외부와의 연결성이 달랐다. 여성의 공간인 안채는 외부와 먼 곳에 위치했을 뿐 아니라 거쳐 가는 과정을 더 복잡하게 하여 그 연결성을 낮추었고, 외부와의 접촉빈도를 줄이도록(이종필 외 3인, 1983)했다. 이는 월성 손 씨 종가나 충효당, 이원용 씨 가옥, 임경당 등에서 두드러지게 나타난다. 현존 유구들을 보면 큰 대문과 사랑채로부터 안채에 이르는 중문 혹은 안대문은 남자들의 공식적 출입문이다. 그 예시는 연경당의 장락문, 구례 운조루의 중문, 해남 윤고산 고택의 안대문에서 볼 수 있다. 해남 윤고산 고택을 보면, 여자들은 대문이 아닌 별도의 작은 문과 뒷마당을 통과해서 안채로 난 모방 앞의 부엌문을 이용하도록 했음을 짐작할 수 있다. 행랑채의 안 변소 옆으로 난 작은 문과 안사랑마당을 거쳐 곳간이 있는 안채로 통하는 문을 들어설 수 있다.

### 4) 위계성

조선시대 주생활문화 중 위계성은 당시의 신분제도와 가부장제, 가족주기, 가족 내 서열 등과 관련성이 있었다. 조선시대의 가사규제를 보면, 양반은 신분상으로 상당한 규모의 주택을 소유할 수 있는 보장을 받고 있으나, 경제적 기반이 없어 실제로는 서민주택과 같은 주택에 기거하기도 하였으며, 중인계급은 경제적 조건이 되었음에도 불구하고 신분에 따른 가사규제의 제약을 받아 양반들이 기거하는 상류주택에서 생활을 영위할 수는 없었다. 조선시대 양반들이 기거했던 상류주택에서 안채・사랑채에는 주인과 그 가족이, 행랑에는 노비들이 거처하여 공간의 위계를 이루었다. 특히 노비는 솔거노비와 외거노비로 나뉘는데 솔거노비는 행랑채에 기거하고 외거노비는 행랑채라 하더라도 청지기나 유모, 침모와 같은 사람은 중간 행랑채(아래채)에 거주하여 동일가옥 내에서도 상(上)의 공간, 중(中)의 공간, 하(下)의 공간으로 위계성을 이루었다(주남철, 1980). 행랑마당・사랑마당들은 그 바닥의 높낮이로 위계성을 보여주며 기단의 고저는 더욱 강한 위계성을 보여준다.

또한 가족 내의 서열과 장자 우대에 의해 주생활은 위계적 질서로 유지되었다. 사랑방도 큰사랑방과 작은 사랑방의 격을 다르게 하여 장자가 가부장으로서의 수업기간을 겸허하게 받아들이며 작은 사랑에 기거하도록 했다. 정읍 김 씨 가를 예로 보면 큰 사랑은 두 칸 크기로 우물천장이 있고 동향인데 비해 작은 사랑은 서향이며 천장도 낮게 하였다(홍형옥, 1992). 크기에 따라 공간 명칭도 큰방・작은방이 있고, 위치에 따라서는 안방, 사랑방, 밖거리방, 윗방, 가운데 방, 아랫방, 아래 윗방(김홍식, 1985) 등으로 불려 같은 방이라 하더라도 생활하는 사람의 위치에 따라 위계질서를 나타냈다.

### 5) 창호의 반폐쇄성

조선시대의 주택은 외적으로 폐쇄성을 가지나 내적으로는 개방성을 가진다(주남철, 1985). 대지의 주위를 담장과 행랑으로 둘러싸고 그 속에 사랑채, 안채, 별당 등을 배치하고 이들 사이를 나지막한 담장과 중문간 행랑으로 구획하는데 가장 외부에 면한 바깥 행랑에는 외부로 높은 들창만 있고, 중앙에 솟을대문만 설치되기 때문에 외부적으로는 폐쇄적이라 할 수 있다. 그러나 각 채와 방은 대부분의 벽체가 창호로 구성되고 이들은 모두 접어서 들쇠에 매달게 되었기 때문에 담장 안에서는 극히 개방적이다. 이와 같은 형태는 전통가옥에서 볼 수 있는 창호의 반폐쇄적인 특성을 잘 나타내는 것이다. 이는 주택의 기밀성에 문제가 된다고 하지만, 필요에 따라서는 덧문 속에 쌍창, 쌍창 속에 맹장지, 그 다음 무렵자나 방장, 병풍을 둘러침으로써 프라이버시를 확보하기도 했다.

## 2. 주생활문화와 예의생활

앞에서 고찰한 주생활문화, 즉 좌식생활, 공간의 전용성, 남녀의 공간규범, 위계성, 창호의 반폐쇄적인 특징 등은 당시의 예의생활과 밀접한 관련성을 갖는다. 이와 관련된 자료를 문헌을 통해 알아보면 다음과 같다.

### 1) 좌식생활과 예의생활

전통사회에서의 좌식생활은 당시의 예의생활 실천에 영향을 미쳤다. 좌식생활은 인간관계의 기본이 되는 우리의 인사방법으로 앉아서 하는 절의 형식을 가능케 했다. 『가례집람』, 『성호사설』, 『증보문헌비고』 등에는 고유의 인사방법인 '배례법'에 대해 기록되어 있는데 '신라의 풍속은 사람을 만나볼 적에는 반드시 꿇어 앉아 두 손으로 땅을 짚는 것으로 공손함을 삼는다(이길표·주영애, 1995)'고 하여 절 동작이 오늘날까지 이어져오고 있음을 볼 수 있다.

또한 이익의 『성호사설』 인사문에는 '…부인의 절에 있어서는 두 손을 마주 끼지 않고 다만 두 손으로 땅을 짚고 무릎을 굽힐 따름이다. …우리나라에서는 시부모를 뵐 적에는 역시 공수하여 땅에 대며 살짝 숙인다.'고 하였다. 사계 김장생의 『가례집람』에 나타난 6가지 절의 종류를 보더라도 신하가 임금께, 하관이 상관께, 어른께, 스승이나 주인에게, 친척끼리 절하는 모습을 설명하고 있다. 이와 같은 인사예법은 좌식생활 속에서 더욱 공고히 되었을 것으로 보인다. 인사를 받을 분이 정해진 자리에 앉아 있을 때, 아랫사람이나 인사를 드려야 할 사람이 서서 예를 표하는 것은 공손한 자세가 되지 않았을 것이다. 따라서 몸의 위치를 오히려 나직이 하는 것이 상대를 존중하는 바람직한 자세였을 것이다. 그렇다고 윗사람이 아랫사람에게 절을 하지 않은 것은 아니었고, 절을 받은 사람은 그 상대의 위치에 따라 답례를 했다. 그러나 어른이 누워계실 때에는 절을 하지 않았는데 이는 돌아가신 분이나 누워서 절을 받기 때문이다(이길표·주영애, 1995). 그러므로 절을 받는 기본적인 자세는 반드시 바르게 앉아 있는 것이라 할 수 있다. 이와 같은 인사방법은 입식생활로 변화해가는 생활환경에서도 정초나 어르신 생신·회갑 때 또는 조심스럽게 예를 갖추어야 할 곳에서는 지속되고 있어 생활문화의 맥을 이어가고 있다.

좌식생활은 식생활 예절과도 관계가 있었다. 전통사회에서는 좌식 반상을 중심으로 식생활이 이루어졌다. 책상반, 원반, 해주반, 호족반, 개다리소반 등 다양한 상의 모양이 전수되고 있고(조기홍 외, 1987), 대청에 시렁을 매어 상을 올려놓아(월성 손 씨 종가) 보관했던 것을 보더라도 알 수 있다. 유성종의 문하에서 수학한 조선 중기의 문신이며 학자인 정경세(1563(명종 18)~1633(인조11)의 『양정편 음식』에 보면 식생활 예절이 잘 명시되어 있다. '상에서 약간 떨어져서 너무 상에 가까이 앉지 말고, 숟가락을 들거나 저를 내릴 때에도 급히 움직이지 말고…'라 하였다. 또한 『사소절』에는 '여러 사람이 앉아 있는 자리에서는 남과 귀에다 입을 대고 속삭이지 말 것이다. …식사를 막 끝마치고 아직 밥상을 물리지 않았을 때 일어서는 것은 점잖은 행동이 아니다.'라고 하였다.

또한 아이들에게는 좌식생활에서 가져야 할 바른 몸가짐에 대한 예를 지키도록 가르쳐 왔다. 이덕무의 『사소절』 <동규편 동지>에 보면 '앉을 때는 반드시 기대앉고 오래 앉는 것을 견디어 내지 못하여 무릎을 흔들고 손을 뒤척이고, 어른을 꺼려 피하는 사람과 경솔하고 교만하고 거칠고 들떠서 항상 멀리 달아나려는 사람은 좋은 인재가 아니다.'라고 하였다. 그리고 방석에 앉을 때도 발로 방석을 밟지 않도록 주의해서 앉도록 했다. 이는 입식생활에서 의자를 발로 밟고 앉지 않는 것과 같은 것이 아닌가 한다. 또한 『소학』 <경신>에는 '…설 때는 몸을 한쪽 다리에만 의지하여 기울게 서지 말며, 앉을 때에 두 다리를 뻗어서 이 모양으로 앉지 말며…'라 하였으며 <명륜>에서는 '선생 앞에 있는 제자리에 나아가 앉으려 할 때는 …발을 다급하게 옮겨놓지 말아야 한다. 선생의 서책, 거문고, 비파 등이 앞에 있으면 꿇어앉아서 옆으로 옮겨 놓고 타넘지 말아야 한다.' 하였다. 그리고 소혜왕후의 『내훈』 <언행장>에는 '…다른 사람이 앉아 있는 좌석을 밟고 건너지 않는다.' 하였다. 따라서 족용중(足容重)의 가르침대로 공손하게 몸가짐을 갖도록 해 왔다. 이런 가르침은 어린 아이들에게만 가르쳐 왔던 것이 아니라 여성, 남성, 학문하는 선비에게까지도 항상 일깨워야 할 바로 강조되었다. 따라서 좌식 생활을 위한 상세한 몸가짐의 태도는 예의생활을 지키기 위한 규범으로 지켜왔음을 알 수 있다.

### 2) 공간의 전용성과 예의생활

조선시대 주생활문화에 있어서 공간의 전용성, 다목적성, 융통성은 예의생활과 관련이 깊다. 같은 공간 내에서도 다양한 활동들이 이루어지기 위해서는 공간을 사용하는 자들이 각각 예의를 지켜야만 했다. 방은 침실공간이지만, 식사공간이며, 가족들의 일상생활과 담소가 이루어지고 손님맞이도 하는 다목적 공간이었다.

『격몽요결』에는 '예가 아니면 보지 말고, 듣지 말고, 말하지 말며, 움직이지도 말라'는 네 가지의 수양의 가르침이 있다. 많은 수의 가족이 모여 살기 위해서는 서로가 삼가고 조심하는 예를 지키지 않으면 안 되었다. 『사소절』 <사전>에는 '나가고 들어오고, 나가고 물러날 때는 정성스럽고 차츰차츰 차례를 밟아야지 소나기처럼 갑작스럽게 오거나 회오리바람처럼 급하게 해서는 안 된다'고 하였으며, <부의>에는 '머리를 빗어 떨어진 머리털을 어지럽게 버려서 옷 사이나 반찬속에 끼이게 하여서는 안 된다.' 하였다. 또한 <동규>에는 '어른보다 나중에 자고 어른보다 먼저 일어나고 등불을 켜고 끄는 것은 손수 익히고, 날마다 수건과 비를 들어 닦고 쓸고, 자리를 정리하고, 이불과 요를 잘 개켜 넣고, 책・붓・벼루 등을 잘 챙겨 놓을 것이다.'라 하였다. 『예기』 <내칙>에는 '옛사람들이 밤이면 이부자리를 깔고 새벽이면 치워버리는데 가정살림이 결코 무질서하지 않았다는 것을 사람들에게 가르치기 위한 것이다. …밤에 폈던 것을 새벽에 걷어들어 치우는 것은 그 사용이 주야로 쓸모가 다르기 때문이라고 했다. 그리고 물로써 쇄소하자면 이를 반드시 치워야만 되는 것이다.'라 하였다. 또한 '부모나 시부모가 아침에 일어났을 때 아랫사람이 그 잠자리를 치우고 앉을 자리를 마련하는 동안, 연소자는 침상을 들고 함께 앉아서 붙들고 있어야 하며, 시중드는 사람은 걸상을 들어앉으시라고 권한다. 그런 다음 그 주었던 이불이나 대자리를 치운다. …이는 부모나 시부모가 아침에 일어나고 연장자가 그 이부자리를 치우고 앉을 자리를 마련할 동안의 연소자로서 지켜야 할 예의'라 하였다.

위와 같은 예의생활을 강조한 것은 방이란 침실 공간과 식사 공간, 접객 공간으로 활동되기 위해서 더욱 청결이 중시되었고, 항상 정리정돈 하여 그곳을 출입하는 이들에게 불쾌감을 주지 않도록 하는 것이 바른 예를 지키는 태도라 여겼기 때문이다. 더욱이 기본적인 생활예절을 지키는 것은 글을 하는 선비뿐만 아니라 부녀자, 아동에 이르기까지 강조되어, 주택이라는 물리적 환경에 적응하여 실천해야 했던 행동규범으로 통용된 것이라 볼 수 있다.

### 3) 남녀의 공간규범과 예의생활

남녀의 공간이 뚜렷이 구분되었던 조선시대의 중상류주택에서의 생활은 남녀의 예의생활과 직접적인 관계가 있었다. 이는 남녀에 따라 공간출입을 다르게 해야 하는 생활예절을 중시했던 데에서 찾아볼 수 있다. 예의생활 관련 기록문헌에는 남녀별로 공간을 달리 사용하며 지켜야 할 예절에 대해서 상세히 기록되어 있다. 이 중 몇 가지를 살펴보면 다음과 같다.

소혜왕후『내훈』<효친장>에 보면 '남자는 일 없이 중문 안에 들어가지 말며, 아낙네는 남자가 거상하는 곳에 불쑥 나가지 말아야 한다.'고 했으며『계녀서』<종요로운 경계라>에도 '사랑에 손이 오면 혹시 엿보지 마라. 엿보는 것은 그런 불관한 행실이 없으니 부디 마음먹지도 마라' 하였다.『사소절』<사전>에는 남자들이 지켜야 할 예로 '무릇 남의 집 바깥사랑에 들어갔을 때는 안방을 가까이 하여 높은 소리로 말하거나 웃어서는 안 된다. 그리고 마땅히 안방을 등지고 앉을 것'이라 하였다. 여성만이 아니라 남성도 지켜야 할 예의생활은 이렇듯 남녀 공간 구분에 의해 철저히 표현되었다. 율곡은『격몽요결』<거가장>에서 '집안을 다스리는 데에도 마땅히 예법으로 하여 안팎의 일을 분별해야 한다. 이리하여 비록 종들일지라도 남자와 여자와는 한곳에 혼동하여 거처하지 못하게 한다. 남자종은 주인이 시키는 일이 아니면 갑자기 안에 들어가지 못하여 …'라 하였다. 즉 집을 다스리는 예법으로서도 남녀의 공간규범은 크게 강조되어 왔음을 알 수 있다.

이러한 공간규범은 더 나아가 일상 기거생활 모든 영역에서 예의

생활을 지켜가는 질서로도 요구되었다. 소혜왕후 『내훈』 <언행장>에는 '남자와 여자가 섞여 앉지 말고 옷걸이를 같이 쓰지 말며, 수건과 빗을 같이 쓰지 말며, …바깥 말을 문 안에 들이지 말고, 안의 말을 문 밖에 내지 말아야 한다.'고 하였으며, 이와 같은 내용은 『계녀서』의 <종요로운 경계라>, 『소학』 등에도 나타나 있다. 한편 이러한 공간규범에 따른 예의생활이 엄격히 지켜진 것은 조선 중기 이후이며, 조선 초 태종 3년 5월에 <부부별침>을 명하게 되어 세조 때에 <침방>을 설치한 기록이 있으나 실질적으로 가옥구조에 반영된 것은 조선중기 이후 즉 기록으로 보아 16세기에 들어서 연산군(1495-1506) 이후(홍형옥, 1992)였을 것으로 보고 있다.

### 4) 위계성과 예의생활

신분제도나 가족 내의 서열 등으로 인한 공간사용의 위계성은 그에 따른 질서로 생활예절을 지키도록 했다. 신분상 아랫사람은 정해진 그들의 공간에서 생활하며 윗사람들을 범하지 못하며 예절을 지키도록 해 왔다고 본다. 그래서 아동들에게 예의생활을 가르칠 때 '문을 드나들 때 잘 닫지 아니함은 노비들이나 하는 짓이다. 계단이나 뜰을 오르내릴 때 뛰어다니거나 땅을 구르는 것은 염소나 망아지가 하는 버릇이다(『사소절』 <동규>).'라고 경계하였다. 어른들이 기거하시는 방에서는 '부모나 시부모가 앉으려 할 때 그 좌석을 받쳐 들고 어느 쪽으로 향해서 앉을 것인지 물은 다음에 거행하여야 하며 또 누우려고 할 때는 침석을 받쳐 들고 어느 쪽으로 발을 향하게 해 드릴 것인지 물은 다음 거행해야 한다(『예기』 <내칙>).' 하여 아랫사람으로서 어른들의 기거생활을 위한 예법도 강조되었다.

공간사용에서의 위계성은 장자 우대가 정착되면서 그에 대응하게 되었다. 부모를 섬기고, 봉제사, 접빈객을 위해 장자의 구실이 크게 강조되었기 때문에 장자에 대한 우대와 예를 지키도록 해 왔다고 본다. 또한 장유유서의 예를 실천하기 위해서 공간 사용 시에도 작은 사랑은 큰사랑과 격을 달리했다. 부자간은 유교윤리인 부자유친을 실현하기 위해 같은 채를 쓰면서 조차도 방의 격을 달리함으로써 위계적 질서와 서열을 부여해 왔다(홍형옥, 1992). 그러므로 생활의 위계적 질서를 유지하기 위해서도 그에 합당한 예를 갖추는 생활이 강조되어 왔다고 본다.

### 5) 창호의 반폐쇄성과 예의생활

주택의 내부공간은 창호지가 갖는 음의 투과로 인해 바람소리와 더불어 새소리·매미소리 등 자연을 내부공간에 투영시켰다. 이러한 음의 투과는 주택의 기밀성과 관계되어 프라이버시 확보를 위해서도 더욱 예의바른 생활을 요구했을 것이다. 실외에서 하는 이야기 소리가 내부에서 잘 들리고, 실내에서의 담소나 행동거지도 외부로 노출되기 쉬웠으므로 서로가 삼가는 생활태도나 예의를 강조하였다.

소혜왕후의 『내훈』 <언행장>에는 ‘장차 남의 집에 갈 때 굳이 가기를 구하지 말며, 장차 대청에 오를 제 인기척을 반드시 내며, 문밖에 신이 두 켤레 있으며 말소리가 들리거든 들어가고, 말소리가 들리지 않거든 들어가지 말며, 장차 지게(방문)에 들어갈 제는 시선을 반드시 나직이 하며, 지게문을 들어가거든 걸쇠를 공경스럽게 받들며, 눈을 사방으로 굴리지 말며, 지게문이 열렸거든 그대로 열어두고, 지게문이 닫혀 있었거든 또 닫되, 뒤에 들어갈 사람이 있거든 꼭 닫지 말아야 한다.' 하였다. 또한 『사소절』 <부의>에는 다음과 같이 출입 시 지켜야 할 예절로 '…대문 안에 들어설 때나 당상에 오를 때에는 반드시 말소리를 내고, …아내가 사사로이 거처하는 곳에 가서 방으로 들어갈 때 말소리를 내지 아니하여, 남으로 하여금 걸터앉은 것을 보이게 하였으니 이는 곧 네가 무례한 것이지 아내가 예절이 없는 것이 아니다'라 하였다. 『여사서』 <내훈 덕성장>에도 '문지방을 말의 한계로 삼고, 구슬 소리를 행동의 절제로 삼으며…'라 되어 있어, 항상 언행에 조심할 것을 일깨워 왔다.

주택 창호의 반폐쇄성으로 인하여 언제 어떤 상황에서 타인에게 자신의 언행이 노출될지 모르는 경우가 많아 몸가짐을 항상 바르게 해서 겉과 속이 한결같도록 하라는 가르침도 있었다. 『예기』 <내칙>에는 '마땅히 자기 몸을 바르게 하여 속과 겉이 한결같아 어두운 곳에 처해서도 밝은 곳에 있는 것 같고, 혼자 있어도 여러 사람이 있는 것 같이 한다.'고 하였다. 규범서의 기록을 토대로 해 보면, 주택의 창호가 소리와 음영을 투과시키는 것과 깊은 관계가 있을 것이라는 바를 뒷받침해 준다고 사료된다.

## Ⅲ. 결론

조선시대 양반가의 주생활문화는 당시의 사회문화적인 영향을 받아 형성된 우리 고유의 독특한 형식이 되어 왔다. 주생활문화는 예의생활과도 관련성이 깊었던 사실을 조선시대 규범서를 통해 확인할 수 있었다.

조선시대 양반가의 주생활문화는 좌식생활, 공간의 전용성, 남녀의 공간규범, 공간의 위계성, 창호의 반폐쇄성으로 대별되는데 이에 따라 각기 예의생활이 요구되었다. 좌식생활은 고유의 인사방법인 절의 형식을 가능하도록 했으며, 좌식 식생활문화, 그리고 앉을 때의 바른 자세와 그에 맞는 다소곳한 몸가짐을 지니도록 해 왔다. 공간의 전용성은 주야로 쓸모가 달리 구별되도록 공간 이용을 위해 더더욱 행동거지의 삼가 조심의 예절을 지키도록 해왔던 바와 관계가 있다고 본다. 남녀의 공간규범은 여성과 남성의 생활을 구분 짓고 남녀로서 지켜야 할 생활예절을 크게 강조하게 되었다. 이는 남녀의 생활공간을 구분 짓게 하는 가시적이며, 상징적인 생활예의의 기준이 되어 왔다. 공간의 위계성은 신분과 가족 내 서열에 따라 공간 사용자를 결정짓게 함으로써 자신의 위치에서 위계적 질서를 위한 예의생활을 지켜나가도록 훈육되고 실천하도록 하였다. 또한 창호의 반폐쇄성으로 말미암아 실내에서 하는 자신의 언행이 노출될 가능성이 많아 항상 삼가조심하며 예를 지켜야 한다는 점을 일깨워 왔다.

이와 같은 생활 속에서의 예의는 조선시대의 주생활환경에서 지켜져 아직까지도 우리 생활의 일부로 남아있는 것이 사실이다. 이러한 예의생활은 현대적 견지에서 때로 거추장스럽고 불필요하며 불합리한 것으로 평가되고 지나친 예문화(禮文化) 속에서 형성된 것이므로 현대에 수용할 가치는 없는 것으로 여겨지기도 한다. 그러나 우리의 주생활문화 속에서 보면 그와 같은 예의생활은 타당성 있는 규범이었고, 당시 사회질서 유지를 위해 필요했던 당위성을 갖고 있다고 본다. 그렇기 때문에 이렇게 형성되어 지속되어온 예의생활은 우리 생활의 일부분으로 수용되고 가치 있는 전통문화로 인식되고 있는 것이기도 하다. 그러나 이러한 예의생활은 조선조의 주택구조와 그 사회문화 속에서 이해될 수 있는 바가 많으므로 현대의 주생활환경에서는 재평가를 통한 수용적 자세가 필요하리라 본다.

좌식생활에서의 예의는 점차 입식 내지 절충식의 생활양식으로 변화해가고 있는 시점에서 그대로 실천할 수 없는 바가 많다. 그러나 그중에서도 고유의 인사방법이나 음식을 먹을 때의 바른 자세 등은 앞으로도 지켜나가야 할 예의 표현이라고 생각한다. 예를 들어 입식생활이 보편화 되어가면서 음식을 먹을 때도 좌식 반상에서는 생각할 수도 없었던 식탁위에 팔을 괴는 행위나 의자에 앉아 다리를 흔들거리는 태도, 다리를 좌식상차림에서와 같이 의자위에 올려놓는 등의 행위 등은 바른 자세로 고쳐져야 할 것이다. 한편 현대의 주생활환경에서는 남녀의 공간규범이나 위계성을 과거와 같이 강조할 수는 없는 주택구조가 대부분이고 사회상황도 그러하다. 그러나 이와 같은 당시의 생활 질서가 희박해지면서 긍정적으로만 평가할 수 없는 역기능적인 측면도 나타났다. 사랑채, 사랑방의 부재는 가정에서 부권까지도 변화시키지 않았는가 생각된다. 개인의 공간의 점유는 그 공간에서의 지위나 독립성까지도 표현될 수 있기 때문이다. 또한 주택의 기밀성이 과거에 비해 상대적으로 높아지고 있어 프라이버시가 비교적 잘 유지되는 편이나 반면에 각자의 일상생활을 삼가 조심하며 타인을 존중하여 행동을 절제하는 예의생활은 그 호소력을 상실하고 있다고 생각된다. 빛과 음의 투과가 가능했던 전통사회의 주생활문화로부터 창호지의 문과 창이 시멘트와 폐쇄된 문으로 대치되면서 개인의 자유스런 공간사용 이면으로 자기통제적인 예의생활은 상실되어 가고 있다. 결국 주택구조의 현대적인 변화는 우리의 주생활환경에서 유지되어오던 생활 질서로서의 예의를 크게 변질 시킨 것이 아닌가 한다. 따라서 위에 지적했던 몇 가지의 예의 생활은 우리의 주생활환경에서 익숙하게 지켜져 왔음을 주시하여 주택의 구조나 물리적 환경이 변화해 가더라도 일부는 지켜져야 할 바로 본다. 즉, 타인이 보든 보지 않든 자기를 통제, 절제하여 지킬 수 있는 몸가짐의 예의생활이나 인사방법, 식사예법, 가정에서의 자신의 구실에 맞고 상대를 존중하는 과거의 위계질서 유지 등은 과거의 주생활환경에서 지켜진 바람직한 예의생활이며, 현대적 견지에서도 그 의미를 되새길 수 있는 것이라 사료된다.

## <참고문헌>


김경원(1987). 「한국 전통주택의 내부 공간 구성에 관한 연구」. 고려대학교 대학원 석사학위논문.

김홍식(1985). 『한국민속종합보고서』. 주생활 편.

서유구. 『임원경제지』.

『소학』.

소혜왕후. 『내훈』.

송시열. 『계녀서』.

신영훈(1982). 『한국의 살림집』. 열화당.

『여사서』.

여중철(1980). 「취락구조와 신분구조」, 『한국의 사회와 문화』, 「전통적 생활양식연구」. 한국정신문화연구원.

『예기』.

윤장섭(1985). 『한국건축사』. 동명사.

이경근. 『고암가훈』.

이길표・주영애(1995). 『전통가정생활문화연구』. 신광.

이능화. 『조선여속고』.

이덕무. 『사소절』.

이이. 『격몽요결』.

이종필 외 3인(1983). 『영남지방 고유 취락의 공간구조』. 영남대학교출판부.

이중환. 『택리지』.

조기홍 외(1987). 『예론』. 성신여자대학교출판부.

정인국(1985). 『한국의 건축』, 교양국사 총서 14.

주남철(1976). 「조선시대 주거건축의 공간구성에 관한 연구」, 서울대학교 대학원 박사학위논문.

_____(1980). 「한국 주택의 연구」, 『한국의 사회와 문화』, 한국정신문화연구원.

_____(1985). 『한국주택건축』. 일지사.

주영애(1992). 「조선조 상류주택 살림공간에 관한 생활문화적 고찰」. 성신여자대학교 대학원 박사학위논문.

홍형옥(1992). 『한국주거사』. 민음사.

_____(1982). 「한국전통 주거생활 연구(Ⅰ)」 『경희대학교논문집』 11집.

# 조선시대 규범서에 나타난 밥상머리 예절교육*

주영애 · 원미연

## Ⅰ. 서론

### 1. 연구의 의의 및 목적

밥상머리교육이란 가족이 모여 함께 식사하면서 대화를 통해 가족 사랑과 인성을 키우는 것(서울대학교 학부모정책연구센터, 2012)이다. 음식을 먹는다는 것, 가족이 함께 모여 식사를 한다는 것은 단순한 생존을 위한 행위가 아니다. 음식을 먹는 행위를 통해 인간은 Maslow가 말하는 생존의 욕구를 충족시킬 뿐만 아니라, 소속과 사회적 욕구, 나아가 자존과 자아실현의 욕구까지 충족하는 것이라 할 수 있을 만큼 음식은 인간의 삶에 있어서 중요하다. 즉, '음식을 먹는다.'는 것은 음식과 식사행위와 관련한 시대적, 사회적, 정치적, 역

* 본 논문은 2016년 『대한가정학회』의 「Family and Environment Research」 54권4호에 실린 "조선시대 규범서에 나타난 밥상머리 예절교육 내용에 관한 고찰"의 일부임.

사적 의미를 담고 있는 것이며, 인간의 사회화과정에 영향을 미치는 규범적, 교육적 의미까지 내포하는 중요한 행위이기 때문이다(주영애 · 박상희, 1999; 주영하, 2011).

최근 밥상머리교육에 관한 연구를 살펴보면 가족식사가 자녀의 학교적응에 미치는 영향(이현아, 2014), 가족식사 및 가족기능이 초기 청소년의 학교적응에 미치는 영향(이현아 · 최인숙, 2013), 밥상머리교육 여부에 따른 중학생의 사회성 · 도덕성 발달의 차이 연구(김숙경, 2014), 밥상머리교육활동이 유아의 자아존중감 및 조망수용 능력에 미치는 영향(최미숙 · 최선미, 2013), 사례로 본 밥상머리교육(박기용, 2013), 식사유형에 따른 초등학생의 식사행동 및 식사예절 비교(박지혜, 2014) 등 학위논문과 학술논문들이 발표되고 있다.

가정에서 청소년들은 인성과 사회성을 배우고 성장해 나아간다. 특히 인성함양을 위한 교육이 그 어느 때보다도 중요하게 회자되면서, 교사들을 위한 인성교육 서적(정창우, 2015)을 비롯하여 교육부의 인성교육을 위한 부모상담가이드(교육과학기술부&육아정책연구소, 2012) 등도 간행되었고, 인성교육진흥법도 2015년 7월부터 시행되고 있다. 이러한 과정에서 특히 부모와 함께하는 식사시간은 청소년의 건강한 성장의 토대가 되고, 가족의 유대를 나누고 행복감을 느낄 수 있는 시간으로 의미가 크며(이현아, 2014), 인성교육으로 그 실천성이 강조되고 있다. 즉, 가족식사는 가족 안에서 이루어지는 하나의 의식으로 가족의 정체성, 가치관, 목표를 형성하고, 가족식사에서 이루어지는 예절(禮節), 형식, 문화 등을 통해 한 가족임을 공유하게 하는 힘이 내포되어 있다(미리엄 와인스타인, 2006). 따라서 사회적으로 청소년의 문제, 학교 폭력, 인성교육의 부재 등이 심각한 현실에서,

가족이 함께하는 식사시간을 활용한 밥상머리교육에 관심이 커지고 있는 것은 당연하다(이현아, 2014). SBS 스페셜 제작팀의 '밥상머리의 작은 기적'에서는 인생 최고의 교실이 밥상머리이며, 언어발달, 지능발달의 가치를 담고 있다고 방송한 바 있다(SBS 스페셜 제작팀, 2011).

밥상머리교육이 오늘날 갑자기 회자되고 있는 것은 아니다. 이미 밥상머리교육은 전통사회로부터 강조되어 왔던 가정교육의 핵심이자 예절교육이었으며, 인성교육이었다. 우리 사회에서 통용되는 말 중에는 '예절교육은 밥상머리교육에서부터'라는 말도 있다. 최근 밥상머리교육의 효과성을 증명하기 위한 실증연구들이 시도되고 있는 것은 매우 고무적이다. 그러나 밥상머리교육이 인성교육 원형으로서의 '예절'교육이며, 현대에도 적용될 가치가 있다는 것을 언급하고, 그 관련성을 논의하는 연구는 제한적이다. 이는 급격한 사회변화와 글로벌 환경의 영향에 따라 우리의 식생활문화도 크게 변화하여 이미 '한국식' 또는 '전통식'이라고 보기 어려운 서구화의 특징이 많아지고 있어, 고유의 밥상머리 예절교육이 주목받지 못하고 있는 까닭도 있다. 특히 우리나라가 다문화 사회로 진입되면서 전 세계의 음식문화가 공존하고 있고, 한국의 전통사회 식사예절과는 거리가 있기 때문이기도 하며, 각 가정에서는 외식의 비중이 높아지고 있다는 이유도 크다 할 것이다. 농림축산식품부의 '2015년 식품 소비량 및 소비행태 조사 보고서'에 따르면 음식 소비 방법별 지출액 비중에서 외식이 30.1%를 차지하고 있을 정도로 국내 가구들의 식생활 외부 의존도가 높은 것을 알 수 있다. 이에 따라 유아 및 청소년 시기에도 가정 내에서 식사를 하는 경우가 점점 줄어드는 경향이 나타나게 되는 것은 자명하다. 밥상머리교육의 핵심은 음식을 먹는 과정을 통하여 우리의 문화와 정서를 터득하며, 가족관계 증진과 인성 함양의 기초가 될 것으로 보는데, 현재 가정에서의 식생활 상황은 이러한 점이 간과되는 것은 아닌지 우려된다.

밥상머리교육 안에 내포되어 있는 한국인으로서의 정서와 예의범절에는 시대성을 초월한 가치덕목이 존재한다고 밝힌 선행연구들이 있다(주영애·박상희, 1999; 이영미, 1995; 이영미, 1989; 박상희, 1999; 유안진, 1986). 이 연구는 1980년대 후반부터 2000년 이전까지의 연구들이며, 현재 시점에서는 추가로 진행되지 못하고 있는 상황이다. 최근에 학회를 중심으로 밥상머리교육, 인성교육 등으로 재논의 되고 있고, 2015년 대한가정학회의 추계 학술대회 주제로 논의하게 된 것은 시대적으로 이 연구의 필요성이 절실함을 말해주는 것이라 생각한다.

따라서 교육부와 서울대학교 학부모정책연구센터가 공동 개발한 "밥상머리교육 학부모용 길라잡이(서울대학교 학부모정책연구센터, 2012)"에서도 '전통에서 배우는 밥상머리교육'의 의미를 제시하고, 밥상머리교육을 통해 얻게 되는 자녀들의 예의바른 행동을 제안한 바를 볼 때, 본 논문에서는 전통사회로부터 이어지고 있는 밥상머리교육의 원형이 될 수 있는 바를 전통사회의 규범서를 중심으로 그 구체적인 내용을 찾아 제시해 보고자 한다. 이는 예로부터 지켜지고 있는 밥상머리교육의 핵심적인 내용을 고찰하여 '예절교육은 밥상머리교육에서부터'라고 회자되어온 옛 말의 실천적인 내용에 대해 중요한 문헌적 근거를 밝히는 과정이 될 것이다. 또한 조선시대 규범서에 나타난 '밥상머리' 예절교육에 담겨있는 내용이 현대적으로 어떠한 의미를 갖고 있는지를 분석해보고, 전통적인 밥상머리 예절교육이 특히 최근 강조되는 인성교육에 접목될 수 있는 시의성이 있다는 점을 재고해 보고자 한다.

## 2. 연구방법

본 논문에서는 전통사회의 '밥상머리' 예절교육의 내용을 파악하기 위하여 조선시대 초기에서부터 말엽까지 읽혀 왔던 규범서를 고찰의 기초자료로 활용하였다. 규범서의 선정과 내용분석의 기준이 된 6가지의 내용은 다음의 연구단계를 거쳐서 설정하였다. 첫째, 조선시대의 대표적인 규범서로 논의되었던 선행연구(주영애·박상희, 1999; 이영미, 1995; 이영미, 1989)를 토대로 고찰해 본 바, 본 연구에서 활용할 수 있는 규범서를 관련 분야 전공교수와 박사과정생의 논의를 거쳐 최종적으로 8권을 선별하였다. 둘째, 규범서의 내용은 유사한 범주로 구분할 수 있는 내용을 2단계를 거쳐서 정리하였다. 즉, 1단계는 선행연구(주영애·박상희, 1999; 이영미, 1995; 이영미, 1989)에서 논의된 식생활예법에 대한 분류를 참고하여 내용을 구분하였고, 2단계는 1단계에서 선별된 내용을 기준으로 각 규범서에서 강조되고 있는 내용의 원문을 고찰하여, 2회 이상 유사개념으로 언급된 내용을 재정리하였으며, 본문에서 제시하는 총 6가지의 범주로 재구분하게 되었다.

인성교육진흥법에서 제시하고 있는 8가지의 핵심가치덕목, 즉, 예, 효(孝), 정직, 책임, 존중, 배려, 소통, 협력 등과 전통사회의 밥상머리 예절교육과의 관련성에 대해 3차에 걸쳐 전공자들과 토의하였다. 본 연구자와 박사과정·석사과정 전공자를 중심으로 논의하여 내용 분류의 적합도를 찾아보았다. 본 연구에서 밥상머리 예절교육에 관한 조선시대 유아부터 어른에 이르기까지 읽혀졌던 규범서는 <표 1>과 같이 중국 번역서 2권과 조선시대 여러 저자들의 규범서 6권, 총 8권을 분석하였다. 이 규범서는 유아, 청소년, 남녀의 예법에 대한 내용으로 각 상황에 맞추어 읽도록 권장되었고, 남녀노소 공통으로 수신을 위한 필독서로 보편적으로 읽혀 왔던 대표적인 훈육서이다(이영미, 1989).

<표 1> 밥상머리 예절교육 내용이 수록된 조선시대의 규범서

| 서명 | 년대 | 저자 및 역자 | 특성 |
|---|---|---|---|
| 소학<br>小學 | 중국 송<br>(고려 말) | 朱熹 | 중국문헌이나 조선의 童蒙教材로서 활용되었으며 학문하는 사람에게 널리 읽혀온 必讀書 |
| 내훈<br>內訓 | 1475년 | 昭惠王后 | 궁중의 妃嬪과 婦女들의 교육을 위하여 열녀, 여교, 명감, 소학의 네 책에서 여성교육에 필요한 것을 가려서 만든 책 |
| 동몽수지<br>童蒙須知 | 중국 송<br>1517년(중종 12)목판본간행 | 朱熹 | 어린이가 지켜야 할 기본적인 道理와 禮節을 적은 수신서. 고려 말경 들어온 것으로 추정되며, 조선시대에 아동교육용으로 널리 사용된 책 |
| 성학집요<br>聖學輯要 | 1575년 | 李珥 | 율곡이 25세에 선조에게 올린 저술로 중국철학의 대표적 유교경전인 6經4書와 송대 유학자들의 저술에서 뽑아 정리한 일종의 編著 |
| 격몽요결<br>擊蒙要訣 | 1577년 | 李珥 | 간략하게 일상생활의 실례를 곁들임으로써 초학자들이 알기 쉽게 학문의 요체를 조리 있고 체계적으로 깨달을 수 있게 만든 책 |
| 증보산림경제<br>增補山林經濟 | 1766년 | 柳重臨 | 홍만선의 山林經濟에다 소류한 부분을 부문별로 분류하여 增補한 책 |
| 사소절<br>士小節 | 1775년 | 李德懋 | 마음가짐과 몸가짐에 대한 행동규범이 수록되어 있으며, 남성(士典篇) 여성(婦儀篇) 아동(童規篇)을 위한 각 편으로 구성되어 있는 修身書 |
| 고암가훈<br>顧菴家訓 | 1886년 | 李擎根 | 일상생활에서 능히 행할 수 있는 일들을 자녀들로 하여금 따르도록 적은 글 |

## Ⅱ. 규범서에 나타난 밥상머리 예절교육

### 1. 교육 내용

#### 1) 발달 수준에 맞춘 가르침

전통사회의 자녀교육에 있어서 식사예절, 즉, 밥상머리 예절교육은 매우 중시되었는데, 『내훈(內訓)』 훈육서에 인용되고 있는 『여사서(女四書)』 <여범 통론편(女範 統論編)>에는 "어린 아이를 가르치는 때는 가르침을 음식(飮食)에서부터 비롯하나니"(다운샘편집부, 2004)라고 하여 밥상머리 예절에 대한 조기교육의 중요성을 언급하고 있다. 우리의 예절교육은 예로부터 '밥상머리교육'이라 할 정도로 엄격한 식사예절을 가르치도록 하였으며, 이는 유아의 발달 수준에 맞는 합리적인 가르침이었다. 유안진은 전통사회에서의 식사예절교육에 대해 종합하여 다음과 같이 기술했다. "수저를 사용하는 것도 조모의 소관으로 훈련 받았는데 음식을 흩트리거나 흘리는 것도 너그럽게 허용되면서 서서히 배워나갔다. 대개 3-4세경에는 숟가락만 사용하도록 요구되다가, 이 시기가 지나면 젓가락도 사용하도록 허용되는데, 6-7세경에는 능숙하게 젓가락을 사용하는 기능을 습득하였다. 이 시기는 성인들과 같은 상에서 음식 먹는 훈련을 받는데, 반찬투정이나 끝까지 제 몫을 남기지 않고 다 먹어야 훗날에 잘 살고 특히 마지막 밥숟가락을 먹어야 명(命)이 길다고 하여 엄격한 식탁 훈련을 거치게 되었다. 음식을 입에 넣고 울거나 말하는 것은 이때도 허용되지 않지만 보다 본격적인 식탁예절은 5-6세경에 철저하게 훈련되었다(유안진, 1986)." 이는 자녀의 예절교육에 있어서 연령과 발달 수준에 맞는 가르침이 중요하게 적용되어 왔음을 잘 보여주는 바이다.

### 2) 오른손 사용과 수저 사용법

『소학(小學)』 <입교(立敎)>에는 아이들이 밥을 먹게 되거든 오른손으로 먹는 것을 가르치라고 명시되어 있다. 가르침에 따르지 않았을 때는 왼손잡이가 되고, 이는 부모의 가르침을 따르지 않는 것이라 하여 불효라고 지탄을 받기도 했다. 즉, 오른손잡이의 대원칙을 준수하며 성장하게 되면 품위를 가지게 되므로, 유아들에게는 엄격하고 까다로운 식사예절이 요구되었다. 『성학집요(聖學輯要)』 3편 <정가(正家) 교자(敎子)>에도 이와 같은 바를 찾아볼 수 있다. "자식이 밥을 먹을 수 있게 되면 오른손으로 밥을 먹도록 가르쳐야 한다. … 식(食)은 밥(飯)이다. 사내아이나 계집아이나 모두 오른손으로 밥을 먹게 하는 것은 그 강함을 취한 것이다(이이, 2008)." "비록 급한 일이 있더라도 식사가 나오면 반드시 수저를 들어야지, 지체하여 음식이 식고 먼지가 앉게 하여서는 안 된다. 또 같이 먹는 사람으로 하여금 기다리게 하고서 먼저 먹지 못하게 해서도 안 된다(雖有事, 食至必擧匙, 不可遲留, 使食氣冷而栖塵, 又不可使同食者, 待而不敢先食)(이덕무, 1993)."라고 하였다. 또한 『사소절(士小節)』 <사전(士典) 동지(動止)>에는 식사를 막 끝마치고 아직 밥상을 물리지 않았을 때 일어서는 것은 점잖은 행동이 아니라고 경계하였다. 『사소절』 <동규(童規) 경장(敬長)>에도 어른을 모시고 식사할 때 먹자마자 수저를 내던지거나 급히 먼저 일어나는 것은 금하라고 하였다. "음식을 먹을 때는 숟가락을 들면 반드시 젓가락을 놓고, 젓가락을 들면 반드시 숟가락을 놓으며, 먹기를 마치면 숟가락과 젓가락을 상 위에 놓아야 한다(凡飮食 擧匙 必置箸 擧箸 必置匙 食已 則置匙箸於案)(박세무, 1986).”라고 하여 수저사용의 올바른 방법을 수록하고 있다. 즉, 동시에 수저를 한손에 들고 음식을 먹는 것은 경계하여 가르쳤던 바를 알 수 있다.

### 3) 자기 절제

음식을 대할 때 지나치게 탐하거나 가려 먹지 않도록 자기절제를 시키는 가르침도 각 규범서에서 찾아 볼 수 있다. 『성학집요』 2편(篇) <수기(修己) 양기(養氣)>에서는 음식을 절제하여 몸을 기른다고 하였다. 『격몽요결(擊蒙要訣)』의 <지신장(持身章)>, 『고암가훈(顧菴家訓)(이경근, 1976)』의 음식에서도 밥상머리 교육으로 제시된 바는 양에 맞게 적당히 먹을 것이 언급되어 있고(정창우, 2015), 『소학』 외편(外篇) <가언(嘉言)>에는 그에 대한 내용이 더 자세하게 기록되어 있다. “범익겸의 좌우계에 이르기를 … 음식을 먹을 때에는 가려서 입에 맞는 것만을 골라 먹는 일이 있어서는 안 되며, 또 입에 맞지 않는 음식이라고 하여 남겨 버리는 일이 있어서도 안 된다(范益謙 座右戒 曰 … 凡喫飮食, 不可揀擇去取)(주희, 1989).” “남과 함께 음식을 먹을 때에는 배불리 먹지 않으며 … 밥을 뭉치지 말며, 밥숟가락을 크게 뜨지 말며, 물 마시듯 들이마시지 말아야 한다. 밥을 뱉지 말며, 뼈를 씹지 말며, 먹던 고기를 다시 그릇에 놓지 말며, 뼈를 개에게 던져 주지 말며, 어느 것을 굳이 먹으려고 하지 말아야 한다. 뜨거운 기운을 식혀서 빨리 먹으려고 밥을 파헤치지 말며, 기장밥은 젓가락으로 먹지 말아야 한다. … 나물국을 들이마시지 말며, 국에 조미(調味)하지 말아야 한다. 이를 쑤시지 말며, 젓국을 마시지 말아야 한다. 손님이 국에 조미하면 주인은 국을 잘 끓이지 못했다고 사과하고, 손님이 젓국을 마시면 주인은 집이 가난하여 음식 맛이 좋지 못하다고 말한다. … 젖은 고기는 이로 끊고, 마른 고기는 이로 끊지 않으며, 구운 고기는 한입에 넣어 먹어버리는 일이 없어야 한다(曲禮 曰 共食不飽 共飯小不學澤手 毋摶飯 毋流歠 毋放飯 毋咤食 毋齧骨 毋反魚肉 毋投骨與狗 毋固獲 毋揚飯 飯黍毋以著 毋嚃羹 毋絮羹 毋刺齒 毋 歠醢 客 絮羹 主人 辭不能亨 客 歠醢 主人 辭以窶 濡肉 齒決 乾肉 不齒決 毋嘬炙)(주희, 1989).”라고 하여 음식에 대해 절제하도록 강조하였으며, 남과 함께 음식을 먹을 때는 맛있는 음식만을 먹으려 들고, 음식을 탐하여 남과 경쟁을 벌이는 것 같은 행동은 극히 삼가야 함을 말하고 있다. 『소학』 내편(內篇) <경신(敬身)>에서는 음식을 탐하는 사람은 사람들이 천히 여긴다고 하였고, 또한 너무 많은 양을 먹지 않도록 하며 편식하지 않도록 가르쳐 왔다. 또한 음식을 먹을 때에도 순서와 격식이 있었다고 하였다. 『사소절』과 『소학』에는 그에 대한 기록을 잘 볼 수 있다. “무나 배나 밤을 먹을 때는 자주 씹어 사각사각 소리를 내지 말고, 국수나 국이나 죽을 먹을 때는 갑자기 들이마셔 후루룩 후루룩 소리를 내지 말고, 물을 마실 때는 목구멍 속에서 꿀꺽꿀꺽 소리 나게 하지 말라(噉菁若梨栗, 勿數嚼潄潄有聲, 喫麵若羹粥, 勿頓吸齞齞有響, 飮水, 勿使喉中汩汩)(이덕무, 1993).” 이외에도 밤참을 많이 먹지 말고, 먹은 뒤에 곧 눕지 말며, 음식부스러기를 혀로 핥지 말라는 가르침도 있다. 또한 아침 먹기 전에 낯을 씻어야 하고, 손으로 음식을 집어 먹고 나서 옷섶에 닦지 말며, 땀난 손으로 먹을 것을 쥐지 말라는 구체적인 가르침도『사소절』<동규>에는 수록되어 있다. 그리고『사소절』<사전 복식(服食)>에는 집에 때 아닌 음식이 생기게 되면 비록 그 양이 적더라도 노소나 귀천을 가리지 말고 고루 나눠서 맛보게 해야만 가정 내에 화목한 기운이 넘치게 된다고 하였고, 주인은 고기를 먹으면서 손님에게 푸성귀를 대접하는 것은 아름다운 일이 아니므로 가정형편의 있고 없고를 떠나서 대접하며, 혼자서 탐하여 음식을 취하지 말고, 나누는 마음을 가져야 함을 일깨우고 있다. 또한 1800년대 여성 실학자로 일컬어지는 빙허각 이 씨가 아녀자를 위해 엮은 백과사전인『규합총서(閨閤叢書)(빙허각 이 씨, 1975)』에는 음식을 준비하는 이의 수고에 감사하고, 큰 은덕을 헤아려 음식의 맛을 너무 따지지 말라, 과(過)하고 탐(貪)내는 마음을 없애라, 음식을 먹는 사이에도 어진 마음을 잃지 말라는 등 식사할 때 사대부가 지켜야 할 다섯 가지 내용인 식시오관(食時五觀)이 제시되어 있다. 즉, 음식에 대하여 탐하지 말아야 함을 강조한 자기절제의 내용임을 알 수 있다.

### 4) 웃어른과의 식사예절

음식을 먹을 때 중요하게 여겼던 것은 어른이나 타인과 함께 식사를 할 때의 예절이라고 할 수 있다. 음식을 먹을 때는 단정하고 깨끗한 모습을 갖추어 자기 자신을 낮추고 상대방을 높이는 겸손한 식생활 습관을 형성하도록 했다. “잔치에 어른을 사사로이 모시고, 밥 먹을 때는 먼저 들고 나중에 수저를 놓으며, 밥을 마음껏 떠먹지 말며, 마구 후룩후룩 마시지 말며, 조금씩 떠먹어 빨리 삼키며, 자주 씹어 쩝쩝대지 말아야 한다(소혜왕후, 1984).” “군자를 모시고 먹을 때에는 군자보다 먼저 밥을 먹어서 군자보다 뒤에 그친다. 밥숟가락을 크게 뜨지 말며, 국물을 물 마시듯 마시지 말아야 한다. 적게 먹고 빨리 먹는다. 여러 번 씹으나 입으로 시늉하지 않는다(주희, 1989).”라고 하여 음식을 먹을 때의 예절을 제시하였다.

과거에는 어른과 함께 음식을 먹을 때에는 먼저 음식을 맛보는 것이 예의로 되어 있었으므로, 어른보다 먼저 먹는 것이 당연하였고, 오늘날 가르치고 있는 예법과는 다소 차이가 있다. 『동몽수지(童蒙須知)』에는 “웃어른 앞에서 음식을 먹을 때는 반드시 가볍게 먹고 천천히 삼켜서 먹는 소리를 내지 말아야 한다. 음식을 먹는 예절은 많고 적은 것과 좋고 나쁜 것을 비교하여 다투지 말아야 한다(박세무, 1986).”라고 하였다. 웃어른과 음식을 함께 먹을 때는 더욱 조심하여 소리 내지 않고, 음식의 좋고 나쁨을 탓하지도 말아야 한다고 하였다.

### 5) 음식을 대하는 태도

『증보산림경제(增補山林經濟)』에는 “음식을 먹는데도 예절이 있다. 밥상이 들어오면 반드시 일어섰다가 앉아서 의관을 바로 하고 경건한 마음으로 대해야 한다. … 음식을 대해서는 침을 뱉지 말아야 하고 더러운 것을 들먹이지 말아야 한다. … 음식을 대하여는 걸터앉지 말아야 하고, 도사리고 앉지도 말아야 하며, 너무 허리를 젖혀 배부른 것처럼 앉아도 안 되고, 또 너무 구부려 금방 먹고 싶어 하는 것처럼 해서도 안 된다. … 음식을 먹을 때 절대로 입을 가져다 먹지 말 것이며, 머리모양, 입모습을 단정히 해야 한다(유중림, 2003).”라고 하였으며, 『사소절』에는 “비록 화를 낼만한 일이 있다고 해도 식사를 할 때에는 반드시 노여운 기운을 가라앉혀 마음을 안정하여서 성난 소리를 지르지 말고, 갑자기 수저를 내던지지 말고, 크게 탄식하지 말 것 … 식사를 막 끝내고 아직 밥상을 물리지 않았을 때 일어서는 것은 점잖은 행동이 아니다. … 식사를 마치면 반드시 수저를 가지런하게 놓아 손잡이 끝이 상 밖으로 나오지 않게 할 것이다(雖有可怒, 對金必降氣安舒, 勿咆哮, 勿頓放匙著, 勿太息)(이덕무, 1993).”라 하였다. 또한 『증보산림경제』에는 “남들이 한창 밥을 먹고 있을 때는 절대로 더러운 일에 대하여 이야기를 하거나 내키는 대로 코를 풀고 침을 뱉지 말아야 한다(유중림, 2003).”라 하였고, 『사소절』에는 “남과 함께 앉았을 때 마침 누가 술, 음식, 과실을 대접하는 일이 있으면, 반드시 고르게 나누어 먹어 서로 친밀하게 지내야지 혼자 먹거나 또는 거두어 넣기에 급급하고, 그러고도 오히려 남이 혹 먹기를 청할까 염려해서는 안 된다. … 남과 더불어 한 상에서 함께 밥을 먹을 때, 고기니 떡이니 자기가 먹고 싶은 것이 비록 왼쪽에 놓였더라도 끌어다가 자기 앞에 놓지 말고, 각각 한 상을 받았을 때 내가 먹을 음식을 다 먹었으면, 남이 먹을 음식을 더 먹으려고 하지 말 것이다(與人同坐, 適有人饋酒食果實, 必均分款洽, 不可獨食, 而且收藏甚忙急, 猶恐人之或請食也, 饕食之人, 與人共食一卓, 若肉若餠, 己欲食者雖左, 毋援置于前, 各對一案, 我食旣訖, 毋加食人之所食)(이덕무, 1993).” 하였다. 단정한 모습으로 음식을 대해야 하며, 음식을 모두 먹고 나서도 바른 예절을 지켜야 한다는 가르침을 제시하고 있다. 한편 공자의 식생활에 대하여 『논어(論語)』로부터 인용하여 음식섭취에 주의하도록 경계한 바도 있다. “밥이 쉬어서 맛이 변한 것과 물고기의 썩어 문드러진 것과 육류의 부패된 것을 먹지 않았다. 빛이 나쁘면 먹지 않으며, 냄새가 나쁘면 먹지 않으며, 잘

익지 않았으면 먹지 않으며, 제철의 것이 아니면 먹지 않았다. 벤 것이 반듯하지 않으면 먹지 않으며, 장(醬)이 식물(食物)과 맞는 것이 아니면 먹지 않았다. … 고기가 비록 많더라도 밥보다 더 많이 먹지 않았으며, 술은 한량(限量)이 없었으나 취하여 미란(迷亂)하기에 이르지 않았다(이강재, 2006).”고 하여 음식을 섭취할 때는 건강에 해가 될 수 있는 바도 경계하도록 해 왔음을 알 수 있다.

이덕무의 『사소절』은 3개의 편으로 구성되어 남성의 예법을 말하는 <사전 편(士典篇)>, 부인의 예법을 말하는 <부의 편(婦儀篇)>, 아동의 예법을 말하는 <동규 편(童規篇)>으로 되어 있는데, 다른 규범서보다도 특히 <사전>과 <동규>에는 음식을 먹을 때의 예법과 금기사항이 상세하게 기록되어 있다. 『사소절』의 <부의 편>에서는 여성을 위한 예법을 기록하고 있는데, 음식을 먹는 예법보다는 음식 만들기에 대한 가르침이 주로 수록되어 있어, 이는 본 고찰에서는 제외하였다. 참고로 『사소절』 <사전>에 제시된 구체적인 음식 먹을 때의 예법 몇 가지를 보면, 다음과 같다.

- 남과 마주 앉아서 회를 먹을 때는 겨자초장을 많이 먹어서 재채기를 하거나 눈물을 흘리지 말 것(對人喫膾 不可多食芥醬 以嚔涕).
- 무를 많이 먹고 남을 향하여 트림을 하지 말 것(亦勿多食蕪菁, 向人致噫).
- 남이 아직 식사를 마치지 않았다면 비록 급하더라도 변소에 가지 말 것(人未訖食, 雖急勿登溷).
- 물 국수를 먹을 때는 입 밖의 남은 부분이 어지러이 국물에 떨어지지 않게 할 것(凡喫水麵, 勿以口餘亂落于水).
- 상치·참취·김에 밥을 쌈 싸서 먹을 때는 함부로 손가락이나 손바닥을 쓰지 말 것(萵苣·馬蹄菜·海苔包飯, 勿徒使指掌).
- 너무 쌈을 크게 싸서 입 안에 넣기가 어렵게 하지 말 것(勿大包難容口).
- 수박은 씨를 자리에 뱉지 말고, 이빨로 쪼개지 말 것(西瓜, 勿犀噴於席,

勿判犀以齒).

· 무나 배나 밤을 먹을 때는 자주 씹어 사각사각 소리를 내지 말고, 국수와 국이나 죽을 벅을 때는 갑자기 들이마셔 후루룩 후루룩 소리를 내지 말고, 물을 마실 때는 목구멍 속에서 꿀꺽꿀꺽 소리 나게 하지 말 것(啖菁若梨栗, 勿數嚼漱漱聲, 喫麵若羹粥, 勿頓吸齷齷有響, 飮水, 勿使喉中汩汩).

· 밥을 앞에 놓고 기침하지 말고, 밥을 먹으면서 웃지 말고, 하품하지 말고, 밥을 다 먹고 물을 마시고 난 뒤 다시 짠 반찬을 씹지 말 것(當食勿咳, 方食勿笑, 旣食勿欠, 飯已飮水, 毋卽更啖鹹饌).

· 술이 비록 독하더라도 눈살을 찌푸리고 '카아' 하고 숨을 내쉬어서는 안 되고, 빨리 마셔서는 안 되며, 혀로 입술을 빨아서는 안 됨(酒雖烈, 不可蹙眉呵氣, 不可疾飮, 不可以舌掠脣).

· 밥이나 국이 뜨거워도 입으로 불지 말 것(飯羹, 雖赫熱, 勿口吹也). 이라고 하였다(이덕무, 1993).

또한 『사소절』 <동규>에 제시된 음식 먹을 때의 예법을 제시하면 다음과 같다.

· 음식을 서로 다투고 사양하지 않는 것(飮食相爭, 不相推讓).

· 어른이 식사하는 것을 보고 침을 흘리며 바라봐서는 안 됨(見長者方食, 不可流涎而企之).

· 먹은 뒤에 곧 눕지 말 것(食後勿卽臥).

· 음식 먹을 때 부스러기를 혀로 핥지 말 것(凡飮食, 屑不可舌舐).

· 밥을 먹을 때는 웃음을 터뜨리지 말 것(當食勿放笑).

· 물기 있고, 맵고 짠 반찬을 맨손으로 먹고 나서 그 손으로 얼굴과 눈을 문지르거나 배나 등을 긁거나 책을 집어 들거나 옷섶에 닦지 말 것(濡濕辛鹹之饌, 勿徒手而啖, 仍于搭面目, 搔腹背, 揭書帙, 拭衣襟)(이덕무, 1993).

즉, 규범서에 나타난 밥상머리 예절교육 내용에는 먹을 때 소리를 내지 않고 먹도록 하며, 어른보다 나중에 먹고, 음식을 먹고 난 후에도 예절을 지켜야 한다는 등 어릴 때부터 올바르게 음식 먹는 예의 바른 자세를 몸에 익혀야 하고, 타인에게 불쾌감을 주지 않아야 함을 경계하고 있다. 타인과 식사 할 때는 겸손한 태도를 취할 것과 염치없는 행동을 삼갈 것을 강조하면서 세세한 주의사항을 일깨웠던 것이다.

### 6) 부모와 조부모로부터 배우기

전통사회에서의 생활교육은 가정교육이 그 중심이 되었다. 자조기능을 습득할 수 있는 일상생활교육, 예의범절 등은 부모와 조부모에 의해서 이루어졌으며, 이른바 비형식적, 비제도적인 교육이었다(이영미, 1989). 가정에서의 훈육과정을 통하여 혼자 식사하기, 배변, 옷 입기, 신발 신기 등이 기초교육으로 중요하게 이루어졌다. 어머니가 기본적으로 가르쳐야 할 교육내용은 『내훈』의 <모의장(母儀章)>과 『사소절』 <부의 편 교육(教育)>에 명시되어 있다. 특히 밥상머리 교육으로는 자녀로 하여금 음식을 탐하는 것을 금하도록 가르치라 하였다.

가정에 손님이 오시거나, 대소사가 없을 때에는 남아는 아버지나 할아버지와 겸상한 식사 상을 받았으며, 이때 식사예절을 배우게 되었다. 어른과 함께 식사할 때의 예법과 수저사용방법 등도 익혔다. 젓가락이 부족했던 서민가정에서는 아동들에게 젓가락이 주어지지 못했다고 하며, 천민의 경우는 시집, 장가들 나이에야 젓가락질을 할 수 있었다고 한다. 양반일수록, 가격(家格)이 높을수록, 남아일수록, 젓가락을 보다 빨리 격식을 갖추어 사용할 수 있었는데, 이는 젓가락이 부족한 가정에서는 여아보다 남아에게 젓가락을 우선적으로 주기 때문이었다고 한다.

각 규범서에 제시되어 있는 밥상머리 예절교육 내용은 유아들의 발달 수준에 맞는 식사예절 가르치기, 오른손으로 식사하기 등의 교육내용이 있으며, 올바른 수저사용법, 음식에 대하여 자기절제하기, 웃어른과의 식사예절 지키기, 음식을 대하는 태도, 부모로서 식사법 바르게 교육하기 등의 내용이 제시되어 있다(<표 2> 참조). 각 규범서 중에서도 특히 『소학』과 『내훈』을 비롯하여 『사소절』에는 밥상머리 예절교육내용이 상세히 기술되어 있다. 그리고 특히 자기 절제하기는 『소학』, 『내훈』, 『성학집요』, 『격몽요결』, 『사소절』, 『고암가훈』 등에 공통으로 언급되어 있다.

<표 2> 각 규범서에 수록된 밥상머리 예절교육

| 예절교육내용 | 규범서 | | | | | | | |
|---|---|---|---|---|---|---|---|---|
| | 소학 | 내훈 | 동몽수지 | 성학집요 | 격몽요결 | 증보살림경제 | 사소절 | 고함가훈 |
| 발달에 맞는 식사예절 | ● | ● | | ● | | | | |
| 수저사용법 | ● | ● | ● | ● | | | ● | |
| 자기절제하기 | ● | ● | | ● | ● | | ● | ● |
| 웃어른과의 식사예절 | ● | ● | ● | | | | | ● |
| 점잖게 음식을 대하는 태도 | | | | | | ● | ● | |
| 부모로서 식사법교육하기 | | ● | | ● | | | ● | |

## 2. 교육의 현대적 의의

규범서의 밥상머리 예절교육 내용이 현재 인성교육 핵심가치와의 관련성에 대하여 인성교육을 현장에서 지도하고 있는 전공자들의 3차에 걸친 토의와 합의를 도출하여 제시하였다.

<표 3> 규범서의 밥상머리 예절교육 내용과 인성교육 핵심가치와의 관계

| 내용 | 인성교육 핵심가치 | | | | | | | |
|---|---|---|---|---|---|---|---|---|
| | 禮 | 孝 | 정직 | 책임 | 존중 | 배려 | 소통 | 협력 |
| 발달에 맞는 식사예절 | ● | | | | | | | |
| 오른손으로 식사하기 | ● | | | | | | | |
| 자기절제하기 | ● | ● | | ● | ● | ● | | |
| 웃어른과의 식사 예절 | ● | ● | | | ● | ● | | |
| 점잖게 음식 대하는 태도 | ● | | | | ● | ● | ● | ● |
| 부모로서 식사법 교육하기 | ● | | | ● | | | | |

밥상머리 예절교육은 전통사회에서 중심이 되는 가치로 '예'의 실천을 기본으로 하고 있음을 알 수 있으며, 그 현대적 의의를 <표 4>와 같이 정리하여 논의하고자 한다.

첫째, 유아의 발달 수준에 맞는 식사예절교육의 의의를 찾을 수 있다. 전통사회에서는 유아의 발달 수준에 맞추어 음식 먹기, 숟가락 사용하기, 젓가락 사용하기, 음식남기지 않기 등 상세한 가르침이 이루어졌었다. 이는 현대 유아교육에 있어서도 유아의 발달수준에 맞춘 지도를 강조하고 있어 의미가 깊다. 특히 만 3-6세는 전두엽의 뇌기능이 발달하며 예절과 인성교육이 필요한 시기로 유아가 자조기능을 습득할 수 있도록 훈육되어야 하는데, 이러한 교육적인 지혜가 전통사회에서도 적용되어 왔던 것이다. 뿐만 아니라 유아의 정서발달, 사회성발달, 인지발달은 인성과 관련성이 깊어, 유아의 발달 수준에 맞는 가정에서의 밥상머리 교육은 유아의 통합적인 발달에도 의미가 크다(교육과학기술부&육아정책연구소, 2012). 최근 연구들을 보면, 보다 적극적으로 유아 발달 수준에 적합한 다양한 밥상머리 교육활동 개발과 활용이 요구되고 있다(최미숙·최선미, 2013).

둘째, 한국음식의 특성에 맞도록 오른손으로 식사하는 예절의 가르침을 찾을 수 있다. 한국 음식은 국이나 죽, 탕, 찌개 등 물기가 많고 따뜻한 음식이 주류를 이루고 있으므로, 우리의 음식예법으로는 손으로 음식을 직접 집어 먹는 것은 삼가도록 했다. 한국의 수저는 삼국시대부터 중국과 일본과는 다른 형태와 재질을 바탕으로 만들어져, 고유의 문화적 정체성을 확립하는 수저문화를 탄생시켰다(이승은·윤민희, 2014). 한·중·일 모두 수저 문화권에 속해 있었으나, 중국에서는 송나라 때부터 숟가락이 수저 문화권에서 탈락하여 젓가락 문화권이 되고, 일본도 중국과 같은 무렵 숟가락이 탈락하였으나, 동양 삼국에서 우리나라만 유독 오늘에 이르기까지 수저 문화권을 유지하고 있는데, 이는 숭유주의자들이 공자시대의 숟가락 사용을 그대로 유지해온 것으로 해석되고 있다(오재복, 2004). 오른손 사용에 따라 밥과 국의 위치가 정해져 밥은 왼쪽에 국은 오른쪽에 배치가 된다. 또한 따뜻한 반찬과 차가운 반찬의 위치도 정해지게 된다. 오늘날에는 우리 사회에 다양한 이국문화가 공존하고 있고, 유아의 발달을 자연스럽게 유도하기 위해 음식을 먹을 때 오른손 사용을 반드시 교육해야 할 것인가에 대한 이견도 있겠으나, 강압적으로 오른손 사용을 요구하기보다는 한국문화교육 차원에서 수용하고 전수하는 교육적 접근이 필요하다고 여겨진다.

셋째, 우리의 밥상머리 예절교육은 자기절제의 훈육과 공동체 삶과 나눔, 배려, 소통 등의 가치를 담고 있다. 한국인들은 음식과 식사를 귀하게 여기고 즐기면서도 유교 사상적 영향(『논어』 <학이(學

而)>, 君子食無求飽) 아래 예절을 중시하고, 간소하게 식사를 해 왔다. 그리고 식시오관에서도 알 수 있듯이(빙허각 이 씨, 1975) 음식을 준비한 분들에 대한 감사는 물론이고, 함께 식사하는 예절을 매우 중요하게 여겼다. 음식을 중심으로 하여 공동체적 유대감을 느낄 수 있는 가장 기초적이며 의미 있는 교육으로서 밥상머리교육 특히 밥상머리 예절교육에 대하여 공동체적인 관심과 실천이 필요하다. 어른들과 음식을 함께 먹으며 자기가 좋아하는 것만 탐하여 먹는 것을 절제하도록 가르쳐 왔다는 점은 예절교육의 핵심이 된다. 최근 연구에서는 아버지 또는 어머니와 함께하는 가족식사 빈도와 의사소통이 청소년의 삶의 만족에 유의한 영향을 미치는 것으로 확인되었다(배희분 · 옥선화 · 양경선 · 그레이스 정, 2013). 또한 가족동반식사가 자녀의 심리에 영향을 미치고 가족식사를 자주하는 초등학생 집단과 그렇지 않은 집단 간의 삶의 만족도에 유의한 차이가 나타나는 등 가족과 함께하는 식사 공동체문화의 경험은 삶에 있어서 다양한 의미와 가치를 내포한다는 점이 주목되고 있다(이영미 · 이기완 · 오유진, 2009). 음식을 먹을 때 자기절제 하기, 웃어른과 함께할 때의 식사예절 지키기, 점잖게 음식 대하는 태도 익히기, 더럽고 불쾌한 말 안하기, 고르게 나누어 먹기 등은 우리의 공동체적 음식문화에서 더욱 강조된 바이다. 우리나라 사람들은 '혼자서 밥 먹기'를 즐겨하지 않는다. 요즈음 혼자 먹는 식생활문화를 칭하는 '혼밥', '혼술', '혼밥족'이라는 유행어가 등장하고 있고, 인터넷 포털사이트 사전에도 수록되는 상황에 이르렀다. 이는 한국인의 정서나 음식문화와 예법과는 거리가 멀어지고 있는 시대상을 단적으로 보여준다. 점점 개인화되어가고, 면대면의 교류가 적어지는 생활문화가 '음식'

을 공유하지 못하는 데에서 극명하게 보이고 있는 것이다. 우리는 함께 음식을 나누는 공동체 문화를 선호해 왔다. 이는 한국음식문화에 나타나는 융·복합성 고찰(이화형, 2010)에서도 이미 언급되었다. 즉, 한국인의 식문화(食文化)는 예절을 중시하고 음식을 통해 남과 정(情)을 나누고자 하는 의식이 강하여 인본주의적인 성격이 강하다고 분석하였다. 이러한 특성으로 인해 함께 식사할 때 지켜야 할 예법을 특히 강조해 왔다고 보인다. '식사를 같이 한다'는 것은 다른 사람을 배려하고, 존중하며, 함께한다는 뜻이 강하다. 음식을 먹을 때 특히 조심하고, 너무 많이 먹지 않도록 절제하며, 상대방에게 불쾌감을 주는 행동은 절대로 삼가도록 해왔다. 규범서를 토대로 보면, 밥상머리 예절교육으로는 절제와 배려, 존중, 협동 등의 가르침을 확인할 수 있다.

넷째, 밥상머리 예절교육은 부모와 조부모의 책무로 이루어졌다는 점이다. 부모의 가정교육은 모든 교육의 근간이며, 사회가 변화하였다 하여, 부모로서의 책무가 변화하는 것은 아니다. 최근 연구에서도 나타났듯이 유아의 식습관과 자기조절력이 어머니의 양육행동 간에 관계가 있음을 볼 때(조윤나·최윤이, 2010), 자녀의 밥상머리교육을 위해서는 부모의 역할이 변함없이 중요함을 알 수 있다. 그럼에도 불구하고 가정보다는 교육기관을 중심으로 가정에서 이루어졌던 기초교육이 강조되고 있다. 최미숙·최선미의 선행연구(최미숙·최선미, 2013)에서 언급했듯이 교육기관에서 밥상머리 예절교육을 시행하는 교육 프로그램의 구안을 모색하고 있다. 그러나 과거 좌식생활과 한국음식 중심의 밥상머리 예절교육은 현대사회의 변화된 주거형태와 식탁문화, 다양해진 다국적 음식문화의 보편화를 볼 때, 재고가 필요하다. 교육기관에서는 한국음식을 중심으로 한 예절 교육보다는 서양식 식탁매너를 비롯하여 중국, 일본, 동남아시아 등 다양한 이국적 음식문화에 맞는 매너교육에 집중하고 있는 경향도 있다. 따라서 가족이 식사를 함께한다는 측면에서의 긍정적 효과는 물론이고, 한국의 밥상머리 예절교육을 위해 사회 환경 변화를 반영하되 효과적으로 진행할 수 있는 방법을 강구해야 한다.

다섯째, 밥상머리 예절교육은 현대의 인성교육을 위한 핵심가치를 담고 있다. '인성교육진흥법(법률 제13004호, 2015. 1. 20. 제정)' 제2조(정의) 1항에 명시된 '인성교육'이란 자신의 내면을 바르고 건전하게 가꾸고 타인·공동체·자연과 더불어 살아가는데 필요한 인간다운 성품과 역량을 기르는 것을 목적으로 하는 교육을 말한다. 또한 2항에는 '핵심가치덕목'을 인성교육의 목표가 되는 것으로서 예, 효, 정직, 책임, 존중, 배려, 소통, 협동 등의 마음가짐이나 사람됨과 관련된 핵심적인 가치 또는 덕목을 말한다고 되어 있다. 인성교육진흥법과 규범서에서 제시된 밥상머리 예절교육 내용과의 연관성은 그 핵심가치에서 찾아 볼 수 있다.

<표 4> 규범서의 밥상머리 예절교육에 담긴 역사적·문화적·교육적 의의

| 내용 | 역사적, 문화적, 교육적 의의 |
|---|---|
| 발달에 맞는 식사예절 | 유아교육기관에서 적용될 밥상머리교육의 원형적 가치 내포 |
| 오른손으로 식사하기 | - 오랜 기간 동안 한국음식의 특성이 반영된 고유의 식사예법<br>- 국물과 따뜻한 음식이 많은 한국음식문화의 특성에 맞는 수저사용법.<br>- 수저의 동시사용을 금하여, 음식 먹을 때 도구사용이 용이하도록 함 |
| 자기절제하기 | 음식에 대한 과욕을 자기절제하고, 타인을 배려하며 나눔의 교육실천 |
| 웃어른과의 식사 예절 | 웃어른을 모시면서 식사방법을 익혀 조심하며, 존중하는 가치를 함양 |
| 점잖게 음식 대하는 태도 | 음식을 준비해준 이에 대한 감사와 음식을 소중히 대하는 태도를 익힘 |
| 부모로서 식사법 교육하기 | 밥상머리 예절교육의 우선 책임은 부모에게 있음을 상기 |

아동의 발달단계별로 적합한 식사예절을 배워 나가는 것은 각 시기에 맞는 인지발달을 비롯하여 신체발달, 정서발달 등 정도의 차이가 있기 때문이며, 이러한 발달은 인성과 관련되어 있다는 점에서 의의가 있다(교육과학기술부&육아정책연구소, 2012). 따라서 유아부터 성장 시기에 맞춘 바른 행동을 유도하는 교육은 중요하다. 아동은 교육 내용을 인지하고, 스스로 할 수 있다는 수용 가능성이 있을 때 좌절감 없이 습득하고, 자연스럽게 발달해 나갈 수 있기 때문이다. 음식을 먹을 때 좋아하는 음식만을 탐하지 않고, 자기절제를 하며, 웃어른과의 식사예절 등을 지키도록 하는 가르침은 예, 효, 책임, 존중, 배려 등의 가치와 관련이 깊다. 또한 음식을 만들어 주신 분에 대한 감사함을 표하며 점잖게 음식을 대하는 태도는 예, 존중, 배려, 소통의 가치를 배우게 되는 것으로, 음식을 먹을 때 더럽고 불쾌한 말을 하지 않도록 하는 등의 태도를 익히는 것은 예, 배려, 소통을 터득하게 한다. 고르게 나누어 먹는 태도를 갖게 하는 것은 공동체의 식생활문화를 강조하고, 음식 나눔을 미덕으로 여겨 왔던 문화적 가치를 체험하게 하며, 더불어 인성 교육적 측면에서 예, 배려, 협력의 가치를 함양하게 하는 의미를 담고 있는 것으로 보인다. 자녀의 밥상머리교육을 위해서는 부모로서 그 교육의 책임을 져야 하는 바에서는 예와 책임의 가치를 지향하고 있는 것이라 볼 수 있다.

## Ⅲ. 결론

본 연구에서는 조선시대 규범서에 나타나 있는 밥상머리 예절교육의 내용 고찰을 토대로 하여, 전통적인 우리 고유의 밥상머리 예절교육이 갖고 있는 현대적 의의와 오늘날 인성교육에서 지향하는 핵심가치와의 연관성을 논의하였다.

자녀의 밥상머리 예절교육 내용이 조선시대의 규범서에 수록되어 있다는 것은 오늘날 교육적 차원에서 활용될 수 있는 교훈임과 동시에 생활문화계승 차원의 의의를 제공한다. 본 연구는 전통사회에서 오랜 기간 동안 읽혀져 왔던 『소학』, 『내훈』, 『동몽수지』, 『격몽요결』 등 규범서에 밥상머리 예절교육의 구체적인 교육내용을 고찰하고, 이를 토대로 현대의 인성교육으로 적용될 수 있는 문화적·교육적 가치를 찾아보았다는 점에 대해 의의를 둔다. 고찰 내용을 몇 가지로 정리해 보면, 발달에 맞는 식사예절에 대한 가르침, 수저의 사용방법, 음식에 대한 과욕을 절제하고 함께 음식을 먹는 사람들을 배려하고 나누기, 음식을 준비해 주신 분에 대한 감사와 음식을 소중히 하는 태도, 공동체 식생활문화를 기본으로 배려와 소통배우기, 부모로서 자녀의 밥상머리 예절교육에 대한 책임을 인식하기 등의 내용으로 요약할 수 있다. 이는 오늘날 인성교육의 핵심가치와도 연계되어 있음을 볼 수 있었다.

밥상머리 예절교육에는 오늘날 급속한 변화로 인한 관계성 단절의 심각함을 해소하고, 인성교육을 되살리는 해결의 실마리가 담겨 있다. 따라서 가정, 학교, 사회의 깊은 공감대와 더불어 보다 밥상머리 예절교육의 실천성을 강화하도록 실용적 교육프로그램을 구안하고, 교육 확대를 위한 사회적 지원노력 등이 필요하다. '밥상머리 교육 학부모용 길라잡이(서울대학교 학부모정책연구센터, 2012)' 등과 같은 정책 자료의 보급은 매우 유의미하다고 판단된다. 밥상머리교육 실천지침 10가지를 제시하여 일주일에 두 번 이상 '가족식사의 날'을 가지고, 가족이 함께 식사를 준비하고 함께 먹고 함께 정리하는 등을 지키도록 하고 있다. 또한 건강가정지원센터를 중심으로 한 교육프로그램(박정유·송혜림·전숙영·계선자, 2015)을 적용하는 바도 매우 고무적이라고 본다. 따라서 앞으로는 교사용 지침서 개발이나, 유치원, 초·중·고등학생을 대상으로 하는 각종 교육자료 등도 개발되어야 할 것으로 본다. 특히 밥상머리 교육과 관계가 깊은 가정과 교과과정 등에 적용된다면, 보다 실천성이 담보될 수 있을 것으로 생각한다. 추가 제안을 한다면, 전통사회에서의 밥상머리 교육의 내용을 현대사회에 맞게 지침서를 만들어 가정, 어린이집, 초·중·고에 보급하는 것은 물론이고, 어른들을 위한 매뉴얼을 개발하여 자녀만이 아니라 부모교육, 직장교육의 내용에도 반영이 된다면, 생활에서의 실천이 보다 용이해질 것이다. 가족이 함께하는 식사시간을 늘리도록 하고, 가족 사랑의 날에도 가족식사시간을 통해 가정 내에서도 적극적으로 실천하도록 계도한다면, 가족 간의 원활한 의사소통을 확대하는 것뿐만 아니라, 우리의 올바른 밥상머리 예절교육을 실현해 나갈 수 있을 것으로 확신한다.

본 연구에서는 밥상머리 예절교육과 인성교육과의 관련성을 논의해보는 시론적인 수준에 머무는 한계점을 갖고 있으므로 앞으로는 이를 사회조사방법을 통해 그 관련성을 밝혀내는 실증적인 연구가 필요하다. 또한 밥상머리 예절교육을 토대로 유아, 초등학교, 중고등학교 학생을 대상으로 실시할 수 있는 프로그램을 개발하여 적용하고, 효과성을 분석하는 연구도 요구된다. 프로그램 효과분석 연구를 통해서 밥상머리 예절교육이 성장기 자녀의 사회적, 심리적 제 변수에 미치는 긍정적 교육효과를 검증해 볼 수 있을 것이다. 예절교육과 인성교육을 위해서는 가정과 교육기관이 일관성 있는 공동의 노력이 무엇보다 필요하다. 따라서 가정 내에서 부모들의 밥상머리 예절교육과 교육기관에서의 밥상머리 예절교육의 불일치를 파악하고, 학부모와 교사가 연계한 일관성 있는 밥상머리 예절교육 지도가 될 수 있도록 부모 교육 프로그램 구안 등 실천적 방안을 모색하는 연구도 수행되어야 할 것이다.

## <참고문헌>


SBS 스페셜제작팀(2011). 『밥상머리의 작은 기적』. 리더스북.

교육과학기술부&육아정책연구소(2012). 『유아인성교육을 위한 부모상담 가이드북』. 교육과학기술부.

김숙경(2014). 「밥상머리 교육 여부에 따른 중학생의 사회성, 도덕성 발달차이」. 명지대학교 사회복지대학원, 석사학위논문.

다운샘 편집부(2004). 『여사서』. 다운샘.

미리엄 와인스타인(2006). 『부부와 자녀의 미래를 바꾸는 가족식사의 힘』. 한스미디어.

박기용(2013). 『사례로 본 밥상 머리 교육』. 선비 문화, 24, 77-85.

박상희(1999). 「가정에서의 자녀 교육에 관한 연구-조선시대 훈육서를 바탕으로」. 성신여자대학교 대학원 박사학위논문.

박세무(1986). 『동몽선습(이기석 역)』. 홍신문화사.

박정유・송혜림・전숙영・계선자(2015). 「건강 가정 지원센터의 가족 친화 문화프로그램개발 : 부모 자녀가 함께하는 요리활동 프로그램을 중심으로」. 한국가족자원경영학회지, 19(4), 121-140.

박지혜(2014). 「식사 유형에 따른 초등학생의 식사 행동 및 식사 예절 비교」. 대진대학교 대학원 석사학위논문.

배희분・옥선화・양경선・그레이스 정 (2013). 「가족식사 빈도가 청소년의 삶의 만족도에 미치는 영향 : 부모와의 의사소통의 매개효과 검증」. 청소년학연구, 20(4), 125-149.

법제처(2015). 「인성 교육 진흥법」, 2조, 1-5항. 10, 24, 2015, fromwww.moleg.go.kr

빙허각 이 씨(1975). 『규합총서(정양완 역)』. 보진재.

서울대학교 학부모정책 연구센터(2012). 『밥상머리 교육 매뉴얼』. 교육과학기술부, 서울대학교 학부모정책연구센터.

소혜왕후(1984). 『내훈(육완정 역)』. 열화당.

오재복(2004). 「식사 예절의 변천사에 관한 연구 : 근세, 근대, 현대를 중심으로」. 경기대학교 대학원 석사학위논문.

유안진(1986). 『한국의 전통 육아 방식』. 서울대학교출판부.

유중림(2003). 『증보산림경제(농촌진흥청 역)』. 농촌진흥청.

이강재(2006). 『논어』. 살림.

이경근(1976). 『고암가훈(이민수 역)』. 을유문화사.
이덕무(1993). 『사소절(김종권 역)』. 명문당.
이승은・윤민희(2014). 「한식 젓가락의 문화적 특성에 관한 연구」. 한국디자인문화학회지, 20(4), 481-492.
이영미(1989). 「조선조 여성의 가정교육에 대한 현대적 재조명 : 규범류에 나타난 여성 교육을 중심으로」. 성신여자대학교 대학원 박사학위논문.
이영미(1995). 「한국 전통사회의 자녀교육에 대한 고찰」. 성신여자대학교 교육대학원 석사학위논문.
이영미・이기완・오유진(2009). 「초등학생의 가족식사에 대한 인식과 태도」. 대한영양사협회학술지, 15(1), 41-51.
이이(2008). 『성학집요』, 『격몽요결(고산 역)』. 동서문화사.
이현아(2014). 「가족 식사가 자녀의 학교적응에 미치는 영향 : 학부모인식을 중심으로」. 한국가족자원경영학회지, 18(3), 103-116.
이현아・최인숙(2013). 「가족식사 및 가족기능이 초기 청소년의 학교적응에 미치는 영향」. 한국가정관리학회지, 31(3), 1-13.
이화형(2010). 「한국 음식문화에 나타나는 융・복합성 一考」. 동아시아 고대학, 23, 475-502.
정창우(2015). 『인성 교육의 이해와 실천』. 교육과학사.
조윤나・최윤이(2010). 「유아의 식습관과 자기조절력의 관계와 어머니의 양육 행동의 매개 효과에 관한 연구」. 한국영유아보육학, 61, 217-233.
주영애・박상희(1999). 「조선시대 동몽교재에 나타난 수신 예절교육내용 고찰」. 한국여성교양학회지, 제6집, 149-174.
주영하(2011). 『음식인문학』. 휴머니스트.
주희(1989). 『소학(이기석 역)』. 홍신문화사.
최미숙・최선미(2013). 「밥상머리교육활동이 유아의 자아존중감 및 조망수용능력에 미치는 영향. 생태유아교육연구」. 12(3), 81-103.

03

CHAPTER

# 인성교육을 위한 재고

# 대학인성교육의 재고*

박인선

## Ⅰ. 서론

대학생은 발달단계에서 보면 성인에 해당되는 시기이다. 기존의 연령을 기준으로 한 전통적인 인간 발달 단계의 구분에 의하면 대학생은 청년기 혹은 성인초기로 간주되고 있으며, 우리나라 법적으로도 만 20세를 법률상의 성인으로 규정하고 있다.

그러나 이들은 중등학교 단계에서 지나친 입시준비 위주의 교육, 출세 지향적 교육으로 인해 창의성과 도덕적 품성 함양 등에 대한 교육의 질적 발전을 저해 받았다. 그 결과, 대학생의 상당수가 자신감과 자기 효능감(self-efficacy) 및 자기 정체감이 부족하고 이로 인해 학습동기유발이 어려운 실정이다. 또한 개인주의 성향이 강하고 감성지능(EQ) 발달이 부족하여 대인관계형성에 어려움을 겪고 있다

---

* 본 논문은 2017년 성신여자대학교 일반대학원 박사학위논문인 "대학 인성교육의 재고: 인성교육의 현황 및 인성실천도를 중심으로"의 내용 중 일부임.

(양혜련, 2006; 지희진, 2013). 특히 상대에 대한 배려나 존중의식 부족은 대학에서 발생한 집단 성추행 및 몰래 카메라 촬영(조선일보 2013. 09. 12, m.chosun.com/ 연합뉴스 2016. 11. 04. www.yonhap news.co.kr) 등 많은 부작용을 낳고 있기도 하다.

정부에서는 2015년부터 초・중등학교에서 의무적으로 인성교육을 시행하게 하고 있지만, 청소년기의 인성교육의 부재에 놓였던 대학생을 위한 인성교육은 부족하며, 그 필요성과 중요성은 그 어느 때보다 절실하다고 할 수 있다.

그러나 대학생의 인성 함양과 관련하여 통합적으로 이해할 수 있는 체계적인 예측 모형은 부족한 실정이다. 현 사회에서 생활하는 대학생의 발달 양상과 적응 과정을 이해하려면 그들 개인과 환경 간의 관계를 고려하는 생태학적 접근방법이 필요하며, 대학생의 인성을 실천하는 정도에 영향을 미치는 원인을 심도 있게 이해하기 위해서는 인성을 실천하는 정도에 영향을 미치는 가정환경, 학교환경, 사회환경 맥락 내에서 여러 요인이 반영되는 다양한 변인을 함께 고려하는 접근이 필요할 것이다.

따라서 본 연구는 Bronfenbrenner(1979)의 생태학적 관점을 근거로 대학생이 인성을 실천하는 정도에 영향을 미치는 생태학적 변인을 탐색하고 그 상대적 영향력을 규명함으로써 대학생 인성 실천 정도 향상에 도움이 될 수 있는 방안을 모색하고, 대학에서의 대학생을 위한 인성교육을 활성화시키고 방향성을 찾는데 있어 기초자료를 제공하고자 한다.

## Ⅱ. 이론적 배경

### 1. 생태체계와 인성

생물학의 한 분야로 발전해 온 생태학(ecology)은 인간발달과 생활에서 환경의 중요성이 강조되면서 모든 학문분야에 적용되어 다차원적 접근을 시도하는 새로운 개념으로 정의되고 있으며, 사회과학자들은 생물학에서의 정의와는 다르게 인간생태학 또는 사회생태학이라는 용어로 사용하고 있다. Cermain(1973)은 '유기체와 환경이 적응하며 맞추어 가는 것과 동시에 역동적인 평형과 상호작용을 성취해 가는 방법을 연구하는 과학'이라고 정의하였다.

개인의 환경이 러시아 인형 세트처럼 각각의 구조가 그 다음의 구조안에 꼭 맞아 들어가는 한 세트의 구조라고 묘사한 Bronfenbrenner(1979)는 인간발달 연구에 있어서 성장하는 유기체와 그 유기체가 실제 거주하고 성장·변화하는 환경 간의 일생동안 일어나는 조절과정에 초점을 맞추는 광범위한 접근법인 인간발달의 생태학 이론(The Ecology of Human Development)을 제안하였다. 이 이론은 인간을 독립적인 유기체로 인식하기보다는 주변 환경들과의 상호작용을 통해 발달하고, 항상 변화하는 사회·물리적 환경의 상호관련성에 초점을 맞추는 접근으로 인간과 환경과의 상호작용에서 탈 맥락적(development-out-of-context)이 아니라 맥락 내(development-in-context)의 인간발달에 초점을 맞추어야 한다고 주장한다.

Bronfenbrenner(1979)는 개인을 둘러싼 생태적 환경체계로 크게 미시체계, 중간체계, 외 체계, 거시체계를 제시하였는데, 이들 환경은 겹겹이 중첩된 구조(nested-system model)로 이루어져 있으며, 위상학적으로 한 가지 구조 안에 다음 구조가 각각 끼어들어가 있는 동심원적 구조로 표현될 수 있다(그림 Ⅱ-1). 인간의 심리적응과 발달은 이들 생태체계들과의 상호작용 과정을 통해 이루어져, 각각의 생태학적 환경체계는 하위 환경체계에 영향을 미치기도 하며, 각 유기체의 성장과 발달 및 적응 과정에서 여러 환경체계들과 상호 관련되어 있다.

개인의 행동을 개인과 환경의 상호작용의 산물로 볼 때, 개인 자신이 지니는 변인을 유기체 변인이라 할 수 있고, 개인마다 다르게 가지고 있으며, 이러한 개인의 특성들은 각 유기체의 성장과 발달 및 적응 과정에서 여러 환경 체계들과 상호 관련되어 있다고 하였다. 본 연구에서는 유기체 변인으로는 각 개인마다 다르게 가지고 있으며 한 개인 자신이 지는 것으로서 인성의 중요성에 대한 인식을 인성중요도, 결과변수인 인성을 실천하는 인성실천도로 구성하였다.

미시체계는 발달하는 개인이 독특한 물리적·물질적인 특성을 가진 환경 내에서 경험하는 활동, 역할 및 대인관계의 유형으로 정의된다. 즉 개인이 반응하는 대상이나 얼굴을 마주 대하고 상호작용하는 사람들을 초월한 훨씬 확대된 개념으로 정의된다. 또한 중요시되는 것은 그 장면(setting)에서 함께 있는 또 다른 사람들과의 관계, 그 관계의 본질, 그리고 그 관계가 직접 개인을 다루는 사람들에게 영향을 줌으로써 발달하는 사람에게 간접적으로 주는 영향들이다. 이러한 즉각적인 환경 내에서의 상호 관계들의 복합체계를 미시체계라고 부르며, 이는 개인에 따라, 개인의 성장하는 단계에 따라 달라진다고 하였다.

그 예로는 가족, 학교, 친구, 이웃 등을 들 수 있으며, 이들은 한 개인과 지속적으로 의미 있는 개인적, 사회적 상호작용 및 상호교류를 한다.

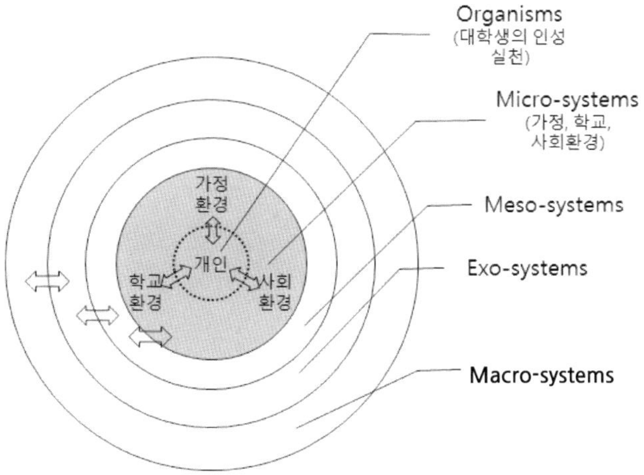


* 출처: Bronfenbrenner,U.(1992). *The Ecology of Human Development, Cambridge, MA: Harvard Univ.Press*. 연구자 재구성

<그림 Ⅱ-1> Bronfenbrenner의 생태체계 모형

본 연구에서는 미시체계를 가정환경체계, 학교환경체계, 사회환경체계로 구성하였다. 가정환경체계로는 부모의 양육태도, 부모-자녀간 의사소통을 변인으로 구성하였으며, 학교환경체계는 인성교육의 창의적 교수법, 수업참여, 수업 외 참여, 교수의 정서적 지지를 변인으로 구성하였다. 사회환경체계는 친구의 정서적 지지와 사회관계망에서의 지지를 변인으로 구성하였다.

중간체계는 발달하는 개인이 적극적으로 참여하는 둘 이상의 환경들 간의 상호관계로 이루어진다. 그 예로서, 아동의 경우는 가정,

학교와 이웃, 동료 집단 사이의 관계들이며, 성인의 경우는 가족, 직장, 사회생활 사이의 관계이다. 그러므로 중간체계는 미시체계들로 구성된 하나의 체계이며, 발달하는 개인이 새로운 환경으로 이동할 때마다 형성되거나 확대된다고 하였다.

외 체계는 발달하는 개인이 적극적인 참여자로 관여하지는 않으나 발달하는 개인이 속한 환경에서 일어나는 일에 영향을 주거나 영향을 받는 사건이 발생되는 하나 또는 그 이상의 환경을 의미한다. 예를 들면, 어린 아동의 경우에는 부모의 직장, 손위 형제가 다니는 학교 학급, 부모의 친구 조직망, 지방 교육청의 활동 등이 포함된다.

거시체계는 기본적인 신념체계가 이념과 함께 하위체계들(미시체계, 중간체계, 외 체계)의 형태와 내용에서 나타나는 일관성으로서 하위문화 수준이나 문화전반의 수준에 존재하거나 존재할 수 있는 특성이다. 그 예로는 사회규범, 문화, 정치, 정책, 가치관 등과 같이 사회 구성원들의 정신세계 속에 내재되어 관습과 일상생활 습관으로 표현되는 이데올로기를 들 수 있다.

이러한 생태체계학적 관점에서 유기체인 개인은 여러 체계들과 상호작용하면서 성장하고 변화하며, 이와 같은 유기체가 지닌 특성 및 유기체를 둘러싼 주변 환경은 각 개인에게 인생주기 동안 지속적으로 영향을 끼치게 되므로, 개인의 성장과 발달에서 환경과의 상호관계와 영향은 반드시 고려되어야 한다.

이현아(2013) 연구에 따르면, 아동과 청소년의 올바른 인성 함양을 위해서는 일차적으로 가정의 역할이 가장 중요하다고 하면서도, 가정을 둘러싼 사회적 환경의 영향도 무시할 수 없음을 강조하였다. 이에 인성교육의 일차적인 환경으로 가정과 부모의 역할에 주목하고, Bronfenbrenner의 인간생태학적 모델에 따라 가정과 미시적, 거시적 사회체계의 영향을 함께 고려해야 할 필요가 있다고 하였다.

대학생의 인성 함양과 관련하여 통합적으로 이해할 수 있는 체계적인 예측 모형은 부족한 실정이다. 이에 본 연구에서는 문헌고찰 및 Bronfenbrenner(1979) 생태체계이론에 근거하여, 대학생 자신이 지니고 있는 변수인 대학생 인성실천도를 유기체 요인으로, 가장 인접한 수준의 환경으로 유기체계와 직접적인 접촉을 하여 가장 강력한 영향을 미치는 변수인 미시체계 요인만으로 구성하여 가설적 모형을 구축, 연구하고자 한다.

## 2. 인성과 가정환경체계

가정은 인간이 태어나서 처음으로 소속되는 사회이며, 사회생활의 기본으로 부모형제 간에 평생을 두고 상호 간 인간관계를 통하여 가르치고 배우는 일차적인 환경이다(정헌주, 2006; 송인섭 외, 2006; 김한솔, 2012; 이현아, 2013).

또한 가정은 사람이 태어나서 최초로 기본적인 행동양식을 배우는 곳이며, 사회적 어떤 집단보다도 강한 유대관계를 가지고 있어 개인의 윤리적 태도나 가치체계 형성에 강한 영향력을 미친다. 그래서 가정의 생활환경은 개인의 의식이나 태도 형성에 중요한 영향을 미치기 때문에 어떠한 가정환경에서 성장했느냐는 매우 중요한 문제가 된다(김창희, 2014).

이처럼 가정은 유아기로부터 아동기와 사춘기를 거쳐 청년기에 이르기까지의 인성 형성에 결정적인 영향을 주는 곳이며, 가정이라는 환경 안에서 많은 것을 학습하고 환경에 적응해 나가면서 성격형성에 가장 강력한 영향을 주는 환경은 가정환경이라고 강조하였다(박미연, 2003).

가정은 인간이 경험하는 최초의 사회 환경이며, 부모-자녀 관계는 인간이 갖는 최초의 인간관계이며, 이러한 관계에 있어 성장 초기에 부모의 보호와 양육을 받아야 하는 자녀는 특히, 부모의 양육 태도 및 부모-자녀 간 의사소통에 의하여 성격 특성이 결정될 수 있고, 사회 적응방법 등에도 큰 영향을 받게 된다.

인간의 성격형성 및 경험에 있어 핵심적인 역할을 하는 곳이 가정이라 해도 지나치지 않다. 또한 가정에서 가족과의 상호작용을 통해서 사회화의 과정을 거치게 되므로 인간의 발달과정에 있어서 가정환경의 교육적인 가치는 매우 크다고 할 수 있다(김재은, 1974; 박미연, 2003).

위의 내용을 정리해 보면 가정환경체계는 인간의 일생 중 가장 중요한 영향을 미치며, 청소년 시기에서 성인기로 가는 과도기적 시기에 놓인 대학생에게도 중요한 환경임을 알 수 있으며, 가정 내의 환경에서는 특히, 부모의 양육태도 및 소통에 대해 어떻게 자각하고 있는지에 따라 인성을 중요하게 인식하는 정도와 실천하는 정도에 영향을 미칠 것으로 예상된다.

## 3. 인성과 학교환경체계

가정의 교육 기능 약화로 인하여 개인이 시민사회를 향해 성장해 가는 과정에 있어서 학교의 역할이 특히, 인성교육 측면에서 더욱 중요해지고 있다. 현대가족은 맞벌이, 한 부모 가족의 증가 등으로 인해서 가족 단위로 공유하는 시간이 감소하고, 가정의 영향력이 축소되고 있다. 덧붙여 현재 부모로서의 교육적 기능담당의 책임성이 약화되면서 가정이 제 기능을 수행하지 못하고 있다는 지적도 계속되고 있다. 오히려 비교적 객관적이고 중립적인 가치 교육을 할 수 있는 장소라는 점에서 학교에서의 인성교육은 중요하게 부각되고 있다(왕석순, 2004; 현주 외, 2009).

학교환경은 수업과 다양한 활동을 통해 학습이 이루어지는 곳이다. 학교는 수업이 이루어지는 기관으로 일정한 목적하에 전문적인 교수자가 학습자를 대상으로 교육을 실시하며, 학습이 일어날 수 있도록 교수자가 학습자의 내적, 외적 조건을 체계적으로 조정할 수 있다(서울대학교 교육연구소, 1994). 또한 이광성(1997)은 학교환경을 교육 시설과 수업의 조직 형태, 교수자, 수업활동 등으로 제시하였으며, 정문성(1996)은 교수자의 지지와 참여성으로, 성은현 외(2012)는 교수자의 태도 및 심리적 요인과 교수학습 방법으로 제시하였다. 이에 Moos와 Otto(1972)의 연구가 아니더라도 여전히 대학생들은 학교 내 수업에 가장 많은 시간을 보내고 있으므로 학교수업환경체계는 학생들의 태도나 기분, 행동, 자신감, 안정감 등에 관계가 있을 것으로 보인다.

## 4. 인성과 사회환경체계

인성교육은 가정이나 학교에서만 이루어지는 것이 아니다. 모든 교육에 대해 그렇듯이 사회는 커다란 배움의 터전이다. 의도하든 그렇지 않든 모든 사람은 사회로부터 많은 것을 배우기 때문이다.

일반적으로 가정과 학교를 제외한 공동생활을 영위하는 인간집단을 사회라 정의할 수 있고, 본고는 이런 사회에서 친구 및 기타 사람 등으로부터 제공되는 정서적인 도움과 원조로 대학생의 행동유형에 영향을 미칠 수 있는 환경을 사회환경체계라 한정시켜 명명하였다.

Betz(1989)는 사회적 상호관계에서 얻을 수 있는 모든 긍정적인 자원의 형태를 사회적 지지라 하였고, 한국교육심리학회(2000)는 사회적 지지를 스트레스에 직면한 상황에서 느끼는 부정적인 영향을 이완시켜 주는 행위로서 개인이 대인관계에서 습득할 수 있는 긍정적 자원으로 정의하며, 사회적 지지자로는 가족구성원, 친구, 교사 등을 들었다(이종원, 2014 재인용). Cohen & Hoberman(1983)은 사회적 지지란 한 개인이 대인관계로부터 얻을 수 있는 모든 긍정적인 자원 즉 사랑이나 존중, 인정, 물질적인 도움 등을 의미한다고 하였다. Kahn, Antonucci(1980)은 사회적 지지란 애정이나 긍정, 도움의 요소 중 하나 이상의 요소를 포함한 대인관계라고 하였으며, 또한 House(1981)는 정서적 관심이나 원조, 환경에 대한 정보 및 자기 평가를 포함한 대인관계라고 하였다.

사회적 지지에 관한 선행연구에 의하면, 사회적 지지는 개인의 안녕으로부터 정신장애, 스트레스 사건, 성폭력, 가족해체, 알코올 및 약물 남용, 이혼, 사별, 노인성 치매, 암, 에이즈 그리고 죽음에 이르기까지 다양한 문제를 해결하는 데 적용되며 그 효과성이 입증되었으며(이원숙, 1994), 스트레스를 경험하는 개인이 심리적, 사회적 요인의 지원을 받게 되면, 보호적 또는 완충적 효과로 인해 스트레스가 우울과 같은 정신건강의 문제로 진행되는 것을 방지한다고 했다(Kraose, 1987; 엄태완 외, 2008). 또한 대학생을 대상으로 한 연구에 따르면, 사회적 지지는 정신건강과 밀접한 관계가 있어 사회적 지지에 대한 지각이 높으면 정서표현 갈등이 낮았으며(조수경, 2009), 부족할 때에는 우울, 외로움 등의 정신건강에 문제를 겪는다고 하였다(김옥수 외, 2003). 또한 대인관계에 있어서도 긍정적인 영향(최슬기, 2012)을 주는 것으로 조사되었다.

이상의 내용을 정리하면, 친구 및 기타 사람 등으로부터 제공되는 정서적인 지지는 대학생의 행동유형에 영향을 미칠 수 있으며, 특히 인성을 중요하게 인식하는 정도와 실천하는 정도에도 영향을 미칠 것으로 예상된다.

## Ⅲ. 연구문제 및 연구방법

### 1. 연구목적

본 연구는 대학생의 인성실천도에 영향을 미치는 변인들(가정환경체계, 학교환경체계, 사회환경체계)을 생태학적 관점에서 종합적으로 탐색하여 각 변인들의 상대적 영향력을 규명하는데 그 목적이 있다.

### 2. 연구대상 및 자료수집

본 연구의 조사기간은 2016년 5월 30일~6월 17일까지였으며, 대상자는 서울과 대전에 위치한 대학에서 인성관련 수업 수강 경험이 있는 재학생으로 설문지는 500부를 배부하였으며, 응답이 불충분하거나 신뢰성이 부족한 설문지 15부를 제외한 총 485부가 최종 자료 분석에 사용되었다.

### 3. 연구도구

변수를 측정하기 위해 표준화된 척도를 사용하였으며, 사용된 척도는 <표 1>과 같다.

<표 1> 척도

| 구분 | 하위요인(문항 수) | 신뢰도 |
|---|---|---|
| 가정 환경 | 부모의 양육태도(10) | .837 |
| | 부모와의 사소통(8) | .832 |
| 학교 환경 | 인성과목의 창의적 교수법(6) | .860 |
| | 대학생활 참여(5) | .812 |
| 사회 환경 | 친구의 정서적 지지(2) | .831 |
| | 사회관계망 지지(2) | .564 |
| | 교수의 정서적 지지(2) | .829 |

| 구분 | 하위요인(문항 수) | 신뢰도 |
|---|---|---|
| 인성 중요도 | 개인덕목(2) | .656 |
| | 가정덕목(4) | .817 |
| | 대인관계덕목(6) | .897 |
| 인성 실천도 | 개인덕목(2) | .629 |
| | 가정덕목(4) | .745 |
| | 대인관계덕목(6) | .893 |

#### 2) 가정환경체계

가정환경체계 수준을 측정하기 위한 도구는 이종승・오성심(1982), 임선화(1988) 등이 Schaefer(1959)의 부모의 양육태도 척도를 번역한 것을 사용하였다. 또한 Barns와 Olson(1982)이 개발한 부모와의 의사소통 척도(PACI: Parent doescent Communication Inventory)를 청소년 자녀용 설문지(doescent Form)로 우리나라 실정에 맞추어 수정한 민혜영(1990)의 척도를 본 연구에 맞게 수정·보완하여 이용하였다. 본 척도는 5점 Likert 척도이며, 총점이 높을수록 가정환경체계 수준이 높음을 의미한다. 가정환경체계는 총 2개의 하위요인인 부모의 양육태도(10문항), 부모와의 의사소통(8문항)으로 구성되었다. 본 연구의 부모의 양육태도에 관한 신뢰도는 Cronbach's α=.837, 보모와의 의사소통 신뢰도는 Cronbach's α=.832이었다.

### 3) 학교환경체계

학교환경체계 수준을 측정하기 위한 도구는 현주 외(2013)가 초·중등학생 인성교육 활성화 방안 연구(Ⅰ)와 권혜진(2007)의 대학생의 대학환경풍토지각과 대학생활 적응 및 학업성취도 간의 관계연구와 이은주(2014)가 창의성과 인성교육 활성화를 위한 학습 환경 조성 방안을 연구한 논문을 참고하였으며 수정·보완하여 이용하였다. 본 척도는 5점 Likert 척도이며, 총점이 높을수록 학교환경체계 수준이 높음을 의미한다. 학교환경체계는 총 2개의 하위요인인 인성교과목의 창의적 교수법(6문항), 대학생활 참여(5문항)로 구성되었다. 본 연구의 창의적 교수법에 관한 신뢰도는 Cronbach's α=.860, 대학생활 참여에 관한 신뢰도는 Cronbach's α=.812 이었다.

### 4) 사회환경체계

사회환경체계 수준을 측정하기 위한 도구는 김의철 & 박영신(1999)이 개발 및 검증한 사회적 지지 문항 중 교수, 대학친구의 정서적 지지 문항을 참고하여 본 연구의 목적에 맞게 수정·보완하여 이용하였다. 또한 SNS상의 사회적 지지, 그 외 확대된 사회활동에서 인연을 맺은 사람들의 지지에 관한 문항을 본 연구에 맞게 만들어 사회관계망에서의 지지로 사용하였다. 본 척도는 5점 Likert 척도이며, 총점이 높을수록 사회환경체계 수준이 높음을 의미한다. 사회환경체계는 총 3개의 하위요인인 친구의 정서적 지지(2문항), 사회관계망 지지(2문항), 교수의 정서적 지지(2문항)로 구성되었다. 본 연구의 친구의 정서적 지지에 관한 신뢰도는 Cronbach's α=.831, 사회관계망 지지 신뢰도는 Cronbach's α=.564, 교수의 정서적 지지 신뢰도는 Cronbach's α=.829 이었다. 사회관계망 지지의 수치는 척도를 구성하는 문항이 2개인 경우 문항 간 상관관계가 커도 Cronbach's α 값이 0.6보다 낮을 수 있고(박영옥, 2016)이고, 안면타당도(전공 교수 2인, 박사 3인) 검토결과 내용상 하나의 요인으로 묶어서 측정도구로 사용해도 무리가 없다고 판단되어 사용하기로 하였다.

### 5) 인성중요도

인성중요도 수준을 측정하기 위한 도구는 인성교육진흥법(법률 제13004호)에 제시된 인성교육의 목표가 되는 "핵심가치덕목"인 예(禮), 효(孝), 정직, 책임, 존중, 배려, 소통, 협동 8가지를 하위요인으로 두고 인성중요도 문항을 만들어 사용하였다. 본 척도는 5점 Likert 척도이며, 총점이 높을수록 인성중요도 수준이 높음을 의미한다. 인성중요도는 총 3개의 하위요인인 개인덕목(2문항), 가정덕목(4문항), 대인관계덕목(6문항)으로 구성되었다. 본 연구의 개인덕목에 관한 신뢰도는 Cronbach's α=.656, 가정덕목 신뢰도는 Cronbach's α=.817, 대인관계덕목 신뢰도는 Cronbach's α=.897 이었다.

### 6) 인성실천도

인성실천도 수준을 측정하기 위한 도구는 인성중요도와 마찬가지로 인성교육진흥법(법률 제13004호)에 제시된 인성교육의 목표가 되는 "핵심가치덕목" 인 예(禮), 효(孝), 정직, 책임, 존중, 배려, 소통, 협동 8가지를 하위요인으로 두고 인성실천도 문항을 만들어 사용하였다. 본 척도는 5점 Likert 척도이며, 총점이 높을수록 인성실천도 수준이 높음을 의미한다. 인성실천도는 총 3개의 하위요인인 개인덕목(2문항), 가정덕목(4문항), 대인관계덕목(6문항)으로 구성되었다. 본 연구의 개인덕목에 관한 신뢰도는 Cronbach's α=.629, 가정덕목 신뢰도는 Cronbach's α=.745, 대인관계덕목 신뢰도는 Cronbach's α=.893 이었다.

## 4. 자료분석방법

본 연구의 수집된 자료는 SPSS WIN 21.0과 AMOS 18.0을 이용하여 분석하였고, 조사대상자의 일반적 특성을 알아보기 위하여 빈도분석을 적용하였다. 측정 도구의 타당성을 검증하기 위하여 탐색적 요인분석과 확인적 요인분석을 실시하였으며, 신뢰도 검증을 위하여 Cronbach's 계수를 산출하였다. 가정환경체계, 학교환경체계, 사회환경체계, 인성중요도, 인성실천도의 구조적 관계를 알아보기 위하여 구조방정식 모형 분석을 실시하였다.

## Ⅳ. 연구결과 및 분석

### 1. 조사대상자의 일반적 사항

조사대상자는 총 485명인데 여성은 278명(57.3%)으로 여자가 조금 많고, 학년별로 1학년 116명(23.9%), 2학년 130명(26.8%), 3학년 146명(30.1%), 4학년 93명(19.2%)으로 3학년이 약간 많으나 비교적 고른 분포를 나타났다. 대학교 소재지는 특별시 121명(24.9%), 광역시 364명(75.1%), 대학교 유형은 남녀공학 443명(91.3%), 여학교 42명(8.7%)으로 연구 대상자는 대학교가 광역시에 위치해 있고, 대학교 유형은 남녀공학이 많았다. 전공은 인문사회 97명(20.0%), 자연공학 224명(46.2%), 예체능 119명(24.5%), 기타 45명(9.3%)으로 자연공학 학생이 많은 것으로 조사되었다. 또한 연구 대상자들이 다니는 대학교의 설립유형은 국공립 239명(49.3%), 사립 246명(50.7%)으로 비교적 고른 분포를 나타냈다.

### 2. 대학생의 가정환경체계요인이 인성실천도에 미치는 영향

대학생의 가정환경체계를 하위요인인 양육태도_애정, 양육태도_감정대응, 의사소통_개방, 의사소통_폐쇄, 인성중요도, 인성실천도에 관한 연구모형의 모형 적합도를 통하여 평가한 결과, GFI=.911, AGFI=.885, NFI=.911, CFI= .946, RMR=.044, RMSEA=.054로 나타나 전반적으로 모형이 수용 가능한 것으로 평가되었다. 대학생의 가정환경체계 하위요인 중 양육태도_애정만 인성실천도에 직접적인 영향을 미치는 것으로 나타났다.

### 3. 대학생의 학교환경체계요인이 인성실천도에 미치는 영향

대학생의 학교환경체계를 하위요인인 창의적 교수법, 학교수업참여, 학교행사참여, 교수의 정서적 지지, 인성실천도에 관한 연구모형의 모형 적합도를 통하여 평가한 결과, GFI=.911, AGFI=.903, NFI=.922, CFI=.951, RMR=.028, RMSEA=.055로 나타나 전반적으로 모형이 수용 가능한 것으로 평가되었다. 대학생의 학교환경체계 하위요인 중 학교수업참여, 교수의 정서적 지지가 인성실천도에 직접적인 영향을 미치는 것으로 나타났다.

### 4. 대학생의 사회환경체계요인이 인성실천도에 미치는 영향

대학생의 사회환경체계를 하위요인인 친구의 정서적 지지, 사회관계망에서의 지지, 인성중요도, 인성실천도에 관한 연구모형의 모형 적합도를 통하여 평가한 결과, GFI=.976, AGFI=.949, NFI=.971, CFI=.984, RMR=.017, RMSEA=.051로 나타나 모형이 수용 가능한 것으로 평가되었다. 대학생의 사회환경체계 하위요인 중 친구의 정서적 지지와 사회관계망에서의 지지는 인성실천도에 직접적인 영향을 미치는 것으로 나타났다.

### 5. 대학생의 각 환경체계가 인성실천도에 미치는 영향

가정환경체계, 학교환경체계, 사회환경체계, 인성중요도, 인성실천도에 관한 연구모형의 모형 적합도를 평가한 결과, GFI=.955, AGFI=.921, IFI=.962, CFI= .962, RMR=.019, RMSEA=.062로 나타나 모두 기준에 충족하여 모형이 수용 가능한 것으로 평가되었으며, 가정환경체계, 학교환경체계, 사회환경체계, 인성중요도에 대한 인식은 인성실천도에 직접적인 영향을 미치는 것으로 나타났다.

이상의 연구결과는 다음 <그림-1>을 통해 제시되어 있다.

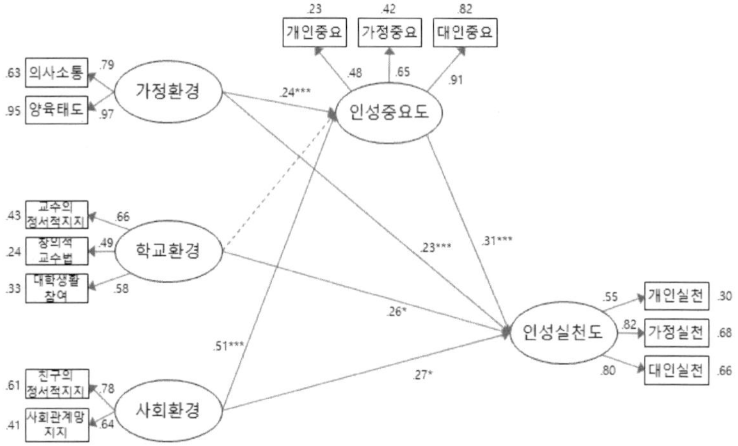


<그림 Ⅳ-1> 대학생의 가정환경체계, 학교환경체계, 사회환경체계, 인성중요도, 인성실천도 간의 구조모형

## V. 결론

본 연구의 목적은 대학생이 인성을 실천하는 정도에 영향을 미치는 생태학적 변인을 탐색하고 그 상대적 영향력을 규명함으로써 대학생 인성 실천 정도 향상에 도움이 될 수 있는 방안을 모색하고, 대학에서의 대학생을 위한 인성교육을 활성화시키고 방향성을 찾는데 있어 기초자료를 제공하고자 한다.

분석 결과, 대학생의 인성실천도에는 인성중요도, 사회환경체계, 학교환경체계, 가정환경체계 순으로 유의적인 영향을 미쳤으며, 가정환경체계에서는 부모의 양육태도 중 애정이, 학교환경체계에서는 학교수업참여 정도와 교수의 정서적 지지가, 사회환경체계에서는 친구의 정서적 지지와 사회관계망에서의 지지가 대학생의 인성실천도에 유의적인 영향을 미쳤다.

이상의 결과를 중심으로 볼 때 인성실천도 제고를 위해 대학에서 독립과 결혼을 구체화하는 성인 초기의 대학생들에게 예비부모 관련 교육을 실시하고, 인성교육을 전공과 연계한 커리큘럼으로 개발하고 시행함으로써 전공 지도교수로부터 지지를 얻도록 하며, 사회진출을 준비하고 있는 예비 사회인인 대학생들에게 지속적인 공동체 생활이 가능한 형태의 인성교육을 시행함으로써 새로운 친구를 지지하거나 지지를 받을 수 있게 하고 상호 이해, 존중 및 배려를 실천하게 할 것을 제안하고자 한다.

## <참고문헌>


김옥수・백성희・김계하(2003).「조선족 근로자의 사회적 지지, 스트레스, 외로움과의 관계」. 성인간호학회지, 15(4), 607-616.

김재은(1974).「한국가족의 집단성격과 부모자녀관계에 관한 심리학적 연구」. 이화여자대학교 대학원 박사논문.

김한솔(2012).「가정환경 수정이 농촌 노인들의 작업 수행도 및 낙상효능감에 미치는 영향」. 연세대학교 대학원 석사논문.

박미연(2003).「환경변인, 창의적 인성, 창의적 사고 간의 관계」. 숙명여자대학교 대학원. 석사논문.

서울대학교 교육연구소. http://eri.snu.ac.kr

성은현・J.C. Kaufman・이문정・김누리(2012).「창의적 수업환경 질문지 개발에 관한 탐색적 연구」. 창의력교육연구, 12(3), 113-131.

송인섭・안혜진・김나현・정미경(2006).「가정환경 구조모형의 타당화」. 20(1), 1-19.

왕석순(2004).「제7차 가정과 교육과정에 따른 학교 인성교육 내용 체계화 방안」. 한국가정과교육학회지, 16(2), 13-26.

엄태완・강명진・최정순(2008).「청소년의 스트레스, 무망감, 우울, 자살생각과 사회적지지 : 성차를 중심으로」, 경남대학교 인문과학연구소 인문논총, 5-30.

오성심・이종승(1982).「부모의 양육방식에 대한 아동의 지각과 정의적 특성의 관계」. 한국행동과학연구소, 연구노트, 11(1), 1-15.

이광성(1999).「초등학교 수업환경이 사회과에 대한 태도에 미치는 효과연구」. 사회과.

원숙(1994).「가족복지서비스의 실천적 접근 : 스트레스와 사회적 지지를 중심으로」. 한국 사회복지, 1, 199-246.

이현아(2013).「가정 내 인성교육을 위한 부모 역할 지원 방안 탐색」. 한국가정관리학회지, 31(4), 65-82.

정문성(1996).「사회과 협동 학습에서의 논쟁 교수 모형」. 교육논총, 13, 259-276.

정헌주(2006).「가정환경이 아동의 인성형성에 미치는 영향」. 관동대학교 교육대학원 석사논문.

조수경(2009).「부모-자녀 간 의사소통, 사회적 지지 및 정서표현갈등 간의 관계」. 서강대학교 학생 생활상담연구소 인간이해, 30(1), 61-79.
최슬기(2012). 「일부 고등학생의 대인관계성향, 사회적 지지와 우울 간의 관련성」. 이화여자대학교 대학원 석사논문.현주 · 최상근 · 차성현 · 류덕엽 · 이혜경(2009). 「학교 인성교육 실태분석 연구」 한국교육개발원 연구보고 RR 2009-09.
Bronfenbrenner, U.(1979). The ecology of human development. Cambridge, MA : Harvard University Press.
Cermain, T. A.(1973). Social adjustment, social performance, and social skills : A tri-component model of social competence. Journal of Clinical Child Psychology, 19(2), 111-122.
Cohen, S., & Hoberman, H.M.(1983). Positive events and social support as buffers of life change stress. Journal of Applied Social Psychology, 13, 99-125.
House, J.S.(1981). Work, stress and social support. MA : Addison-Wesley.
Kraose N. (1987) "Satisfaction with social support and self-rated health in older adults" Gerontologist, 27.

# 대학생의 인성교육방안*

김선주

## Ⅰ. 서론

### 1. 연구의 필요성 및 목적

알파고(AlphaGo) 대 이세돌이 대결하는 구글 딥마인드 챌린지 매치(Google Deepmind Challenge match)가 지난 3월 9일부터 15일까지 총 5회에 걸쳐 한국에서 열렸다. 알파고(AlphaGo)라는 바둑 인공지능 프로그램과 바둑계의 인간 최고 실력자 이세돌 9단의 대결로 전 세계가 주목하였다. 결국 알파고가 4승 1패로 승리한 결과를 두고 최첨단 과학기술의 발전으로 인해 편리해질 우리 미래의 삶에 대한 기대와 더불어, 기계가 침범해 올 인간 삶의 영역에 대한 두려움 등 다양한 시각과 논의들이 오갔다. 이를 두고 여러 분야의 전문가

* 본 논문은 2016년 『한국인간발달학회』의 「인간발달연구」 23권2호에 실린 "대학생 인성수준 및 요구도에 따른 인성교육 방안에 관한 연구"의 일부임.

들은 인간이 해오던 논리적 사고와 분석 등은 앞으로 기계가 더 능숙하고 완벽하게 해낼 것이므로 인간은 기계가 따라올 수 없는 인간의 감수성, 성찰능력, 공감능력, 창조력 등의 인간성에 집중해야 함을 강조하였다. 이처럼 앞으로의 교육은 인간성 교육 즉, 기계가 대신할 수 없고 인간만이 가질 수 있는 '인성'분야에 집중되어 이루어져야 함을 알 수 있다. 최첨단 기계문명의 시대 속에서 편리하게 살아가는 우리들이지만 오히려 타인에 대한 공감, 동정, 존중, 배려, 협동 등의 인간적인 모습들, 인성적 요소들이 중요하게 부각되고 있음을 간과해서는 안 된다.

박명림(2016)도 앞으로 인공지능이 가져올 파장이나 문제점 등을 고민하고 대책 마련에 에너지를 쏟기 이전에 인간성 즉, 인간의 인간다움과 아름다움을 찾기 위한 노력이 우선되어야 한다고 강조하였다. 왜냐하면 인공지능도 결국 인간이 만들어 활용하는 것이므로, 인공지능을 어떻게 잘 활용할 것인가를 말하기 이전에 진실로 오늘의 인간 세계는 내 곁의 이들을 인간적으로 대할 것인지를 먼저 논의해야 하고 그것이 교육에 있어 올바른 순서라고 주장하였다. 또한 그것이야말로 이 시대 학문과 과학의 가장 화급한 시대 의제가 되어야 하는데 이는 인간에게 발생하는 모든 문제는 언제 어디서나 인간, 그리고 인간과 인간의 관계이기 때문이라고 하였다.

인성(人性)은 학자들의 관점과 연구 분야에 따라 다양하게 설명되어 하나의 개념으로 정의되기는 어렵다. 인성(人性)은 추상적이고 포괄적인 개념을 가지고 있으며 흔히 인품, 인격, 성격, 기질, 인간성, 됨됨이, 본성 등의 의미를 나타내며 인품이나 인격, 인간성, 됨됨이 등을 말할 때 비슷한 의미로 사용되기도 하며 영어로는 Personality,

Character를 혼용하여 사용하고 있다. 학문적으로 인성은 주로 심리학과 윤리학을 중심으로 연구되어 왔다. 심리학자들은 성격이나 개성을 중심으로 인간의 건전한 성격에 대한 연구를 진행하고 있으며, 윤리학자들은 인격, 기질로 한 개인에게 있어서 실천적인 선택과 행동에 관련된 도덕적 특성을 덕목이나 인격을 중심으로 연구하고 있다(지희진, 2013).

인성의 정의를 살펴보면 사람의 성품, 각 개인이 가지는 사고와 태도 및 행동 특성(국립국어원, www.korean.go.kr), 보편적으로 받아들여지는 도덕적인 가치의 내면화한 상태를 반영하는 행동(현주, 2009), 태어나면서 지니고 있는 성격이나 특질의 개념이 아닌, 교육이나 학습에 의해 습득되거나 변화 가능한 인간의 성품(조난심, 2004), 자신의 내면적 요구와 사회 환경적인 필요를 잘 조화시켜 세상에 유익하게 영향을 미치는 것(조연순, 2007), 보다 긍정적이고 건전한 행동적 특성으로 존중하는, 도덕적인, 사회적인, 정서적인, 윤리적인 등을 내포하는 태도를 말하며, 개인과 사회에 긍정적인 영향을 주는 성품, 기질, 개성 인격(지희진, 2013) 등으로 나타나있다. 한편, 인성에 대해 통합적이고 명확한 개념화를 시도한 Lickona(1992)는 인성은 인지적, 정의적, 행동적 차원을 모두 통합하고 있는데, 인간이 옳은 것이 무엇인지를 알게 되면 옳은 것을 사랑하게 되고 이는 옳은 행동을 하도록 만들어준다고 했다. 따라서 인지, 정의, 행동의 각 차원은 서로에게 영향을 주는 관계라고 하였다. 본 연구에서는 Lickona(1992)가 통합적으로 개념화한 인지적, 정의적, 행동적 차원을 토대로 인성수준을 살펴보고자 하였다.

박성미, 허승희(2012)는 인성의 구성요소를 자아확립, 긍정적인 생활태도, 심미적 소양, 도덕적 책임의식, 도덕적 판단력 등을 포함하는 개인적 가치, 타인 이해와 동정, 타인 용서와 관용, 타인에 대한 존중, 타인 배려와 협력 등을 포함하는 대인적 가치, 사회구성원으로서의 역할과 책임, 공동선의 추구, 세계 시민의식 등을 포함하는 사회적 가치로 설명하였고, 곽병선・유병열・유현진(1997)은 기반요인과 발달요인으로 나누었는데, 기반요인은 세계에 대한 감수성, 정서적 안정, 자기 존중감이며, 발달요인은 자아실현의지, 성취효능감, 도덕적 성숙, 강선보(2008)는 관계성, 전인성, 도덕성, 생명성, 영성, 창의성, 민주시민성을 인성의 구성요소로 지칭하였다. 국외 연구들에서도 개인적 가치, 대인간 가치, 사회적 가치를 모두 포함하여 인격 혹은 인성의 개념을 설명하고 있다(박성미・허승희, 2012). 따라서 인성교육에는 인성의 구성요소를 포함한 내용이 교육적 요소로 구성되어야 한다.

교육과학기술부에서 2010년에 제시한 인성교육 요소는 크게 두 가지 영역으로 구분된다. 첫째는 인간관계덕목이고, 둘째는 인성판단능력이다. 인간관계 영역에서는 정직, 약속, 용서, 배려, 책임, 소유 등을 교육요소로 포함시켰고, 인성판단능력 영역에서는 도덕적 예민성, 도덕적 판단력, 의사결정능력, 행동실천력 등을 포함시켰다(교육과학기술부, 2010). 한편, 2015년 시행된 인성교육진흥법에서는 인성교육의 목표가 되는 핵심가치덕목으로 예(禮), 효(孝), 정직, 책임, 존중, 배려, 소통, 협동 등을 제시하고 있다. 인성교육진흥법은 건전하고 올바른 인성을 갖춘 시민을 육성하기 위한 목적을 가지고 있으며, 내면을 바르고 건전하게 가꾸고, 타인, 공동체, 자연과 더불어 사는데 필요한 인간다운 성품과 역량을 기르기 위한 교육을 뜻한다. 8가지 덕목은 친절·겸손 등을 포함하는 예절, 우애·경애 등을 포함하는 효, 신의·공정성·충성 등을 포함하는 정직, 역할과 행위에 대한 책임을 포함하는 책임, 자기존중·타인존중·생명존중을 포함하는 존중, 공감·감정이입·연민·관용 등을 포함하는 배려, 관점의 변화·정보공유 등을 포함하는 소통, 공동체의식·연대성·조화 등을 포함하는 협동으로 구성(교육부, www.moe.go.kr)되어 있다. 이와 같이 인성교육은 다양한 교육적 구성요소를 포함하고 있음을 알 수 있다.

이러한 바람직한 인간으로서의 성품을 갖추도록 하기 위한 교육, 즉 인성교육의 부재로 우리 사회는 여러 가지 문제들을 양산하게 되었다. 심각한 학교 폭력과 왕따 문제 등의 증가, 낮아지는 범죄연령, 묻지마 범죄의 증가 등 인간성 상실로 인한 강력 범죄로 학교, 가정, 사회가 몸살을 앓고 있다. 심지어 최근에는 부모가 자녀를 방임하거나 살인하는 인면수심의 범죄들이 연일 매스컴을 뜨겁게 달구고 있는 실정이다.

인성교육의 필요성에 대한 목소리를 높이게 된 시기는 1990년대부터이다. 1990년대 중반부터 인성교육 강화라는 방향성이 국가적 차원의 교육정책에 지속적으로 반영이 되면서 인성교육의 담론이 사회적 공감대를 얻었으며, 그 결과 학교 교육 뿐만 아니라 시민사회의 영역에서도 인성교육이 강화되어야 한다는 인식이 점차로 확산되기에 이르렀다. 이러한 인성교육의 담론 확산을 우리는 단지 일시적인 사회 현상으로 볼 수 없으며, '인성교육의 강화'라는 교육의 일대 방향 전환이 우리 사회에서 시작되었다고 보아야 한다(김민수, 2014). 이러한 교육적 방향 전환에 따라 2015년 7월부터는 '인성교육진흥법'이 시행되기에 이르렀다(법제처, www.law.go.kr).

'인성교육진흥법'에서는 자신의 내면을 바르고 건전하게 가꾸고 타인·공동체·자연과 더불어 살아가는 데 필요한 인간다운 성품과 역량을 길러 국가 사회의 발전에 이바지함을 목적으로 하고 있다. '인성교육진흥법'은 오늘날 고도의 과학기술 및 정보화시대에 강조되는 정보기술의 발전과 활용의 원천은 인간에게 있고, 인간의 건전하고 올바른 인성(人性) 여하에 따라 그 의미와 가치가 달라진다는 점에 주목한 것이다. 또한 인성교육은 학교를 포함한 사회적 차원에서 종합적·상호 유기적·체계적으로 실시되어야 하며, 이에 대한 국가와 지역사회 차원의 노력과 지원이 필요하다는데 의미를 두고 국가와 지방자치단체는 인성을 갖춘 국민을 육성하기 위하여 인성교육에 관한 장기적이고 체계적인 정책을 수립하여 시행하여야 할 뿐 아니라 인성교육이 가정 및 학교와 사회에서 모두 장려되어야 함을 강조하고 있다(법제처, www.law.go.kr).

이처럼 범국가적·국민적으로 인성교육에 대한 관심과 요구가 증가하고 있는 현 시점에서 대학에서도 다양한 인성교육 프로그램이 마련되어 실행되어야 함에는 두말할 나위가 없다. 특히, 대학생들은 부모나 교사로부터 관리되던 청소년기의 삶에 비해 자유롭기도 하지만 그와 더불어 주어지는 책임감과 스스로 해결해 나가야 할 교수, 선후배, 친구 들과의 관계문제, 학업과제 등으로 어려움을 겪게 된다. 이러한 어려움 속에서 심리적으로나 사회적으로 갑작스럽게 변화되는 상황으로 긴장과 갈등 속에 놓이게 되며, 이를 지혜롭게 극복하지 못할 경우 대학생활뿐 아니라 나아가 사회인으로서의 삶에서도 실패를 경험하게 되고 성공적인 직장생활에 어려움을 겪게 된다. 뿐만 아니라 대학생은 인간발달 단계로 본다면 예비부모의 시기에 해당하므로 올바른 인성함양이 되지 않을 경우 바람직한 부모의 역할을 할 수가 없고 더불어 부모의 인성에 영향을 받게 될 자녀교육에도 치명적인 악영향을 미치게 된다. 따라서 대학생들이 예비사회인으로서, 그리고 예비 부모로서 자신에 대한 정체성을 함양하고 타인과 더불어 공동체적 삶을 살아가는데 필요한 역량과 태도를 기를 수 있도록 인성교육이 반드시 실시되어야 한다.

지금 기업에서도 학력만 좋은 지식인보다는 자신의 일을 책임감 있고 적극적으로 해나가는 진취적인 사람, 더불어 살아가는 법을 알아 타인을 배려하고 협력할 줄 아는, 사회에 유익한 사람을 원하고 있다. 손승남(2014)도 대학 인성교육의 강화를 주장하며 대학 인성교육의 목적으로 자기규정능력, 공동참여 및 책임능력, 연대능력을 들었고, 가속적으로 변하는 사회와 글로벌 시대에 인성교육의 방향도 결국 나와 타인, 사회와 국가, 나아가 인류의 차원으로까지 확대되어야 함을 역설하였다. 선행연구(마지순・박정환・강영식, 2011; 이선정, 2009; 정옥분・임정하・정순화・김경은・박연정, 2008)에서도 우리의 젊은 청년들이 부모됨의 준비가 되지 못한 상태에서 부모의 역할을 담당해야 하는 상황을 초래하여 바람직한 자녀양육이 이루어지지 못함은 물론, 부모의 아동학대나 방임 등 다양한 사회문제가 발생하고 있음을 강조하며, 대학생의 부모로서의 자질, 즉 인성 교육의 필요성을 강조하고 있다.

이와 같은 시대적 흐름에 따라 현재 많은 대학에서는 각 대학에서 추구하는 교육이념과 양성하고자 하는 인재상에 맞추어 특화되어진 인성교육 프로그램을 개발하여 인성교육을 강화하고 있는 추세이다.

연세대, 고려대, 서울대, 원광대, 이화여대, 충남대, 한양대 등에서는 3학점 미만의 신입생 대상 인성교육을 정규 교과목으로 개설하고 있고(이지영, 2005), 전남대에서는 비정규 프로그램을 통해 부분적으로 신입생 교육을 하고 있다(민춘기, 2013). 대체로 많은 대학에서 성공적인 대학 적응과 생활, 인생과 진로 탐색과 목표 설정, 지성인으로서 필요한 자질과 능력 개발, 전공의 전반적인 소개, 학문의 방법과 기술 준비, 삶의 내면 성찰, 다양한 주제 소개, 사고력과 소통 능력 개발 등을 목표(이지영, 2005)로 신입생 대상 인성교육을 실시하고 있다. 그러나 인성교육이 신입생에게만 필요한 것이 아님에도 불구하고 대학 전 학년에 이르기까지 폭넓게 확대하여 지속적이고 체계적인 인성교육 프로그램을 실시하고 있는 대학은 드문 실정이다. 실제로 민춘기(2013)는 대학 신입생 기초교육의 경우 미국의 사례를 들어 역사가 깊고 신입생 교육을 다양한 유형으로 실시하고 있는 비율이 높은 반면, 한국에서는 신입생 기초교육이 일부 대학에서 이루어지고 있으나, 각기 다른 유형의 내용을 부분적으로 다루는 단계에 있는 실정임을 지적한 바가 있다. 이러한 선행요구를 토대로 살펴본다면 예비 사회인이자 예비 부모의 시기인 대학생들에게 인성교육은 반드시 실시되어야 하며 단기적 교육이 아닌 체계적인 교육프로그램이 마련되어 지속적으로 실시되어야 함을 알 수 있다.

인성교육이 미래 지식 기반 경제에서 사회 발전의 토대가 되는 인적자원의 가장 중요한 요소이며 한 국가의 경제 발전, 복지, 경쟁력을 결정하는 핵심 역량 요인이 될 것임은 분명하다. 따라서 올바른 가치관으로 자신을 지키고, 서로에게 도움을 줄 수 있는 바른 인성이 형성되도록 대학에서 적극적으로 인성교육을 위해 노력해야 함이 필요하다.

요컨대, 다양한 관점에서의 인성교육 구성요소를 고려해볼 때, 한 학기 또는 일 년 동안의 교육과정으로 완성되는 것이 아니라 지속적인 교육과 모니터링이 필요(이윤선 · 권미진, 2015)하므로 대학생들의 학년별 인성수준을 분석하고 그에 따른 인성교육 방안을 마련하여 지속적으로 교육시키는 것은 매우 의미 있는 일이라 사료된다. 선행연구에서도 인구통계학적 변인에 따라 '인성'특성에 대한 지각 혹은 행동으로 실천하는 영역 간에는 차이가 있을 것이므로 성별, 연령별 차이에 따른 인성수준에 대한 연구가 이루어져야 할 것(박성미 · 허승희, 2012)과 인성평가를 통해 재학기간 동안 나타나는 학생들의 인성수준의 추이를 관찰하고, 인성의 하위 영역별 관찰 및 학년별 · 전공별 차이 분석을 통한 맞춤형 교육의 필요성을 제시(이윤선 등, 2013)한 바 있다. 따라서 본 연구를 토대로 대학생의 사회인구학적 변인에 따른 인성수준과 인성교육에 관한 요구도를 살펴보는 것은 앞으로의 인성수준의 추이를 관찰하는데 활용될 수 있을 것이며, 학생들의 인성수준과 요구도에 적합한 맞춤형 교육 실시로 인성교육의 효과를 극대화할 수 있을 것이다. 이에 본 연구에서는 대학생들의 사회인구학적 변인에 따른 인성교육의 영역별 수준에 대해서 알아보고 2015년 시행된 '인성교육진흥법'의 핵심가치덕목에서 제시한 인성교육 구성요소를 토대로 교육적 요구도를 조사하고자 한다. 본 연구의 결과에서 나타난 인성교육의 수준과 요구도를 토대로 대학생에게 학년별, 전공별 맞춤 인성교육 방안을 마련하여 지속적이고 체계적인 인성교육을 실시하기 위한 기초자료를 제공 하는데 그 목적이 있다.

이러한 연구의 목적을 달성하기 위해 아래와 같은 연구문제를 설정하였다.

1. 대학생의 인성수준은 사회인구학적 변인에 따라 차이가 있는가?
2. 대학생의 인성교육에 관한 요구도는 사회인구학적 변인에 따라 차이가 있는가?

# II. 연구방법

## 1. 연구 대상

본 연구는 2015년 10월 5일부터 12월 4일까지 서울 소재의 S대(200부), K대(80부), 강원도 소재의 S대(150부) 대학생 430명을 대상으로 진행하였으며 배포한 430부의 설문지 중 불성실하게 응답한 18명을 제외한 412부를 바탕으로 최종 분석을 실시하였다.

## 2. 연구절차

본 연구는 서울, 경기도, 강원도 소재의 대학교에 재학 중인 1, 2, 3, 4학년 대학생 남녀 430명으로 대상으로 설문을 진행하였다. 연구 대상자에게 연구의 목적과 설문지 기입 방법을 간단히 설명하고 연구 참여 동의서를 받은 후 설문지를 배부하였다. 설문지는 자기기입식으로 기입하고 즉시 회수하는 형식으로 진행하였다. 설문의 소요 시간은 약 10분 내외였다. 본 설문지는 대학생의 인성수준을 측정하기 위한 문항과 인성교육에 관한 요구도를 측정하기 위한 문항으로 구성된 자기보고식 질문지이다. 설문작성이 끝난 후 참여자들에게 연구 참여에 대한 대가로 소정의 답례품을 증정하였다.

## 3. 측정도구

### 1) 대학생 인성 수준

한국 대학생의 인성을 측정하기 위한 척도로는 이윤선 등(2013)이 개발한 척도를 사용하였다. 이 척도는 탐색적 요인분석과 확인적 요인분석 결과로 개발된 것으로 신뢰도와 타당도가 검증되었다. 본 인성검사 도구는 인지영역, 정의영역, 행동영역의 세 가지 요인으로 구성되어있으며 총 문항 수는 60문항이다. '인지영역'은 도덕적 자기인식(나는 주어진 문제 상황을 해결하기 위해 정직의 필요성을 인식할 때가 있다. 등), 도덕적 가치를 앎(나는 정직이 필요한 상황을 설명할 수 있다. 등), 도덕적 추론(나는 내가 왜 올바른 행동을 하며 살아가야 하는지를 알고 있다. 등), 반성적 의사결정(나는 바람직하지 않은 행동을 하고 나면 반성을 한다. 등), 도덕적 자기지식(나는 나의 장점을 알고 있다. 등)의 하위요인으로 구성되어 있으며 총 23문항이 해당된다. '정의영역'은 양심(나는 정직하지 않은 행동을 하면 양심에 가책을 느낀다. 등), 자기존중감(나는 나 자신에 대해 만족한다. 등), 감정이입(나는 가능하면 다른 사람을 배려해 주고 싶다. 등), 선을 사랑(정의로운 사람을 보면 닮고 싶다. 등), 자아 통제(나는 해야 할 일을 성실하게 수행한다. 등), 겸양(나는 우리 학교를 사랑한다. 등)의 하위요인으로 구성되어 있으며 총 25문항이 해당된다. '행동영역'은 역량/의지(나는 어떤 일이 결정되면 계획대로 추진한다. 등), 습관(나는 지속적으로 봉사활동을 한다. 등)의 하위요인으로 구성되어 있으며 총 12문항이 해당된다. 이윤선 등(2013)이 개발한 원척도는 6점 척도이나 Peterson & Wilson(1992)과 Dawes(2002)의 연구에 의하면 척도의 수가 증가할수록 총점의 부적편포의 가능성이 높아진다고 하였는데, 이를 토대로 보면 높은 점수를 받는 학생의 비율이 많아질 가능성이 높아진다는 연구(강혜영, 2015)와 김명순・김성희(2012)가 개발한 유교적 인성척도와 전재선・최종욱(2012)이 개발한 인성 자기평가 도구의 척도가 5점 척도인 점을 감안하여 검사자들의 피로도와 부담감으로 인한 검사동기와 변별력 저하를 막기 위해 본 연구에서는 5점 리커트식 척도를 사용하였다. 본 연구에서 인성의 수준을 측정하기 위한 질문은 5점 Likert식 척도(1=전혀 그렇지 않다, 2=그렇지 않다, 3=보통이다, 4=그렇다, 5=매우 그렇다)로 점수가 높을수록 인지영역, 정의영역, 행동영역에서의 인성의 수준이 높다는 것을 의미한다. 이윤선 등(2013)의 연구에서는 신뢰도가 인지영역, 정의영역, 행동영역에서 각각 .91, .93, .87로 나타났으며, 본 연구에서의 신뢰도는 각각 .84, .70, .74로 나타났다.

### 2) 인성 교육에 관한 요구도

2015년 시행된 인성교육진흥법에서 인성교육의 목표가 되는 핵심가치덕목으로 제시한 예(禮), 효(孝), 정직, 책임, 존중, 배려, 소통, 협동의 8가지 항목에 대해 대학생이 중요하다고 생각하며 교육의 필요성을 느끼는 덕목은 무엇인지를 알아보기 위해 '바른 인성을 갖춘 사회인으로 성장하기 위해 예절, 효, 정직, 책임, 존중, 배려, 소통, 협동 교육이 필요하다', '나는 예절, 효, 정직, 책임, 존중, 배려, 소통, 협동 교육을 받고 싶다'와 같은 문장으로 질문하였다. 문항은 인성교육 핵심가치덕목인 8가지 덕목에 대해 2문항씩 질문한 것으로 총 16문항으로 구성하였다. 각 문항에 대해 동의하는 바에 따라 5점 Likert식 척도(1=전혀 그렇지 않다, 2=그렇지 않다, 3=보통이다, 4=그렇다, 5=매우 그렇다)로 표시하도록 하였으며 점수가 높을수록 인성교육에 관한 요구도가 높다는 것을 의미한다.

## 4. 자료 분석

본 연구는 직접 설문조사한 자료를 활용하여 연구목적에 부합하도록 관련 문항의 재부호화 과정과 오류검토 작업을 거쳐 SPSS 22.0을 활용하여 분석하였다. 구체적인 분석방법은 다음과 같다.

첫째, 연구모형의 각 변인들을 측정하는 척도의 신뢰도를 검증하기 위해 Cronbach's α값을 구하고, 분석 대상자의 인구사회학적 특성 및 주요 변인들의 일반적 특성을 알아보기 위해 기술 통계분석(descriptive analysis), 빈도분석(frequency analysis)을 실시하였다.

둘째, 인성 수준과 요구도에 따른 성별의 차이를 변별하기 위해 t-test, 학년별 차이를 변별하기 위해 일원변량분석(ANOVA)을 실시하였다.

## Ⅲ. 결과 및 해석

### 1. 연구대상자의 사회 인구학적 배경

연구대상자의 사회 인구학적 특징은 성별에 있어서 여학생이 221명(53.60%)으로 남학생 191명(46.40%)보다 조금 많은 것으로 나타났다. 학년은 1학년이 112명(27.18%)으로 가장 많았으며, 2학년, 4학년, 3학년이 각각 108명(26.21%), 101명(24.21%), 91명(22.09%) 순으로 나타났다. 전공은 인문계열이 171명(41.50%)으로 가장 많았으며, 공학계열이 71명(17.23%), 사회계열, 교육계열, 자연계열, 예체능계열이 각각 50명(12.14%), 49명(12.14%), 43명(10.44%), 28명(6.80%) 순으로 나타났다. 동거유형별로는 부모와의 동거가 290명(70.39%)으로 가장 많았으며, 혼자 거주하는 이가 62명(15.05%), 형제나 자매와 동거하는 이가 60명(14.56%)으로 각각 나타났다. 마지막으로 종교별 특성을 살펴보면 기독교가 234명(56.80%)으로 가장 많았으며, 가톨릭이 64명(15.53%), 불교가 62명(15.05%), 무교가 52명(12.62%) 순으로 나타났다.

### 2. 성별에 따른 인성 수준의 차이 검증

성별에 따른 인성수준의 차이를 검증하기 위해 독립표본 *t*검증을 실시하였으며, 결과는 <표 1>과 같다. 인성수준 결과에서는 인지영역, 행동영역에서 남녀 간 유의한 차이를 나타내지 않았지만, 정의영역에서는 통계적으로 유의한 차이를 보였다.

인지영역에서는 여자와 남자가 각각 2.87, 2.92로 남자가 조금 높게 나왔지만 통계적으로 유의하지 않은 것으로 나타났다($t$ = -.80, $p > .05$). 행동영역에서는 각각 2.15, 2.22로 남자가 조금 높게 나왔지만 통계적으로 유의하지는 않은 것으로 나타났다($t$ = -1.43, $p > .05$). 그러나 정의영역에서는 남녀가 각각 3.42, 3.48로 통계적으로 유의한 차이를 보였다($t$ = -2.73, $p < .01$).

<표 1> 성별에 다른 인성수준의 영역별 비교

| 구분 | | N | M | SD | t | df |
|---|---|---|---|---|---|---|
| 인지영역 | 여자 | 221 | 2.87 | .67 | -.80 | 410 |
| | 남자 | 191 | 2.92 | .66 | | |
| 정의영역 | 여자 | 221 | 3.48 | .20 | -2.73** | |
| | 남자 | 191 | 3.42 | .20 | | |
| 행동영역 | 여자 | 221 | 2.15 | .52 | -1.43 | |
| | 남자 | 191 | 2.22 | .47 | | |

**p<0.01

## 3. 학년에 따른 인성 수준의 차이 검증

학년별 인성 수준의 차이를 검증하기 위해 F검증을 실시하였으며, 결과는 <표 2>와 같다. 인성 수준 검사 결과 인지영역, 행동영역에서는 학년별 유의한 차이를 보였고, 정의영역에서는 학년별 유의한 차이를 보이지 않았다. 인지영역에서는 4학년이 3.55로 가장 높게 나왔으며, 3학년(3.47), 1학년(2.37), 2학년(2.34) 순으로 나타났고, 1학년과 3학년, 1학년과 4학년, 2학년과 3학년 및 2학년과 4학년에서 각각 유의한 차이가 있는 것으로 나타났다(F = 440.34, $p < .001$). 행동영역에서는 1학년이 2.45로 가장 높게 나타났으며, 2학년(2.44), 3학년(1.99), 4학년(1.79) 순으로 나타났고, 1학년과 3학년, 1학년과 4

학년, 2학년과 3학년 및 2학년과 4학년에서 각각 유의한 차이가 있는 것으로 나타났다(F = 71.07, $p$ <.001). 마지막으로 정의영역에서는 4학년이 3.45로 가장 높게 나왔으며, 1학년(3.48), 2학년(3.46), 3학년(3.42) 순으로 나타났으나, 통계적으로 유의하지 않은 것으로 나타났다. 1학년과 2학년, 1학년과 3학년, 1학년과 4학년, 2학년과 3학년 및 2학년과 4학년에서 각각 유의한 차이가 있는 것으로 나타났다(F = 1.34, $p$ > .001).

<표 2> 학년별 인성수준의 영역별 비교

($N$ = 412)

| 구분 | | N | M | SD | F | 사후검정 |
|---|---|---|---|---|---|---|
| 인지영역 | 1학년 | 112 | 2.37 | .34 | 440.34*** | 1학년 < 3학년***, 1학년 < 4학년***, 2학년 < 3학년***, 2학년 < 4학년*** |
| | 2학년 | 108 | 2.34 | .34 | | |
| | 3학년 | 91 | 3.47 | .30 | | |
| | 4학년 | 101 | 3.55 | .31 | | |
| 정의영역 | 1학년 | 112 | 3.48 | .18 | 1.34 | |
| | 2학년 | 108 | 3.46 | .18 | | |
| | 3학년 | 91 | 3.42 | .18 | | |
| | 4학년 | 101 | 3.45 | .24 | | |
| 행동영역 | 1학년 | 112 | 2.45 | .36 | 71.07*** | 1학년 > 3학년***, 1학년 > 4학년***, 2학년 > 3학년***, 2학년 > 4학년*** |
| | 2학년 | 108 | 2.44 | .35 | | |
| | 3학년 | 91 | 1.99 | .42 | | |
| | 4학년 | 101 | 1.79 | .47 | | |

***$p$ < .001.

## 4. 인성교육 요구도에 대한 성별 차이 검증

인성교육 요구도에 관한 성별 차이를 검증하기 위해 독립표본 t검증을 실시하였으며, 결과는 <표 3>과 같다. 검사 결과 정직과 소통의 항목에서 남녀 간 요구도의 차이가 유의하게 나타났다. 각 항목별 요구도에 대한 점수는 여자, 남자가 각각 예절교육에서는 3.29, 3.27로, 효 교육은 3.32, 3.38로 책임교육은 3.36, 3.34로, 존중교육은 3.45, 3.49로, 배려교육은 3.44, 3.52로, 협동교육은 2.57, 2.63으로 나타났으나, 남녀 간 유의한 차이를 보이지 않아 인성교육에 관한 성별에 따른 요구도의 차이는 없는 것으로 보인다. 단, 정직의 항목에서는 남자가 3.59로 여자(3.50)보다 유의한 차이를 나타내었으며 ($t = -2.46$, $p < .05$), 소통의 항목에서도 남자가 2.60으로 여자(2.51)보다 높게 나타나($t = -2.31$, $p < .05$) 남자가 여자보다 정직과 소통의 항목에서 교육적 요구도가 높음을 알 수 있었다.

<표 3> 성별에 따른 인성교육 요구도

($N$ = 412)

| 구분 | | N | M | SD | t | df |
|---|---|---|---|---|---|---|
| 예절 | 여자 | 221 | 3.29 | 0.73 | .37 | 410 |
| | 남자 | 191 | 3.27 | 0.69 | | |
| 효 | 여자 | 221 | 3.32 | 0.71 | -.80 | |
| | 남자 | 191 | 3.38 | 0.78 | | |
| 정직 | 여자 | 221 | 3.50 | 0.32 | -2.46* | |
| | 남자 | 191 | 3.59 | 0.35 | | |
| 책임 | 여자 | 221 | 3.36 | 0.38 | .57 | |
| | 남자 | 191 | 3.34 | 0.36 | | |
| 존중 | 여자 | 221 | 3.45 | 0.37 | -1.19 | |
| | 남자 | 191 | 3.49 | 0.32 | | |
| 배려 | 여자 | 221 | 3.44 | 0.51 | -1.51 | |
| | 남자 | 191 | 3.52 | 0.48 | | |
| 소통 | 여자 | 221 | 2.51 | 0.39 | -2.31* | |
| | 남자 | 191 | 2.60 | 0.45 | | |
| 협동 | 여자 | 221 | 2.57 | 0.42 | -1.47 | |
| | 남자 | 191 | 2.63 | 0.35 | | |

*$p < .05$.

## 5. 인성교육 요구도에 대한 학년별 차이 검증

인성교육 요구도에 대한 학년별 차이를 검증하기 위해 F검증을 실시한 결과, 인성교육에 관한 요구도에서는 배려의 항목을 제외한 예절, 효, 정직, 책임, 존중, 소통, 협동의 모든 항목에서 교육적 요구도에 있어 학년별 차이가 유의하게 나타났다. 예절, 효, 정직, 책임, 소통의 항목에서는 저학년에서 고학년으로 갈수록 점수가 유의하게 높아지는 것으로 나타났으나, 1학년과 2학년 및 3학년과 4학년 간의 차이는 유의하지 않은 것으로 나타났으며, 존중과 협동의 항목에서는 저학년이 고학년보다 점수가 유의하게 높은 것으로 나타났으나, 1학년과 2학년 및 3학년과 4학년 간의 차이는 유의하지 않은 것으로 나타났다.

예절의 항목에서는 4학년이 4.00으로 가장 높게 나타났으며, 3학년(3.91), 2학년(2.73), 1학년(2.66) 순으로 나타났고, 1학년과 3학년, 1학년과 4학년, 2학년과 3학년, 2학년과 4학년에서 각각 유의한 차이를 나타내었다($F$ = 491.07, $p$ <.001). 효의 항목에서는 4학년이 4.12로 가장 높게 나타났으며, 3학년(4.00), 2학년(2.78), 1학년(2.72) 순으로 나타났고, 1학년과 3학년, 1학년과 4학년, 2학년과 3학년, 2학년과 4학년에서 각각 유의한 차이를 나타내었다($F$ = 582.79, $p$ < .001). 정직의 항목에서는 4학년이 3.77로 가장 높게 나타났으며, 3학년(3.67), 1학년(3.39), 2학년(3.38) 순으로 나타났고, 1학년과 3학년, 1학년과 4학년, 2학년과 3학년, 2학년과 4학년에서 각각 유의한 차이를 나타내었다($F$ = 47.37, $p$ < .001). 책임의 항목에서는 4학년이 3.59로 가장 높게 나타났으며, 3학년(4.00), 2학년(2.78), 1학년

(2.72) 순으로 나타났고, 1학년과 3학년, 1학년과 4학년, 2학년과 3학년, 2학년과 4학년에서 각각 유의한 차이를 나타내었다($F = 582.79$, $p < .001$). 존중의 항목에서는 1학년이 3.59로 가장 높게 나타났으며, 2학년(3.56), 4학년(3.36), 3학년(3.31) 순으로 나타났고, 1학년과 3학년, 1학년과 4학년, 2학년과 3학년, 2학년과 4학년에서 각각 유의한 차이를 나타내었다($F = 19.99$, $p < .001$). 배려의 항목에서는 4학년이 3.53으로 가장 높게 나타났으며, 1학년(3.48), 3학년(3.45), 2학년(3.44) 순으로 나타났으나, 각 학년별 유의한 차이는 보이지 않았다($F = .66$, $p > .05$). 소통의 항목에서는 3학년이 2.78로 가장 높게 나타났으며, 4학년(2.75), 1학년(2.37), 2학년(2.36) 순으로 나타났고, 1학년과 3학년, 1학년과 4학년, 2학년과 3학년, 2학년과 4학년에서 각각 유의한 차이를 나타내었다($F = 39.54$, $p < .001$). 마지막으로 협동의 항목에서는 2학년이 2.77로 가장 높게 나타났으며, 1학년(2.76), 3학년(2.46), 4학년(2.36) 순으로 나타났고, 1학년과 3학년, 1학년과 4학년, 2학년과 3학년, 2학년과 4학년에서 각각 유의한 차이를 나타내었다($F = 38.17$, $p < .001$).

## Ⅳ. 논의 및 결론

본 연구는 대학생의 인성 수준과 2015년 시행된 '인성교육진흥법'의 핵심가치덕목으로 제시된 인성교육 구성요소에 대한 대학생의 교육적 요구도를 조사하여 대학생에게 효과적이고 체계적인 인성교육을 실시하기 위한 기초자료를 제공하고자 이루어졌다.

대학생의 인성 수준은 성별의 경우 인지영역, 행동영역에 있어서 유의한 차이가 없는 것으로 나타났으나 정의영역에서는 남녀 간 유의한 차이가 있는 것으로 나타났다. 정의영역은 양심, 자기존중, 감정이입, 선에 대한 사랑, 자아통제, 겸양 등을 포함하는 것으로 여학생이 남학생의 수준보다 높게 나타났는데, 최현옥・김혜리(2010)의 연구에서 대학생의 공감하기 수준은 여성이 남성보다 더 높은 것으로 나타난 것에서도 알 수 있듯이 공감능력이 남자보다 뛰어난 여성의 기질적 특성이 감정이입을 포함한 정의적 영역의 여러 요소에서 남성보다 높은 수준을 나타낸 결과라고 생각된다. 또한 인지영역, 정의영역, 행동영역의 세 가지 영역 중 행동영역에 있어 대학생의 인성수준이 가장 낮은 것으로 나타나 머리로 인지하고 마음가짐을 갖고 있는 것에 비해 행동으로 직접 실천하는 수준이 낮음을 알 수 있다. 이는 타인에게 배려나 관용 등을 표현하거나 적극적으로 인사를 하는 등의 행동 표현이 부족한 학생들의 경우에도 마음이 없거나 표현방식을 몰라서 행동으로 나타내지 못하는 것이 아님을 유추해 볼 수 있다. 즉, 본 결과는 대학생들이 인성의 중요성을 머리로 이해하고 마음으로 가지고 있으나 실천에 있어 어려움을 겪고 있음을 나타내는 것으로, 인성교육은 인지적으로 이해하고 정의적 영역으로 담아두는 것으로 끝날 것이 아니라 타인에게 적극적으로 표현하고 나타낼 수 있는 실천적 교육으로 나아가야 함을 시사한다고 볼 수 있다.

학년에 따른 인성 수준의 차이를 분석한 결과 인지영역, 행동영역에서는 1, 2학년과 3, 4학년 간에 유의한 차이를 보였고, 정의영역에서는 유의한 차이를 보이지 않았다. 이는 이윤선・권미진(2015)의 연구에서 대학생들의 인성수준이 학년이 올라갈수록 인지영역, 정의영역, 행동영역에서 통계적으로 의미 있는 성장을 보였다는 연구 결과와는 차이가 있는데, 선행 연구는 학년이 올라갈 때마다 인성교육을 실시한 후 인성수준을 측정한 결과이고, 본 연구는 인성교육 실시 없이 학년별 인성 수준을 평가한 것이므로 그 결과에는 차이가 있는 것으로 보인다. 본 연구에서 도덕적 자기인식, 도덕적 가치인식, 도덕적 추론, 반성적 의사결정, 도덕적 자기지식 등을 포함한 인지영역이 1, 2학년에서 낮게 나타난 것은 그동안 대학에 입학하기 위한 입시위주의 학문적 교육에 치중했기 때문에 자기를 인식하고 자신의 장단점을 파악하고 인생목표를 세우는 등의 자기 인식과 반성적 의사결정 등을 할 기회가 부족했던 것으로 보이며, 3, 4학년의 경우에는 대학생활을 통한 다양한 사회적 경험과 학문적 교육으로 인해 인지영역의 수준이 높아졌을 것으로 생각된다. 반면 3, 4학년이 1, 2학년에 비해 행동영역의 수준이 낮은 것은 머리로 인지하는 수준이 높다고 해서 반드시 실천으로 옮겨지는 것은 아님을 알 수 있었다. 따라서 대학생의 인성을 함양하고 학년이 올라갈수록 더 높은 수준의 인성을 갖도록 하기 위해서는 학년별 인성수준에 따른 영역별 차이를 반영한 체계적 인성교육 프로그램이 마련되어야 한다는 것이다. 즉, 고학년에 비해 인성에 대한 인지영역이 부족한 저학년을 위한 인성교육 구성은 인지영역을 강화하는 방향으로, 머리로 인지하는 면에 비해 몸으로 실천하는 행동영역의 수준이 낮은 고학년을 위해서는 행동으로 인성을 적극적으로 표현하고 실천할 수 있는 행동영역을 강화한 인성교육 프로그램의 구성이 필요할 것으로 판단된다. 더불어 정의영역에서는 학년별 유의한 차이가 나타나지 않았는데 인성에서 가장 근본이 되는 정의영역에 대한 콘텐츠는 강의 구성에 있어 학년과 관계없이 구성해야 하는 점을 시사한다고 볼 수 있다.

한편 2015년 시행된 '인성교육진흥법'의 핵심가치덕목으로 제시된 인성교육 구성요소에 대한 대학생의 교육적 요구도에서는 정직의 항목에서 남자가 3.59로 여자 3.50보다 높게 나타났고 소통의 항목에서도 남자가 2.60으로 여자 2.51보다 높게 나타났다. 이는 남학생의 경우 정직과 소통의 항목에서 여학생보다 교육적 요구도가 높음을 나타낸다. 지은림・이윤선・도승이(2014)와 이윤선・권미진(2015)의 연구에서 초・중・고 학생들과 대학생들이 정직에 대한 필요성과 상황에 대한 이해에서 어려움을 겪는다는 결과가 나타난 바 있는데, 본 연구에서도 남녀 대학생 모두 다른 인성항목에 비해 정직에 대한 관심이나 필요성에 대한 의식이 부족한 것으로 나타났으며 남자의 경우에는 여자에 비해 정직에 대한 요구도가 높게 나타난 것을 알 수 있었다. 또한 남자의 경우 배려교육에 대한 요구도가 여자보다 높았는데, 이를 반영하여 남학생들의 인성교육에 배려를 강화한 교육이 마련된다면 이성교제나 대인관계에 있어 도움이 될 것이라 생각된다.

또한 배려의 항목을 제외한 예절, 효, 정직, 책임, 존중, 소통, 협동의 모든 항목에서는 1, 2학년과 3, 4학년 간의 차이가 유의하게 나타났다. 존중과 협동의 항목에서는 1, 2학년이 3, 4학년에 비해 교육적 요구도가 높았는데 이는 저학년이 고학년에 비해 상대적으로 존중과 협동에 있어 어려움을 겪고 있어 교육의 필요성에 대해 더 깊이 공감하고 있는 것으로 생각된다.

반면, 예절, 효, 정직, 책임, 소통의 항목에서는 3, 4학년이 1, 2학년보다 교육적 요구도가 높은 것으로 나타났는데, 이는 취업을 앞두고 있는 고학년일수록 다양한 인간관계를 하게 되고 그로 인해 사회생활에서의 인성의 중요성을 인식하게 되어 다양한 영역에서 인성교육의 필요성을 더 크게 느끼는 것으로 생각해 볼 수 있다. 따라서 대학에서는 저학년부터 체계적이고 지속적인 인성교육을 실시하되, 특히 취업 준비를 하는 고학년들의 인성교육에 대한 높은 교육적 요구도를 반영하여 사회에서 활용할 수 있는 실제적이고 실천적인 인성교육이 더욱 강화되어야 할 것으로 본다.

본 연구를 토대로 대학생 인성교육 방안에 대해 다음과 같은 시사점을 제시하고자 한다.

3, 4학년의 경우 인지영역의 점수가 높을지라도 행동영역의 점수가 높게 나타나지 않은 것은 그만큼 행동으로 실천하는 것이 어렵다는 것을 나타내는 것으로 보인다. 따라서 인성교육은 마음으로 느끼고 머리로 인지하는 것에서 끝나는 제한적 교육이 아닌 인성을 실천하고자 하는 의지를 갖게 하고 그 의지를 지속적으로 실행할 수 있는 교육으로 나아가야 할 것이라 생각한다.

더불어 인지영역에 있어서 고학년으로 갈수록 인성수준이 계속 높아지는 것이 아님을 알 수 있었는데, 이는 인성교육은 한번 교육으로 끝나는 것이 아닌 꾸준하고 지속적으로 이루어져야 함을 시사한다. 어떠한 교육이든 반복적이고 지속적인 교육이 효과가 있듯, 인성교육도 다양한 교수전략과 콘텐츠 개발 및 단계별 평가를 통해 인성의 핵심개념이 지속적이고 효과적으로 전달될 수 있도록 방법론적 연구와 고민들이 이루어져야 할 것이라 생각한다.

또한 성별, 학년별, 전공별 특성에 따른 인성수준과 요구도를 고려하여 차별화된 인성교육이 실시되어야 할 것이다.

끝으로 인성은 인간관계 형성 및 자아발전, 진로개척에도 영향을 미칠 수 있는 삶의 전반적 영역 교육이라 할 수 있다. 따라서 대학 새내기들을 위한 교육뿐 아니라 취업을 앞둔 4학년에 이르기까지 인성교육을 토대로 하여 삶 전반에 걸쳐 긍정적 영향을 줄 수 있도록, 그리고 그러한 긍정적 영향력이 사회 전반으로 확산될 수 있도록 하는 의미 있는 교육으로 실시되어야 할 것이다.

마지막으로 본 연구에 있어서의 제한점과 후속연구의 활성화를 위한 제언을 제시하고자 한다. 첫째, 본 연구는 3개의 대학에서 자료를 수집한 것으로 대학생 전체로 보편화 시키는 데에는 무리가 있다. 따라서 앞으로의 연구가 더욱 다양한 학교의 학생들을 대상으로 실시된다면 대학생들을 위한 효과적인 인성교육 프로그램 마련에 도움이 될 것으로 보인다. 둘째, 본 연구는 대학생의 인성수준을 정의영역, 인지영역, 행동영역으로 구분하여 실시하였으나 각 영역별 하위요소에 따른 세부적 수준에 대한 연구가 이루어진다면 체계적이고 구체적인 인성교육프로그램 마련에 도움이 될 것이다. 셋째, 본 연구는 2015년 시행된 '인성교육진흥법'의 핵심가치덕목으로 제시된 인성교육 구성요소에 대한 대학생의 교육적 요구도를 단순한 용어제시로 확인하였으나 추후 연구에서는 핵심가치덕목에 따른 수준과 요구도를 더 명확히 확인할 수 있는 과학적이고 논리적인 척도가 개발되어야 할 것이다.

넷째, 인성수준과 요구도 분석이 단순한 척도를 통한 결과 제시가 아닌 관찰, 심층면접 등의 질적 연구가 이루어진다면 학생들의 인성

수준과 요구도를 심층적으로 이해하고 평가할 수 있을 것이라 생각된다.

위에서 제시한 몇 가지의 제언에도 불구하고 본 연구는 아래와 같은 의의를 갖는다. 첫째, 대학생의 성별과 학년에 따른 인성 수준을 분석한 내용을 토대로 체계적이고 효과적인 인성교육 프로그램을 계획할 수 있다. 둘째, '인성교육진흥법'의 핵심가치덕목으로 제시된 인성교육 구성요소에 대해 대학생들의 교육적 요구도를 파악하였으므로 법으로 제시한 덕목을 실제적인 교육에 활용할 수 있고, 학습자의 필요에 따른 학습자 중심의 교육 방안 마련으로 인성교육의 성과를 높일 수 있다. 셋째, 범국가적·국민적 차원으로 인성교육의 관심과 필요성이 증가하고 있는 현 시점에서 바람직한 민주 시민 양성에 일조할 수 있을 것이라 생각된다.

# <참고문헌>


강선보(2008). 『인성교육』, 양서원.

강혜영(2015). 「리커트 척도 응답형식 검사의 조건에 따른 기준점 설정 방법 비교연구」. 서울여자대학교 대학원 박사학위논문.

곽병선 · 유병열 · 유현진(1997). 『인성교육의 실제』, 중앙교육위원회.

교육부(www.moe.go.kr).

교육과학기술부(2010). 『한국과학창의재단』, 창의 · 인성교육 시범 적용학교 교원 연수자료집.

국립국어원(www.korean.go.kr).

김명순 · 김성희(2012). 「대학생용 유교적 인성척도 개발」. 교육학연구, 50(1), 27-53.

김민수(2014). 「'인성교육' 담론에서 '인성' 개념의 근거」. 교양교육연구, 8(4), 169-206.

마지순 · 박정환 · 강영식(2011). 「대학생의 부모애착과 부모됨의 동기에 관한 연구」. 한국산학기술학회논문, l2(1), 200-206.

민춘기(2013). 「대학 신입생 기초교육-수업사례와 개선방향」. 교양교육연구, l7(1), 295-330.

박명림(2016). 『인공지능과 인공과 인간주의』, 네이버 열린 연단, http://openlectures.naver.com/contents?contentsId=111890&rid=253

박성미 · 허승희(2012). 「청소년용 통합적 인성척도 개발」. 아동교육, 21(3), 35-47.

법제처(www.law.go.kr).

손승남(2014). 「대학 인성교육의 교수학적 고찰」. 교양교육연구, 8(2), 11-41.

이선정(2009). 「대학생의 가족건강성 및 관련 변인이 부모됨의 인식에 미치는 영향」. 한국가족관계학회지, 14(1), 243-266.

이윤선 · 강혜영 · 김소정(2013). 「대학생 인성 검사도구 타당화 연구」. 윤리교육연구, 31(2), 261-282.

이윤선 · 권미진(2015). 「대학생 인성수준의 종단적 분석」. 한국윤리교육연구, 36(1), 259-282.

이지영(2005). 「대학 신입생 세미나 운영사례 및 효과성 연구」. 연세대학교 대학원 석사학위논문.

전재선 · 최종욱(2012). 「유아교사 인성 자기평가도구 개발에 관한 연구」. 한국보육학회지, 12(1), 149-174.
정옥분 · 임정하 · 정순화 · 김경은 · 박연정(2008). 「대학생의 부모에 대한 애착과 부모됨의 동기 및 부모역할인식에 관한 연구」. 인간발달연구, 15(4), 67-91.
조난심(2004). 「인성평가척도개발을 위한 기초연구」. 한국교육과정평가원 연구보고서.
조연순(2007). 「초등학교 아동의 특성 변화와 인성교육의 요구」. 한국초등교육학회학술대회 발표논문, 한국초등학회지.
지은림 · 이윤선 · 도승이(2014). 「인성측정도구 개발 및 타당화」. 윤리교육연구, 35(1), 151-174.
지희진(2013). 「대학 교양 인성 교육에 대한 대학생 인식 탐색」. 교양교육연구, 7(5), 433-466.
최현옥 · 김혜리(2010). 「대학생의 마음읽기 능력과 공감하기-체계화하기 성향의 성차와 전공 차」. 한국심리학회지:발달, 8(2), 119-139.
현주(2009). 「학교 인성교육 실태 분석 : 중학교를 중심으로」 한국교육개발원 연구보고서.
Dawes, J. G.(2002). *Survey responses using scale categories follow a 'double jeopardy'pattern*. Proceedings of the ANZMAC Conference. Deakin University : Melbourne.
Lickona, T.(1992). *Educating for character : How our schools can teach respect and responsibility*, (NY : Bantam Books)
Peterson, R. A., & Wilson, W.(1992). Measuring customer satisfaction : fact and artifact. *Journal of the Academy of Marketing Science*, 20(1), 61-71.

# 인성핵심가치덕목과 인성척도*

김선주

## Ⅰ. 서론

과거 우리나라는 입시위주의 경쟁적 교육제도 속에서 성공을 중요한 가치로 여기고 남보다 앞서기 위해 노력할 것을 강조해왔다. 그러다보니 학교에서는 왕따나 학교 폭력, 교사 무시 등의 문제가 발생하였고 사회에서는 아동학대, 패륜 범죄, 세월호 사건 등 여러 가지 비도덕적 사건들이 발생하였다. 이러한 문제를 우리 사회 전반에서는 가정과 학교에서의 '인성 교육' 부재를 원인으로 지목하기 시작하였다. 한국교육개발원(2014)에서 전국 성인남녀 2,000명을 대상으로 실시한 교육 여론조사에서도 우리나라에서 시급히 해결해야 할 교육문제의 최우선 과제가 '학생의 인성·도덕성 약화'인 것으로 나타났다.

---

* 본 논문은 2017년 『한국교양교육학회』의 「교양교육연구」 11권3호에 실린 "인성교육진흥법 핵심 가치덕목에 근거한 대학생용 인성 척도 개발"의 일부임.

이처럼 교육계를 비롯한 한국사회 전체가 인성의 위기에 주목하면서 인성교육담론이 본격화되었으며 결국 입법화로까지 이어졌다. 국회는 출석의원 199명의 만장일치로, 2014년 1월 20일 '인성교육진흥법(법률 제13004호)'을 제정하였고, 2015년 7월 21일부터 시행되었다. 세계적으로 유례없는 인성교육만을 위한 법인 것이다(장승희, 2015). 인성교육진흥법은 올바른 인성을 지닌 바람직한 시민을 길러내는 일에 전 국가적 의지를 표명했다는 점, 교육의 기본관점이 인성중심의 패러다임으로 변화되고 있음을 보여주었다는 점, 인성교육을 관련 주체들에게 의무로 규정하면서 그에 필요한 제도적 기반을 마련하고자 했다는 점, 인성교육 실시의 책임 있는 주체들(학교·가정·사회)의 유기적이고도 통합적인 노력을 통해 접근하고자 하고 있다는 점 등에서 중요한 의의를 지닌다(유병열, 2016).

인성교육진흥법은 '대한민국헌법'에 따른 인간으로서의 존엄과 가치를 보장하고 '교육기본법'에 따른 교육이념을 바탕으로 건전하고 올바른 인성을 갖춘 국민을 육성하여 국가와 사회의 발전에 이바지하기 위한 것(김녕, 2016)으로 목적은 자신의 내면을 바르고 건전하게 가꾸고 타인·공동체·자연과 더불어 살아가는 데 필요한 인간다운 성품과 역량을 기르는 것이고, 핵심가치덕목은 예(禮), 효(孝), 정직, 책임, 존중, 배려, 소통, 협동이며 핵심역량은 핵심가치덕목을 적극적이고 능동적으로 실천 또는 실행하는데 필요한 통합된 능력이다(법제처, www.moleg.go.kr).

인성교육진흥법을 통해 진행되는 인성교육이 실효성을 확보하기 위하여 인성교육의 주된 시행주체인 교육부장관 및 교육감에게 인성교육의 추진성과 및 활동에 대한 평가를 매년 실시하도록 의무화

(제16조)하고 있고, 교육의 평가에는 인성교육 종합계획 또는 시행계획의 달성 정도와 인성교육 지원 사업 및 프로그램 만족도 등이 포함되어 있다(손진희・김광병, 2016). 따라서 인성교육 실시 후 교육 대상자들의 인성에 대한 태도, 가치, 행동 등이 변화되었는지를 측정하기 위한 인성척도는 필수적이라 할 수 있다. 뿐만 아니라 인성교육을 계획하는 시점에서도 인성교육이 포함하는 여러 영역 중 특별히 다른 영역과 차이가 있는 영역이 있는지를 가늠하는 것은 교육에서 강화되어야 할 덕목을 이해하는데 필수적인 작업이라 할 수 있다. 물론 사회로 진출해야 할 시기에 있는 대학생에게 필요한 인성교육은 인성교육진흥법에서 요구하는 8가지 핵심가치 외에도 시대적, 사회적 요구에 따른 의사소통 능력이나 갈등, 협상 능력, 리더십, 공동체 삶을 지향하기 위한 봉사나 인류의 보편적 가치에 해당하는 인간 본성 회복과 나눔 등 다양한 교육적 내용이 추가되어야 할 것으로 본다. 그러나 인성교육진흥법에서 추구하고자 하는 핵심가치덕목이 인간이 반드시 지켜야 할 최소한의 도덕이며 누구나 추구해야 할 인성의 요소임에는 이견이 없을 것이라 생각한다. 또한 법적으로 초・중등교육에서 인성교육진흥법을 강조하고 있으므로 그동안의 교육 내용을 토대로 현재의 수준을 진단하여 다른 영역에 비해 부족하거나 차이가 있다고 보이는 영역은 강화되어야 하고, 인성은 그 특성상 눈에 보이지 않기 때문에 눈에 보이는 태도나 행동으로 바꾸어 측정해야 할 도구는 필요하다고 생각되었다. 이에 본 연구에서는 대학에서의 인성교육이 강화되고 있고 신입생 교육에서부터 교양교육, 취업교육에 이르기까지 다양한 인성교육에 대한 실시와 필요성이 증가(김민수, 2014; 민춘기, 2013; 손승남, 2014; 지

희진, 2013)하고 있는 시대적 흐름에 따라 대학생을 대상으로 한 인성교육 척도를 개발하고자 하였다. 그러나 현재 대학생을 대상으로 한 인성척도로는 김명순・김성희(2012)의 대학생용 유교적 인성척도 개발과 박성미・허승희(2012)의 청소년용 통합적 인성척도 개발, 이윤선・강혜영・김소정(2013)의 대학생 인성 검사도구 타당화 연구 등이 있다. 각각의 척도에서 정의한 인성의 하위요인들은 차이가 있었는데, 김명순・김성희(2012)의 연구에서는 인성의 구성요소를 자기인지, 자기행동, 대인인지, 대인행동으로 나누어 척도를 구성하였고, 박성미・허승희(2012)의 연구에서는 인성을 개인적 가치, 대인간 가치, 사회적 가치 차원으로 나누어 측정하고자 하였으며, 이윤선・강혜영・김소정(2013)의 연구에서는 도덕성, 사회성, 감성(정서성)의 '인성영역'과 개인, 대인관계, 사회의 '상황적 차원' 및 지식, 태도 행동의 '교육적 차원'으로 구성하여 인성을 측정하고자 하였다. 이처럼 인성의 개념을 정의하는 방법에 따라 척도의 구성 요소 또한 달라지는데, 인성교육진흥법이 2015년부터 시행되고 있음에도 불구하고 인성교육진흥법에서 인성교육의 핵심가치덕목으로 정한 예(禮), 효(孝), 정직, 책임, 존중, 배려, 소통, 협동을 하위요인으로 한 인성척도는 개발되지 않았음을 알 수 있었다. 이러한 점에서 인성교육진흥법의 핵심가치덕목을 토대로 한 척도개발에 대한 논의와 노력이 필요하다고 사료되었다. 이에 본 연구에서는 인성교육진흥법의 핵심가치덕목에 따른 인성수준을 측정할 수 있는 타당하고 신뢰성 있는 측정도구를 개발하고자 한다.

## Ⅱ. 이론적 배경

### 1. 인성교육진흥법

인성교육진흥법에 따라 2017년 5월부터 국가와 지자체, 학교에 인성교육이 의무화 되었다. 인성교육진흥법은 22개의 조문과 부칙, 별표로 구성되어 있다. 법 제1조(목적)는 자신의 내면을 바르고 건전하게 가꾸고 타인·공동체·자연과 더불어 살아가는 데 필요한 인간다운 성품과 역량을 기르는 것, 제2조(정의)는 인성의 '핵심가치덕목'이란 인성교육의 목표가 되는 것으로 예(禮), 효(孝), 정직, 책임, 존중, 배려, 소통, 협동 등의 마음가짐이나 사람됨과 관련되는 핵심적인 가치 또는 덕목이다. 제3조는 다른 법률과의 관계, 제4조는 국가 등의 책무, 제5조는 인성교육의 기본방향, 제6조는 인성교육종합계획의 수립 등이고, 제7조는 계획 수립 등의 협조, 제8조는 공청회의 개최 규정, 제9조는 교육부 장관 소속으로 두는 인성교육진흥위원회 규정, 제10조는 학교의 인성교육 기준과 운영에 대한 규정, 제11조는 인성교육 지원, 제12조는 인성교육프로그램의 인증, 제13조는 인증의 유효기간, 제14조는 인증의 취소, 제15조는 인성교육 예산 지원, 제16조는 인성교육의 평가, 제17조는 교원의 연수, 제18조는 학교의 인성교육 참여 장려, 제19조는 언론의 인성교육 지원, 제20조는 전문 인력의 양성, 제21조는 권한의 위임, 제22조는 과태료에 대해 규정하고 있다(법제처, www.moleg.go.kr). 인성교육진흥법으로 인해 교사의 인성교육 지원과 예비 교원의 인성교육 지도역량 강화 등을 강조하고 있다. 이 법의 종결형이 대부분 "시행하여야 한다.”, “수립하여야 한다.”, “통보하여야 한다.” 등 의무 조항으로 된 것은 법적 구속력을 강화한 것으로, 범국가적 차원에서 모든 경제적 지원과 제도에 대해 법적 장치를 통해 인성교육을 지원하겠다는 것이다. 이 법이 제정되면서 대학과 기업은 입학과 채용에서 인성을 평가하여 반영하고자 하고, 교육부도 인성교육 강화 및 인성의 대입 반영 확대 등을 검토하고 있다(장승희, 2015).

## 2. 인성교육진흥법 핵심가치덕목의 개념 정의

### 1) 예

본 연구에서는 예를 인간으로서 지켜야 할 행위규범이자 사회 질서를 유지하기 위한 필수적인 요소이며 같은 문화권 안에서 받아들여질 수 있는 보편적인 친근한 행위, 자발적이고 내면적인 행위, 형식보다는 인간중심적인 편안함이 느껴지는 행위로 정의하고자 한다.

### 2) 효

본 연구에서는 효를 부모님을 대하는 행동, 언어표현, 마음 헤아림과 감동 드리기, 성실한 모습으로 잘 성장함으로 정의하고자 한다.

### 3) 정직

본 연구에서는 정직을 정직의 중요성과 필요성에 대한 ‘신념’, 신념을 대화나 행동으로 표현 하는 ‘행위’, 정직한 행위에 대한 ‘긍정적 감정’과 부정직한 행위에 대한 ‘양심의 가책’을 정직으로 정의하기로 한다.

### 4) 책임

본 연구에서는 책임을 개인적 책임과 사회적 책임을 모두 포함하되 자신이 맡은 바를 완수하는 것과 의도했든 의도하지 않았든 자신이 행하는 모든 행위의 결과를 짊어지는 것을 개인적 책임으로, 집단과 사회의 공공선을 추구하고자 하는 적극적인 행동을 사회적 책임으로 정의하고자 한다.

### 5) 존중

본 연구에서는 존중을 자신에 대한 존중, 타인에 대한 존중, 동식물, 자연환경에 대한 생명존중으로 정의하고자 한다.

### 6) 배려

본 연구에서는 배려를 행위자가 자신과 상호의존 관계를 맺고 있는 당사자, 낯선 사람들을 포함한 사회 공동체, 동·식물과 같은 환경 공동체와의 관계를 해치지 않고 그들에 대한 책임을 다하면서 어떻게 서로 균형과 조화를 이룰 것인가를 고려하는 것이라고 정의하고자 한다.

### 7) 소통

본 연구에서는 소통을 듣기, 경청, 공감, 역지사지, 상호작용성, 반대의견 듣기 등의 개념을 포함하는 '상호성', 이유나 근거 제시, 근거의 객관성, 주제관련성(말하기 차원)이나 논리적인 이해, 비판적 읽기(듣기 차원) 등을 포함하는 '합리성', 욕설이나 빈정-경멸의 표현, 존칭, 비속어의 사용, 공격적인 표현, 말하고 듣는 태도 등을 포함하는 '소통예의' 세 가지 요소를 포함한 것으로 상이한 입장의 사람들 사이에 막힘이 없이 잘 통하는 것, 뜻을 같이하는 입장의 사람들이 새롭고 발전적인 것을 구상하기 위한 의견 조율이 잘 되는 것으로 정의하고자 한다.

#### 8) 협동

본 연구에서는 협동을 공동과제를 산출하고 이를 달성하기 위해 집단 구성원이 마음과 힘을 하나로 합하여 서로 돕는 것으로 단순한 조력 행위이며, 협동하는 과정에서 자신은 물론 타인에게도 이익이 되는 결과를 추구하는 것으로 구성원 간의 정확한 역할 할당 및 개인의 책임이 동반되어야 하는 것을 협동으로 정의하고자 한다.

## III. 연구방법

### 1. 연구대상

본 연구의 대상은 서울시 소재의 A, B 대학교에 재학 중인 대학생을 대상으로 두 차례에 걸쳐 설문조사를 실시하여 각각 250명, 300명으로부터 자료를 수집하였다. 첫 번째 설문조사에서 수집된 표본

1은 전체 응답자 250명 중 문항을 빠뜨리거나 불성실하게 응답한 자료를 제거하고 최종 234명의 자료를 토대로 탐색적 요인분석을 실시하였다. 평균 연령 23.18세(SD=2.23)로서 남자는 141명(60.26%)이었고, 여자는 93명(39.74%)이었다. 두 번째 조사에서 수집된 표본 2는 전체 응답자 300명 중 역시 문항을 빠뜨리거나 불성실하게 응답한 자료를 제거하고, 최종 282명의 자료를 토대로 확인적 요인분석을 실시하였다. 표본 2의 평균연령은 22.76세(SD=1.84)로서, 남자는 113명(40.07%)이었고, 여자는 169명(59.93%)이었다.

## 2. 연구도구

본 연구에서는 문헌연구 및 관련 선행연구를 토대로 인성의 개념적 정의 및 조작적 정의의 하위 요인들을 분석하고 예비 시안을 구성하여 인성교육 전문가 10인으로 구성된 전문가집단을 대상으로 델파이 검사를 통해 예비 문항의 문항 적합도 검사를 시행하여 40개의 인성 예비척도를 구성한 후, 경험적 자료를 통해 탐색적 요인분석으로 구성타당도 검증을 거쳐 최종 37개의 문항을 구성하였다. 본 척도는 청소년이 지각하는 인성의 정도를 자기보고식으로 평정하는 도구로, '전혀 그렇지 않다'=1, '그렇지 않다'=2, '보통이다'=3, '그렇다'=4, '매우 그렇다'=5의 5점 Likert 척도로 점수가 높을수록 인성 및 하위요인이 높다는 것을 의미한다. 본 연구에서 인성척도의 하위요인인 협동(協同), 정직(正直), 효(孝), 예(禮), 존중(尊重), 책임(責任), 소통(疏通), 배려(配慮)의 내적 일치도는 각각 .88, .81, .81, .80, .81, .82, .68, .76로 나타났다.

## 3. 연구절차

인성척도 개발 연구를 위한 연구의 절차는 문헌고찰 및 자료 수집, 예비문항 개발, 예비 검사, 최종 시안 구성, 본 검사 실시 및 분석이다. 이러한 연구절차를 도식으로 정리하면 그림 1과 같다

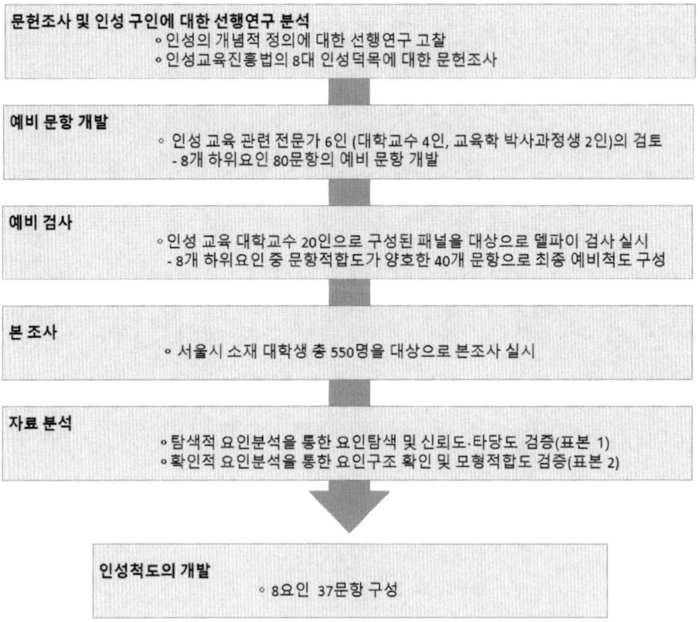

문헌조사 및 인성 구인에 대한 선행연구 분석
◦인성의 개념적 정의에 대한 선행연구 고찰
◦인성교육진흥법의 8대 인성덕목에 대한 문헌조사
예비 문항 개발
◦ 인성 교육 관련 전문가 6인 (대학교수 4인, 교육학 박사과정생 2인)의 검토
- 8개 하위요인 80문항의 예비 문항 개발
예비 검사
◦인성 교육 대학교수 20인으로 구성된 패널을 대상으로 델파이 검사 실시
- 8개 하위요인 중 문항적합도가 양호한 40개 문항으로 최종 예비척도 구성
본 조사
◦ 서울시 소재 대학생 총 550명을 대상으로 본조사 실시
자료 분석
◦탐색적 요인분석을 통한 요인탐색 및 신뢰도·타당도 검증(표본 1)
◦확인적 요인분석을 통한 요인구조 확인 및 모형적합도 검증(표본 2)
인성척도의 개발
◦ 8요인 37문항 구성


[그림 1] 인성척도 개발을 위한 연구절차

### 1) 예비 문항 개발

본 연구에서는 인성교육진흥법의 8가지 핵심가치에 대한 문헌조사 및 선행연구 분석을 통해 인성의 핵심가치의 개념적 정의를 하였으며 이를 기반으로 인성교육을 담당하는 대학교수 4인과 박사 과

정생 2인으로 구성된 인성교육 전문가에 의해 인성교육진흥법에 기초한 8가지 핵심가치를 측정하는 문항 80개를 개발하였다.

### 2) 예비 검사

완성된 80개의 기초문항의 문항적합도를 측정하기 위해 인성교육과 관련된 과목을 강의하고 있는 서울・수도권 소재 대학의 교수 20인으로 전문가 패널을 구성하고 이들로부터 델파이조사를 실시하였다. 본 연구의 적절성을 검증하는 델파이 질문지의 평정기준은 미국교육연구학회(American Educational Research Association: AERA)의 교육 및 심리검사 준거(Standards for Educational and Psychological Testing)로서, Grant와 Davis(1997)가 제안한 대표성(representation), 명확성(clarity) 및 포괄성(comprehensiveness) 중 대표성을 사용하였다. 조사 도구를 제작할 때, 문항의 내용은 측정영역에 대한 조작적 개념의 정의라고 할 수 있다. 따라서 전문가 패널에 의해 부적절하다거나 내용이 일치하지 않는다고 지적된 문항은 이후의 작업과정을 통해 삭제하였다. Grant와 Davis(1997)에 의하면 대표성은 '해당 문항을 포함하고 있는 측정영역(domain)을 얼마나 적절하게 반영하고 대표하는가?'를 묻는 평가기준이다. 델파이 조사 설문지는 패널들이 평가요인 및 평가문항의 적절성을 평정하였다. 평정척도는 5점 Likert 척도로(5-매우 높음, 4-높음, 3-보통, 2-낮음, 1-매우 낮음) 평정하도록 제작하였고, 측정영역별로 패널의 추가 의견을 제시할 수 있도록 기타 의견란을 제시하였다. 질문에 앞서 각 구성요인에 대한 개념적 정의를 설명하여 이해를 도왔다.

### 3) 최종 예비척도 구성

델파이 조사를 통해 예, 효, 정직, 책임, 존중, 소통, 배려, 협동 8개의 하위요인에 각 5문항씩 총 40문항의 인성 예비척도를 구성하였으며, 서울시 소재 대학에 재학 중인 대학생 300명을 대상으로 본 검사를 수행하고 문항분석, 탐색적 요인분석, 상관분석을 실시하여 최종 8요인의 인성척도를 확정하였다.

### 4) 자료처리 및 분석

본 연구에서는 인성척도 문항들의 타당도와 신뢰도를 검증하기 위해 SPSS 22.0 프로그램을 이용하였다. 먼저 델파이 위원들의 응답 결과를 분석하여 각 문항에서 내용타당도비율(Convent Validity Ratio: CVR)을 산출하여 최솟값에 미치지 못하는 문항을 제거하여, 적합도의 평균값 상위 5문항을 예비문항으로 선정하였다. 다음으로 예비문항의 요인분석은 주축요인분석과 사각회전인 직접 오블리민 회전으로 탐색적 요인분석을 실시하였고, 최종으로 제안된 척도를 구성하는 문항 간의 내적합치도(Cronbach's α)를 산출하여 분석함으로써 척도의 신뢰도를 검증하였다. 마지막으로 탐색적 요인분석에서 제안된 척도의 구성타당도를 검증하기 위하여 독립된 표본을 대상으로 확인적 요인분석을 실시하였다.

# Ⅳ. 연구 결과

## 1. 인성교육진흥법 핵심가치덕목에 근거한 대학생용 인성척도 예비문항의 적합성 분석

인성의 개념적 정의 및 각 구성영역에 관한 선행연구 및 문헌조사 등을 거쳐서 마련된 문항의 적합도를 검증하기 위하여 20명으로 구성된 패널들을 대상으로 델파이 조사를 실시하여 적합도 및 CVR을 산출하였다. 산출 후 CVR 점수를 충족하지 못한 문항들을 제거한 후 남은 문항들을 대상으로 각 영역의 적합도 평균 상위 5문항을 최종 예비문항으로 선정하였다.

## 2. 인성교육진흥법 핵심가치덕목에 근거한 대학생용 인성척도 예비문항의 탐색적 요인분석

본 연구에서는 인성척도의 구성타당도를 검증하기 위해 1차 예비문항 구성과 내용 및 구성 적합도 델파이 검사를 통한 예비 검사 과정을 거쳐 최종적으로 제안된 40개의 인성 예비척도에 대하여 탐색적 요인분석을 실시하였다.

인성 예비척도의 요인구조를 파악하기 위하여 표본 1에 대하여 탐색적 요인분석을 실시하였다. 탐색적 요인분석을 실시하기에 앞서 예비척도 문항들의 평균과 표준편차, 왜도 및 첨도 등 기술 통계치를 산출하였고, 이를 <표 2>에 제시하였다. 절댓값 기준으로 왜도는 .04～1.16, 첨도는 .04～1.03의 값이 나타나 각 문항의 분포가 정규분포에서 크게 벗어나지 않음이 확인되었다. 예비척도 40개 문항 전체에 대한 신뢰도분석 결과 총점-문항 상관이 .30 미만으로 나타난 3문항을 제거한 내적합치도가 .93, .93, .93으로 증가하는 것으로 나타나, 세 개의 문항을 제외한 37문항을 가지고 탐색적 요인분석을 실시하였다.

우선, 주어진 자료가 요인분석에 적합한지 알아본 결과 KMO 값은 <표 1>과 같이 .87로 기준치인 .60 이상이므로 요인분석에 적합한 것으로 나타났고, Bartlett의 유의도 검증 역시 유의한 수준($\chi^2$ = 4,660.76, $p$ < .001)으로 나타나, 요인분석이 가능할 만큼 변인들 간에 충분한 상관을 보여주는 자료임이 입증되었다.

<표 1> 인성 예비척도의 KMO와 Bartlett의 검정

(N = 234)

| 표준형성 적절성의 Kaiser-Meyer-Olkin 측도 | | .87 |
|---|---|---|
| Bartlett의 구형성 검정 | 근사 카이제곱 | 4,660.76 |
| | 자유도 | 666 |
| | 유의확률 | .000 |

요인분석은 주축요인분석을 사용하였고, 회전은 직접 오블리민을 적용하였다. 경제적이면서 신뢰할 수 있고 타당한 요인구조 및 문항을 구성하고자, 탐색적 요인분석 절차 및 단축형 척도를 제안할 시 고려할 지침들을 적용하였다(Smith, McCarthy & Anderson, 2000). 초기회전 시 초기 고윳값이 1 이상인 요인 수는 모두 9개였으나, 척도의 해석가능성을 고려하여 8개의 요인으로 산정하여 재분석을 실시하여 18번 반복에서 회전이 수렴되었다.

탐색적 요인분석 결과, 요인부하량이 .30 이하인 문항이나, 두 요인 이상에 속하는 교차부하량(cross loading)을 보이는 문항이 나타나지 않아 최종적으로 8요인 37개 문항을 인성척도로 확정하였다. 확정된 인성척도는 8요인으로 구성되었으며, 여덟 요인의 전체 설명력은 54.63%로 나타났고, 각 요인별 추가되는 설명변량은 각각 29.78%, 5.94%, 5.21%, 4.23%, 2.72%, 2.58%, 2.28%, 1.90%로 나타났다. 확정된 인성척도의 37개 문항, 각 요인 명을 협동(協同), 정직(正直), 효(孝), 예(禮), 존중(尊重), 책임(責任), 소통(疏通), 배려(配慮)로 각각 명명하였다.

다음으로, 탐색적 요인분석을 통해 추출된 구조 개념의 판별타당도를 살펴보고자 하였다. 판별타당도는 서로 다른 개념들 간에는 그 측정치에도 확실한 차이가 있어야 함을 의미하는 것으로, 요인들 간의 상관관계에 대한 검토를 통해 이루어진다(배병렬, 2007). 인성척도를 구성하는 요인 간 상관관계를 통해 측정요인들이 잠재요인을 구성할 수 있는 정도의 상관관계를 가지고 있는지 살펴보았고, 그 결과를 <표 3>에 제시하였다. Anderson과 Gerbing(1988)의 상관은 .30 이상 .70 이하일 때 구성개념 간 적절한 판별타당성이 있다는 주장에 근거할 때, 인성척도의 각 구성개념들 중 정직과 효, 예, 존중, 배려가 각각 .25($p$<.001), .29($p$<.001), .25($p$<.001), .20($p$<.01)으로 다소 낮은 상관을 보이기는 하였으나, 나머지는 .34~.62의 상관을 나타내어 적절한 요인 간 판별타당성이 있음을 확인할 수 있었다.

다음은 각 요인 구성 문항의 양호도를 분석하기 위해 인성 및 8개 하위요인인 협동(協同), 정직(正直), 효(孝), 예(禮), 존중(尊重), 책임(責任), 소통(疏通), 배려(配慮)의 평균 및 표준편차를 구하고, 각 요인별 총점을 기준으로 선별된 상위 25%와 하위 25% 두 집단 간 유의한 차이가 있는지를 알아보기 위해 독립표본 t-검증을 실시하였다.

<표 2> 인성 예비척도의 내적합치도 및 문항-총점상관

(N = 234)

| 문항번호 | 평균 | 표준편차 | 왜도 | 첨도 |
|---|---|---|---|---|
| 1. 예절은 사회적 약속이며 우리가 지켜야 할 규범이다. | 4.35 | .56 | -.28 | .12 |
| 2. 예절은 상대방을 배려하는 마음이 중요하다. | 4.36 | .59 | -.43 | .02 |
| 3. 나는 바른 몸가짐과 태도를 갖는다. | 3.74 | .68 | -.10 | -.15 |
| 4. 내가 불편하더라도 사회생활을 위해서는 예절을 지키는 것이 필요하다. | 4.22 | .61 | -.26 | .04 |
| 5. 나의 예절 바른 행동은 마음속에서 우러나는 자발적인 행동이다. | 3.77 | .84 | -.55 | .29 |
| 6. 중요한 일을 결정할 때 부모님과 상의한다. | 4.02 | .84 | -1.10 | 1.72 |
| 7. 부모님의 기분과 마음을 잘 파악하여 불편하지 않으시도록 한다. | 3.69 | .76 | -.33 | .20 |
| 8. 가사일이나 부모님이 하시는 일을 잘 도와드린다. | 3.38 | .92 | .05 | -.43 |
| 9. 부모님께 말을 할 때는 조심스럽고 예의바르게 한다. | 3.41 | .89 | .01 | -.45 |
| 10. 부모님이 걱정하시지 않도록 평소에 성실하게 생활한다. | 3.65 | .85 | -.43 | .20 |
| 11. 사람들의 이목을 끌기 위해 사실과 다르게 말할 때가 있다. | 3.71 | .81 | -.48 | -.15 |
| 12. 확실하지 않은 정보를 사실인 양 말한 적이 있다. | 3.55 | .87 | -.31 | -.59 |
| 13. 때로는 거짓 자랑을 하기도 한다. | 3.92 | .87 | -.70 | .35 |
| 14. 자신이 한 일을 하지 않았다고 말한 적이 있다. | 3.34 | 1.03 | -.07 | -1.00 |
| 15. 내가 싫어하는 사람에 대한 거짓 비방을 한 적이 있다. | 3.95 | .89 | -.63 | -.10 |
| 16. 매장의 점원들에게 말과 행동을 예의바르게 한다. | 4.28 | .63 | -.59 | .83 |
| 17. 환경오염이 되지 않도록 분리수거에 힘쓴다. | 3.82 | .82 | -.19 | -.60 |
| 18. 어린 아이들이라도 함부로 대하지 않는다. | 4.36 | .61 | -.37 | -.66 |
| 19. 자연의 소중함과 감사함을 느낀다. | 4.00 | .81 | -.36 | -.56 |
| 20. 나의 행동이 타인의 권리를 침해하지 않도록 조심한다. | 4.15 | .65 | -.25 | -.26 |
| 21. 나는 상대의 말에 귀를 기울인다. | 4.17 | .61 | -.11 | -.45 |
| 22. 나는 내 의견과 달라도 상대의 의견을 받아들여 내 의견을 수정하기도 한다. | 4.01 | .63 | -.71 | 1.90 |
| 23. 나는 상대의 의견보다는 나의 의견에 집중하여 말을 한다. | 3.04 | .85 | .25 | -.16 |
| 24. 나와 반대되는 의견을 이해하려 노력한다. | 3.96 | .54 | -.04 | .51 |
| 25. 나는 타인을 비판하거나 공격적인 표현을 해야 할 때는 자유롭게 한다. | 3.37 | 1.02 | -.22 | -.73 |

| | | | | |
|---|---|---|---|---|
| 26. 타인과의 관계에서 다른 사람의 필요와 요구를 나의 요구보다 우선시한다. | 3.32 | .84 | -.07 | -.16 |
| 27. 타인이 발표할 때 발표를 잘 할 수 있도록 성의껏 듣는 태도를 보인다. | 3.78 | .78 | -.17 | -.39 |
| 28. 다른 사람이 불편한 상황일 때 적극적으로 도와준다. | 3.81 | .69 | -.11 | -.19 |
| 29 다른 사람과의 만남에서 나의 행동이 다른 사람을 불편하게 하는지 항상 신경을 쓴다. | 3.98 | .70 | -.25 | -.17 |
| 30. 타인이 말할 때 재미가 없어도 재미있게 들어주고 웃어준다. | 3.84 | .68 | -.42 | .45 |
| 31. 우리 팀의 공동 과제를 산출할 때 적극적으로 의견을 낸다. | 3.85 | .68 | -.04 | -.35 |
| 32. 팀 과제 수행 시 팀원들에게 적극적으로 도움을 요청한다. | 3.80 | .72 | -.08 | -.33 |
| 33. 팀원들에게 진심어린 조언을 한다. | 3.71 | .77 | -.45 | .54 |
| 34. 우리 팀이 과제 수행을 할 때 적극적으로 내가 할 수 있는 역할을 맡는다. | 4.02 | .67 | -.19 | -.20 |
| 35. 우리 팀의 목표 수행을 위해 적극적으로 힘을 합한다. | 4.03 | .60 | -.01 | -.19 |
| 36. 나의 행동이 사회에 도움이 되도록 노력한다. | 3.84 | .73 | -.25 | -.13 |
| 37. 나는 사회적 규칙과 규범을 준수한다. | 4.03 | .68 | -.11 | -.56 |
| 38. 우리 사회의 유익한 일에 관심과 책임감을 갖는다. | 3.80 | .75 | -.11 | -.09 |
| 39. 우리 사회의 공공선을 위해 긍정적 상호작용을 한다. | 3.83 | .71 | .13 | -.73 |
| 40. 내가 잘못한 일에 대해서는 반드시 책임을 지려고 노력한다. | 4.04 | .67 | -.38 | .39 |

분석 결과는 <표 4>에서 제시된 바와 같이 인성총점 및 8개 하위요인 모두에서 통계적으로 유의미한 차이가 있는 것으로 나타났다. 따라서 본 척도의 하위요인을 구성하는 문항양호도가 양호하다고 할 수 있으며, 각 문항들에 의해 구성된 인성총점 및 각 하위요인들이 전체적으로 상위집단과 하위집단을 잘 변별할 수 있음을 나타낸다.

<표 3> 인성척도의 요인 간 상관

(N = 234)

| | 인성 | 협동 | 정직 | 효 | 예 | 존중 | 책임 | 소통 | 배려 |
|---|---|---|---|---|---|---|---|---|---|
| **인성** | 1 | | | | | | | | |
| **협동** | .74*** | 1 | | | | | | | |
| **정직** | .56*** | .34*** | 1 | | | | | | |
| **효** | .66*** | .33*** | .25*** | 1 | | | | | |
| **예** | .68*** | .35*** | .29*** | .39*** | 1 | | | | |
| **존중** | .76*** | .49*** | .25*** | .45*** | .42*** | 1 | | | |
| **책임** | .78*** | .62*** | .34*** | .41*** | .49*** | .57*** | 1 | | |
| **소통** | .74*** | .46*** | .35*** | .42*** | .45*** | .46*** | .49*** | 1 | |
| **배려** | .74*** | .54*** | .20** | .38*** | .47*** | .56*** | .50*** | .56*** | 1 |
| **M** | 3.91 | 3.88 | 3.70 | 3.63 | 4.09 | 4.12 | 3.91 | 4.05 | 3.85 |
| **SD** | .39 | .57 | .68 | .64 | .50 | .53 | .54 | .46 | .55 |

** $p<.01$, *** $p<.001$

<표 4> 인성 및 하위요인의 변별력 분석

| 요인 | 집단 | n | M | SD | *t* |
|---|---|---|---|---|---|
| 인성 | 상위25% | 58 | 4.44 | .22 | 27.12*** |
| | 하위25% | 54 | 3.42 | .17 | |
| 협동(協同) | 상위25% | 56 | 4.67 | .35 | 29.19*** |
| | 하위25% | 59 | 3.15 | .19 | |
| 정직(正直) | 상위25% | 58 | 4.58 | .27 | 33.46*** |
| | 하위25% | 47 | 2.71 | .31 | |
| 효(孝) | 상위25% | 44 | 4.55 | .34 | 25.13*** |
| | 하위25% | 47 | 2.69 | .37 | |
| 예(禮) | 상위25% | 48 | 4.80 | .17 | 29.06*** |
| | 하위25% | 49 | 3.41 | .29 | |
| 존중(尊重) | 상위25% | 46 | 4.93 | .10 | 32.78*** |
| | 하위25% | 47 | 3.39 | .30 | |
| 책임(責任) | 상위25% | 44 | 4.78 | .22 | 38.66*** |
| | 하위25% | 56 | 3.20 | .19 | |
| 소통(疏通) | 상위25% | 74 | 4.59 | .25 | 24.75*** |
| | 하위25% | 56 | 3.43 | .28 | |
| 배려(配慮) | 상위25% | 58 | 4.59 | .30 | 30.40*** |
| | 하위25% | 49 | 3.09 | .20 | |

*** $p<.001$

## 3. 인성교육진흥법 핵심가치덕목에 근거한 대학생용 인성척도의 신뢰도 검증

요인분석 결과 37문항으로 최종 구성된 인성척도의 전체 내적합치도 Cronbach's α는 .93으로 높은 신뢰도를 나타냈다. 각 하위 요인별 Cronbach α는 협동(協同), 정직(正直), 효(孝), 예(禮), 존중(尊重), 책임(責任), 소통(疏通), 배려(配慮) 각각 .88, .81, .81, .80, .81, .82, .68, .76으로 비교적 적정한 수준의 신뢰도를 갖는 것으로 나타났다. 문항-하위요인 간 상관은 .41～.78로 적절하게 나타났다.

## 4. 인성교육진흥법 핵심가치덕목에 근거한 대학생용 인성척도의 확인적 요인분석

탐색적 요인분석 결과 제안된 인성척도의 8요인 구조의 적합성을 확인하기 위하여 표본 2(N=282)에 대하여 확인적 요인분석을 실시하였다. 이를 위해 AMOS Program 22.0을 사용하였으며 분석은 최대 우도법(ML)을 사용하였다.

본 연구에서는 $\chi^2$값은 표본크기의 영향을 많이 받는다는 문제점을 가지고 있고, $\chi^2$ 차이 값도 역시 표집크기의 영향을 많이 받는다는 문제점을 가지고 있다는 점(홍세희, 2000)을 고려하여, 표본의 크기에 비교적 덜 민감하고 모형의 간명성을 반영하는 적합도 지수인 RMSEA와 TLI, CFI를 중심으로 모형의 적합도를 살펴보았다.

인성척도의 8요인 구조모형의 적합도 지수를 산출한 결과는 <표 5>에 제시하였다. 표에서 나타난 바와 같이, 인성척도의 8요인 구조모형의 주요 적합도 지수는 $\chi^2_{(df=599)}$=1,320.21, CFI=.83, TLI=.85,

RMSEA=.07이었다. TLI와 CFI가 양호한 적합도 판단기준인 .90에 다소간 못 미치기는 하지만, RMSEA의 경우엔 양호한 적합도 기준인 .08 이하로 나타나 척도의 간명성과 타당성의 적합도가 양호한 결과를 나타내었다. 이로써 인성척도의 8요인 구조모형이 자료를 잘 설명한다고 볼 수 있겠다.

<표 5> 인성척도의 8요인 구조모형의 적합도 지수

(N = 282)

| Model | df | $\chi^2$ | CMIN/DF | TLI | CFI | RMSEA(90%신뢰구간) |
|---|---|---|---|---|---|---|
| 인성척도 | 599 | 1,320.21 | 2.20*** | .83 | .85 | .07(.06～.07) |

***$p$<.001

## V. 결론 및 논의

본 연구는 2015년 시행된 인성교육진흥법의 예(禮), 효(孝), 정직, 책임, 존중, 배려, 소통, 협동의 핵심가치덕목을 토대로 한 대학생용 인성척도를 개발하고자 하였다. 본 연구는 문헌조사와 인성요인에 대한 선행연구 고찰 등을 토대로 제작한 1차 예비문항에 대하여 인성교육관련 전문가들에게 표현의 적절성을 검토 받았고, 인성교육을 담당하고 있는 대학교수 20인으로 구성된 패널을 대상으로 예비검사를 실시하여 내용타당도를 검증받아 본조사의 문항을 선정하였다. 이와 같은 과정을 통해 본 척도의 내용타당도는 비교적 논리적으로 검증되었다고 할 수 있다.

본 연구에서 얻어진 결론은 다음과 같다.

첫째, 인성교육진흥법의 핵심가치덕목을 토대로 대학생의 '인성'을 측정하는 문항은 예비검사, 본 검사를 시행하여 37개의 문항으로 구성된 최종 문항을 선정하였다. 37문항은 예, 효, 정직, 존중, 협동, 책임 요인 각 5문항과 배려 4문항, 소통 3문항으로 구성되었다. 본 척도의 각 하위 요인별 Cronbach's α는 협동(協同), 정직(正直), 효(孝), 예(禮), 존중(尊重), 책임(責任), 소통(疏通), 배려(配慮) 각각 .88, .81, .81, .80, .81, .82, .68, .76으로 소통 요인의 신뢰도 계수가 타 요인에 비해 다소 낮기는 하나 전체적으로 보면 내적합치도가 적정한 수준을 갖는 것으로 나타났고, 문항의 하위 요인 간 상관은 .41~.78로 적절한 것으로 나타나 본 척도는 인성과 관련한 동질적인 문항으로 구성되었다고 할 수 있다.

둘째, 본 연구에서 개발된 대학생용 인성척도의 타당성을 확인하기 위하여 본 척도의 요인 구조가 일반화될 수 있는지를 확인하기 위해 AMOS Program 22.0에 의한 최대 우도법(ML)을 사용하여 확인적 요인분석을 실시하였다. 그 결과 인성척도의 구조 모형의 적합도 지수는 $\chi^2_{(df=599)}$=1,320.21, CFI=.83, TLI=.85, RMSEA=.07이었다. TLI와 CFI가 양호한 적합도 판단기준인 .90에 다소간 못 미치기는 하지만, RMSEA의 경우엔 양호한 적합도 기준인 .08 이하로 나타나 척도의 간명성과 타당성의 적합도가 양호한 결과를 나타내었다. 이로써 인성척도의 구조모형이 자료를 잘 설명한다고 볼 수 있겠다.

본 연구는 인성교육진흥법의 핵심가치덕목을 토대로 한 최초의 인성척도 개발이었다는 점에서 연구의 의의가 있고 대학생용 인성교육 프로그램 개발에 활용할 수 있는 이론적 근거가 되며, 인성교육진흥법의 핵심가치에 따른 대학생의 인성수준을 평가하는데 유용한 자료가 될 수 있을 것이다. 본 연구를 통해 예, 효, 정직, 책임, 존중, 소통, 배려, 협동의 8가지 핵심가치의 개념이 명확하게 따로 구분되기보다는 서로 유기적으로 연관되어 있음을 알 수 있었다. '예'라는 핵심가치 안에는 타인을 존중하고 배려하는 마음가짐과 부모에 대한 효, 타인과의 소통예의 등이 포함될 수 있고, '효'라는 핵심가치 안에는 부모님을 '존중'하는 것, 부모님을 '배려'하는 것, 부모님과 '소통'하는 예의, 자식으로서의 '책임' 등이, '소통'이라는 핵심가치 안에는 타인을 '존중'하고 '배려'하는 마음가짐과 태도, 행위 등이 포함될 수 있으며 이 외의 핵심개념에서도 핵심가치들 간에는 서로 연관성이 있다고 할 수 있다. 따라서 앞으로의 인성교육 프로그램의 개발과 교육 실시의 방향이 8가지 핵심가치를 따로 분류하여 주제별로 실시되기보다는 여러 가치를 통합한 폭넓은 가치로서의 인성교육이 실시되는 것이 더 바람직하고 효과적일 것이라 생각된다. 또한 인성교육진흥법의 핵심가치덕목은 인간이 지켜야 할 최소한의 도덕이자 우리 사회에서 사회인으로서 누구나 추구해야 할 요소임에 공감하고 눈에 보이지 않는 인성의 특성상 인성을 태도나 행동으로 바꾸어 측정해야 함에 그 필요성을 느껴 척도를 개발하였으나 이 척도로 대학생의 인성을 점수화하거나 서열화하는 오류가 있어서는 안 될 것이라 생각한다. 이 척도로 나타난 결과는 대학생을 위한 인성교육 프로그램의 구성 및 계획, 평가를 위한 확인의 목적으로 활용되고 다양한 상황에서 측정이 되어야 하며 영역별 수준이 높다 혹은 낮다가 아닌 다름의 의미로 해석되어야 할 것이다. 또한 인성교육은 내면적인 인성원리의 이해부터 시작되어야 하므로 인간의 본성에 대한 이해 및 시대적, 사회적 현실을 포함한 다각적 관점에서의 인성교육 내용이 포함되어야 하고 인간 본성 회복, 인간 윤리의 다원성 이해, 갈등해결을 위한 복합적 사고, 의사소통 능력, 공동체 삶을 위한 나눔 등 인성교육진흥법의 핵심가치덕목 외에 현 시대에서 요구되는 다양한 인성 교육적 요소가 보완되어야 할 것이라 생각한다.

본 연구 결과의 제한점과 후속 연구를 위한 제언을 하면 다음과 같다.

첫째, 본 연구에서는 서울의 일부 대학에서 대상자를 선정하였으므로, 전국의 대학생을 대표할 수 있는 표본으로 보기는 어렵다. 따라서 본 연구의 결과를 모든 대학생에게 일반화시키기에는 무리가 있다. 이러한 제한점을 극복하기 위해 추후 연구에서는 표본의 대표성이 보완된 연구가 이루어지길 기대한다.

둘째, 인성교육은 가치관 형성 및 태도와 행동이 습관화 되는 영유아기부터 실시하여, 초등학교, 중·고등학교, 성인에 이르기까지 지속적이고 반복적으로 실시되어야 한다. 인성교육진흥법에서도 학교, 가정, 사회의 유기적이고 통합적인 노력을 강조하고 있다. 따라서 본 연구는 대학생의 발달단계에 적합하게 개발된 척도이므로 인성교육진흥법의 핵심가치를 토대로 한 각 발달단계별 척도 개발이 진행되어야 할 것이라고 생각한다.

셋째, 인성교육진흥법에서 핵심가치에 대해 표현한 것을 잘 보면 예, 효, 정직, 책임, 존중, 배려, 소통, 협동의 8가지만으로 한정한 것은 아니고 그 밖에도 더 있을 수 있다는 뜻의 '등' 자를 붙인 것(허종렬, 2015)을 알 수 있다. 이처럼 핵심가치인 8가지에 한정되지 않은 미래사회에서 필요로 하는 미래핵심역량 특히, 글로벌 사회에 부응하는 확대된 인성의 핵심가치와 덕목이 정의되어(박혜경, 2015) 척도개발이 이루어져야 할 것이다.

넷째, 인성척도를 통해 학생들의 인성을 점수화하고 그것으로 인성을 서열화하는 오류를 범해서는 안 될 것이며, 단순한 척도로 학생들의 인성을 섣부르게 평가하는 것도 우리가 경계해야 할 일이므로 인성교육프로그램 개발 등의 바람직한 방향으로 본 척도가 활용되기를 기대한다.

## <참고문헌>


교육부(2015). 인성교육 5개년 종합계획 공청회, 인성교육 포럼 자료집.

구인회(1999). 「행위와 도덕적 책임에 관한 고찰」. 철학연구, 47, 1999(12), 357-375.

김길순(2015). 「韓國(한국)의 文化(문화) 인성교육진흥법의 문제점과 보완방안」. 한국사상과 문화, 78, 459-486.

김녕(2016). 「'인성교육진흥법'의 발상과 함의에 대한 비판적 고찰」. 생명연구, 39, 55-102.

김명순 · 김성희(2012). 「대학생용 유교적 인성척도 개발」. 교육학연구, 50(1), 27-53.

김민수(2014). 「'인성교육' 담론에서 '인성' 개념의 근거」. 교양교육연구, 8(4), 169-206.

박성미 · 허승희(2012). 「청소년용 통합적 인성척도 개발」. 아동교육, 21(3), 35-47.

박영신 · 김의철 · 한기혜(2009). 「부모가 지각한 자녀 효도의 구성개념 및 영향 : 자녀양육효능감과 가정생활 만족도와의 관계를 중심으로」. 인간발달연구, 16(3), 203-241.

박영신 · 이임순 · 이상희 · 김태우(2015). 「부모자녀 관계와 자기효능감이 청소년의 학업성취와 효도에 미치는 영향」. 교육심리연구, 29(3), 505-542.

박인현(2016). 「인성교육진흥법상 핵심가치덕목과 법교육」. 법과인권교육학회, 8(3), 25-52.

법제처. www.moleg.go.kr

손승남(2014). 「대학 인성교육의 교수학적 고찰」. 교양교육연구, 8(2), 11-41.

유병열(2016). 「인성교육진흥법의 시행과 학교 도덕 · 인성교육의 실천 과제」. 초등도덕교육, 54, 109-140.

이윤선 · 강혜영 · 김소정(2013). 「대학생 인성 검사도구 타당화 연구」. 윤리교육연구, 31(2), 261-282.

장승희(2015). 「'인성교육진흥법'에서 추구해야 할 인성의 본질과 인성교육의 방향 : 행복담론을 중심으로」. 윤리교육연구, 37, 75-104.

지희진(2013). 「대학 교양 인성교육에 대한 대학생 인식 탐색」. 교양교육연구, 7(5), 433-466.

한국교육개발원(2014). 「인성교육진흥법안 검토보고서」. 교육문화체육관광위원회.
허종렬(2015). 「인성교육진흥법에 대한 언론 평가 분석」. 법과인권교육연구, 8(3), 175-199.
Burton, R. W.(1976). “Honesty and dishonesty. In T. Lickona(Ed), Moral development and behavior : theory resarch and social issues, 173-197.
Cochen, E. G.(1994). “Retructuring the classroom : Conitions for productive small groups”, Revies of Educational Resarch, 64(1), 1-35.
Conrad, D. & Hedin, D.(1991). “School-based community service : what we know from research and theory”, Phi Delta Kappan, June, 743-749.
Derry, S., & Lesgold, A.(1996). “Toward a situated social practice model for instructional design, In D.C. Berliner & R.C. calfee (Eds.)”, Handbook of educational psychology, NY : Macmillan.
Fisher. B. & Tronto, J., Toward a Feminist Theory of Caring, In Abel, E. & Nelson, M. (Eds.), Circles of Care : Work and Identity in Women’s Lives, NY : State University of New York Press, pp.35-62, 1990.
Frankena, W. K.(1979). “Ethics and the environment. In K. E. Goodpaster & K. M. sayre (Eds.)”, Ethics and problems of the 21st century, 3-20.
Gilligan, C.(1982). In a Different Voice. Cambridge : Havard University Press.
Grant, J. S. & Davis, L. L.(1997). Selection and use of content experts for instrument development. *Research in nursing & health, 20*(3), 269-274.
Materoff, M.(1971). On caring. N.Y. : Haper & Low.
Nodding, N.(1984). “Caring : A feminine approach to ethics & moral education”, Berkeley: University of California Press.
Noddings, N.(1992). “The Challenge to Care in Schools : an Alternative Approach to
Smith, G. T., McCarthy, D. M., & Anderson, K. G.(2000). On the sins of short-form development. *Psychological Assessment, 12*, 102-111.

CHAPTER 04

# 가정의례의 변천과 계승

# 한국 결혼중개에 관한 사적고찰*

문지예

## Ⅰ. 서론

사회변화에 따라 婚禮의 절차나 형식이 많이 변모하고 있지만, 婚姻하고자 하는 당사자와 그 집안의 어른이 혼담을 나누고, 婚禮式을 치루고, 가정을 이루어 가는 기본적인 과정에는 변함이 없다.

결혼중개란 二姓 간의 결합이자 예로부터 지금까지 이어져 오고 있는 고유의 혼인의례 문화이다. 조상들은 婚姻을 단순히 개인 간의 화합뿐만 아니라 집안 대 집안의 결합이라는 의미를 부여해 신성시하고 人生에서 가장 중요한 과정으로 여겨왔다.

혼인은 혼담으로부터 시작되는데, 이는 혼인을 의논한다는 '議婚', 또는 혼담을 나누는 양가를 연결한다는 '仲媒', '仲介' 등으로 불리었다. 또한 중매의 역할을 하는 사람을 일컬어 '媒婆'라고도 하였다.

* 본 논문은 2017년 성신여자대학교 일반대학원 박사학위논문인 "결혼 중개에 대한 사적 고찰 및 사례 연구"의 일부임.

결혼중개 과정인 仲媒란 혼인을 의논하는 절차로 혼인적령기가 된 남녀를 둔 집안에서 婚姻 말이 나오면 仲媒人을 써서 양가의 의견을 알아보고 서로 전달하여 합의하는(이순홍, 1992) 과정을 말한다. 이는 혼인의 가장 기본이 되는 절차이다. 이러한 중매 과정은 현대와 가장 가까운 傳統社會인 조선시대에도, 일제강점기와 산업화의 시대를 거치는 시대에도 존재해 왔다. 이들은 한국직업사전에 '결혼상담원'이라고 명시되어 있으며, 사회에서는 흔히 '커플매니저'라고 불리어 진다. 이들은 과거에 중매인, 매파라고 불리어 졌으나, 오늘날에는 결혼상담원이라는 新직업군으로 불리어지고 있다. 사회문화와 역사적인 변화가 지속되어도 인간의 삶에 중요한 '婚禮'라는 儀禮에는 '仲媒'가 그 형태나 활동형식, 직업군의 명칭 등이 바뀌어 졌지만, 혼례에서 변화하지 않는 節次로서의 고유한 역할을 담당하고 있다.

본 연구에서는 결혼중개과정을 전통사회, 개화기, 광복 이후, 결혼중개업 등장 이후 시기로 구분하여 그 변천에 관하여 살펴보고, 현대의 新직업군인 결혼상담원의 현황과 당면 문제 등을 탐색하여 앞으로 결혼중개과정의 발전적인 방안을 모색하는 데 자료를 제공하는 것에 있다.

연구방법으로는 결혼중개에 대한 史的 考察과 함께 현대 결혼상담원의 활동사례에 대한 면접조사를 병행하였다. 문헌은 강옥수(2006)・고영진(1989)・이길표(1983)・장병인(1993)・최배영(2013) 선행연구를 비롯하여 婚禮를 禮의 근원으로 언급한『禮記』와『朱子家禮』,『家禮輯覽』,『四禮便覽』을 선정하여 결혼중개에 대해 고찰하였다. 사례연구는 현재 서울 강남구에 등록된 결혼중개업체에 근무하고 있는 결혼상담원 12명을 면접대상으로 선정하여 반 구조화된 면접법과 MBTI 성격유형 검사로 이루어졌다. 면접내용은 전사 및 메모, 코딩, 주제 선정의 과정을 거쳐 결혼상담원의 직무, 스트레스, 자질, 역할, 상담성공 및 실패 사례, 결혼상담원(커플매니저)의 당면 문제 등을 현상학적으로 탐색하였다.

## II. 結婚仲介에 대한 史的 考察

### 1. 史的 考察方法

#### 1) 考察내용

結婚仲介에 대한 史的 考察을 위해 아래와 같은 구체적인 내용을 살펴보고자 하였다. 사적고찰의 시기를 사회변화에 초점을 두어 유교중심의 傳統社會, 開化를 맞이하여 사회와 생활전반에 서구문화의 유입으로 큰 변화를 맞이했던 시기, 일제강점기를 끝으로 광복 후 새로운 국가체계를 세워나가면서 제도를 정비했던 시기, 특히 결혼중개업이라는 새로운 직종이 등장하게 된 이후로 구분하여 각각 결혼중개는 어떠한 형태로 존재했고, 어떠한 특징을 보였는지에 대하여 고찰하고자 한다.

첫째, 전통사회에서의 결혼중개는 어떠한가?
둘째, 개화기의 결혼중개는 어떠한가?
셋째, 광복이후의 결혼중개는 어떠한가?
넷째, 결혼중개업 등장 이후의 결혼중개는 어떠한가?

### 2) 자료수집 방법

結婚仲介에 대한 史的 고찰을 위해 고서를 비롯하여, 각종 자료, 국가 통계자료, 선행연구 등을 살펴보았으며, 국회도서관, 국가전자도서관, 국립중앙도서관 3곳과 한국교육학술정보원(KERIS)에서 제공하는 학술연구정보서비스(RISS)를 이용하였다. 또한 결혼중개업이 등장한 이후 現況을 알아보기 위해 국내 일간지 기사 자료를 수집하여 활용하였다. 국내 일간지 기사 자료 수집은 포털사이트인 http://www.bigkinds.or.kr/ 의 뉴스 라이브러리를 참고하였으며, 빅카인즈 뉴스 라이브러리에는 뉴스 데이터베이스 서비스로 일간지 중 부수를 기준으로 가장 많은 구독자를 확보하고 있는 동아일보, 조선일보, 중앙일보, 경향신문, 국민일보의 정보 검색을 토대로 하였다. 이 5곳의 일간지를 대상으로 신문기사를 연도별로 '婚禮', '결혼중개'를 키워드로 검색하여 가능한 모든 기사를 참조하였으며 R Software(The R Project for Statistical Computing)를 이용하여 수치화하고 도식화하였다.

## 2. 結婚仲介의 變遷과 현황

결혼중개란 古來의 혼인 중매의 현대적 표현으로 이하 중매의 의미로 사용하고자 한다. 仲媒란 婚禮節次인 議婚・納采・納幣・親迎의 四禮 중 첫 번째 과정으로, 仲媒人의 역할이 반드시 필요한 議婚에 대해 문헌고찰과 선행연구 등을 살펴보았고, 傳統社會로부터 現在까지 시기별로 분류하였으며, ① 傳統社會에서의 결혼중개 ② 開化期의 결혼중개 ③ 光復以後의 결혼중개 ④ 結婚仲介業 등장 이후의 결혼중개로 나누어 歷史的·社會的·生活文化的 變化에 따른 仲媒의 變遷過程에 관해 살펴보면 다음과 같다.

### 1) 傳統社會에서의 결혼중개

婚禮는 민족과 지역적인 고유의 특징을 반영하며 人類文化의 보편적인 관행으로 그 기원은 매우 오래되었다. 관혼상제의 四禮 중 가장 중요하고 현실적이며 생산적인 儀禮로 인류의 歷史와 함께 변천되어 왔다.

『三國史記』 권 13, 高句麗本紀 1, 始祖 東明聖王篇에 보면 일반 민간층에서는 남녀 간의 언약이 우선적인 자유혼이 관행된다 하여도, 지배계층에서는 父母 주도의 혼인 결정이 있게 되면 자녀는 이를 따를 수밖에 없었고, '仲媒人, 곧 그들 만남의 증인 역할을 하는 사람의 연결 없이 남을 따라 간 것에 대해 부모가 질책하였다(父母責我無媒而從人)'는 기록이 있어(박혜인, 2005) 仲媒의 역사가 삼국시대까지 거슬러 올라간 오래된 것임을 알 수 있다. 또한 仲媒人은 자격에 제한이 없고 男女貴賤에 구애되지 않으며, 다만 이 일을 하고자 하는 사람이라면 모두 할 수가 있었고, 어떤 사람들은 교제에 뛰어나 仲媒를 잘하였기 때문에 仲媒人으로서 일정한 직업성을 가지게 되었다. 일반적으로 먼저 婚事에 뜻이 있는 한쪽에서 仲媒人에게 부탁하였고, 婚事가 맺어지면 신랑·신부 양쪽에서 그에 따르는 사례금을 주었다(岳純之, 2005)는 기록이 있다.

時代와 생활문화에 따라 변화되었던 우리나라 傳統의 婚姻 風俗은 사위가 女家에 와서 머물다 婚姻을 하고 婚姻 後에도 女家에 머물면서 자녀를 낳아 기르다가 자녀가 다 자란 후 시댁으로 돌아가는

‘男歸女家婚’의 혼속을 나타내고 있다. ‘男歸女家’란 남자가 여자 집에 의탁한다는 의미(folkency.nfm.go.kr)이며, 신랑이 신부의 집으로 들어가서 오랜 기간을 머무르는 제도로서 이와 관련하여 “삼국지 위지 동이전 고구려전”에 다음과 같은 기록이 있다.

> 言約으로 婚姻이 정해지면, 여자 집에서는 본체 뒤에 작은 집을 짓는데 이를 壻屋이라 한다. 날이 저물면 사윗감이 여자 집 문 앞에 와서 제 이름을 말하고 무릎을 꿇고 절하면서 그녀와 함께 유숙할 것을 여러 번 간청한다. 그녀의 부모가 이를 듣고 壻屋에서 동숙하도록 허락한다. 곁에 돈과 비단을 놓고 자녀를 낳아 성장한 후에 부인과 더불어 남자 집으로 돌아간다.
>
> (『三國志 魏志 東夷傳』高句麗傳 基俗作婚姻 言語旣定 女家作小屋 於大屋後 名壻屋 壻暮至女家戶外 自明跪拜乞 得就女宿 如是自再三 女父母及聽 使就小屋中宿 傍頓錢帛 至生子巳長大及將 歸家)

이러한 風俗은 조선 초까지 계속되며, 丈家든다는 어원은 장인, 장모 집에 들어간다는 男歸女家婚에서 나온 말이다(이기숙 외 6명, 2009).

『禮記』에서 婚姻이라 하지 않고 ‘昏義’라고 하는 이유는 저녁 ‘昏’字를 쓰고 해가 저물 때 혼례를 치르기 때문으로(이재은, 2009), 원문을 보면 다음과 같다.

> 아내를 얻고 장가드는 禮는 저녁으로 하도록 했고, 반드시 昏은 陽이 가고 陰이 오는 것을 취한다(『禮記』「昏義」“謂之昏者 娶妻之禮 以昏” “必以昏者 取陽往陰禮之義”).

또한, 『家禮』 <婚禮> 議婚 편에는 다음과 같은 기록이 있다.

반드시 仲媒를 시켜 왕래하여 말을 통하게 하고, 신부 집의 허락을 기다린 뒤에 納采를 한다(必先使媒氏往來通言竢女氏許之然後納采)라고 하여 중매의 필요성을 역설하고 있다.

文獻 資料에 의하면 高麗 初에 이르기까지도 婚姻은 남녀의 자유로운 교제에 의하여 맺어지는 自由婚이 성행하였다. 그러나 고려 중기로부터 원(元, 몽골)에 의한 貢女政策으로 인하여 고려사회에 조혼풍이 성행하게 됨에 따라 재래의 자유혼은 부모의 의사에 의하여 仲媒를 통하여 진행되는 이른바 仲媒婚으로 변화되어 갔다. 그리고 유교의 영향으로 가부장권이 확고하게 강화되면서 朝鮮朝에 와서는 가부장이 주혼자로 되었으며 전통적인 혼인형식은 仲媒婚을 본위로 삼았다(김명나, 1998).

### 2) 開化期의 결혼중개

開化期라는 명칭과 시기는 논란이 될 수 있으나 본 장에서는 장철수(1995)의 연구를 바탕으로, 1840년대 朝鮮王朝가 붕괴되기 시작한 이후부터 1945년 8월 15일 우리나라가 일제의 식민통치로부터 벗어나 자주독립을 되찾기 이전까지로 정하여 살펴보기로 한다.

개항 이후 西歐 문화의 유입과 신교육의 발달로 인해 傳統婚禮에서 가장 큰 변화를 겪게 된 것이 바로 婚姻類型이다. 傳統社會에서의 婚姻이란 부모의 뜻대로 배우자가 정해지고, 혼인 당사자의 의견보다 집안의 가장을 중심으로 한 가족과 문벌 중심으로 이루어졌다. 따라서 혼례과정에서 정작 혼인 당사자들의 역할은 전무하거나 미미하였다.

선보기 과정에서 어느 정도 의견이 모아지면 양가에서는 모두 仲媒人을 통해 상대방의 사주를 알아내어 궁합을 보고, 지방에 따라서는 선보기에 앞서 궁합을 먼저 맞춰보았고, 궁합 결과가 좋으면 양가가 혼인에 합의했다. 결국 혼인이 성사되기 전에 배우자를 선택하는 과정에 혼인 당사자의 의견은 반영되지 않은 채, 주로 仲媒人을 통해 혼담이 오고 가고 양가의 어른들에 의해 정해지는 것이 당시의 풍속이었으며, 혼인은 仲媒人을 중심으로 한 중매혼이 성행하였고, 혼례 시에는 동네잔치가 벌어졌는데 십시일반 각 가정에서 잔치를 위해 물품이나 축의금을 보태기도 하였다(이향숙, 2012).

그러나 이러한 혼인은 1894년 갑오경장 이후로 朝鮮에 자유주의의 사조가 들어오면서 婚姻에 대한 관념은 변화하기 시작하였다. 부모가 정해준 배우자를 거부하고 자신의 의지에 따라 사랑을 기반으로 한 연애혼인을 주장하기 시작한다. 1910년대 중반까지는 전통적인 혼인 관행인 仲媒에 새로운 형태의 戀愛가 접목되는 시기였다면, 1910년대 중후반부터 1920년대 중반까지는 자유연애라는 근대적 사조의 유입으로 연애의 비중이 높아지는 시기로, 사회적 분위기가 仲媒에서 戀愛로 넘어오는 시기이다. 그러다 1930년대에 이르면 혼인 유형이 연애와 중매를 절충하는 방식으로 바뀐다(이영수, 2012).

전통혼례절차는 西洋 종교와 새로운 사조의 영향으로 점차 새로운 양상으로 변해갔다. 절차의 간소함 때문에 이른바 新式 결혼식이 舊式 혼례를 물리치고 조금씩 퍼져 나가기 시작했다(박영숙, 2011). 직접 또는 간접으로 수입되는 서구의 신사조의 영향에 의해 '新式婚禮'가 유행하기 시작하였으며, 자유혼의 형식, 약혼식이라는 절차, 함 팔기, 청첩장, 예식장, 주례와 사회자, 혼인서약, 주례사, 피로연, 신혼여행 같은 새로운 내용의 혼인과정을 포함하였다. 도시에서는 '新式'이, 농촌에서는 '舊式'혼례를 하는 傳統의 婚禮가 지배적으로 행해지고 있었다.

일제강점기에는 처음에는 전통적인 혼례가 극히 간소화되었다가 '新式 結婚式'이라는 형식으로 바뀌면서 '新式'과 '舊式'의 혼합 형식으로 변하고 이때에는 '천도교식'이나 '기독교식'과 같은 종교적 의례의 단계를 거치고 있었다.

開化期 이전에는 婚姻이 친인척과 이웃 또는 중매쟁이의 仲媒로 양가 부모의 合意하에 성립되었으나, 개화기 이후엔 서서히 당사자의 의사를 존중하였다. 대개 고모가 仲媒를 서면 잘 산다고 하며, '잘하면 옷이 한 벌, 잘못되면 뺨이 석 대'라는 말이 있었고, 성사되면 대개 옷 한 벌 해주는 것이 관례로 정착되었다(송재용, 2007).

### 3) 光復以後의 결혼중개

1945년 8월 15일 일제 식민통치로 벗어난 광복이후부터 사회 구조의 변화가 큰 폭으로 이루어지기 시작했다. 이데올로기에 의해 국토가 남북으로 분단되었고, 전쟁 후 혼란한 사회상과 경제적 어려움으로 전통사회의 근간을 이루었던 농촌사회는 와해되었으며, 도시로 인구이동이 본격화되면서 결혼에 대한 가치관과 의례에 영향을 미쳤고, 혼례문화도 변화되었다.

혼례의 의의 및 절차에 대한 연구는 역사적 변천과정과 의미의 변화에 대한 고찰(박혜인, 1987; 박혜인, 1991; 황경애 · 이길표, 1994)을 보면 전통혼례 절차에서부터 지속되고 있는 부분과 변화된 부분, 그리고 새로 도입된 혼례양태를 찾아볼 수 있다.

박혜인(1991)의 조사에 따르면, 광복직후(1945년)까지도 대부분

仲媒人을 통하여 부모의 의사로 혼인을 결정하는 것으로 나타났으나, 한국전쟁을 거치면서 배우자 선택 유형에 많은 변화가 나타난 것으로 조사되었다. 이 시기까지도 혼인 전에 궁합을 보고 사주단자를 주고받으며, 길일을 혼례일로 잡는 등의 혼속은 계속되었다. 한편 광복 후 직접적으로 수용되기 시작한 서구의 문물은 우리의 생활문화를 크게 바꾸어 놓기 시작하였고, 생활양식의 변화와 더불어 개인의 가치관의 변화까지 가져오게 되었다. 이후 자유연애, 신혼여행 등이 등장하게 되는 계기가 된 시기로 볼 수 있다.

1950년 한국 전쟁 당시 미국의 경제원조는 한국인들에게 미국에 대해 긍정적으로 인식하게 되는 계기가 되었다. 뿐만 아니라 서양의 生活樣式을 수용하도록 하여 일반적인 개인의 사고와 가치관에까지 상당한 영향을 끼치게 하였다. 역사의 흐름에 따라 婚姻에 대한 근본적인 가치관이 변화되어 결혼식 자체도 과거와는 다르게 변화하였으며, 婚禮 節次도 점차 西洋의 형식으로 변하기 시작하여 급기야 1950년 후반에 이르러서는 우리나라의 婚禮 형식이 완전한 서양식으로 일반화되기에 이르렀다(최선진, 2007).

1961년 5.16 이후 가정의례의 실태를 바로잡고, 생활을 실질적이고 건실하게 하여 국가 재건을 위해 정부 주도의 국민운동 형식으로 보건사회부에서 '標準儀禮'가 공포되었으며, 기존의 가정의례절차를 대폭 간소화하면서 전통적 가정의례를 시대 변화에 맞추어 표준화하여 범국민적 생활규범으로 정착시키고자 하였다. 그를 위해서 기존 전통사회의 가정의례의 개념을 크게 탈피시키려는 의도를 보여주었다.

> 1968년 6월 13일 경향신문 "仲媒婚姻이 77%나"
> "경제기획원 조사통계국의 인구센서스 결과에 따른 인구動態조사에서 평균 결혼연령은 남 27.9세, 여 23.7세로 중매혼인이 77%로서 압도적이며 그 다음이 절충방법 12%로 나타났으며 시도별로 보면 중매결혼을 가장 많이 하는 도는 전남 84%인 것으로 나타났다."

는 기사를 통해 당시에 연애혼보다 중매혼이 일반적이었다는 것을 알 수 있다.

1993년 '家庭儀禮에 관한 法律'로 개명(장철수, 1995)된 이후 혼인의 주도권이 혼주에서 婚姻當事者로 대폭 이양되었고, 婚姻節次는 간소화 되었으며, 사회일각에서 전통 혼인과정의 재현을 시도하였으나 서구식 혼인문화가 공공연히 정착되었고(이병도, 2014), 이후 서양식 결혼 풍습이 보편화되어 전통적 혼례는 극히 제한적으로 이루어지게 되었다. 이는 급속하게 도시화 되어가는 과정에서 이루어진 결과이며 생활문화 전반을 무비판적으로 흡수하고 서양식 생활양식과 제도를 따른 결과이다.

### 4) 結婚仲介業 등장 이후의 결혼중개

#### (1) 結婚仲介業

결혼중개업은 과거부터 존재했던 결혼 중매업에 첨단 컴퓨터 정보 시스템과 맞춤 서비스 시스템 개념이 도입되어 발달한 새로운 형태의 결혼 상담업이다.

결혼중개업을 하려는 사람은 필요한 서류 등을 갖추어 관할 지자체에 신고·등록한 후 영업을 할 수 있으며 지자체에서는 등록요건,

결혼중개업 운영자 및 종사자의 결격여부, 겸업금지 여부 등에 대해 서류심사・조회 및 현장 확인 후 등록증 또는 신고필증을 발급하게 된다. 해당 지자체에서는 관할구역 내 결혼중개업의 불법여부를 감독・단속하게 되며, 해당 행정관청에 등록하지 않고 영업을 계속할 경우 국내결혼중개업자는 2년 이하의 징역 또는 1천만 원 이하의 벌금에 처해진다.

결혼중개업을 이용하고자 할 경우 등록・신고한 결혼중개업체를 이용할 경우에만 피해보상 등 법적인 보호를 받을 수 있도록 되어있다. 또한 중개사무소 안에 해당 지자체장이 발행한 신고필증 또는 등록증이 있는지를 확인하고 이용해야 한다. 결혼중개업 이용자들이 등록・신고업체를 쉽게 확인할 수 있도록 신고필증 또는 등록증을 발급받는 중개업체 명단을 공개하고 있으며(www.mw.go.kr) 각 지자체에서도 공개하도록 하고 있다.

결혼중개업체는 일반적으로 結婚 仲媒人의 역할을 대신하는 회사로, 가입회원의 회비로 운영되고, 회원의 개인정보를 활용하여 상대이상형을 찾아 仲媒하는 일을 하며, 미혼・재혼 남녀들의 합리적인 만남을 주선한다.

과거 60년대~80년대에는 남녀 간 자연스러운 만남과 미팅, 소개팅도 있었지만, 소위 '마담뚜'라는 전문적인 중매쟁이들이 만남을 주선하였다. 고객은 마담뚜가 새로운 사람을 소개해 줄 때마다 중매쟁이에게 사례금을 지불했고, 만약 성혼이 되면, 그에 대한 고액의 성혼비로 보통 예단의 10%에 해당하는 금액을 추가로 부담하는 것이 일반적이었다. 일부 전문 중매쟁이들은 상류층 및 전문직 남성들을 중매해주고 높은 수익을 올렸다. 그러나 거짓정보로 당사자들을 현혹시키고 턱없이 높은 사례금을 부르기도 하고, 충분한 데이터베이스 없이 개인의 인맥에 의존하여 중매를 하는 등 중매인이 갖고 있는 한계점도 많았다.

80년대 중반에서 90년대에 들어 컴퓨터를 통한 중매가 나타나게 되고 중매는 비로소 현대적인 결혼 정보 산업으로 발전하게 된다. 하지만 이 시기에도 전통적 '중매쟁이(마담뚜)'가 활동하는 시장은 상류층을 중심으로 큰 비중을 차지하고 있었다(2016. 10. 25. 이웅희, www.mediapen.com).

이후 고도의 산업화가 이루어지면서 결혼문화도 많은 변화를 겪게 되었다. 전통사회에서는 개인적 친분관계에 의한 소개나 소규모로 운영되었던 결혼중매업이 결혼상담원이라는 新직업군으로 생겨나기 시작했다.

### (2) 新 職業으로서의 結婚相談員

結婚相談員은 결혼 중개업 종사자로 결혼 예정자 또는 재혼, 만혼, 국제결혼 등을 원하는 사람을 대상으로 하여 상대에게 적합한 이성 대상을 주선하고 인간관계의 모든 것을 다양한 전문지식과 경험을 도움으로 만남 절차를 카운슬링하고 연결대행 해주는 사람으로, 그 직무는 고객의 문의에 응대하고, 배우자를 구하기 위해 회원가입을 신청한 사람의 조건을 검토하여 이를 유형별로 분류하여 회원과의 상담을 통해 그가 원하는 배우자의 조건을 파악하고, 전문지식 및 경험을 바탕으로 최적의 상대 배우자를 찾는 일을 하며, 상대방에 대한 정보를 제공하고, 그와의 만남을 주선하며, 만남 후의 반응을 체크하여 다음 매칭에 참고한다. 만남을 거친 회원들이 성혼이 될 때까지 미팅 일정을 잡아주는 등 지속적인 사후관리와 상담 및 조언을 해주는 것도 이들이 하는 업무이다. 최근 각 협회와 자격증 과정에서 '결혼상담사(커플매니저, 웨딩매니저)'라고도 한다.

통계청에서 실시한 『2013년 하반기 지역별 고용조사』 결과를 보면, 2004년 이후 결혼중개업체들이 급성장하면서 동시에 결혼상담원의 수요도 지속적으로 증가하였다. 직업의 분류로 보면, 그들은 결혼상담원(코드 122100)이라고 하며, 전국에 약 26,000명이 종사하고, 평균연령39.3세, 근로자수 4.6명, 월평균소득 223.5만 원, 평균근속년수 4.2년, 남성 25%, 여성 75%의 성비를 가지고 있다(www.work.go.kr).

<표 II-1> 2013년 하반기 결혼상담원 현황

| 직업 세분류 (KECO) | 전체종사자 | | | | | 임금근로자 | |
|---|---|---|---|---|---|---|---|
| 세분류명 | 종사자수 (천명) | 평균학력 (년) | 평균연령 (세) | 여성비율 (%) | 평균근속년수 (년) | 근로자수 (천명) | 월평균소득 (만 원) |
| 결혼상담원 | 7.3 | 14.8 | 39.3 | 75.0 | 4.2 | 4.6 | 223.5 |

자료; 통계청자료 재구성

# Ⅲ. 結婚相談員의 事例研究

## 1. 연구방법

### 1) 연구문제

傳統社會에서 婚姻의 과정에서 반드시 중요한 역할을 했던 仲媒人이 현대에 結婚相談員으로 자리매김하고 있다. 그러나 중매의 변천과정에서 고찰했듯이 결혼중개업이 갖고 있는 제반 문제점과 중개과정에서 발생한 소비자 피해, 전반적인 결혼상담원의 필요성과 인성교육의 활성화 요구 등 다양한 해결책이 요구되고 있음을 알 수 있었다. 결혼중개 과정에서 그 핵심적 역할은 고객을 직접 대면하는 결혼상담원이 담당하고 있다는 점을 감안해 볼 때, 결혼중개업의 문제 해결을 위해서는 결혼상담원의 직무상 어려움을 해결하고, 효과적으로 직무를 수행할 수 있도록 실제적인 방안 모색이 선행되어야 할 것임을 알 수 있었다. 이에 본 연구에서는 結婚相談員의 직무를 파악하고, 그들에게 필요한 역할과 자질, 당면 문제 등을 분석하여 향후 仲媒業 종사자들이 나아갈 방향을 제시하고자 한다. 이에 본 연구의 구체적인 연구문제는 다음과 같다.

연구문제 1. 結婚相談員의 직무와 직무스트레스는 어떠한가?
연구문제 2. 結婚相談員의 자질과 역할은 무엇인가?
연구문제 3. 結婚相談員의 성공과 실패 사례는 어떠한 것이 있는가?
연구문제 4. 結婚相談員의 당면 문제는 무엇인가?

## 2) 사례조사도구

<표 III-1> 면접 시 질문 목록

| 구성 | 질문내용 |
|---|---|
| Ⅰ.<br>일반적 사항 | 연령, 나이, 학력, 종교, 월 평균소득, 결혼 유무,<br>결혼상담원의 경력, 역할 |
| Ⅱ.<br>직무특성,<br>직무<br>스트레스,<br>직무 만족 | 1. 직무특성<br>1) 혼인에 있어서 결혼상담원이 꼭 필요하다고 생각하십니까?<br>2) 결혼상담원의 직무는 무엇이라고 생각하십니까?<br>3) 이 일은 전문적인 지식이 필요하다고 생각하십니까?<br>4) 이 일은 많은 경험이 필요하다고 생각하십니까?<br>5) 결혼상담원 직무의 강점은 무엇입니까?<br>2. 직무 스트레스<br>1) 결혼상담원 직무 스트레스가 있으십니까? 있다면 어떤 내용으로 스트레스를 받고 있으며 어느 정도입니까?<br>2) 직무수행 중에 스트레스가 가장 심한 것은 무엇입니까?<br>3) 일에 대한 의욕이 점차 줄어드는 것을 느끼십니까?<br>4) 스트레스 해소는 어떻게 하십니까?<br>3. 직무 만족<br>1) 결혼상담원이라는 직업이 본인에게 맞는다고 생각 하십니까?<br>2) 일에 대한 만족도는 어떠하십니까? 만족한다면 어떤 면에서 만족하십니까?<br>3) 현재 하고 있는 일을 앞으로 평생 동안 하실 생각이십니까? |
| Ⅲ.<br>자질과 역할 | 1) 이 일을 하기 위해서는 어떤 자질이 필요하다고 생각하십니까?<br>2) 이 일을 하기 위해서는 어떤 성격이 유리하다고 생각하십니까?<br>3) 업무에 학력이 중요하다고 생각하십니까?<br>4) 어떤 호칭으로 불리는 게 좋으십니까? |
| Ⅳ.<br>성공 및<br>실패 사례 | 1) 가장 성공적인 상담 사례는 언제입니까?<br>2) 가장 실패했던 상담 사례는 언제입니까? |
| Ⅴ.<br>결혼상담원의<br>당면문제 | 이 일을 하면서 당면하고 있는 큰 문제점은 무엇이라고 생각하십니까? |

· 성격특성 파악을 위한 MBTI 성격유형 검사는 ASSESTA에서 보급하고 있는 표준화된 GS형을 이용하여 실시하였다.

본 연구는 결혼상담원을 대상으로 심층면접을 기본으로 한 질적 연구방법을 적용하여 이루어졌다. 결혼상담 현장 경력이 2년 이상부터 19년까지인 현직 결혼상담원 12명을 대상으로 이루어졌다.

면접 내용은 <표 Ⅲ-1>에 제시한 바와 같이 개인에 관련된 조사대상자의 일반적 사항, 직무와 직무스트레스 및 만족, 자질과 역할, 결혼상담의 성공 및 실패 사례, 결혼상담원의 당면 문제 등의 5개 부분으로 나누어 구분하여 구성하였다.

개인의 일반적 사항에는 조사대상자의 동의 내용이 포함되었다.

심층면접을 위한 질문 내용 구성은 구숙회(2010)·이향숙(2012)·김선주(2014)·임은혜(2015)의 연구를 참고하여 본 연구의 목적에 맞게 지도교수와의 수정·보완작업을 거쳐 구성하였다. 심층면접은 반 구조화된 면접질문지를 사용하였다. 연구자가 결혼상담원의 활동사례에 대해 조사할 질문 내용을 정해놓고 그 내용을 자유로운 형식으로 질문한 후, 조사자들의 경험이나 견해를 그들의 말로 직접 표현하도록 하였다. 이러한 방법을 적용한 까닭은 질적 연구방법이 결혼상담자들이 겪고 있는 직무상의 경험 실제(reality)를 충분히 기술하고 의미를 발견할 수 있도록(김현경, 2011) 개방된 질문 방식을 취했다. 그리고 MBTI 성격유형 검사는 ASSESTA에서 보급하고 있는 표준화된 GS형을 이용하여 실시하였다.

### 3) 사례조사 절차 및 사례특성

#### (1) 사례조사 절차

본 연구의 목적에 부합되도록 연구자가 관심을 두고 있는 결혼상담원 사례를 의도적으로 선택하여 연구 참여자를 선정(김영천, 2014)하고 그들을 대상으로 질적 연구의 한 방법인 현상학적 연구를 적용하여 면접 질문지를 활용한 심층 면접을 실시하였다. 現象學은 상황 속에 던져진 대상자들의 경험을 토대로 연구하는 것이다. 즉 대상자들의 감정, 지각, 의미, 태도, 사건에 대한 그들의 개인적 반응을 그들의 관점에서 그들의 언어를 통하여 이해하려는 것이다. 연구의 목적이 현상에 대한 분석을 통해 인간 경험의 본질을 발견하는데 있기 때문에 특정 주제인 결혼상담 직무와 관련하여 깊이 있고 풍부한 정보 제공이 가능한 상담자를 의도적으로 선정하였다.

조사대상자는 결혼중개업을 운영하는 연구자와 친분이 있는 5명으로 시작하여, 그 대상자가 또 다른 대상자를 추천하여 연구자에게 소개해주는 스노우볼링(snowballing) 형식으로 12명의 연구대상을 선정하였다(김선주, 2013). 서울 강남구청에 등록・신고 되어 있고 인터넷 홈페이지를 개설한 결혼중개업체에 근무하고 있는 결혼상담원이었으며, 연구의 목적을 이해하고 자발적 참여 의지를 지니고 심층면접에 응대한 사람들이었다.

연구자와 친분이 있는 조사대상자를 제외한 처음 대면하게 된 조사대상자의 경우는 면접초기에 라포(rapport) 형성을 위한 시간이 필요했다. 이때 연구자는 조사대상자와 결혼상담원의 활동에 대해 자유롭게 의견을 교환하였으며, 이를 통해 업무에 대한 이해와 지향하는 방향에 관련된 견해 등을 공감하고 나누면서 친밀감을 형성한 후 면접을 실시하게 되었다.

본 조사를 위한 면접 동의서(부록 1)를 받은 후, 반 구조화된 질문지를 활용하여 심층면접을 실시하였다. 면접은 2016년 10월 25일부터 11월 5일까지 연구대상자가 원하는 시간과 장소를 선약하여 진행되었으며, 주로 조사대상자가 근무하고 있는 회사나 근처의 커피

숍 등에서 이루어졌다. 사례별로 면접 횟수는 1회였으며, 공식적인 면담 시간은 평균 40분~50분 정도의 시간이 소요되었다. 면담의 모든 내용은 연구자의 동의하에 녹음하였고, 면담자의 구술내용 뿐만 아니라 태도, 표정, 비언어적 메시지 등도 메모하였다. 조사 후 모은 조사 내용은 전사 작업을 통하여 자료화하였으며, 명확하지 않은 부분은 추가로 전화 통화나 문자로 주고받으며, 자료를 보완하였다.

또한 심리적 특성 파악을 위해 MBTI 검사를 실시하였다. 검사는 MBTI 전문강사 자격을 갖춘 지도교수의 지도아래 ASSESTA(www.assesta.com)에서 제시하는 MBTI 검사절차에 따라 검사의 의의, 검사의 목적 등을 설명하고, 검사 시 유의사항을 고지하였으며, 검사지와 프로파일을 제공하여, 약 20분간 검사를 실시하였다.

결혼상담원은 업무특성상 고객과의 접점에서의 활동이 주된 업무가 되며, 감정노동의 특성을 갖고 있다. 선행연구(김경아, 2016; 최지환 · 김종인, 2014; 진민정 · 조민호, 2016)를 볼 때, 결혼상담원의 성격은 직무몰입, 직무만족, 고객지향 행동 등과 관련이 있으므로, 결혼상담원 활동 시 성격이 직무수행에 직접적인 영향을 미칠 수 있는 요인으로 판단되어, 사례별로 MBTI 성격검사를 포함하였다.

(2) 事例특성

본 연구의 사례에 대한 일반적 특성은 다음의 <표 III-2>와 같다.

조사대상자의 성비는 여성이 11명, 남성이 1명으로 여성이 월등히 많았고, 연령은 40대가 1명, 50대가 6명, 60대가 5명으로 평균 연령은 55세였다. 학력에 있어서는 고졸 4명, 대졸 이상이 8명이고, 종교는 기독교가 5명, 불교가 2명, 천주교 2명, 무교 3명이었다. 월

평균소득은 100만 원이 3명, 200만 원이 5명, 400만 원이 2명, 500만 원이 2명이었으며, 결혼상담원의 경력이 오래될수록 200만 원 이상의 수입을 올리는 것으로 나타났다. 결혼유무에 있어서는 기혼이 10명이고, 미혼이 2명으로 평균연령이 높은 것과 더불어 기혼여성이 많아 古來에 '媒婆'라 하여 婚姻한 나이든 할머니가 仲媒를 했던 기록이 현대에도 통용되고 있는 것을 볼 수 있었다. 결혼상담원의 경력은 2년~19년까지로 다양한 근무 경력을 가지고 있었고, 역할은 CEO, 상담, 매칭으로 구분되며, CEO는 마케팅과 경영을, 상담은 재혼과 초혼으로 담당하는 역할이 구분되어 있었고, 맡은 직무는 회원 상담과 가입을, 매칭은 가입된 회원을 중심으로 남녀를 연결해주는 일을 담당하고 있었다. 조사대상자 12명 중 재혼상담은 3명, 초혼상담은 5명, 매칭담당 2명, CEO는 2명이었다.

MBTI 검사결과 성격은 에너지의 방향을 기준으로 볼 때, 8명이 외향형(E)이며, 4명은 내향형(I)으로 나타났다. 한편 정보 수집을 기준으로 보면, 감각형(S)이 10명이며, 직관형(N)은 2명이었다. 판단기능을 기준으로 보면, 사고형(T)은 9명, 감정형(F)은 3명이었고, 생활양식을 기준으로 보면, 판단형(J)이 7명, 인식형(P)이 5명이었다. 이러한 내용을 종합해 보면, 결혼상담원 사례들의 4가지 선호경향은 주로 외향형이며, 감각형, 판단형의 성격이며, 4가지 심리기능은 ST가 8명으로 실질적이고 사실적인 유형의 상담원이 많은 것을 알 수 있었다.

#### 4) 사례분석 방법

심층면접은 연구자가 직접 관찰할 수 없는 것들을 발견해내기 위한 연구방법으로서 결혼상담원의 직무·직무스트레스, 자질·역량, 성공 및 실패 사례, 당면한 문제를 파악하는데 유용하게 사용되었다. 또한 MBTI 성격유형 검사를 병행함으로써 결혼상담원들의 내면적인 성격특성이 어떻게 그 활동에 반영이 되는지에 대해서도 보다 정확한 결과를 도출할 수 있었다.

<표 Ⅲ-2> 조사대상자의 사례 특성

| No | 면담자 | 성별 | 나이 (세) | 학력 | 종교 | 월평균 소득 (만원) | 결혼 유무 | 경력 (년) | 역할 | MBTI |
|---|---|---|---|---|---|---|---|---|---|---|
| 1 | 사례자 1 | 여성 | 60 | 고졸 | 기독교 | 200 | 기혼 | 9 | 재혼상담 | INTJ |
| 2 | 사례자 2 | 여성 | 60 | 대졸 | 무교 | 200 | 기혼 | 11 | 재혼상담 | ISFP |
| 3 | 사례자 3 | 여성 | 63 | 대졸 | 불교 | 200 | 기혼 | 8 | 재혼상담 | ESTP |
| 4 | 사례자 4 | 여성 | 51 | 고졸 | 기독교 | 100 | 기혼 | 3 | 초혼상담 | ISTP |
| 5 | 사례자 5 | 여성 | 51 | 대졸 | 기독교 | 100 | 기혼 | 2 | 초혼상담 | ESTJ |
| 6 | 사례자 6 | 여성 | 51 | 대졸 | 천주교 | 400 | 기혼 | 7 | 초혼상담 | ESTJ |
| 7 | 사례자 7 | 여성 | 50 | 대졸 | 무교 | 100 | 미혼 | 6 | 초혼상담 | ISTJ |
| 8 | 사례자 8 | 여성 | 64 | 고졸 | 불교 | 400 | 기혼 | 8 | 초혼상담 | ESFP |
| 9 | 사례자 9 | 여성 | 41 | 대졸 | 기독교 | 500 | 미혼 | 14 | CEO | ESTJ |
| 10 | 사례자 10 | 여성 | 53 | 대졸 | 무교 | 500 | 기혼 | 9 | 매칭 | ESTJ |
| 11 | 사례자 11 | 여성 | 51 | 대졸 | 기독교 | 200 | 기혼 | 6 | 매칭 | ENFP |
| 12 | 사례자 12 | 남성 | 65 | 고졸 | 천주교 | 200 | 기혼 | 19 | CEO | ESTJ |

질적 연구 분석은 수집된 자료에 일련의 질서, 체계, 의미를 부여하는 과정으로 자료 속에서 유형과 주제를 발견하는 작업이다(김영천, 2012). 질적 자료를 분석하는 데는 다양한 방법과 절차가 존재하는데, 본 연구에서는 연구 대상자들의 진술을 토대로 Giorgi의 현상학적 연구방법의 필수적인 4단계를 적용하여 '전체에 대한 느낌(sens)을 파악 - 의미 단위 구분 - 학문적 용어로의 변형 - 변형된 의미 단위를 구조로 통합'하는 과정(신경림 외, 2004)을 통하였으며 다음과 같다.

첫 번째로 결혼상담원들의 사례에 대한 전반적인 느낌을 파악하기 위해 수집된 자료를 전사하였고, 전사 자료에 떠오르는 생각들을 자유롭게 별도로 메모하였다.

두 번째는 전사된 자료의 내용 속에서 핵심내용을 찾는 작업으로 진행하였다. 코딩은 수집되고 전사된 자료들을 반복하여 읽으면서 자료 속에 내재된 핵심내용을 찾아내는 과정으로, 텍스트가 담고 있는 메시지와 의도 그리고 의미가 무엇인가를 최초로 개념화 시키는 작업이다(김영천, 2016).

세 번째로 범주화된 자료를 토대로 주제를 선정하고 학문적 용어로 변형하는 작업을 실시하였다. 전사 작업을 통해 이루어진 모든 자료들 중에서 그 자료들이 나타내려고 하는 중요한 아이디어를 만들어 내기 위하여 좀 더 분석적으로 범주화되고 연결되고 선별되는 과정을 거쳐 학문적 표현으로 전환하려고 노력하였다. 그러나 기술된 내용에 대해 적합한 학문적 용어가 떠오르지 않을 때는 Giorgi가 제안한 대로 상식의 용어를 사용하였다.

마지막 단계로 변형된 의미 단위를 기초로 하여 구성요소들을 도출해내고 상관관계를 포함하여 경험의 구조로 일관성 있게 통합해 나가는 '변형된 의미 단위들의 구조적 통합주제'과정을 진행하였다. 주제별로 각 사례와는 어떤 특징과 관련이 있는지, 어떤 공통의 메시지를 전달하는지를 추론하는 과정을 반복하여 체계적으로 정리하고 새롭게 범주화시킬 수 있었다.

## 2. 결혼상담원 직무관련 심리적 요인 고찰

### 1) 감정노동

감정노동(Emotional Labor)은 직장인이 사람을 대하는 일을 수행할 때에 조직에서 바람직하다고 여기는 감정을 자신의 감정과는 무관하게 행하는 노동을 의미한다(임용준, 2015).

감정노동은 표면행동(surface acting)과 내면행동(deep acting)이라는 두 가지 구성 요소로 되어 있는데, 실제로 느끼는 감정과 다른 감정을 표현해야 할 때, 조직이 요구하는 감정을 느끼지 않지만 미소와 같은 표현 규칙을 따르는 것을 표면행동이라 하고, 내면행동은 자신의 감정을 겉으로 드러내지 않고 고객에게 긍정적인 서비스를 제공하는 내적인 감정 상태까지도 바람직한 행동을 나타내기 위한 의식적 표현규범을 따르는 것을 의미한다(Hochschild, 1983). 감정노동으로 생긴 감정적 부조화는 감정노동을 행하는 조직 구성원을 힘들게 하며 감정노동으로 생긴 문제가 적절하게 다루어지지 않는 경우엔 심한 스트레스(좌절이나 분노, 적대감, 감정적 소진)를 보이게 된다.

Morris & Feldman(1996)은 감정표현의 빈도(frequency of emotional display), 감정표현에 요구되어지는 주의 정도(attentiveness to required display rules), 감정표현의 다양성(variety of emotional expression), 감정 부조화(emotional dissonance)의 네 가지로 구분하였으며, 첫 번째 감정표현의 빈도는 직원과 고객과의 상호작용의 빈도에 중점을 두는 것이며, 두 번째는 감정표현의 지속시간 및 감정표현의 강도로 구분하였고, 세 번째 감정표현의 다양성은 조직이 요구하는 목적에 따라 긍정적, 중립적, 부정적 감정표현을 요구하기 때문에 제한적인 시간 안에 많은 감정을 표현할수록 감정노동의 강도는 더욱 높아진다. 네 번째 감정 부조화는 조직과 종사원 개인 간에 느끼는 감정의 갈등을 의미하며 감정노동을 직무에 행하는 종사원의 감정과 조직에서 요구하는 정직한 감정과의 부조화를 느끼는 것이다(임용준, 2016).

감정노동의 개념은 국내에서도 유사하게 정의되고 있다. 감정노동은(Emotional Labor) 서비스 노동만이 갖고 있는 독특한 특성으로 종업원과 서비스 수용자 사이에 이루어지는 '상호작용의 질(quality)' 그 자체가 고객에게 전달되는 서비스로서 제품의 일부분을 구성한다(김상표, 2000).

정명숙・김광점(2006)은 직무수행 과정에서 자신의 실제 감정을 통제하려는 노력과 특정한 감정을 표현하려는 노력이라고 하였고, 강재호(2007)는 서비스 업종의 종사자가 고객과의 접점에서 조직과 고객이 기대하는 감정표현 규정을 지키려는 노력과 행위로 정의하였다. 우영희(2008)는 종사자와 고객 간의 상호 관계를 조직의 목표달성을 위하여 종사자가 자기감정과 표현을 규제하는 행동으로, 최항・임효참・정무관(2008)은 조직에서 직무상 자신이 느끼는 감정표현과 조직이 요구하는 감정표현에 차이가 존재할 경우, 조직 내 적응을 위하여 개인의 효과적인 직무 수행을 위하여 조직의 표현규범에 맞도록 감정을 조절하는 개인적인 노력이라고 하였다. 김종진(2008)은 배우가 연기하듯이 타인의 감정을 맞추기 위하여 자신의 감정을 억누르고 통제하는 일로 정의하였고, 임용준(2015)은 직장인이 사람을 대하는 일을 수행할 때에 조직에서 바람직하다고 여기는 감정을 자신의 감정과는 무관하게 행하는 노동을 의미한다고 하였다. 本 연구에서는 감정노동을 '직무 수행에 있어서 자신의 감정을 숨기고 조직이 요구하는 감정을 표현하고 관리하는 것'으로 정의하고자 한다.

### 2) 직무스트레스(Job stress)

직무스트레스와 관련한 연구는 1970년대 들어 조직적 차원에서 시작되었다. 특히 행동과학, 산업심리학, 경영학과 같은 다양한 학문 분야에서 직무스트레스가 연구되었고 해석 또한 여러 가지 의미로 이루어졌기 때문에 직무스트레스는 다양한 개념으로 정의되고 있다(이동영・노희연, 2014).

Luthans(1989)는 직무스트레스를 조직구성원과 환경 사이의 순응적으로 교류하는 관계 혹은 상호 거래적인 입장에서 파악하여야 한다고 강조하면서 직무스트레스를 조직구성원과 환경 사이의 역동적인 과정이라고 하였다.

미국의 국립산업 안전보건연구소(NIOSH, 1999)는 직무스트레스를 직무에서 요구하는 근로자의 자원이나 능력과 일치하지 않을 때 생기는 유해한 정서적, 신체적 반응이라고 정의하였고, 유럽위원회(European Commission)가 발표한 업무관련스트레스 안내서(박정선, 2005)에서는 작업환경, 업무조직, 업무내용의 불건전한 측면이나 해로운 측면에 대한 인지적, 정서적, 생리적, 행동적 반응의 패턴이라고 하였다. 한국산업안전공단(2005)에서는 직무요건이 근로자의 능력이나 바램, 자원과 일치하지 않을 때 발생하는 유해한 정서적, 신체적 반응이 직무스트레스라고 정의하였다.

직무스트레스는 개인적 차원에서 우울, 불안, 불면, 두통, 소화 장애와 같은 스트레스성 질병을 유발할 뿐만 아니라 조직 차원에서도 각종 안전사고와 노사관계의 악화, 결근율과 이직률의 증가, 직무만족도와 생산성 저하, 조직몰입 감소 등으로 인한 직간접적인 비용을 발생시키고 있다.

직무스트레스가 개인뿐만 아니라 조직에도 부정적인 영향을 미치는 것으로 알려지면서 직무만족도와 생산성 저하, 조직몰입 감소 등으로 인한 직·간접적인 비용을 발생시키는 부정적인 요소로 작용하고 있어서 조직과 학계에서는 직무스트레스를 해소하거나 완화하는 조절요인과 인사관리적 요소에 많은 관심을 기울이고 있다(장애리, 2016).

또한 김성은(2011)은 직무의 수행과정에서 직무수행과 관련된 모든 스트레스로 근로자와 직무조건과의 상호작용으로부터 발생하게 되는 스트레스의 한 영역이며 어느 정도의 긴장으로 알맞게 작용하여 좋은 성과를 유도하는 순기능적 스트레스와 조직원의 능력 한계를 느끼게 하여 심리적, 신체적 불균형을 초래하는 역기능적 스트레스가 있다고 하였다.

### 3) 성격

성격(性格, Personality)이란 개념은 근대화 과정을 통해서 집단주의 문화가 약해지면서 자신이 누구인지, 자신의 주변에 있는 가족이나 친구 등은 진정 누구인지에 대한 물음으로 시작되었다(홍숙기, 2005).

Mischel & Mischel(1976)은 보통 한 개인이 그가 처한 생활 상황에 어떻게 적응하는가를 특징짓는 사고와 감정을 포함한 구별되는 행동 양식을 의미한다고 하였으며 Pervin과 그의 동료들(2005)은 개인의 감정과 사고와 행동을 일관된 방식으로 지속시키는 개인의 특성으로 간주한다고 했다.

본 연구에서는 결혼상담원의 성격유형을 파악하기 위해 MBTI 성격검사를 적용하였다.

MBTI(Myers-Briggs Type Indicator)는 심리학자 융의 심리유형론을 바탕으로 사람들의 차이점과 갈등을 이해하고자 하는 Katharine Cook Briggs와 Isabel Briggs Myers 모녀에 의해 개발되기 시작하였다. 인식과 판단에 대한 G.G. Jung의 태도이론을 바탕으로 하고 있다. 개인이 쉽게 응답할 수 있는 자기보고(self report) 문항을 통해 인식하고 판단할 때의 각자 선호하는 경향을 찾고, 이러한 선호경향들이 하나하나 또는 여러 개가 합쳐져서 인간의 행동에 어떠한 영향을 미치는지를 파악하는 것이다(서갑주, 2016).

## 3. 결혼상담원의 사례분석 결과

### 1) 결혼상담원의 직무와 직무스트레스

#### (1) 근무시간에 대한 스트레스

직장인들은 근무 요건이나 자신의 능력과 바램, 자원과 일치하지 않을 때, 정서적·신체적 반응이 나타나는 직무스트레스(한국산업안

전공단, 2005)를 겪게 된다. 결혼상담원의 직무는 고객인 신랑신부를 직접 대면하고, 성혼까지 이끌어 내는 매우 어려운 일이다.

사례에 나타난 결과를 보면, 결혼상담원의 업무시간은 점심시간을 제외하고 평균 8시간이다. 그러나 결혼상담원 직무특성상 근무시간이 끝난 후 야간까지 근무하게 되는 경우가 많다. 대부분의 신랑신부 고객들은 직장 퇴근 후나 주말을 이용해 방문하거나 상담을 의뢰하기 때문에 주중 야간이나 주말도 결혼상담원들에게는 직무시간이다. 사람들은 일과 휴식을 적절히 병행해야 하나, 퇴근도, 휴일도 없는 직무특성상 결혼상담원들이 겪게 되는 직무스트레스는 매우 크다는 것을 알 수 있다.

> 저희 업무가 직장이 있는 일반사무직을 대상으로 하기 때문에 밤늦게까지 상담하는 경우가 많아요. 고객들은 보통은 회사 퇴근 후나 주말을 이용해 방문하거든요. 그렇다고 출근시간이 늦는 것도 아니고, 보통 10시 출근하잖아요. 근데 퇴근은 정해진 시간이 없어요. 고객이 10시에 방문하겠다고 하면 기다려야죠. 다음에 오랄 수도 없잖아요. 그런 날이 계속되면 피곤하죠. 더러는 야근수당을 주는 데도 있다고 해요. 그런 재미라도 있으면 야근을 해도 덜 피곤하겠죠?(사례자 8).

### (2) 예약 후 사전 연락도 없이 안 오는 경우

노쇼(No Show), 예약부도란 고객이 예약을 해놓고 예약취소 연락도 없이 나타나지 않는 경우를 말한다. 원래 항공사의 업무 용어였으나 현재는 항공사, 호텔, 외식, 의료 등의 업계에서 같은 의미로 사용되고 있다.

주말시간에 예약된 고객 상담이 무산이 될 때 상담원들이 겪는 직무스트레스는 '자신의 시간에 대한 투자에 대한 허탈함', '예약을 지키지 않는 고객에 대한 분노와 배신감' 등으로 스트레스를 경험하는 것이다. 이러한 노쇼 고객에게 책임을 물을 수 있는 예약문화의 확산과 이를 방지할 수 있는 제도가 마련되어야 함을 토로하고 있으며 대부분의 결혼상담원은 노쇼에 대한 스트레스를 받는다고 하였다.

> 주말에만 시간이 된다고 해서 토요일에 1시간 넘게 걸려서 출근했어요. 예약시간이 다돼서 연락하면 전화도 안 받고 카톡도 안보는 거에요. 주말까지 힘들게 출근했는데 연락도 없이 안 오면 정말 스트레스 많이 받아요. 우리도 주말엔 쉬고 싶거든요. 외국의 경우에는 미리 보증금을 받아 놨다 노쇼를 내면 일정 금액을 차감한다고 들었어요. 우리도 그런 예약 문화가 정착이 돼야 한다고 생각해요. 상담원들은 오직 그 한 사람만을 위해 시간을 내서 기다리거든요(사례자 4).

### (3) 의사소통이 안 될 때 느끼는 감정피로

결혼상담원들은 고객과의 상담 시 의사소통이 되지 않아 회원가입으로 연결이 되지 않을 때 스트레스를 받는 것으로 나타났다(사례 3,4,5,7,11). 이는 대부분 고객과의 상담과정에서 일어나는 스트레스로, 고객의 요구와 결혼상담원의 이해가 다를 때 감정을 억누르고 응대하는 과정에서 감정 노동을 경험한다고 밝혔다.

> 우리가 하는 일이 사실 고객확보하기가 쉽지는 않아요. 저희도 회원가입이 목적이기 때문에 웬만하면 고객의 입장에서 상담을 하려고 해요. 그럼에도 불구하고 고객과 의사소통이 안 되는 경우가 있어요. 예를 들면 여성은 전문대 졸업한 간호사인데 나이가 36세에요. 그런데 남성 전문직만 소개해 달라는 거에요. 연애면 모를까 결혼시장에서 나이가 어린 것도 아니고 전문직만 고집하면 결혼이 힘들다고 아무리 설명을 해도 이해를 못하는 거죠. 그렇다고

무조건 해준다고 할 수도 없잖아요. 현실적으로 절대 결혼할 수 없다고 말하고 싶지만 그럴 수 없잖아요. 그럴 때 확 올라오는 감정을 누르고 상담을 계속 해야 되니까 스트레스 받아요(사례자 5).

(4) 미팅이 마음에 안2 드는 경우

매칭을 전문으로 하는 상담자는 매주말이면 스트레스를 받는다고 한다(사례 10). 스트레스 상황은 일상적인 자극도 과도하게 받아들이게 되는데, 전화벨이 울릴 때의 놀람이나 고객의 전화 화풀이를 그대로 받아들여야 하는 상황을 감내하기 어려운 것을 알 수 있다. 이 사례는 상담원을 배려하지 않는 고객으로 인하여 마음을 상처를 받는 전형적인 감정노동자의 스트레스 상황을 겪고 있는 것이다.

성혼 조건의 차이로 인하여 미팅이 이루어지지 않는 경우에 스트레스를 겪는데, 무조건 예쁜 여성을 찾는 전문직 남성들의 거절(사례 11), 누가 봐도 부러울만한 경제력을 요구하는 여성(사례 6)의 경우는 미팅조차 어려운 상황으로 결혼상담원들을 스트레스 상황에 놓이게 만든다.

(5) 여성의 고학력 및 고연봉으로 인해 매칭이 안 되는 경우

개화기 이후 자유주의의 사조가 들어오면서 여성의 교육수준과 지위는 많은 변화를 겪게 되었다. 현대 여성은 고학력에 따른 고연봉자가 많고 이는 혼인율의 감소와 초혼 연령이 늦어지는 현상으로 나타나고 있다. 결혼중개업에 가장 많이 분포돼 있는 여성이 고학력과 고연봉인 경우가 이를 뒷받침한다. 고학력인 여성의 매칭은 조건이 까다로워 결혼상담원이 스트레스를 경험하게 되는 경우이다. 특

히 나이가 많은 전문직 고학력 고연봉 여성은 상대의 학벌, 경제력, 집안 모든 것이 마음에 드는 조건을 맞춰주길 원하므로 상담원은 스트레스를 받을 수밖에 없다.

> 우리 같은 결혼중개업을 찾는 여성들은 주로 30대가 많아요. 30대 여성들은 20대보다 고학력자나 고연봉자가 많은데다 보통 자신보다 좋은 조건의 남성을 찾기 때문에 맞는 배우자를 찾아주기 어려워요. 다른 건 안본대요. 그냥 본인이랑 비슷한 환경이었으면 좋겠다고 하는데 그게 맞추기가 힘들어요.
> 예를 들면 여성이 37세고 명문대 졸업한 변호사에요. 외모도 아나운서 시험 봤을 정도로 예뻐요. 본인은 많이 내려놨다며 밥 먹고 살 만하면 된다고 하더라구요. 올해에 꼭 결혼하고 싶다고 얼마나 절실하게 얘기하는지 정말 좋은 배필을 구해주고 싶었어요. 근데 막상 소개 들어가니까 이 남성은 이래서 싫고, 저 남성은 저래서 싫다는 거에요. 결국엔 본인과 맞는 학교·집안·경제력 다 보더라구요. 그런데 그런 남성은 20대나 30대 초반 보거든요. 여성이 본인 나이는 생각 안하는 거죠. 회원이 본인의 처지를 모르고 갈팡질팡할 때 스트레스 많이 받아요(사례자 11).

## 2) 結婚相談員의 자질과 역할

### (1) 인성과 품성을 갖춘 상담원

결혼상담원의 자질에 대해 대부분의 상담자들은 인성과 품성을 갖춘 상담원이어야 한다(사례자 1,2,3,4,5,6,7,8,9,10,11)는 점을 강조하고 있다. 정직, 책임감, 진정성, 공감, 끊임없는 자기관리, 품격 등이 필요하다는 것을 말하고 있다. 이러한 인성과 품성은 결국 결혼상담원이라는 직업에 대한 자부심을 갖고 일하고 있으며, 보다 사회적으로 인정받는 진정성 있는 가치로운 일이라는 점을 인식하고 해야 한다는 자기각오와 같은 바를 표현한 것이다.

> 부풀리고 사기 치는 사람은 이 일을 안했으면 좋겠어요. 이 일은 진정성이 있어야 돼요. 바르고 정직하고 책임감이 있어야지 안 그러면 사기꾼 밖에 안돼요. 고액을 받아 놓고 책임감 없이 사라지면 피해는 고객에게 돌아가고 결국 이 일을 하는 사람들이 욕을 먹거든요(사례자 1).

### (2) 활달하고 배려심 있는 상담원

MBTI 성격유형 검사에 나타난 결과, 12명의 사례자 중에 외향의 성격유형이 8명이고 내향이 4명으로 나타난 것으로 보아 활달하고 배려심 있는 상담원이 업무에 더 적합하게 보인다. 외향의 성격의 상담원은 사람 만나는 일을 좋아하고 명랑하며, 활동에 적극적이고, 말로 표현을 잘한다.

> 좀 외향적이고 명랑한 사람이 잘하는 것 같아요. 가끔 고객하고 트러블이 생겨도 밝은 사람은 바로 털어버리는데 내향적인 사람들은 며칠 동안 힘들어 하는 걸 봤어요. 이 일이 다 좋은 사람만 있는 게 아니다 보니 고객도 엄청 갑질하는 사람들이 많아요. 돈 냈다 이거죠 뭐. 그런 일이 생겨도 금방 잊어버리는 성격이 좋은 것 같아요(사례자 2).

### (3) 경청하고 공감하는 상담원

상담원들은 고객의 반응에 경청하는 것이 기본이다. 잘 듣고 그에 따른 적절한 반응을 하여, 고객이 욕구를 충족시켜 줄 수 있는 서비스를 제공해야 한다. 따라서 경청하고 공감하는 것은 결혼상담원이 갖춰야 할 기본적인 자질임을 알 수 있다. 사례 6의 경우는 이를 잘 표현해 주고 있다.

상담의 기본은 경청하고 공감하는 일이죠. 고객의 말을 잘 들어주고 공감해줘야 돼요. 가끔 자질이 안 되는 상담원이 교육도 받지 않은 상태로 상담에 들어가서 본인의 생각대로 고객을 가르치려 들고 고객을 훈계하고 나오는 경우가 있어요. 고객은 너무 피곤하죠. 고객이 상담원한테 배우러 온 건 아니니까요. 당연히 관계는 멀어지구요. 그런 경우를 많이 봐서 저는 무엇보다 상담원의 첫 번째 자질은 경청하고 공감하는 능력이라고 생각해요(사례자 6).

### (4) 이성적인 상담원

면접대상자 중에는 MBTI 성격유형 중 심리기능상 ST 유형이 8명으로, 다른 유형보다 많은 것으로 나타났다. 이는 결혼상담원의 자질 면에서 구체적, 사실적 정보를 바탕으로 논리적, 분석적, 객관적으로 판단하는 감각사고형의 결혼상담원이 고객을 이성적이고 냉정하게 판단하여 고객의 Needs를 분별해 내고 보이지 않는 잠재된 요구까지도 이끌어 낼 줄 알아야 하는 상담자의 역할에 부응할 수 있다.

상담자는 좀 냉정할 필요도 있어요. 안 그러면 고객 이야기에 빠져 들어가거든요. 그러다보면 내가 상담자가 아니라 고객이 된 것 같은 주객전도 되는 일이 생겨요. 가끔 상담자들이 신나서 본인 이야기만 하고 오는 경우가 있거든요. 본인은 상담 잘했다고 하는데 고객은 한마디도 못하고 듣기만 하다가 가는 형국이죠. 그런 상담은 좋은 상담이 아니에요. 그런 경우 고객이 회사에 전화해서 상담자를 바꿔달라는 컴플레인을 많이 해요. 고객하고 수다 떨려고 하는 게 아니기 때문에 고객하고 거리를 좀 두고 고객이 원하는 이상형을 빨리 분석해서 제시해 줘야 해요. 그게 능력이기도 하구요(사례자 1).

## Ⅳ. 결론

본 연구에서는 결혼중개에 대한 사적고찰과 현재 결혼상담원을 중심으로 한 사례 연구를 진행하였다. 결혼중개에 대한 사적 고찰은 문헌과 각종 자료를 중심으로 시대변화에 따라 결혼중개의 형식과 특징 등을 살펴보았다. 또한 현재 결혼상담원이 직무에서 경험하는 스트레스를 비롯하여 상담의 성공과 실패 사례, 당면 문제 등에 관하여 심층면접조사를 통하여 질적 연구를 시도하였다.

그 결과는 다음과 같이 요약할 수 있다. 첫째 결혼중개의 변천과정은 다음과 같다.

| 과정 | 형태 | 역할 | 성혼사례 |
|---|---|---|---|
| 전통사회 | 중매인이 필요함 | 지배계층-학맥,<br>일반인-인맥중심<br>매파활동 | 고무신,<br>서로 협의,<br>싸움이 되기도 |
| 개화기 | 중매혼, 자유혼, 절충혼 | 주변인, 고모 | 양복 한 벌 정도 |
| 광복이후 | PC 통신 혼중개시작 | 결혼상담소 운영 | 예단의 10% |
| 결혼중개업<br>등장 이후 | 가입회원의 만남 주선 | 신고업, 결격사유<br>없는 자 | 각 회사별 내규 |

둘째, 결혼상담원은 대체로 직무에 만족하고 있었으며, 근무시간에 대한 정확한 규정이 없고 평일과 주말까지 연장되는 상담으로 인해 정신적·육체적 스트레스를 경험했으며, 노쇼(No Show) 고객에 대해서는 스트레스를 받는 것으로 나타났다.

셋째, 결혼상담원의 자질과 역할로는 인성과 따듯한 성품, 배려심 등이 제시되었고, 정직, 책임감, 진정성, 공감, 끊임없는 자기관리, 품격 등이 필요하다고 하였다.

넷째, 결혼상담 성공 사례는 만혼자의 성혼, 연령차를 극복한 성혼, 드라마 같은 성혼, 재혼 커플의 성혼, 실패 사례로는 고객 요구의 불일치, 불량고객(Black Consumer)으로 돌변, 높은 결혼이상형에 대한 요구, 부모와 자녀 간의 의견 불일치 등이었다.

다섯째, 결혼상담원이 당면한 문제로는 상담원의 비전문성과 상업적 중매행위, 상담에는 소홀하고 仲媒에만 치중하는 점 그리고 일반인의 낮은 신뢰도 등이었다.

따라서 결혼중개와 상담에 대한 보다 전문화된 결혼상담원 교육을 통하여 관련지식과 상담기술을 확대해 나가야 한다. 그리고 결혼상담원들의 긍정적 활동환경을 조성하기 위해서는 감정노동자로서의 결혼상담원에 대한 고객들의 인식변화와 더불어 제도적인 뒷받침, 상담업무의 전문화, 정규직화 등이 모색되어야 한다.

## <참고문헌>


『禮記』.

『朱子家禮』.

『四禮便覽』.

『家禮輯覽』.

『增補四禮便覽』.

『한국일생의례사전(2014)』. 국립민속박물관.

강옥수(2006). 「朝鮮時代 儀禮書에 나타난 冠·계禮 연구 : 『家禮輯覽』과 『四禮便覽』을 중심으로」. 원광대학교 대학원 석사학위논문.

강정림(2001). 「한국사회 변동과 혼례문화의 변화 : 1940년대~1990년대를 중심으로」. 이화여자대학교 대학원 석사학위논문.

국사편찬위원회(2005). 『혼인과 연애의 풍속도』. 두산동아.

김모란(1993). 「한국사회의 혼인거래관행에 대한 연구 : 도시중산층을 중심으로」. 이화여자대학교 대학원 박사학위논문.

김영천(2016). 『질적연구방법론』. 아카데미 프레스.

김윤정(2011). 「18세기 禮學 연구 : 洛論의 禮學을 중심으로」. 한양대학교 대학원 박사학위논문.

김지유·조희선(2014). 「대학생의 이성 관련태도 및 결혼가치관과 결혼 이미지가 결혼기대연령에 미치는 영향」. 한국가족관계학회지, 19(2).

남상민(2003). 『한국전통혼례-전통혼례·폐백례·궁중가례의 진수』. 도서출판 예학.

문선희(2012). 「미혼여성의 결혼과 가족에 대한 가치관이 결혼의향과 기대결혼연령에 미치는 영향」. 한국가족복지학, 17(3).

민속학술자료총서(2003). 『禮 家禮·婚禮 7』. 도서출판 우리마당 터.

민속학술자료총서(2003). 『禮 冠婚喪祭 7』. 도서출판 우리마당 터.

박문기(2012). 「결혼정보회사 브랜드 가치 높이기」. 한국마케팅연구원, 마케팅 제46권 제4호 통권519호.

박미선(2015). 「朝鮮時代 國婚儀禮 硏究」. 고려대학교 대학원 박사학위논문.

박수경(2016). 「최근 결혼트렌드와 결혼전략」. 한국소비문화학회 춘계학술대회.

박예경(2005). 「『禮記』의 體制와 禮論 硏究」. 연세대 대학원 박사학위논문.

박인덕(1993). 「전문결혼상담원 교육프로그램 개발」. 한국여성정책연구원.

박정혜(1996). 「한국고대혼속연구」. 성신여자대학교 박사학위논문.

박혜인(2005). 「혼인풍속 '壻屋' 기록과 삼국사기 초기 사례를 통해 본 고구려의 혼인 및 처가방문생활」. 역사민속학 제18호.
손승영(1996). 「혼례문화의 상업화와 가부장적 특성」. 한국가족학회 추계 학술자료, 가족과 혼인문화.
송재용(2007). 『한국 의례의 연구』. 서울; 제이앤씨.
신백훈(2015). 「『禮記』「禮運」篇의 大同思想 硏究」. 성균관대학교 대학원 박사학위논문.
신요원(2012). 「부부 MBTI 성격유형과 기질의 일치여부에 따른 결혼만족도」. 한국외국어대학교 대학원 석사학위논문.
안혜숙(2010). 「한국사회의 산업화 이후 혼례관행 변화에 관한 연구 : 1960년대~2000년대를 중심으로」. 한국가족자원경영학회지, 14(3), pp.87-108.
원아름(2015). 「미혼남녀의 결혼의향과 결혼가치관에 영향을 미치는 변인 연구」. 중앙대학교 대학원 석사학위논문.
유광수 외 1명(2003). 『한국전통문화의 이해』. MJ미디어.
유덕선(1996). 『관혼상제대전』. 도서출판 신나라.
여탁림(2014). 「결혼정보서비스 사이트의 고객가치와 구전의도의 관계에 관한 연구 : 중국시장 중심으로」. 경희대학교 대학원 석사학위논문.
유옥(2010). 「결혼생활 만족도 증진을 위한 신혼기 부부 의사소통 교육 프로그램 개발과 효과검증」. 한남대학교 대학원 박사학위논문.
이길표(1983). 「家禮를 通해 본 韓國人의 意識構造 硏究:婚.祭禮를 中心으로」. 고려대학교 대학원 박사학위논문.
______(2000). 「朝鮮後期 서울 班家의 昏禮」. 한국 전통생활문화학회.
______, 주영애(1989). 「가정경영관과 혼례행례와의 관계연구」. 성신연구논문집 제29집.
______, 최배영(1997). 「조선후기 규범서에 나타난 여성의 혼인준비교육」. 성신연구논문집 제35집.
이도현(2014). 「결혼정보업체의 지속가능경영을 위한 전략연구-배우자 선택요소가 결혼만족도에 미치는 영향」. 경기대학교 대학원 석사학위논문.
이배용(1999). 「개화기·일제시기 결혼관의 변화와 여성의 지위」. 한국 근현대사 연구 10, 한국근현대사연구학회.
이선형(2013). 「현대 한국인의 혼인의례 연구 : 의례과정의 상품화를 중심으로」. 한국학중앙연구원 대학원 석사학위논문.
이영수(2012). 「개화기에서 일제강점기까지 혼인유형과 혼례식의 변모 양상」.

가천대학교 아시아문화연구 28.
이창옥(2016). 「결혼중개업 이용 소비자피해 예방을 위한 사업자 교육 현황과 개선방안」. 한국소비자원.
이향숙(2012). 「경북지역 혼례문화 연구」. 성신여자대학교 대학원 박사 학위논문.
이향숙(2014). 「결혼정보회사와 커플매니저의 현황분석에 관한 연구」. 동부산대학교 논문집 제33집, 157-174.
임은혜(2015). 「웨딩플래너의 개인특성, 직무특성이 직무스트레스와 직무만족에 미치는 영향 연구」. 경희대학교 대학원 석사학위논문.
장병인(1993). 「조선 초기 혼인제 연구」. 서울대학교 박사학위논문.
장성자 외(1990). 『전문결혼상담원 교육프로그램개발 사업보고서』. 한국 여성 개발원.
장철수(1995). 『한국의 관혼상제』. 집문당.
장하경(1996). 「한국 사회변동에 따른 혼례관행의 변화」. 14권 1호, 한국 가정관리학지, pp.147-161.
「전문결혼상담원 교육 프로그램 개발」. 한국여성개발원 1992, 사업보고서 300-1.
정현정(2013). 「朱子 禮學의 구조와 전개」. 연세대학교 대학원 박사학위 논문.
주영애(2010). 「한국전통혼례의 계승을 위한 혼례절차에 대한 미혼남녀의 인식연구」. 한국가족자원경영학회지:14권 1호, p.58.
______(2013). 「혼인준비자들의 혼례예절교육 요구도 연구」. 한국가정관리학회지 : 제31권 6호, p.53.
채희영(2013). 「국내결혼중개서비스 문제점 및 개선방안」. 한국소비자원.
최배영(1998). 「家禮書를 통해 본 「婚禮」觀 硏究 : 『嘉禮』·『家禮輯覽』·『四禮便覽』」. 성신여자대학교 대학원 박사학위논문.
최배영(2013). 『조선시대 혼례문화콘텐츠』. 이노books.
최정윤(2010). 『심리검사의 이해』. 시그마프레스.
한상진(1999). 『조선시대 관혼상제(I) 관례·혼례 편』. 한국정신문화연구원.
황경애(1994). 「혼례행례의 변천에 관한 연구」 성신여대 대학원 박사학위논문.

인터넷자료
국립민속박물관. www.nfm.go.kr
국립중앙박물관. www.museum.go.kr

여성인력개발센터. www.vocation.or.kr
한국고용정보원. www.keis.or.kr
에세스타. www.assesta.com
한국MBTI연구소. www.mbti.co.kr

# 혼례예절교육*

주영애

## Ⅰ. 서론

우리나라는 개화기 이후 오늘날까지 사회 전반적인 변화가 급진적으로 진행되면서, 혼례풍속도 변화과정을 거쳤다. 예식이나 예복, 예식절차 등 한국의 혼례문화는 시대변화와 더불어 외형적인 큰 변화를 겪어왔다. 현재 한국사회에서의 혼례는 서구의 혼례와 전통혼례의 절차가 혼재되어 있는 형태로 이루어지고 있으며, 선행연구(Hwang, 1994; Lee, 1998; Kim, 2008; Ju, 2010; Lee, 2012)를 보더라도, 서구 혼례의 형식을 취한 웨딩드레스 착용, 웨딩사진 촬영, 신혼여행 등의 기본적인 형식을 취하면서도 대부분 상견례, 함보내기, 폐백, 신행 등의 전통 관습적 혼례절차를 따르고 있다. 즉 서구의 혼례형식이 도입되어 널리 확산되고 있을 뿐만 아니라, 한국사회에서

* 본 논문은 2013년 『한국가정관리학회』의 「한국가정관리학회지」 31권6호에 실린 "혼인준비자들의 혼례예절교육 요구도 연구"의 일부임.

지켜오는 의례문화의 하나로 전통혼례 형식도 동시에 공존하고 있다. 한편 최근에는 혼인을 준비하는 과정 중에서 예단문제가 사회문제화 되면서 축복받아야 할 혼인에 대해 부정적인 시각도 확산되고 있다. 여성가족부가 월드리서치에 의뢰해서 결혼 3년차 이내 부부 300명 설문조사의 결과, 결혼 비용 중 가장 아까운 항목으로 예단과 예물(35.3%)이 지적(chosun.com, 2012. 7. 2.)된 바 있고, 최근 결혼정보회사 듀오웨드의 예비부부 317명 대상으로 실시한 '결혼준비가 싸움에 미치는 영향'에 대한 조사에서도 예물예단(27.1%), 결혼식(17.7%), 혼수(6.3%), 상견례(6%)로 인해 싸우는 것(donga.com, 2013. 8. 12.)으로 나타났다. 이는 혼인 당사자와 부모 모두에게 혼례과정에서 어려움이 되고 있는 바를 시사한다. 한편 예단문제에 대해서는 경북소비자보호센터의 '착한 결혼을 위한 소비의식조사' 발표(yeongnam.com, 2013. 2. 14.)를 보면, 체면 문화(30.9%)의 문제점을 지적하였으며, 예단예물은 전통방식이니 남들이 하는 만큼 해야 한다(7.5%)의 견해들을 제시한 바 있다. 이렇듯 현대에서는 전통혼례방식은 개선되어야 하는 구습으로 회자되는 경우도 있지만, 실제 전통사회에서는 혼례 때에 혼수의 후박(厚薄)을 운운하는 일은 멀리하도록(Lee, 1982) 경계하였다. 혼인 당사자와 양가의 가풍을 존중하면서 가정 형편과 분수에 맞게 예법에 따라서 정중하게 혼인을 하도록 했었으나, 현대에서는 이를 간과하고 있다.

현재 이러한 전통혼례의 긍정적인 행태는 오히려 왜곡되고 퇴색되어가고 있고, 물질만능 사회의 가치와 혼재되면서 부정적으로 평가되고 있는 것이다. 그러므로 현행 혼례과정에서의 문제를 제기하고 이에 대한 해결책을 찾고자 할 때, 혼례에 대한 의식 변화와 이에 대한 교육 강화가 필요함을 제기하지 않을 수 없다. 따라서 현행의 혼인준비교육에 대해 점검해보고, 이를 토대로 올바른 혼례문화정착을 위한 교육기회 확대에 관한 연구를 시도하는 것은 발전적인 생활문화의 전수차원에서도 시의성과 필요성이 있다고 사료된다. 현행 혼례에는 전통혼례의 관행들이 혼재되어 이루어지고 있으나, 실제로 한국전통혼례절차에 대한 교육 경험은 조사대상의 85.4%가 거의 없고(Ju, 2010), 혼인준비과정에서 혼인의 실무를 담당하고 있는 웨딩업 종사자들을 위한 전문교육도 부족했고, 전통혼례에 대한 체계적 재교육 프로그램 도입(Kim, 2008) 필요성이 제기된 바를 보더라도 실제 혼례준비 및 진행과정에서 갈등과 혼란의 내재는 예측 가능한 바이다.

그러므로 혼례과정인 상견례, 함보내기, 예식, 폐백, 신혼여행 등의 절차를 잘 알고 대처할 수 있는 사전교육이 이루어진다면, 혼인 당사자들은 주체적인 확신을 가지고 보다 성숙한 모습으로 혼례에 임할 수 있을 것이다. 또한 양가의 부모뿐만 아니라 하객들에게도 혼례절차의 올바른 의미를 전할 수 있을 것이라 보며, 혼인당사자의 경험은 개인의 삶에 도움을 주는 것뿐만 아니라 생활문화 전수를 위해서도 의미 있는 교육적인 경험이 될 것이다. 그러나 이와 관련한 연구가 별도로 이루어진 바가 없고, 관련연구들도 혼례절차에 대한 이해도나 의식조사(Lee, 1982; Hwang, 1994; Lee, 1998; Kim, 2008; Ju, 2010; Lee, 2012)에 그치고 있다. 따라서 본 연구에서는 그동안 시행되어온 혼인준비교육에서의 보완점을 재인식 해보고, 앞으로 혼인준비를 하는 이들에게 필요한 혼인 전 혼례예절교육 프로그램을 추가로 구안하여 활용할 수 있는 기초 자료를 제공함으로써 궁극적으로는 후세대에게 한국생활문화의 발전적 계승을 위한 교육기회 확대에 대한 시사점을 제시하고자 한다.

## II. 이론적 배경

### 1. 혼인준비교육

혼인준비교육은 선행연구(Yoo, Oh, & Lee, 1995; Park & Kim, 1997; Oh, 2001; Paek, Seo & Shin, 2003; Sohn, Kim, 2005; Kang, 2008; Park & Lim, 2009)에서 '결혼준비교육'으로 일컬어져왔다. 이 교육은 공식적으로 1924년 보스턴 대학에서 Groves에 의해 결혼 및 가정생활준비(Preparation for Marriage and Family Living)라는 이름으로 첫 번째 강좌가 열렸고(Park & Kim, 1997; Oh, 2001) 우리나라에서는 주로 사회교육원이나 교회, 선교회 등을 중심으로 개최되어 왔다. 최근에는 건강가정지원센터에서 관련 교육이 이루어지고 있다.

이와 관련한 연구(Kim, 1990; Yoo, Oh, & Lee, 1995; Park & Kim, 1997; Oh, 2001; Paek, Seo & Shin, 2003; Park & Lim, 2009)도 지속적으로 이루어지고 있다. 일반적으로 혼인준비교육은 광의와 협의의 교육으로 나누어볼 수 있는데, 광의의 교육은 구체적인 결혼 상대가 정해지기 전에 행해지는 결혼에 대한 포괄적이고 일반적인 교육을 의미하고, 이는 결혼 및 가족생활교육에 가까운 개념(Kim, 1990)이다. 협의의 교육은 결혼상대가 정해진 커플을 대상으로 성공적인 결혼생활 즉 부부 적응 과정을 순조롭게 시작할 수 있도록 돕기 위해 행해지는 교육을 의미한다.

혼인준비교육이란 혼인 전에 혼인 후 발생할 수 있는 개인과 환경의 변화를 이해하고, 상호작용적 관계를 지향하면서 결혼생활의 문제를 예방 또는 문제 해결 기술을 향상시키는 것(Oh, 2001) 등을 예방적 차원(Park & Lim, 2009)에서 학습하고 경험을 갖게 하여, 혼인생활에 도움을 주고자 하는 것이다.

통계청의 「2011년 혼인·이혼통계자료」 발표(2012. 4. 19.)에 의하면 2011년 이혼은 11만 4천 건으로 전년보다 2.2% 감소했으나, 조이혼율은 인구 천 명당 2.3건으로 전년과 유사한 것으로 나타났다. 우리 사회의 이혼문제는 최근의 문제는 아니다. 2008년 이혼숙려제도 도입이후에 협의에 의한 이혼건수는 지속적으로 감소하고 있지만, 여전히 중요한 생활의 문제로 인식되고 있다. 따라서 혼인 후의 부부들의 적응과정은 무엇보다 중요하며, 이에 대한 교육의 필요성도 크게 증가하고 있다. 혼인준비교육 프로그램의 교육적인 효과는 선행연구에서도 밝혀진 바이다. 교육프로그램에 참가한 사람들은 자아존중감, 평등한 역할, 의사소통 등에 있어서 의미 있는 향상을 보여, 결혼 전 커플의 관계를 향상시키는 데 효과가 있다(Jung & Kim, 2001; Lee, 2007; Park & Lim, 2009)는 것이다. 또한 교육 후에는 '결혼관', '가족관', '사랑관', '배우자관', '성의식', '성역할관' 등의 준비도가 높아지는 결과(Sohn & Kim, 2005)를 보일 뿐만 아니라 부부의 결혼생활 만족도에도 긍정적인 영향(Byun, 2008)을 보인 것으로 나타났다. 이렇듯 혼인준비교육은 부부를 위해서 매우 의미 있는 교육이 되고 있음을 알 수 있다.

최근에는 건강가정지원센터의 설립 후 가족교육이 활발히 이루어지면서 생애주기별 교육으로 예비부부 및 신혼기 가족교육, 아동 청소년기 가족교육, 중년기 가족교육, 노년기 가족교육으로 진행되고 있다(Hwaseong Health Family Support Centers). 이 중 예비부부 및 신혼기 가족교육과 혼인준비교육은 결혼의 초기적응을 돕고 결혼생활에서 발생할 수 있는 문제에 대한 대처능력을 키울 수 있는 교육이다. 이는 가족문제예방 및 역량강화를 위해 필수사업으로 진행되고 있다. 건강가정지원센터의 혼인준비프로그램은 중앙센터의 기본매뉴얼에 기초하여 진행하고 있으며, 총 6회기의 내용으로 1회기에는 자기이해, 2회기에는 양성평등 역할분담, 3회기에는 의사소통기술, 4회기에는 즐거운 성, 5회기에는 갈등 대화, 6회기에는 분노 다루기 등으로 구성(Kang, 2008)된다. 또한 웨딩라이프나 한나 웨딩클럽과 같은 웨딩업체를 중심으로 한 결혼예비학교도 등장하고 있다. 그러나 이들 교육 내용을 종합적으로 살펴볼 때, 성과 건강, 부부갈등 해결, 의사소통과 대화법, 가정경제생활설계 등에 초점이 맞춰져 있음을 알 수 있다.

기존 혼인준비교육이나 선행연구를 통한 교육프로그램 효과 등에 관한 내용을 종합적으로 살펴본 Lee(2007)의 연구를 보더라도 한국의 혼례관행으로부터 빚어지는 갈등 등을 다루고 있는 경우는 매우 제한적이었다. 그러나 서론에서 제시한 바와 같이 실제 혼인준비과정에 발생한 문제가 사회문제화 되고 있는 한국의 현 사회 상황에서는 혼인준비교육에서도 서구의 교육모델에 입각하여 혼인 후 생활적응을 초점으로 하는 교육은 보완될 필요가 있다. 즉 혼인 준비과정에서 알고 대처해야 할 다양한 혼례예절내용을 교육할 수 있도록 추가보완 된다면 혼인준비과정의 문제를 해결해 나가는 단초를 찾을 수 있다고 본다. 따라서 혼인준비교육에서 사각지대에 있었던 혼례관행과 예절교육내용의 필요성을 현실에 적합하게 조명하여, 반영해 나가야 할 필요가 있다.

## 2. 혼례예절

예로부터 부부관계는 곧 인륜의 시작이며, 혼례절차는 가장 신성하고 중대한 것으로 여겨져 경솔하게 거행되어서는 안 되었다(Lee, 1982). 절차는 의혼·납채·납폐·친영의 사례(四禮)였고, 의식의 주관은 가부장 중심으로 이루어져 왔다(Lee, 1982). 그러나 현재 한국사회에서 이루어지고 있는 혼례식은 이러한 전통적인 혼례절차가 관행적으로 적용됨과 동시에 현대형식이 혼합되어 진행된다. 본 연구에서 적용하는 혼례예절이란 선행연구(Hwang, 1994; Lee, 1998; Kim, 2008; Ju, 2010; Lee, 2012)를 참고로, 전통적인 혼례절차를 반영하면서도 현재 지켜지고 있는 혼례절차상의 상견례, 함보내기, 예단, 예식 시의 태도, 폐백, 신혼여행과정에서 지켜야 할 에티켓과 가족생활예절 등이 포함된 것으로 분류하였다.

현행 웨딩컨설팅에서 제시하고 있는 웨딩가이드를 보면 상견례, 예단예물, 함, 폐백 등의 전통적인 혼인 관행(http://www.vgood.co.kr/verygood) 절차들이 있고, 그 외에 필요한 웨딩홀 결정, 청첩, 신혼여행지 선정 등의 현대적 혼인절차들로 제시되어 있다. V웨딩컨설팅 종사자들과의 인터뷰(2011.9)에서도 '결혼준비 체크리스트' 등의 키워드를 온라인에서 검색하는 것은 혼인준비자들에게는 익숙한 것으로 회자됨을 알 수 있다. 따라서 혼인준비자들은 이러한 온라인 자료들을 참고하여 일정한 혼례절차를 따르려는 경향은 점차 확산될 가능성이 클 것으로 사료된다. 상견례는 결혼식에서 신랑신부가 공식으로 서로 동등한 예를 지켜 마주 하는 인사, 또는 결혼식이 끝난 후 시가 부모를 비롯한 웃어른들에게 인사를 드리고 손아래 친척들과 만나보는 구고례(舅姑禮), 또는 역사적으로는 새로 임명된 사부(師傅)나 빈객(賓客)이 처음으로 동궁(東宮)을 뵙던 의례(http://terms.naver.com)를 말한다. 그러나 현대에서는 '공식적으로 만나보는 예' 또는 '결혼식에서 신랑신부가 서로에게 마주보고 하는 인사' 등으로 사용되고 있다. 그리고 현재 웨딩산업 현장과 일반사회에서는 신랑신부가 양가의 부모를 모시고 혼인을 의논하기 위해 만나는 공식적인 자리를 '상견례'라 일컫고 있다.

함보내기는 납폐(納幣)에 해당하는 절차로 신랑 집에서 신부 집으로 혼서지와 채단을 보내는 과정을 말한다(Kim, 1997). 최근에는 함을 생략하는 경우도 있으나, 선행연구(Lee, 1999; Kim, 2008; Ju, 2010)를 보면 함보내기는 계승하고자 하는 절차로 파악되고 있다. 그리고 현재는 사회문제로까지 확대되고 있는 예단의 경우, 전통혼례절차에서는 오히려 그 의미를 강조해 왔던 바를 볼 수 있다. 예단은 납폐물품으로 청홍채단, 혼수, 혼서, 물목을 넣어 신부 집으로 보내는 것이었고, 음양의 결합을 뜻하는 玄纁(家禮輯覽)으로 하되, 형편에 따라서는 종이를 사용해도 무방하다(家禮增解)고 하였다(Lee, 1982). 즉 이는 시대적인 차이는 있더라도 과다혼수의 경계를 일컫는 바로 볼 수 있다. 현대의 예단문제는 물질중심의 과시적 체면의식과 맞물려 나타난 바가 문제의 중심이 아닐까 한다. 혼례예절교육에서는 과다한 예단은 지양하고 그 의미와 드리는 분의 범위, 비용 등에 대한 예의범절을 재조명하여 적용할 필요가 있다. 예식 시의 태도와 관련한 예절도 중요하게 다루어져야 한다. 예식 시의 인사방법, 신랑신부의 서 있는 위치와 방위뿐만 아니라, 서양식 혼례 복식인 웨딩드레스와 턱시도의 착용이 일반화되면서 이에 필요한 예의범절도 주의 깊게 실천해야 하며, 전통혼례를 할 경우도 혼례복식에 대한 의미나 착장법 등에 대한 이해가 요구되고 있다. 폐백은 현구고례라고도 하며, 이는 현재 지켜지고 있는 대표적인 전통혼례의 절차이다. 현구고례(見舅姑禮)는 신부를 시댁의 대소가에 소개하고 가문의 새 구성원으로 흡수하는 의식으로 매우 가부장적인 요소가 강하게 남아 있다(Ju, 2010). 폐백을 하기 위해서는 음식을 준비하고 시부모부터 시작하여 시조부모, 시숙부, 시고모 순으로 차례로 큰절을 하고 술을 올린다(Park, 1988). 그러나 현대에서는 이러한 형식이 바뀌어 가고 있다. 경상도 지역에서는 1970년대부터, 서울 지역에서는 90년대부터 양가 어른들이 모두 참여하는 형태가 나타났다(Hong, Lee & Park, 2002). 현재 웨딩현장에서는 폐백도우미가 이 절차에 참여하고 있지만, 폐백 시 준비해야 할 음식, 옷차림, 절하는 형식, 절을 드리는 가족의 서열과 순서 등의 예법도 시대적인 요구를 반영하여 적용할 수 있는 예법으로 새롭게 교육되어야 할 필요가 있다.

신혼여행 시 지켜야 할 에티켓, 혼인 후 가족 간의 호칭과 언어예절, 첫 명절과 양가부모님 생신, 가족행사 등에서 지켜야 할 예의범절 등도 교육내용에 포함되어야 한다. 본 연구 도구개발을 위해 시도했던 V웨딩컨설팅 종사자 인터뷰(2011. 9. 1.)에서도 교육적 필요성이 제기되었을 뿐만 아니라, 현재 온라인상이나 컨설팅현장에서 통용되고 있는 웨딩신부수첩이나 웨딩 체크리스트 등에서도 이와 관련한 내용을 알고 대처해야 한다는 내용에 대해 제시하고 있다.

## Ⅲ. 연구방법

### 1. 연구문제

본 연구에서는 혼인준비자를 대상으로 혼인준비에 필요한 혼례예절교육에 대한 요구를 파악하여, 향후 혼인준비교육 시 프로그램에 추가 반영되어야 할 기초 자료를 제공하고자 시도되었으며, 다음과 같은 연구문제를 설정하였다.

<연구문제 1> 혼인준비를 위한 일반적인 교육 요구도는 어떠한가?

<연구문제 2> 혼인준비자들의 혼례예절교육에 대한 요구도는 어떠한가?

<연구문제 3> 혼례예절교육에 대한 요구도는 혼인준비자들의 일반적 사항에 따라 어떠한 차이를 보이는가?

### 2. 조사도구 및 자료수집

본 조사도구는 관련 문헌 및 선행연구(Sohn & Kim, 2005; Ju, 2010; Lee, 2012)를 바탕으로 수정・보완하여 질문지를 구성하였다. 설문구성은 조사대상자의 연령, 성별, 학력, 종교, 직업 등 일반적 사항 5문항, 혼인준비를 위한 일반적인 교육적 요구(교육프로그램 실시의 중요성, 교육시작시기, 교육 횟수, 교육형태, 교육담당자, 교육기관, 교육 참여 형태, 교육 참여 의사) 8문항, 혼례예절교육 요구도(상견례, 함보내기, 예단, 예식 시의 태도, 폐백, 신혼여행, 가족생활예절) 문항으로 총 48문항을 구성하였다. 혼례예절교육 요구도 측정문항은 5점 리커트 척도로 구성하였다. 이 문항의 신뢰도는 각 영역별로 .85이상의 높은 신뢰도를 보였다.

조사는 서울 V웨딩업체의 지부에서 웨딩컨설팅을 받으며 혼인을 준비하고 있는 남녀 300명을 대상으로 설문조사를 실시하였다. 조사 시기는 2011년 9월 1일부터 12월 1일까지였다. 조사원은 현재 웨딩업체 종사자이자 웨딩문화산업학전공대학원에 재학 중인 대학원생 4명으로 구성하여 질문을 위한 사전훈련을 실시한 후 조사를 실시하도록 하였다. 회수된 설문지 중 부실기재 설문을 제외한 총 230부의 자료는 spss/win 17.0을 이용하여 빈도분석, F-test, t-test, 상관관계분석 등으로 처리하였다. 교육 요구도는 5점 만점으로 점수가 높을수록 요구도가 높은 것으로 해석하였다.

조사대상자의 일반적 사항은 연령은 20대가 55.22%, 30대가 44.78%였으며, 여성이 66.52%, 남성이 33.48%였다. 학력은 대졸이 66.9%로 대부분을 차지했으며, 종교는 기독교가 40%, 무교나 기타가 37.39%였으며, 직업으로는 회사원이 41.74%, 전문직이 20.43%, 서비스직이 19.57%, 자영업이나 기타가 18.26%였다.

## Ⅳ. 연구결과 및 분석

### 1. 혼인준비를 위한 일반적인 교육요구

조사대상자들은 혼인준비를 위한 교육 프로그램을 실시하는 것은 대부분 중요하다(79.57%)고 생각하고 있으며, 적어도 결혼 3~5개월 전부터 시작하고(50.87%), 1~3회(60%)의 교육을 요구하는 것으로 나타났다. 교육 형태로는 2~3개월 동안 토요일 오후를 이용해서 (34.78%), 또는 1개월 동안 주말 오후나 평일 저녁(29.13%)을 이용하는 교육을 요구하는 것으로 나타났다. 교육담당자는 해당분야별 전문가(72.61%)가 교육해 주기를 요구하고 있으며, 민간단체인 혼인준비교육전문기관(47.39%)이나 정부 및 지방자치단체에 소속된 혼인준비기관인 건강가정지원센터(29.13%) 등에서 교육받기를 원하고 있는 것으로 나타났다.

한편 교육 참여 방법은 반드시 혼인을 앞둔 예비커플이 함께 참여(46.09%)하거나 가능한 커플이 함께 참여(33.04%)해야 한다고 여기고 있으며, 무료교육(61.30%)일 때, 또는 유·무료에 관계없이 참여하겠다(26.96%)는 경우를 합산해 보면, 교육 참여의사는 매우 높은 것으로 보인다. 그러나 혼인준비를 위한 교육은 주로 무료교육을 희망하는 것을 알 수 있다.

## 2. 혼인준비를 위한 혼례예절교육 요구도

혼인준비를 위한 전반적인 혼인예절교육 요구도는 전반적으로 5점 만점에 3.59로 나타났으며, 교육내용별로는 예단 주고받는 예절(3.76)에 대한 요구도가 가장 높고, 결혼 후 가족생활에 필요한 예절교육(3.68), 결혼준비를 위해 양가 어른들의 상견례 예절(3.66), 폐백예절(3.64)의 순으로 나타났다.

이와 같은 교육 요구도 결과를 볼 때, 실제 혼인준비과정에서 예단과 상견례 등은 예의에 맞게 준비해야 하는 중요한 절차가 되고 있다는 점을 보여주고 있다고 본다. 즉 서론에서 밝혔듯이 예단이나 상견례 등은 혼인준비과정에서 파혼에 이르게 하는 사회문제가 되는 경우도 있다고 언급한 바를 뒷받침하는 것이라 사료된다.

한편 혼례예절교육 요구도의 구체적인 내용을 보면, 상견례교육에서는 상견례에 적합한 장소와 시간정하기(3.76), 상견례 시 대화내용과 표현방법(3.72), 상견례 시 가족소개와 진행절차(3.70) 등에 관한 내용에 대한 교육 요구가 상견례 교육 내용 중 다른 내용보다 높은 것을 알 수 있다. 그러나 이 상황에 어떻게 대처해야 할 것인지에 대한 정보나 교육 기회 등이 거의 없으므로, 양가가 첫 대면하는 자리에서 지켜야 할 예의를 지키는 일이 혼인준비자들에게는 큰 부담으로 인식되고 있다고 하겠다. 함에 대한 예절은 함을 보내는 시기와 절차(3.60), 함의 의미(3.57), 함에 들어갈 예물과 서식 등에 관한 내용(3.56)에 대한 교육 요구도가 3.5 이상으로 나타났다. 함은 오늘날 혼례에서도 지켜지고 있는 전통혼례의 관습으로 앞으로도 지켜질 것으로 보여(Ju, 2010; Lee, 2012), 이에 대한 교육적인 관심을 새롭게 가져야 할 것으로 사료된다. 예단에 대한 예절은 예단 주고받을 때의 예절(3.82), 예단 드리는 대상과 방법(3.81), 예단의 종류(3.77), 예단 가격의 범위(3.65) 등에 대한 교육적 요구가 다른 내용의 교육 요구보다 전반적으로 높았다.

예식 시의 태도에 대한 교육 요구도는 예식진행순서(3.65)나 신랑신부 입장과 퇴장 시 주의사항(3.50)에 대한 교육적인 요구도가 나타났다. 폐백예절에 대한 교육 요구도에서는 폐백의 의미(3.67)나 폐백을 드릴 때 절하는 순서와 방법(3.67), 폐백절하는 대상과 범위(3.63), 준비해야 할 폐백음식의 종류와 의미(3.60) 등이 3.5 이상의 교육적인 요구가 나타났다. 신혼여행에서 지켜야 할 교육에 대한 요구도는 신혼여행 후 부모님께 인사가기(3.52)에 대한 교육 요구도가 그 외의 신혼여행 교육 요구도보다는 높았다. 한편 가족생활 예절교육에 대한 요구도는 전반적으로 높게 나타났다. 특히 혼인 후 부모님의 첫 생신이나 첫 명절을 맞이할 때 지켜야 할 예절(3.83)이나 배우자 부모님과 가족에 대한 호칭(3.80), 가정의 경조사가 있을 때 지켜야 할 예절(3.75) 등에 관한 교육 요구도가 높았다. 이는 서로 다른 배경 속에서 성장한 남녀가 결혼을 통해 생활적응을 해나가야 하는 상황에서 지켜야 할 예의를 바로 알고 지키지 못했을 때 겪을 어려움에 대해 대처할 수 있는 교육의 필요성을 나타낸 바라 하겠다.

### 3. 혼인준비자들의 일반적 사항별 혼례예절교육 요구도

혼인준비자들의 연령, 성별, 직업에 따른 혼례예절교육 요구도의 차이는 상견례의 경우 연령별로는 교육적 요구의 차이를 보이지 않았으나, 성별($P<.01$), 직업별($P<.05$)로는 차이를 보였다. 즉 여성(3.74)이 남성(3.52)보다 교육 요구도가 높았으며, 전문직 종사자(3.89)가 회사원(3.51)이나 서비스직 종사자(3.67)보다는 상대적으로 교육 요구도가 높았다.

한편 함에 대한 교육 요구도는 성별($P<.05$)에 따라서만 차이를 보였다. 즉 여성(3.63)이 남성(3.31)보다 교육 요구도가 높았다. 예단에 대한 교육 요구도는 연령이나 성, 직업별로 차이가 나타나지 않았다. 예물과 예단 주고받기를 할 것인지에 대한 선행연구(Ju, 2010) 결과에서도 여성이 남성보다 행하고자 하는 수준은 높게 나타났으나, 통계적인 유의미한 차이를 보이지 않아, 본 연구와 유사한 결과를 보

였다. 이에 대한 추후 연구와 분석이 필요할 것으로 보인다. 예식 시 태도에 대한 교육 요구도는 성별($P<.01$), 직업별($P<.05$)로 차이가 나타났다. 여성(3.56)이 남성(3.36)보다 교육 요구도가 높았으며, 전문직(3.75)이 가장 높았고, 회사원(3.33)이 다른 직업군보다 상대적으로 교육 요구도가 낮게 나타났다.

폐백에 대한 교육 요구도는 연령($P<.05$)에 따라 차이가 나타나, 20대(3.73)가 30대(3.53)보다 상대적으로 교육 요구도가 높았다. 신혼여행에 대한 교육 요구도는 연령, 성별, 직업별 차이를 보이지 않았으며, 가족생활예절 교육 요구도는 성별($P<.01$)에 따라서만 차이를 보였다. 즉 여성(3.73)이 남성(3.60)보다 교육 요구도가 높았다. 전체적인 혼례예절교육 요구도 연령에 따라서는 차이가 나타나지 않았으며, 성별($P<.05$)이나 직업별($P<.05$)로 차이를 보였다.

위의 결과들을 볼 때 남성보다는 여성의 경우, 직업별로는 전문직 종사자일 경우, 혼례예절교육에 대한 요구도가 전반적으로 높은 경향을 보이는 것을 알 수 있었다. 혼례예절교육 요구도의 교육내용별 상관관계를 보면 상견례의 경우는 가족생활예절(.535), 신혼여행(.492), 예식 시 태도(.404)와 상관관계가 높았으며, 함에 대한 교육 요구는 폐백(.659), 예단(.656)과 상관관계가 높았다. 예단에 대한 교육요구는 폐백(.634)과 관련성이 높았으며, 예식 시 태도에 대한 교육요구는 폐백(.485)과 관련성이 높게 나타났다. 신혼여행 예절교육 요구는 가족생활예절(.704)과의 상관성이 가장 높게 나타났다. 따라서 혼례예절교육 프로그램을 구성할 때에 관련성이 높은 영역을 범주화하여 교육차시별로 고려하여 내용을 구안할 수 있을 것으로 보인다.

## V. 결론

본 연구에서는 결론적으로 현재 시행되는 혼인준비 교육 중에 혼례예절교육을 포함한 새로운 혼인준비교육 프로그램을 구안할 수 있도록 이에 필요한 기초자료를 제공하고자 한다. 지금까지 선행연구(Yoo, Oh, & Lee, 1995; Park & Kim, 1997; Oh, 2001; Paek, Seo & Shin, 2003; Sohn, Kim, 2005;Kang, 2008; Park & Lim, 2009)에서 살펴본 혼인준비교육은 대부분 혼인 후 부부 적응 과정을 돕기 위한 내용들로 구성되어 있었고, 이는 그동안 우리 사회의 바람직한 가정생활 영위를 위해 기여한 바가 크다. 그러나 현행 혼례절차에서 발생하는 문제로 인해 혼인에 이르지 못하는 경우도 있고, 또한 혼인은 했어도 원만한 가정생활을 영위하지 못하는 경우도 나타나고 있다. 이렇듯 혼례절차에서 발생하는 문제해결을 위해서는 혼인준비 교육에서도 혼례관행이나 예법교육이 포함될 필요가 있다고 사료된다. 현행 혼례에서는 전통과 현대적 모습이 혼재하며, 예법에 따르는 관행이 중요하게 작용하는 것도 사실이기 때문이다. 그러므로 본 연구결과를 근거로 하여 혼인 후 부부 적응을 중심으로 진행되고 있는 현행 혼인준비교육을 보완하며, 혼례절차에서의 문제해결을 위한 혼례예절교육을 추가하여 시행할 수 있는 방안을 제안해보고자 한다.

첫째, 혼인준비를 위한 교육프로그램의 중요성을 확인(중요하다 79.67%)할 수 있었고, 무료교육(61.30%)으로 전문가(78.61%)로부터 교육받고자 하는 요구 등을 수렴하여 프로그램운영 시 반영할 필요가 있다고 사료된다. 교육이 이루어진다면 결혼 전 3개월 이전에 주말이나 평일저녁을 이용하여 혼인준비 전문교육기관이나 건강가정지원센터를 중심으로 교육을 계획 해 볼 수 있을 것이라 본다. 그 예로 각 건강가정지원센터에서 혼인준비자들의 교육을 위해서는 혼인준비자들의 자발적인 참여를 독려할 뿐만 아니라, 웨딩컨설팅 업체와의 연계를 통하여 센터와 업체 간의 관학으로 이루어지는 교육지원 형식의 새로운 방향을 모색한다면 보다 실효성 있고 확산적인 교육이 이루어질 것이라 본다.

둘째, 혼인준비를 위한 교육은 부부 적응 교육이 대부분을 차지하고 있는 현행 프로그램 내용 중에 혼례예절교육 내용을 현실에 맞게 추가하는 방안이 필요하다고 본다. 구체적으로는 본 연구결과에서 나타났듯이 예단 주고받기, 가족생활 예절교육, 상견례 예절, 폐백예절, 함 주고받는 예절 등의 전통적인 절차에 대한 이해를 도모하는 내용이 포함되어야 할 것이다. 더불어 현행 혼례에서 필요한 절차와 방법 등이 추가되고, 준비과정에서 발생할 수 있는 혼인당사자와 양가 혼주의 견해차이나 갈등 해소방법 등과 관련된 내용도 교육이 된다면, 혼인 준비과정이 보다 원활하게 이루어질 수 있을 것으로 보며, 혼인당사자들에게 실제적인 도움이 될 것으로 예상된다. 그리고 혼인준비과정에서의 갈등으로 인한 파혼도 감소시키는 데에 기여하게 될 것이다.

셋째, 혼인준비를 위한 혼례예절교육 요구에 대한 세부내용 중에는 전통혼례절차에서 요구되었던 예단, 함, 폐백 등에 대한 의미와 가치에 대해 올바르게 인식할 수 있는 교육이 강조되어야 할 것으로 본다. 혼례절차나 예법, 형식 등이 왜 필요한지에 대한 의미를 인식하고 혼례에 임하는 것이 필요하다고 보나, 현행 혼인준비과정에서는 웨딩업체에서 권하는 대로 하거나, 관행으로만 알고 대처하여 의미도 파악하지 못한 채 혼례를 치루는 경우도 있으므로, 앞으로 한국혼례문화의 발전적인 계승차원에서 볼 때도 교육내용의 재고가 필요하다.

넷째, 혼인준비를 위한 혼례예절교육 요구도는 남성(3.45)보다는 여성이 높은 요구도(3.66)를 나타내고 있고, 일반 회사원(3.48)보다는 전문직(3.77)일 경우가 높은 요구도를 나타내고 있음을 감안하여 교육프로그램 계획시 반영할 필요가 있다. 남성의 경우는 그 필요성이나 교육적 요구가 상대적으로 여성보다 낮아, 이에 대한 의미나 가치를 재인식할 수 있도록 남성들을 위한 별도의 프로그램 구안도 필요하다고 판단된다.

다섯째, 혼례예절교육 프로그램을 계획 시, 교육내용 요구도의 상관성을 고려하여 1차시는 상견례, 함, 예단을 중심으로 구성하고, 2차시는 예식 시의 태도, 폐백, 가족생활 예절교육 중심의 프로그램으로 범주를 구분하여 교육 안을 마련하는 것이 필요하다고 사료된다. 혼인준비자들은 2~3회 정도의 교육프로그램을 희망하고 있으므로, 혼인예절교육 프로그램을 범주화하여 계획하는 것을 제안하고자 한다.

본 연구는 조사대상인 혼인준비자의 일부를 대상으로 연구된 것이고 심도 있는 분석이 되지 못한 제한점이 있고, 연구결과의 확대해석에도 한계가 있으나, 후속연구를 통해서 보완되고 발전되기를 기대한다. 후속연구에서는 혼례예절교육을 포함하는 혼인준비교육 프로그램을 구안하여, 시행한 후 그 효과성을 검증하는 연구가 이루어져야 할 것이다. 또한 혼인준비를 하는 당사자를 위한 교육뿐만 아니라, 자녀의 혼인을 준비하는 혼주가 되는 부모들을 대상으로 시행할 수 있는 자녀혼인준비를 위한 혼례예절교육 요구도 조사를 비롯하여 '자녀 혼인준비를 위한 혼례예절교육 프로그램 개발'과 시행 후 교육효과성 검증 등도 앞으로 필요한 연구 과제라 사료된다. 또한 혼인준비자들을 대상으로 혼례 준비과정에서의 혼례관행 및 혼례예절 이해도의 차이에 따른 문제와 갈등 경험에 대한 심층적인 사례연구도 진행될 필요가 있다. 그리고 실제 혼인과정에 깊이 관여하고, 혼인준비자들로 하여금 현행 웨딩상품선택을 하도록 영향을 미치는 웨딩업 종사자들을 대상으로 혼례예절교육 요구도와 교육프로그램 개발 연구도 이루어져야 한다.

현재 우리 사회에서 혼례는 다양한 사회현상 및 가치관의 변화 등과 맞물려서 사회문제로까지 확대되는 부분이 있고, 이 문제를 개선하기 위한 사회적 노력도 요청되고 있다. 따라서 건강가정지원센터를 비롯한 혼례와 관련된 각 기관과 웨딩컨설팅업체들의 연계를 통하여 보다 현실적이고 실효성 있는 혼례예절교육 프로그램이 구성, 도입되고, 정책적으로도 지원되어 교육이 시행되기를 바란다. 앞으로 이를 통하여 혼례예절에 관한 인식이 개선되고 해당 지식이 축적되어 그 효과가 확산된다면, 물질만능의 의식이 저변에서 작용하여 나타나고 있는 현 혼례문화의 문제점을 해결하기 위한 사회운동이나 공익적인 제도 등 다양한 노력과 더불어 교육적인 노력을 시도하는 기반이 마련될 것이며, 생활문화의 발전적인 면에도 기여할 것으로 사료된다.

## < 참고문헌 >


Byun, Y.(2008). *Effect of the marriage preparational education for early married couples*. Unpublished master dissertation. Chongshin University, Seoul.

Cho, C.(2008). The understand and utilization about Korean wedding ceremony, *Cultural Properites, 5*,291-326.

Cho, G.(2004). *A study on underlying philosophy of the traditional marriage ceremony*. Unpublished master dissertation. Sungkyunkwan University, Seoul.

Cho, H.(2008). Research on the norm and the reality for marriage in Cho-Sun Dynasty. *Journal of Family Relations, 13*(1), 29-47.

Gwon, B.(2007). *A research on the wedding ceremony according to Li Jae's "Saryebyoenram"*. Unpublished master's dissertation. Sungkyunkwan University, Seoul.

Hong, N. & Lee, E. & Park, S.(2001). A study on the changes of the Korean wedding culture in 20th century. *Journal of the Korean Home Economics Association, 40*(11), 141-156.

Hwang, K.(1994). *A study on the transition about wedding ceremony*. Unpublished doctoral dissertation. Sungshin Women's University, Seoul.

Jeong, M. (1996). A study on the development of premarital relationship enrichment program, Dept. of Home Management, Ulsan University, Ulsan.

Jeong, Y. & Kweon, S. & Jang, H.(2001). The perception and its practice on marriage ceremony of university students and their mothers in Chungbuk area. *Korean Journal of Human Ecology, 10*(2), 165-178.

Ju, Y.(2010). A research on perceptions of the wedding ceremony of unmarried people for the succession of Korean traditional wedding culture. *Korean Family Resource Management Association, 14*(1), 57-71.

Jung, M & Kim, D.(2001). Constructing premarital relationship enrichment program and investigating its effects, *Journal of Korean Home Management Association, 19*(4), 69-83.

Kang, J.(2001). *Transition of Korean society and marriage customs*. Unpublished master dissertation, Ewha Women's University, Seoul.

Kang, Y.(2008), *A qualitative study on the experience of participating in pre-marital program for preliminary couples*. Unpublished master dissertation, Soongsil University, Seoul.

Kim, D.(1997). *An Introduction to Practice etiquette*, kyomunsa, Seoul.

Kim, I.(2008). The study on consciousness and attitude about wedding ceremony of wedding vender. *Korean Journal of Human Ecology, 17*(6), 1191-1195.

Kim, M. & Yoon, H.(2007). Recognition of the university students in Seoul of the passage rites and food-one hundredth birthday and the first birthday rites and wedding ceremony. *Korean Journal of food cookery science, 23*(1), 140-149.

Kim, S.(2006). *The reality of the conventional wedding outfit reflected in the modern wedding outfit*. Unpublished master dissertation. Sungshin Women's University,Seoul.

Kim, S.(2009). The principal and meaning of Korea traditional etiquette. *MunMyoungYeonJi 9*(2), 165-197.

Kim, H.(1990). A development of premarital education program model for adults, Department of education Graduate School, Ewha Women's University,Seoul.

Lee, H.(2002). The philosophy meaning of Korean wedding ceremony. *Confucianism research, 17*, 83-103.

Lee, H.(2012). *A study on the wedding culture in Gyeongbuk Province*. Unpublished doctoral dissertation, Sungshin Women's University, Seoul. Lee, Y. & Seo, B. (1999). An analysis of consciousness toward wedding ritual : A Comparison of the Young and Old Generation. *Journal of the Korean Home Economics Association, 37*(4), 111-124.

Lee, J.(1998). *A study on the undergraduate's awareness of Korean traditional wedding ceremony*. Unpublished master dissertation. Sungshin Women's University, Seoul.

Lee, J.(2007). *A study on the effect of pre-marital education program on the basis of influencing mutual communication*. Unpublished master dissertation. Soongshil University, Seoul.

Lee, K.(1982). *(The) Structure of the consciousness of the Korean reflected in the domestic courtesy and ritual : centering on the wedding ceremony and ancestral service.* Unpublished doctoral dissertation. Korea University, Seoul.

Lee, K. & Ju, Y.(1994). A study on wedding ceremony in Chosun dynasty. *Journal of Living Culture Research, 8,* 217-231.

Lee, K.(1997). Korean wedding culture. *Korean Journal of dietary culture, 12*(2), 203-206.

Lee, K.(1999). A study on the change of ceremonies of marriage and ancestor worship since liberation in Korea. *Korean journal of family social work, 4,* 153-187.

Lee, N.(2005). The continuation and change of Korean marriage -to reexamine traditional marriage spirits in a modern way-. Unpublished master dissertation. Sungkyunkwan University, Seoul.

Lee, S.(1993). *A study on the recognition and behavior of wedding ceremony.* Unpublished master dissertation. Sungshin Women's University, Seoul.

Lefevre, Holly(2009). *The everything wedding etiquette book,* Adams Media Corporation.

Lim, G.(2009). *A courtesy-learning based study on Korean traditional wedding.* Unpublished master dissertation. Sungkyunkwan University, Seoul.

Oh, Y.(2001). The development and evaluation of the premarital education program based on the andragogical approach. *Journal of Family Relations, 6*(1), 109-135.

Paek, J. & Seo, S & Shin, S.(2003). Development of the marriage preparation program for premarital couples. *Journal of Family Relations, 8*(1), 1-27.

Park, C.(2010). School of marriage preparation, *Educational Church, 393,* 27-32.

Park, D.(2007). *A study on the maintenance and the changes of wedding culture in Cheongun town.* Unpublished master dissertation. Andong National University, Andong.

Park, J. & Lim, S.(2009). A study on the development of "Premarital Education Programs for Marriage"expectant couple, *Journal of Home Management, 27*(2), 29-43.

Park, M. & Kim, D.(1997). Marriage preparation program for premarital couples. *Journal of the Korean Home Economics Association, 35*(4), 47-77.

Park, H.(1988). A study on the Korean traditional marriage rites, Unpublished doctoral dissertation,Korea University, Seoul.

Seo, S.(2001). The wedding custom of Korea : Problems and Ways for Improvement. *Yehak*, 6, 113-128.

Sohn, J. & Kim, J.(2005). A study on the development, implementation and evaluation of premarital education program for singles. *Journal of Family Relations, 10*(3), 219-236.

Yoo, Y. & Oh, Y. & Lee, J.(1995). A study on the premarital education program for the strong family, *Journal of Kyung Hee University, 24*, 147-171.

http://www.chosun.com

http://donga.com

http://www.ehow.com/wedding-etiquette

http://www.elegala.com/go

http://www.kostat.go.kr

http://terms.naver.com

http://wedding-etiquette.net

http://yeongnam.com

# 돌 의례에 관한 연구*

주영애

## Ⅰ. 서론

### 1. 연구의 의의 및 목적

출생, 백일, 돌을 비롯하여 관·혼·상·제례 등의 가정의례는 가정적으로는 개별 가정생활문화를 전달하고 가족원의 결속을 강화시키는 한편, 사회적으로는 그 사회의 생활문화를 전달하는 기능을 갖고 있다(주영애, 2011). 오늘날 보편적으로 지켜오고 있는 의례는 돌 의례라 할 수 있는데, 관혼상제의 가정의례보다 돌 의례에 대한 학계의 관심과 연구는 많은 주목을 받아오지 못했다.

최근에 우리나라는 사회 전반적으로 자녀출산을 기피하는 현상이 만연하면서 출산율이 점차 감소하여, '한 가정 한 자녀'인 '외동이'

---

* 본 논문은 2014년 『한국가족자원경영학회』의 「한국가족자원경영학회지」 18권1호에 실린 "돌 의례에 대한 어머니들의 인식과 지식, 돌 의례 상품 선택에 관한 연구"의 일부임.

시대로 변화해가고 있다. 그러나 자녀를 남다르게 키우고자 하는 부모의 열망은 그 어느 때보다도 높고, 따라서 자녀의 돌 의례는 가정생활 주기상 형성기에 이루어지는 의미 있는 가정의례로 지켜지고 있기 때문에 돌 의례 문화의 변화 현상을 살펴볼 필요가 있다. 사회적으로는 부모들이 자녀에 대해 갖고 있는 열망을 마치 부축이듯이 영유아를 고객으로 보는 시장의 성장을 유도하여, 골드 키즈(Gold Kids)라는 신조어가 생기나기도 하였다. 이러한 시점에서 돌 의례에 대한 연구는 시의적 연구라 사료된다. 과거에 돌은 집안에서 이루어지던 의례의 하나였으나, 현대에 이르러서는 여성의 사회 활동이 증가하고 가사노동이 감소함에 따라서, 점차 가정에서 진행하던 형식은 축소되고, 백일잔치, 돌잔치, 어르신들의 생신잔치까지도 음식점에서 해결하는 것을 당연하게 여기고(손상희, 2006) 있다. 또한 실제 돌 의례 구성과 내용이 다양해지고 있으며, 돌상의 종류, 돌잡이의 진행방식, 하객을 위한 이벤트 등도 첨가되는 등 변화가 계속 되고 있다(임종송, 2010; 박상현, 2010). 자녀를 위해 최고의 돌잔치를 해주고 싶은 부모의 뜻은 돌 의례의 고급화를 불러일으키고 있는데, 한편 지나친 허례라고 사회적으로 지탄이 되기도 한다. 그러한 가운데에서도 가정에서 전통 방식의 돌 의례를 하거나, 오히려 하지 않는 경우도 있고, 다문화 가정 자녀들을 위한 합동 돌 의례(경향신문, 2013. 9. 10.)가 이루어지기도 한다. 각 기관에서 진행하는 다문화가정 돌잔치지원 사업은 이미 널리 확산되고 있다.

돌 의례에 대한 연구는 생활과학 분야에서 시도된 연구(이길표, 1998; 조희진, 1999; 이온표, 2004)와 민속학적 연구(주영하, 2003), 최근 관광경영, 호텔경영분야에서의 연구(김희경, 2005; 김정희,

2009; 임종송, 2010; 박상현, 2010) 몇 편이 이루어졌을 뿐이다. 최근 들어 호텔관광 분야에서의 연구는 가정에서 행해 왔던 돌잔치를 '사회화'된 영역으로 간주하고, 돌잔치 시장과 연계한 이벤트, 돌잔치 장식, 돌잔치 연회 계획 등의 활성화를 지향하는 측면으로 전개되고 있다. 유안진(2001) 교수가 '가정의례의 변화와 21세기의 지향적 모색' 연구에서 밝혔듯이 시대별 변화로 가정의례의 사회화 현상이 두드러지고 있고, 특히 가정의례의 상품화와 상업주의화로 인하여 혼례대행업체의 성행과 제사상 주문배달시대, 장례의 상업화의 지적을 넘어서 돌 의례도 사회화 되어가고 있음을 볼 수 있다.

따라서 본 연구에서는 한국 고유의 돌 의례에 대한 역사와 변화내용을 살펴보고, 설문조사를 통하여 자녀 돌 의례에 대한 어머니들의 일반적인 견해와 돌 의례 전문가에 대한 기대, 돌 의례에 대한 인식과 지식 정도, 돌 의례 구성요소와 돌 의례 상품 선택 등에 관하여 조사해 보고자 한다. 그러므로 변화해 가는 돌 의례 문화를 재고해 봄과 동시에 이를 토대로 현시점에서 점차 사회화 되어가고 있는 돌 의례문화 변화에 관한 시사점을 찾아보고자 한다.

## 2. 연구방법

본 연구는 3가지의 연구문제를 설정하였다. ① 어머니들의 돌 의례 준비에 대한 일반적인 견해와 돌 의례 전문가에 대한 견해는 어떠한가? ② 어머니들의 돌 의례에 대한 인식과 지식은 어떠한가? ③ 어머니들의 돌 의례 구성요소의 중요도와 돌 의례 상품 선택의 중요도는 어떠하며, 어떤 관계가 있는가?

본 연구의 조사도구는 관련 문헌과 자료고찰 후 선행연구(이온표, 2003; 김희경, 2005; 김정희, 2009; 박상현, 2010; 임종송, 2010)를 토대로 본 연구 목적에 맞게 재구성하였다. 2012년 10월 7일~10일까지 의례관련 산업체 실무자 15명을 대상으로 설문내용의 타당성을 점검 후, 수정 보완하여 완성하였다.

조사대상자의 일반적 사항(성별, 연령, 학력, 소득수준, 자녀 수) 5문항과 돌 의례에 대한 인식 8문항, 돌 의례에 대한 지식 5문항, 돌 의례 구성요소(돌상차림, 돌잔치, 돌복, 하객답례품, 돌잔치 공간, 돌잔치 기념사진, 돌잔치 음식, 돌잔치 장소)의 중요도 8문항, 돌잔치 연회장소 선정의 중요도 5문항, 돌잔치 담당직원 서비스의 중요도 6문항, 돌잔치 상품 계약 및 가격중요도 5문항, 돌잔치 하객음식의 중요도 4문항, 돌 의례 준비에 대한 견해 13문항, 돌 의례수행을 위한 전문가 의뢰에 대한 견해 5문항을 포함해서 총 64문항으로 구성하였다. 돌 의례에 대한 인식, 지식, 돌잔치 구성요소 중요도, 돌잔치 연회장소 선정의 중요도, 돌잔치 담당직원 서비스의 중요도, 돌잔치 상품 계약 및 가격 중요도, 돌잔치 하객음식의 중요도 측정 문항은 5점 리커트 척도로 구성하였으며, 각 문항의 신뢰도는 Cronbach's α 0.7 이상으로 나타났다.

조사는 2012년 10월 11일부터 11월 6일까지 자녀의 돌 의례를 준비하는 어머니 총 260명을 대상으로 설문조사를 실시하고, 최종적으로 250부를 분석 자료로 활용하였다. 조사대상은 30대 70%, 대졸 74%, 취업주부가 77.6%였다. 수집된 자료는 spss/win 17.0을 이용하여 빈도분석, F-test 등을 적용하였다.

## II. 이론적 배경

### 1. 돌 의례의 역사와 변화

관혼상제의 가정의례와 더불어 돌 의례는 예로부터 지켜왔던 일생의례 중 중요한 의례였다. 돌은 출생 후 1년간의 생존의 어려움과 질병을 극복하고 잘 성장하였음을 축원해주는 뜻깊은 의례였던 것이다.

돌 의례에 대한 역사는 왕조실록, 고문헌 기록이나, 실증 자료를 토대로 살펴볼 수 있다. 돌에 대한 기록은 중국 남북조(南北朝) 시대 말기의 귀족 안지추(顔之推: 531~591)가 자손을 위하여 저술한 교훈서인 안 씨 가훈에서 찾을 수 있다. 돌은 예로부터 초도일(初度日), 수일(晬日), 주일(周日), 주년(周年) 등으로 일컬어져 왔는데(최배영・최경희・이경란, 2010), 이는 조선왕조실록에도 언급되어 있다. 정조 실록에는 원자의 돌에 돌상을 차리고 돌잡이를 하며, 돌떡을 답례로 신하들에게 돌렸다는 기록이 남아 있다. 이문건의 『양아록』에 손자를 위한 돌 의례를 행했다는 기록도 있는 것으로 보아 궁이나 일반 민가에서도 행해졌을 것이라는 추측을 해 볼 수 있다. 그러나 이 시기에 이미 민간에 보편화되어 널리 행해졌을 것인지에 대한 여부는 단언할 수 없다(조희진, 1999). 조선왕조실록에 기록된 돌 의례를 찾아보면, <표 1>에서 보는 바와 같이 볼 수 있다. 김홍도의 평생도 그림에서는 1700년대의 돌 의례에 대한 일면을 볼 수 있다.

<표 1> 조선왕조실록에 기록된 돌 의례

| | | |
|---|---|---|
| 영조 41권, 12년(1736병진 / 청 건륭(乾隆)1년) 3월 15일(기유) | 이미 돌이 지났으니 기쁜 마음이 갑절이나 간절하며, 시기로 보면 일찍이 책봉하는 것이 더욱 적합하도다. | 顧厥初岐嶷淵凝之非常, 則其長聰明仁孝之可必 |
| 영조 41권, 12년(1736병진 / 청 건륭(乾隆)1년) 3월 16일(경술) | 황조(皇朝)의 구전(舊典)에는 오히려 첫돌이 되기 전에 책봉을 받은 경우가 있었고, 영고(寧考)의 휘규(徽規)에 있어서도 품에서 벗어나자 책봉을 더한 바 있었다 | 皇朝舊典,尙有未晬而受封, 寧考徽規, 亦於免懷而加冊 |
| 숙종 61권, 44년(1718 무술 / 청 강희(康熙)57년) 2월 24일(계묘) | 병인년 5월 21일에 이르러 회현동(會賢洞) 우사(寓舍)에서 탄생하였는데, 어려서부터 빼어나게 슬기롭고 의젓하고 유순하였으며 아직 돌을 지나기 전에 능히 말을 하였다. | 至丙寅五月二十一日, 誕生于會賢洞寓舍。幼而英慧婉順, 未周甲, 已能言語 |
| 정조실록<br>정조대왕<br>행장(行狀) | 백일(百日)이 채 안 되어 서고, 일 년도 못 되어서 걸었으며 말도 배우기 전에 문자(文字)를 보면 금방 좋아라고 하고 또 효자도(孝子圖)·성적도(聖蹟圖) 같은 그림 보기를 좋아했으며 공자처럼 제물 차리는 시늉을 늘 했다. 의복은 화사한 것을 좋아하지 않고 때가 묻고 솔기가 터진 것도 싫어하지 않았으며 노리개 같은 것은 아예 눈에 붙이지를 않았다. 돌이 돌아왔을 때 돌상에 차려진 수많은 노리갯감들은 하나도 거들떠보지 않고 그저 다소곳이 앉아 책만 펴들고 읽었다는 것이다. | 未百日而立, 未周歲而步, 自未語, 見文字則輒有喜色, 喜觀孝子圖、聖蹟圖, 常效夫子設俎豆之儀。衣不御華美, 汙綻而无斁, 玩好之物, 未嘗寓目。流虹之初回也, 晬盤百玩, 一無顧焉, 端坐展書讀之 |
| 순조 30권, 28년(1828무자/청 도광 8년)7월18일(병진) | 대신(大臣)·각신(閣臣)·경재(卿宰)들을 경춘전(景春殿)에서 불러 보았는데, 원손(元孫)이 태어난 돌(初度)이기 때문이었다. 여러 신하들이 둘러서서 원손의 모습을 우러러 보며, 서로 축하하기를, "훌륭한 모습이 보통 사람보다 월등히 빼어났으니, 실로 우리나라 억만년 무한한 터전이 되겠습니다." 하였다. | 丙辰/召見大臣、閣臣、卿宰于景春殿, 以元孫誕辰初度也。諸臣環瞻睿表, 相賀曰: "岐嶷之姿, 逈出尋常, 實吾東億萬無疆之基。" |
| 순조 30권, 28년(1828 무자 / 청 도광(道光)8년) 7월 20일(무오) | 왕세자가 원손의 돌을 기념하는 응제(應製)를 춘당대에서 시행하여, 거수를 한 안윤시(安潤蓍)와 지차(之次)를 한 이공익(李公翼)을 모두 직부 전시하게 하였다. | 戊午/王世子, 行元孫初度應製于春塘臺, 居首安潤蓍, 之次李公翼, 幷直赴殿試。 |

| | | |
|---|---|---|
| 고종 12권, 12년(1875을1년) 2월 8일(병자) 해 / 청 광서(光緖) | "오늘은 세자궁의 돌입니다. 생각건대 성상의 한가득 기쁜 마음과 자성(慈聖)의 기쁨이 참으로 어떠하겠습니까? 경사를 축하하는 아랫사람들의 마음은 지난해보다 더욱 기쁩니다." | "今日卽世子宮初度也。伏想聖心欣滿, 而慈聖嘉悅,尤當何如哉? 下情慶祝, 猶有加於昨年矣 |
| 고종 12권, 12년(1875 을해 / 청 광서(光緖)1년) 2월 8일(병자) | 전교하기를, 오늘이 바로 세자궁의 돌이다. 자성(慈聖)께서 기뻐하시는 뜻을 본 받아 기쁨을 표시하는 일이 있어야 할 것이며, 온 나라가 경사를 함께하는 날이니 수선(首善: 성균관)에 뜻을 보여주는 조치가 없어서는 안 되겠다. 내일 응제(應製)는 방외(方外)를 통틀어 보이고 춘당대(春塘臺)에 친림(親臨)하는 것으로 마련(磨鍊)하라." | 敎曰: "今日卽世子宮初度也。仰體慈聖嘉悅之意, 宜有飾喜。而擧國同慶之日, 不可無示意於首善之地。"明日應製, 通方外爲之。春塘臺親臨磨鍊。" |
| 고종 12권, 12년(1875을해 / 청 광서(光緖)1년) 2월 12일(경진) | 돌이 이미 지나갔으니 경으로서도 간절한 심정은 다른 사람보다 곱절 더할 것이고 세자로 책례(冊禮)를 거행하는 날도 가까워졌으니, 온 나라가 함께 기뻐하는 이때에 절하게 기다리는 나나 우러러 축원하는 경의 마음은 또한 어떠하겠는가? | 初度已過, 在卿延頸之忱, 自倍餘人, 而冊禮涓吉, 又載邇。値此擧國同慶之會, 予之凝竚翹誦, 卿之愛戴蘄祝, 尤當如何? |

1930년대, 40년대에 이르러서도 민간에서 돌 의례를 해준 예는 흔하지 않았고, 산업화가 가속화되던 1970년대에도 집안형편이 여의치 않을 경우 잔치를 하지 않았으며, 조금 형편이 나은 집안에서는 사진을 찍는 것으로 대신한 예도 있다(조희진, 1999). 『한국민속대관』권1에서 현재 조사 보고된 바에 의하면 돌잔치 풍속은 경제적 이유에 따라 행하여지지 아니하는 곳도 많으며, 돌잔치를 한다 하더라도 서울·경기지방과 같이 의미 있게 행하지 아니하는 곳도 있다고 하여 첫돌 의례가 모든 가정에서 치러졌다고 추론할 수 없음이 지적되기도 하였다(조희진, 1999). 유안진(1986)은 과거 의학이 발달하지 못한 시기에는 영아사망률이 높았기 때문에 일정한 성장 발육 과정에서 있을 수 있는 위험 고비를 무사히 넘긴 아기에게 적절한 아기 행사로서

축하의 잔치를 마련해 주곤 했는데, 그것이 곧 삼칠일, 백일, 돌과 같은 것이었다고 하였고, 돌 의례는 세월이 지나면서 이것이 습성화된 것이라고 보았다. 돌 의례가 오늘날과 같이 정착된 시기는 분명히 말할 수는 없지만, 영아사망률이 높은 연유에서부터 행해졌을 것이라는 주장은 의미가 있다고 본다. 다만 오늘날에는 영아사망률이 줄어들었지만, 통과의례로 돌잔치에 대해 의미를 부여하면서 하고자 하는 경향을 볼 수 있으므로, 이에 대한 인식 및 형식변화, 의례의 사회화현상 등을 또 다른 각도에서 분석해 볼 필요가 있다.

신문기사에 나타난 돌잔치에 대한 기록에서 다음과 같은 글을 찾을 수 있었다. '소련 속의 고려인을 찾아서'라는 동아일보(1989. 10. 13. 17면) 기사이다. 고려인들의 생활풍속에서는 백일과 돌잔치, 환갑잔치가 가장 큰 잔치로 여겨지고 있다고 하였다. "백일 · 돌잔치의 경우 금반지나 은수저 대신 현금기부가 행해지고 있었다. 돌잔치 때는 돌상을 차려놓고 돌잡이로 '무슨 물건을 맨 처음 집는가'를 알아보는 풍습도 이어지고 있다는 것이다. 모스크바에서 만난 蘇 인민대표회의 대의원 조발리시 이바노비치 씨(38)는 우리말은 거의 못하면서도 '환갑 · 백일 · 돌잔치는 꼭 지킨다.'고 했다"라는 기록도 돌 의례의 전승을 엿볼 수 있다.

민하영과 유안진(2004)은 전통적인 출생의례와 아기행사가 1960년대를 거쳐 1990년대에 이르기까지 내용상 변화에도 불구하고 구조적 측면에서 상당히 안정적으로 전승되고 있다고 하였으며, 한국과 미국, 홍콩의 출생의례와 아기 행사 풍속의 문화 간 비교를 통해서 밝힌 바, 첫 생일날 돌잡이를 하거나 돌 음식을 이웃에 돌리는 것은 홍콩과 미국에서는 찾아보기 어려운 한국적 관습이며, 첫돌 선물로 돈이나 금, 저금통장 등 금전적인 선물을 받는 것은 한국에서 보편적으로 나타나는 문화적 특성임을 제시하였다.

따라서 오늘날 돌 의례는 한국의 문화적 특성을 반영하고 있고, 현대의 라이프 스타일 등 사회문화적 요인의 변화와 맞물려 나타나고 있는 생활문화이다. 2000년을 전후하여 돌이벤트 업체가 등장하면서 가정의례인 '돌'이 가족이벤트의 형식으로 회자되고, 사회의 다양한 외적 변화요인의 영향으로 이른바 '돌이벤트'가 빠르게 확산되고 있다. 돌잔치는 한국의 관습적인 문화적 특성을 반영하면서도 새로운 형태로 형성되고 있다. 따라서 오늘날 돌 의례는 아기를 위한 의례이며, 가족과 친지, 부모의 직장동료들과의 새로운 유대관계를 돈독히 하고자 하는 가족행사로 자리매김 되고 있고, 더욱이 돌잔치 또는 돌이벤트업체라 불리는 업체를 중심으로 점차 사회화, 상품화, 다양화, 고급화되고 있다.

## 2. 돌 의례의 구성요

### 1) 돌복

예로부터 아기는 출생 후, 배내저고리, 두렁이, 바지, 저고리 등을 입고 성장하나, 돌이 되면, 색동옷을 입고, 돌맞이를 했다. 이광수의 『芝峯類設』 조선 권 17 人事部에 돌이 되면 새 옷을 입히는 풍속이 있었음을 알 수 있다. 색동으로 만들어지는 돌복은 화려하고 아름다운 색상으로 액을 피하려는 뜻과 동시에 아기의 색감발달에 도움을 주기 위함이기도 하였으며, 천 조각을 색동으로 모아 바느질하여 만듦으로써 아기의 무병장수를 기원하는 의미와 더불어 천의 재활용적인 의미도 담겨 있었다. 남아의 경우는 보라색이나 회색 풍차바지에 분홍 또는 색동저고리에 남색조끼, 색동마고자를 입고, 그 위에 색동두루마기(일명 까치두루마기라고도 함) 또는 오방장을 입고, 그 위에 전복을 입고 홍사대를 두룬 후 복건이나 호건을 쓴다. 그리고 타래버선을 신고 염낭을 차게 한다. 여아의 경우는 빨강치마에 노랑저고리를, 그리고 그 위에 색동두루마기를 입고, 쓰개와 돌띠를 하고, 타래버선을 신는다. 1970년대의 『한국민속 종합보고서』의 수집 사례에서는 돌복도 지역적 · 가정적 · 개인적 요인들이 작용했었음을 알 수 있는데, 뚜렷한 기준이 마련되지 않은 상태이나 '저고리와 바지', '저고리와 치마'라는 기본복식에 다양한 복식과 장식들이 부가되고, 변형되어 형성된 것으로 보인다(조희진, 1999)는 지적도 있다.

또한 시대별로 돌복 착용의 변화 양상도 볼 수 있는데 1960년대에는 대부분 집에서 제작하였으며, 일부 구입을 하였지만, 1970년대 이후 돌복을 사서 입히는 것이 보편화되었음을 볼 수 있다. 이는 기성복 생산의 보편화와도 관련되어 있다. 1973년 매일경제신문(1973. 9. 25, 8면) 사회면 기사에는 돌복 구매를 비롯한 각종 아동복 구매에 관한 비용과 구매 장소 등이 명기되기도 하였다. 한편 아기 돌복 대여(경향신문, 1984. 1. 4. 7면, 생활문화)도 등장하기 시작하였다. 최근에는 돌복으로 여아의 드레스와 남아의 정장차림도 널리 활용되고 있다. 돌복 한 벌에 40만 원을 하지만, 돌잔치와 사진촬영 때 입힐 고급스런 드레스와 정장을 만들어달라고 주문하는 고객이 많아 특별히 돌복을 제작하는 경우(한국경제, 2003. 10. 7.)도 있어, 변화하고 있는 돌복 착용의 일면을 볼 수 있다.

### 2) 돌상과 돌잡이

대부분 돌에는 아기에게 돌상을 차려주고, 돌잡이를 하며, 하객들을 초대하여 축하연을 베푼다. 돌상의 형태는 소원반을 쓰고, 이와 같은 크기의 붉은 칠을 한 상은 궁정 예식용 요리상에 사용되었고 하며, 돌잔치 상을 돌상 또는 回床이라고 부른다(안호숙, 2004). 돌상에는 일반적으로 백설기와 수수경단, 무명실, 국수, 쌀, 돈, 대추, 종이, 붓, 책 등을 올려놓는다. 그리고 남아 돌상에는 활과 화살을, 여아 돌상에는 자, 실 등을 올려놓는다, 백설기는 아기의 신성함과 정결하기를 기원하고, 장수의 의미도 포함되어 있다. 또한 수수경단은 액을 물리친다는 의미를, 인절미는 끈기 있고 마음이 단단하라는 뜻으로, 송편은 속이 차고, 영리하라는 뜻으로, 오색 떡은 아기의 꿈이 오색찬란하게 이루어지기를 기원하는 뜻으로 차려주었고, 과거 궁중에서는 민가에서와는 다르게 미나리 한 다발을 홍실로 묶어 놓기도 하였다(이길표, 1998). 이러한 돌상차림은 무병장수, 자손번성, 학문의 뛰어남을 기원하는 의미를 담고 있으며, 특히 남아에게는 용감과 무예 익히기를 기원하기, 여아에게는 바느질에 능하기를 담고 있다. 돌상에 대한 신문기록을 보면, 동아일보(1938. 3. 19. 3면)에 조자호 씨의 글이 보인다.

> ‘남아돌상 - 큰 팔모판이나 보통 모판에 다음에 말슴하는 여러 가지를 차려서 교자상 같은데 올려노코 어린애는 방석우에 무명 한 필 까러 안칩니다. 쌀, 돈, 천자문, 활, 활살, 핵간지, 색두루마기, 색붓, 국수, 대초, 무명실과 명주실, 먹, 떡, 이상 여러 가지를 그림에 보이는 대로 위치를 노십시오.
> 여아돌상 - 여아돌상도 남아돌상과 같은데 그중에 천자와 활이 없

고 반절자, 가위자가 노입니다. 그리고 아침상은 내일 말씀할 생일차림과 같은데, 곰국만 빼고 미역국입니다. 점심상도 점잔은 손니을 청해서 잘 차리려면 어른생일차림과 거이 같게 차립니다. 떡가지 수효는 보통으로 보면 다음과 같습니다. 힌무리, 콩버무리, 콩찰떡, 수수경단, 찰경단, 송편, 꿀떡, 팟게피해서 찰떡, 메떡, 녹두게피한 찰떡과 메떡을 합니다. 이 중에서 몇가지 빠져도 조흐나 가지수를 짝맞게는 아니하는 법입니다.'

돌잡이는 조선민속학회의 『朝鮮民俗(1940년)』에 기록된 바,

"… 이 날은 돌잡힌다고 하여 처음 탄생일을 축하한다. 아이를 座布團이나 綿布一匹을 접어 앉힌다. 그리고 남아 같으면 쌀, 활, 책(천자문), 붓, 卷紙(두루마기), 絲, 麵, 芹, 돈 등을 올려놓으며, 이때 떡을 함께 놓는다. 여아 같으면 쌀, 反切筆, 먹, 종이, 絲, 麵類, 芹, 錢, 尺, 鋏, 斗, 針, 色이 있는 떡 등을 올려놓는다. 아이로 하여금 마음대로 잡게 하여 먼저 잡는 것과 다음 잡는 것을 가장 중하게 여긴다."

고 한 바 있다.(조선민속학회, 1940, 안호숙, 2004 재인용) 1964년도 동아일보에 제시된 '남성코너'의 기고에는 아들의 돌잔치를 준비하는 부부의 심정을 보여준 글이 있다. 돌상을 차려야 하고, 돌복, 돌사진 찍기 등의 의례를 준비해온 당시의 생활상을 엿볼 수 있으며, 당시 보편적으로 아기의 돌 의례가 치러져 왔음을 보여주는 바이다. 1984년 매일경제신문(1984. 5. 30. 9면, 사회)에는 뿌리내리는 연회행업 기사가 실려, 돌, 약혼식 등 각종 모임의 접대를 일괄준비 해주는 전문 업체와 단체가 늘어나고 있다는 생활상을 보여주었다. 돌상과 돌잡이의 관습은 지금까지 이어지고 있는데, 이에 관한 많은 연구를 찾기는 힘드나, 1999년의 재미 한인 주부를 대상으로 한국의례음식과 상차림에 관한 연구(심영자 · 김정선 · 전희정, 1999)에서는

30대, 40대의 대졸이상의 학력을 가진 주부들의 경우 돌상차림(백설기, 수수팥떡, 쌀, 국수, 과실, 종이, 붓과 먹, 실, 활 돈 등)에 대한 이해도가 다른 집단에 비해 높게 나타난 바도 있다.

### 3. 돌 의례 관련 선행연구

돌 의례의 역사(조희진, 1999)를 보면, 돌의 기원은 짐작할 수 없을 만큼 오래된 것으로 보이며, 영아사망률이 의례수행의 절대적 요건이라고 할 수는 없으나 일정부분 영향을 미친 요소로 볼 수 있다. 또한 돌복은 지역적·가정적·개인적 요인이 작용하고 있음을 볼 수 있다. 돌복식은 의례의 변화 과정 및 그에 대한 인식의 전환에 의해 달라지고, 시대적 조류에 맞는 복식요소로 교체된 움직임이 뚜렷하게 나타난다. 한편 돌 의례에 대한 실태조사 연구(이온표, 2003)에서는 돌잔치는 필요한 의례라고 인식하고 있으나, 돌잔치보다는 돌잡히기의 필요성이 높게 나타났다. 이는 돌잔치라는 외형적인 행사보다 돌잡히기라는 가족적 의례를 중요시하고 있는 의식을 드러낸 것이다. 돌맞이에 대한 이해는 주로 어머니의 변인과 관계가 깊다. 주영하(2003)의 연구에서는 돌잔치를 하는 부모 사례를 중심으로 기술했는데, 1960년대까지 돌 선물은 쌀과 실타래였지만, 금반지와 옷으로 변했고, 1980년대에는 반지, 팔찌, 현금, 옷이 주류를 이루어 한국사회가 보여준 가치재(valuables)에 대한 인식변화를 설명해준다고 하였다. 1980년대 이후 돌이 백일보다 중요시 되고 있으나 백설기 인절미 수수팥떡을 마련하는 일은 시대와 관계없이 지켜지고 있다고 하였다. 돌잔치는 토요일이나 일요일에 하는 경향이 뚜렷해졌으며, 뷔페식당이 돌잔치를 하는 가장 일반적인 장소가 되었다고 하였다. 박상현(2010)은 돌잔치 선택속성을 조사한 결과, 전반적으로 중요도가 높게 나타나므로 앞으로 돌잔치 업계에서는 관리, 홍보 마케팅, 고객 상담 등을 고려할 것을 제안하였다. 더불어 첫째 아이의 돌잔치나 아들의 돌잔치의 선택에 대해 좀 더 소비자들이 주의를 기울이므로, 이에 대한 많은 관심을 기울여야 한다고 강조하였다. 한편 임종송(2010) 연구에서는 가족파티로서의 돌이벤트가 새로운 발전 가능성이 예상된다고 보고, 이를 중심으로 한 파티문화 활성화를 기대하였다. 또한 돌이벤트 진행방식의 추세는 가족위주의 소규모 행사로 돌잔치의 형태가 변화하여도 흥미와 오락성은 포함되어야 하며, 돌잔치 제공음식은 상설 뷔페를 선호하는 바가 전 연령 집단에서 모두 높게 나타났으나, 넓은 뷔페 홀을 공동으로 사용하는 것에 대해서는 매우 낮은 선호도를 보였다. 행사장소의 넓은 주차공간에 대한 선호는 가장 높게 나타났다.

위의 연구들을 종합해 보면, 돌 의례에 대한 용어도 '돌잔치', '돌이벤트', '돌맞이', '돌 파티' 등 다양하게 사용하고 있어, 연구자의 학문적 관점에 따라 용어의 재정의가 필요함을 볼 수 있었다. 그리고 앞으로 돌 의례는 지속적으로 이루어질 것이며, 돌 의례의 사회화 현상도 지속될 것으로 예상된다. 지나친 상업주의에 대한 지양, 사회변화에 따른 트렌드파악, 돌 의례에 수반되는 제반사항 파악이 필요함을 알 수 있다.

## Ⅲ. 결과 및 분석

### 1. 돌 의례 준비에 대한 일반적인 견해

돌 의례 주관경험은 있는 어머니들이 66.0%였다. 돌 의례 희망 장소로는 돌 의례 전문뷔페(61.2%)를 가장 선호하고 있었고, 호텔연회장(22.0%), 가정에서 직접상차림(8.0%)을 원하는 순으로 나타나, 선행연구(조희진・박찬옥, 2010; 임종송, 2010; 박상현, 2010)와 유사한 결과를 보였다. 돌잡이 물건은 집에 있는 물건(39.3%)으로 하거나, 인터넷을 통해서 구입(28.6%), 또는 돌 의례 전문 업체에서 대여(21.4%)하여 준비하는 것을 선호하여 선행연구(임종송, 2010)와도 유사한 경향을 보였다. 돌 의례 손님초대 범위로는 가족, 친척, 친구, 직장동료(49.2%)의 범위까지 초대하고자 하는 경우가 가장 많았다. 주영하(2003)는 도시화를 통해서 공간적으로 분산된 친척집단은 오히려 백일잔치와 돌잔치를 통해서 실질적인 접촉의 기회를 강화한다는 점을 현지연구를 통해서 밝힌 바, 본 결과는 이러한 경향을 뒷받침해주는 결과이기도 하다. 돌 의례에 포함되어야 할 내용으로는 참여자를 위한 식사대접(21.7%), 돌잡이행사(18.2%), 사진 및 비디오 촬영(16.4%), 참석자에 대한 답례(14.2%), 아기를 위한 축하 메시지와 선물증정(12.4%) 등이 정례화된 것으로 인식하고 있음을 알 수 있었다.

한편 돌상의 형태는 전통+현대식 돌상(58.8%)을 가장 선호하며, 전통식 돌상(23.6%), 외국 파티식 돌상(15.2%)의 순으로 선호하는 것으로 나타나, 돌 의례에서는 전통의례의 상징적인 의미를 많이 선호하고 있는 것으로 보인다. 돌잡이 용구는 전통적+현대적 용구(56.8%), 현대적 돌잡이 용구(20.8%), 전통적 돌잡이 용구(18.4%)로 나타나, 돌상의 선호와는 다소차이를 보인다. 돌잡이 용구는 앞으로 아이가 성장하면서 갖게 될 직업이나, 특성들을 잘 표현해 주기를 바라는 부모들의 소망을 담고 있다. 돌복도 돌상의 형태선호와 유사하게 전통한복인 돌복 일체와 현대 파티복 형식(36.0%)을 가장 선호하며, 전통한복인 돌복 일체(33.6%), 현대 파티복 형식인 드레스나 턱시도 형태(19.6%) 등을 선호하는 순으로 나타났다. 돌복을 구매하는 장소로는 인터넷구매(41.6%)를 가장 선호하였고, 이외에 백화점(26.8%)이나 전통시장(10.4%)에서 구매를 원했다. 돌 의례에 참석한 하객들에게는 답례품으로 실용적인 생활용품(68.8%)을 선물하려는 경우가 가장 많아 선행연구(임종송, 2010)에서 실용성이 강조된 답례품(컵, 타월, 비누 등)을 선호한다는 결과와 일치하며, 돌떡(18.8%), 직접 만든 기념품(7.6%)의 순으로 나타났다. 돌 의례 선물로는 금반지(46.8%), 돈(32.0%)을 받기를 희망하며, 돌 의례 소요 예상비용은 100만 원~200만 원 미만(26.8%), 200만 원~300만 원(26.0%), 300만 원~400만 원(22.4%) 순으로 나타났다. 돌 의례에 대한 정보 습득경로는 인터넷 블로그나 카페(53.6%)였으며, 돌 의례 경험자의 조언(29.6%)을 통해서도 정보를 얻었다.

한편 돌 의례 진행을 전문가에게 의뢰해보고 싶다(41.6%)는 의견과 반드시 의뢰해 보고 싶다(8.4%)는 경우가 50%를 넘어 전문가에 대한 기대감을 갖고 있는 것으로 보인다. 전문가에게 의뢰할 경우 컨설팅비용 지불수준은 50만 원 미만(61.6%), 또는 50만 원~100만 원 미만(28.8%)으로 나타났다. 전문가에게 기대하는 서비스는 '내

아이만을 위한' 차별화된 이벤트(48.0%)를 위해서, 놓치기 쉬운 세부적인 내용도 철저히 준비하고, 시행 및 사후관리(28.0%)까지 희망하는 것으로 나타났다. 김효정(2002)의 연구에서도 고객들은 전문적 지식과 태도를 갖춘 인적서비스를 제공받기 원하는 것으로 조사되었다. 앞으로 돌 의례 전문가의뢰 수요는 증가 가능성이 있거나(49.2%), 크게 증가할 것(12.8%)이라는 견해가 60%를 상회하므로 돌 의례 전문가를 필요로 하고 있음을 시사한다. 돌 의례 전문가에게는 전문지식을 갖춘 프로의식(16.6%), 고객에 대한 이해와 배려(15.5%), 신뢰성(13.8%), 친절한 응대와 표현력(13.3%) 등의 자질이 필요하다고 여기는 것으로 나타났다.

## 2. 돌 의례에 대한 인식과 지식

어머니들이 돌 의례를 수행하는 이유는 아기가 건강하고 오래 살기를 기원하는 의미(28.7%)와 아기가 잘 자랐음을 친척과 지인들에게 보여주기 위해(26.3%), 아기의 삶에 중요한 추억이 되도록 하기 위해서(21.0%) 축하연을 하는 것으로 예로부터 돌이 갖는 의미를 오늘날에도 이어오고 있음을 보여준다. 조희진・박찬옥(2010)의 연구에서도 아기의 무병장수와 축복의 의미가 담겨있는 돌 의례 절차가 필요하다고 하였다.

돌 의례에 대한 인식은 전체적으로 5점 만점에 3.58로 중간점수를 상회하는 의식을 갖고 있다. 세부적으로는 돌잔치를 축하해 주신 분께 답례해야 한다는 점(4.02)과 돌잡이 용구의 의미(3.97)가 있다는 점, 많은 사람들의 축하가 필요하며 돌잡이 행사를 해야 한다는 등에 대한 인식정도가 높아, 돌 의례는 한국인에게 의미 있는 가정 의례로 수용되고 있음을 알 수 있다.

한편 돌 의례에 대한 지식은 5점 만점에 3.11로 전체적으로 중간 정도의 수준으로 나타났다. 이 중 돌잡이 용구의 의미(3.69)에 대해서는 지식정도가 높은 편이나, 전통한복인 돌복의 명칭과 의미(28.5)나 돌 의례의 역사와 유래(2.83) 등에 대해서는 낮은 지식정도를 보인 것으로 나타나, 돌 의례는 해야 하는 것으로 알고 있기는 하나, 이에 대한 역사적인 지식은 부족한 것을 알 수 있었다. 이는 앞으로 돌 의례의 형식적인 변화를 가져올 것이라는 점과 우리 고유의 생활문화인 돌 의례의 계승이라는 측면에서 어떻게 대처할지에 대한 시사점을 찾아야만 하는 단서가 된다고 하겠다.

## 3. 돌 의례 구성요소 및 돌 의례 상품 선택의 중요도

### 1) 돌 의례 구성요소의 중요도

돌 의례 구성요소의 중요도는 5점 만점에 전체적으로는 3.72로 중간점수를 상회하여 돌 의례 구성요소에 대하여 중요하게 여기고 있는 것을 알 수 있다. 이 중 하객에게 제공될 돌잔치 음식(4.19)에 대한 중요도가 가장 높았으며, 당일 주인공인 아기를 위한 배려의 공간, 시간 등(4.09)에 대한 중요도, 계획하고자 하는 돌잔치의 규모에 맞는 연회장(3.86) 등을 중요하게 여기는 것으로 나타났다. 한편 품격 있는 돌잔치 진행방식(3.36)이나 격식에 맞는 아기 돌복(3.36) 등은 중요도에 가장 낮은 결과를 보였다. 이는 돌 의례를 준비하는 어머니들이 축하객을 위한 배려, 당일 돌을 맞는 아기에 대한 배려를 가장 중요하게 여기는 것으로 볼 수 있으며, 잔치의 진행이나 돌복 등은 돌 의례 구성요소로서의 중요도에서는 우선시되지 않고 있음을 알 수 있다.

### 2) 돌 의례 상품 선택의 중요도

어머니들은 돌잔치 연회장소 선정에서는 많은 하객들이 이용에 불편이 없는 주차시설(4.21)과 접근의 편리성(4.19)을 가장 중요하게 여기고 있는 것을 알 수 있다. 오히려 장소의 대외적 명성(3.24)이나 화려함(3.14)은 장소선정에서 중요하게 여기지 않는 바를 알 수 있다.

돌잔치를 담당하는 직원서비스에서 중요하게 여기는 바는 전체적으로 5점 만점에 4.17로 높은 중요도를 나타내고 있지만, 그중에서도 특히 무엇보다 직원의 친절한 응대(4.42)와 돌잔치 당일 직원들의 친절한 안내와 서비스(4.39)를 가장 중요하게 여기는 것으로 나타났다. 직원들의 호감 가는 용모(3.72)나 사후관리(4.04)보다는 친절함을 가장 우선시하는 것을 알 수 있다. 이는 한편으로는 돌잔치를 담당하는 직원의 재교육에서 서비스 교육이 필요함을 시사한다.

어머니들은 돌잔치 상품 계약과 가격에 대해서도 중요하게 여기는 것으로 나타났다. 전체적으로 5점 만점에 평균 4.11을 보였으며, 이 중 계약한 토털 돌잔치 상품가에 적합한 서비스 제공(4.21)과 적절한 상품가격책정(4.16)을 중요하게 여기고 있다. 예약의 편리성(4.01)이나 상품에 대한 다양한 정보제공(4.04)은 중요하기는 하나, 다른 내용보다는 중요도에서 다소 낮은 반응으로 나타났다.

어머니들은 전반적으로 돌잔치 하객의 음식에 대하여 매우 중요하게 여기는 것(평균4.44)을 알 수 있다. 특히 하객에게 제공될 돌잔치 음식의 위생관리(4.58)를 가장 중요하게 여기고 있으며 음식의 맛과 질(4.55), 음식의 적절한 가격(4.36), 그리고 사전에 돌잔치 음식을 시식해 볼 수 있는 서비스를 제공(4.26) 받는 등의 순으로 중요도가 나타났다.

## Ⅳ. 결론 및 시사점

본 연구는 돌 의례에 대한 어머니들의 인식조사를 토대로 돌 의례 문화변화와 발전을 위하여 다음과 같은 결론과 시사점을 제시하고자 한다.

첫째, 오늘날 돌 의례는 다른 가정의례와 마찬가지로 사회화현상이 두드러지고 있다. 돌 의례란 가족의 행사이자, 친척, 친구, 나아가 직장동료와의 유대를 위한 기회로 보는 경향이 짙다. 대부분 돌 의례 장소로는 호텔연회장이나 돌잔치 전문뷔페를 이용하고, 참석자에게 식사와 답례하기, 돌 선물 받기가 주로 보편적으로 이루어지고 있다. 전통과 현대식이 추가된 돌상과 돌잡이 용구를 준비하는 형식이 대세를 이루고 있으며, 돌복도 이와 유사한 경향을 보여, 전통과 현대가 어우러진 형태를 보이고 있다. 돌 의례에 대한 정보는 온라인 정보체계의 발달에 따라 인터넷 블로그나 카페를 통해서 얻거나, 부모나 친지・친구 등 돌잔치 경험자의 조언에 의존하는 것으로 나타났다.

둘째, 어머니들은 돌 의례를 준비하면서 전문가에게 컨설팅을 받고자 하는 인식이 확산되고 있다. 조사결과에 따르면 전문가에게 돌 의례를 의뢰할 의사가 있으며, 100만 원 미만의 컨설팅 비용을 줄 수 있다고 하였다. 또한 어머니들은 자신의 아이만을 위한 차별화된 이벤트를 희망하고 놓치기 쉬운 세부적인 사항까지 철저히 준비해 줄 것을 요구하며, 시행 후 사후관리까지 믿고 맡길 수 있는 프로의식을 갖고 있는 돌 의례 전문가를 필요로 하는 것으로 보인다.

셋째, 돌 의례는 아기의 건강과 장수를 기원하기 위해서, 추억을 만들고, 친척과 지인들에게 자녀의 성장을 보여주기 위한 의례라고 보고 있다. 돌 의례에 대한 인식정도는 돌잔치 축하하객에 대해 답례하기, 돌잡이 용구의 의미알기, 많은 사람이 축하하기, 돌잡이 행사하기 등에 대한 인식 정도가 높게 나타났다. 그러나 돌잡이 용구의 의미와 돌떡의 의미, 돌 의례의 의미와 형식 등에 대해서 어느 정도는 알고 있으나 전통 돌복의 명칭과 의미나 돌 의례의 역사와 유래 등에 관한 지식은 상대적으로 낮게 나타났다.

넷째, 어머니들은 돌 의례 구성요소 중 돌잔치 음식과 주인공인 아기를 위한 공간이나 시간의 배려, 돌잔치 규모에 맞는 연회장 등을 중요하게 여겼다. 돌 의례 상품선택에서 불편이 없는 주차시설과 접근의 편리성, 돌잔치를 담당하는 직원의 친절한 응대와 안내서비스, 돌잔치 상품가격에 적합한 서비스와 적절한 가격책정, 음식의 위생관리와 맛과 질 등을 중요하게 여겼다.

본 연구결과에 근거하여, 돌 의례 인식 함양을 위한 몇 가지 방안을 제안하고자 한다. 첫째, 돌 의례는 중요한 일생의례로서 예로부터 지금까지 이루어지고 있으며, 그 의미와 형태는 지속적으로 우리의 독특한 생활문화로 계승될 것이므로 돌 의례의 주관자가 되는 어머니나 조언자가 되는 할머니들을 대상으로 돌 의례에 관한 교육이 필요하다. 과거에 주로 가정 내에서 비형식적 교육으로 이루어져 왔던 가정의례 교육이 오늘날에는 가정에서나 사회에서도 사각지대에 놓일 가능성이 높기 때문이다. 건강가정지원센터를 비롯하여 시민강좌나 문화센터강좌, 교육방송을 통한 교육 등 사회적 노력이 강구되어야 한다. 둘째, 대부분 돌 의례를 외부장소에서 시행하려하고, 돌 의례전문가에게 진행을 요구하는 현 실태를 감안하여, 돌 의례 관련 업종 종사자들에게도 돌 의례 교육이 필요하다. 특히 돌 의례 전문가에게는 친절응대를 중심으로 하는 CS 교육뿐만 아니라, 돌 의례 상품 내에 존재하는 '문화적 가치'에 대한 인식교육, 의뢰가격대비 상품의 질이 향상된 돌 의례 상품 개발교육이 필요하다. 또한 돌 의례 업체는 하객음식이 위생적이고 질적으로 우수하게 제공될 수 있도록 특히 유의해야 한다. 앞으로 이 분야로 진출을 희망하는 생활과학도들에게도 생활문화를 주도적으로 이끌어가는 학문적 축적과 인식전환, 교육기회 확대 등이 뒷받침되어야 한다. 셋째, 혼인 후에 자녀의 돌 의례를 주관하게 될 예비부부들을 대상으로 건강가정지원센터의 교육에도 돌 의례 인식과 지식정도를 높일 수 있는 교육프로그램이 마련된다면, 생활문화의 계승차원에서도 긍정적인 역할을 하게 될 것이다. 넷째, 돌 의례는 우리 사회에서 존속될 중요한 가정의례이자, 뜻깊은 가족행사이므로 돌 의례 전문가 수요 증가에 대비하여 관련 전공 학과에서도 의례전문가 양성을 위한 교육 프로그램도 강구해 볼 필요가 있다.

후속연구에서는 현행 돌 의례 절차나, 관련업체의 실태조사, 돌 의례 상품이용 소비자들의 만족조사가 기초적으로 이루어져야 하며,

돌 의례 전문가의 교육프로그램 개발, 돌 의례교육의 효과분석을 통한 프로그램 개발 등이 요청된다. 또한 생활문화에 대한 비교 문화적 접근으로 동아시아 국가의 돌 의례 형식과 절차에 관한 비교 연구, 다문화가정에서의 돌 의례 연구, 재외국민들이 지켜가고 있는 돌 의례 연구, 특히 중앙아시아 및 러시아 등지에 이주하여 생활하고 있는 한인 후손들이 지켜오고 있는 우리의 돌 의례에 대한 연구 등도 관심을 갖고 연구되어야 할 바로 사료된다.

# <참고문헌>


김효정(2002). 「연회상품 선택속성에 대한 서비스 제공자와 고객과의 인식 비교 연구」. 세종대학교 대학원 석사학위논문.

김정희(2009). 「돌잔치의 기획 및 연출을 위한 화훼장식 표준 모델의 개발」. 영남대학교 대학원 박사학위논문.

김희경(2005). 「돌 및 생일 상차림 실태조사」. 숙명여자대학교 대학원 석사학위논문.

김화경(1999). 「관광호텔 연회상품 선택행동에 관한 연구」. 경기대학교 대학원 박사학위논문.

민하영 · 유안진(2004). 「한국의 출생의례와 아기행사 풍속의 문화 간, 세대 간 비교 연구 : 홍콩 및 미국의 할머니 세대와 어머니 세대를 중심으로」. 대한가정학회지, 42(4), 55-68.

박상현(2010). 「돌잔치특성 및 개최장소 선택 속성에 대한 비교연구」. 세종대학교 대학원 석사학위논문.

손상희(2006). 「현대 음식 소비현상의 소비 문화적 의미에 관한 연구」. 한국식생활문화학회, 21(3), 241-246.

심영자 · 김정선 · 전희정(1999). 「한국의례음식과 상차림에 관한 인식과 실행」. 한국조리과학회지, 15(2), 146-157.

안호숙(2004). 「전통 돌 의례의 의미와 현대적 제안」. 성신여자대학교 문화산업대학원 석사학위논문.

유안진(1986). 『한국의 전통육아방식』. 서울대학교 출판부.

이길표(1998). 「돌상에 대한 생활문화적 고찰」. 성신여자대학교 연구논문집, 36, 399-432.

이문건 저(1500). 이상주 역주(1997). 『양아록』. 태학사.

이온표(2003). 「현대의 돌맞이 실태조사」. 아시아민족조형학보, 4, 136-165.

임종송(2011). 「돌 이벤트 구성요소의 선호도에 관한 연구」. 배재대학교 관광축제호텔대학원 석사학위논문.

조희진(1999). 「첫돌 의례와 복식의 변천과정 · 복식문화연구」. 7(4), 38-51.

조희진 · 박찬옥(2010). 「한국의 출생의례에 대한 실태조사」. 여성교양학회지, 19, 155-183.

주영하(2003). 「출산의례의 변용과 근대적 변환: 1940～1990」. 한국문화연구, 7, 201-232.

최배영 · 최경희 · 이경란(2010). 『조선시대 첫돌 의례문화』. 이담.
『한국민속대관(1980). 1卷 儀禮生活』. 고려대학교 민족문화연구소.
경향신문(1984). 아기돌복대여. 1984. 1. 4. 7면.
경향신문(2013). 김항곤 성주군수, 다자녀가정 등 합동 돌잔치 열고 축하. 2013. 9. 13. http://news.khan.co.kr
동아일보(1938). 남녀아가구별이 잇는 돌상차리는법. 1938. 3. 19. 석간.
동아일보(1964). 아들의 첫돌맞이. 1964. 7.
동아일보(1989). 소련 속의 고려인을 찾아서 사할린에서 타슈켄트까지. 1989. 10. 13. 17면.
매일경제(1973). 아동복쇼핑요령. 1973. 9. 5. 8면.
매일경제(1984). 뿌리내리는 宴會行業. 1984. 5. 30. 9면.
한국경제(2003). 돌복 한 벌에 40만 원. 2003. 10. 7.

# 가정의례에 대한 여대생의 공감과 적용*

주영애

## Ⅰ. 서론

가정의례는 수많은 사회적 관계와 상징적 요소들을 포함하고 있고, 빠른 문화변동 시기에는 사람들이 처한 문화적 상황을 해석할 수 있는 단서들을 제공해 주므로(박혜인, 2001) 급격한 사회변화를 겪은 우리는 '가정의례'에 대해 다각도에서 검토하고 조명할 필요가 있다. 가정의례란 가정에서 행하는 의식예절로서 일정한 격식과 절차에 의하여 행해지는 행사와 이를 수행하기 위한 예절까지 포함한다. 오늘날 상용되고 있는 가정의례라는 용어는 1969년 정부 주도로 '가정의례준칙(Family Rite Rules)'을 제정할 때 처음으로 쓰였으며, 이전에는 이를 가례(家禮)라 하였다. 이러한 가정의례는 가족의 생활문화를 이해하는 중요한 내용 중의 하나로 이에 따르는 의례행동

---

* 본 논문은 2011년『한국가족자원경영학회』의「한국가족자원경영학회지」15권3호에 실린 "가정의례에 대한 여대생의 공감과 적용을 토대로 한 가정의례교육 방향"의 일부임.

에는 사회적 관계와 상징적 요소들이 담겨있다. 따라서 가정의례는 가정적으로는 개별 가정생활문화를 전달하고 가족원의 결속을 강화시키는 한편, 사회적으로는 그 사회의 생활문화를 전달하는 기능을 갖고 있다.

전통사회로부터 이어져 온 가정의 본질과 의례의 기본적 의미는 퇴색되어가고 있으므로, 현대 사회에서 이에 대한 중요성을 이해하고 보다 합리적, 실천적인 가정의례를 지향하는 것은 가정의례의 본질과 의미를 찾고 생활문화를 이어가는 뜻깊은 일이라 사료된다.

가정의례 연구는 혼례・관례・상제례 등으로 각각의 주제로 연구된 바와 연구대상별로 가정의례의 전반적인 의식을 연구한 것으로 대별해 볼 수 있다. 가정의례 세부내용별로 연구된 것은 생일의례(이온표, 1998; 안혜숙・김인옥・주영애, 2006; 장상옥, 2004) 연구와 성년례(오환일・김정신・이행숙・조희진, 2002; 조희선・이혜자・이윤정, 2002; 이동필, 2004; 주영애b, 2010) 연구, 혼례(이지영, 1998; 주영애a, 2010) 연구, 상제례(홍현주, 1986: 송유미, 1990; 김인옥, 2003: 구숙회・최배영, 2011) 연구 등이 있다. 연구대상별로 볼 때는 주부를 대상으로 한 연구(홍현주, 1986; 송유미, 1995; 이정우, 김명나, 1990, 1993; 구숙회・최배영, 2011)나 미혼남녀를 대상으로 한 연구(정은선, 2005; 주영애a, 2010), 대학생을 대상으로 한 혼례・상례・제례와 같은 일부 가정의례의식에 관한 연구(이지영, 1998;장상옥, 2004; 김인옥・안혜숙, 2003), 초・중・고생을 대상으로 한 연구(문종필, 2007; 이승연, 2008; 이동필, 2004)가 진행되어 왔다. 그리고 최근 가족의례의 세대별 차이를 분석한 연구(옥선화・진미정, 2011)가 있다.

그러나 여대생을 대상으로 종합적으로 가정의례의 공감과 적용을 연구한 선행연구는 없었다. 따라서 본 연구에서는 앞으로 가정의례의 주관자가 될 여대생을 대상으로 그들이 지닌 가정의례에 대한 공감과 적용을 살펴보고자 한다. 가정의례의 주관자는 가족 결속의 강화와 보다 바람직한 생활문화를 전달하는 중심 역할을 하리라 기대된다. 가정의례는 예로부터 가정에서 부모나 조부모로부터 보고 배워왔던 바가 이를 공감하고 실천하는 데에 영향을 끼쳐 왔지만, 현대에는 이러한 교육이 가정에서 이루어지기 어려워지고, 제한적일 수밖에 없다. 그러나 인간이 태어나면서 일생동안 거쳐 가는 의례는 변함이 없이 진행되는 것이고, 이러한 의례과정에서 전수되는 생활문화와 전통성은 민족의 삶의 모습을 총체적으로 담아내는 의미를 갖고 있으므로 이에 대한 교육적 필요성은 무엇보다 강조되어야 한다고 사료된다. 따라서 본 연구는 미래에 우리의 생활문화와 가정의례의 전수를 위한 주관자가 될 여대생을 대상으로 조사된 바를 바탕으로 지향해야 할 가정의례 교육방향 모색에 필요한 기초자료를 제공하고자 한다.

## II. 이론적 배경

### 1. 가정의례의 의의

가정의례는 한 개인이 태어나서 죽을 때까지 거치게 되는 과정인 출산, 생일(백일 · 돌 · 생일 · 수연례) 관례, 혼례, 상례, 제례 등을 총칭한다. 개인은 출생 후 성년례를 거쳐 혼례를 치르고 매년 생일 의례를 행하며 언젠가는 상례의 죽음을 맞이한 후 사후에는 자손들로부터 제례의 행례로서 기억되게 된다(이길표, 2000). 우리의 가정의례는 주자(朱子)『가례(家禮』의 영향을 받은 조선의 의례문화가 오랫동안 지속되어왔으며 지금까지도 많은 영향을 주고 있다. 개인의 삶은 가정을 포함한 사회 집단의 일부로 인식되므로 구성원들은 사회가 정해 놓은 일정한 규범과 의례를 통해 성장, 발전해 나가게 된다(박명옥 · 최배영, 2004). 가정의례를 통하여 개인은 가정과 사회 집단의 일원으로서 권리와 의미를 부여받게 되므로 공동체의식을 유지 · 강화하고, 성장 · 발달하며, 가족관계를 강화시키고, 세대 간의 연계를 갖게 된다.

## 2. 가정의례의 내용

### 1) 생일의례

생일의례는 일생동안 거치게 되는 과정인 백일잔치, 돌잔치, 수연례를 포함시킬 수 있다. 백일은 태어난 후 100일을 맞이하게 될 때 건강과 행복을 축원하고, 아기가 사회의 공동체 안에서 생활하게 됨을 확인하는 우리 고유의 의례이다(윤서석, 1998). 백일은 중국이나 일본과는 다른 우리 고유의 풍습으로 삼칠일이 산모 중심의 행사였다면 백일은 온전히 아기 중심의 경축이었다(이길표, 2000). 돌은 아기가 1년이라는 계절적 변화를 모두 극복하고 무사히 성장하여 사회적으로 건강한 구성원이 되었다는 의미에서 돌복을 입히고, 돌상을 차려 축하하고, 돌잡이를 한다. 첫돌은『실록』태종 12년(1421) 11월

4일 기록에 임금의 어린 아들 종(種)의 '초도(初度)'라는 언급이 있어서 조선 초기에 왕자의 첫돌을 축하하는 의례가 존재했음을 보여준다(최배영 외, 2010). 또한 『국조보감』 제80권 순조 28년(1828년) 기록에도 '원손초도일(元孫初度日)'로 표기되었고, 이수광의 『지봉유설』 인사부 생산 편에는 중국의 『안 씨 가훈』을 인용하여 한국의 돌잔치 풍습이 오래전부터 있었다(이길표, 2000)는 것을 알 수 있다.

한편 수연례에는 어른의 생신에 자손들이 수연상을 차리고 술을 올리며 장수를 기원한다. 고례에는 수연이라는 말이 없고, '헌수가장례(獻壽家長禮)'라 했고, 자손들이 폐백 예물을 드리고 헌수배례를 올린다(송재용, 2010). 오늘날에는 평균수명의 연장으로 수연례를 하기보다는 어른의 무병장수를 기원하는 뜻으로 자손들이 여행을 보내드리는 경우도 많아졌다.

### 2) 성년례

전통 성년례는 고려 광종 16년(956)에 왕자에게 원복례(元服禮)가 행해졌다는 기록이 있는 것으로 보아 관·계례의식(冠笄禮儀式)이 기록되어 있는 중국의 '예기(禮記)'가 우리나라에 도입된 시기인 신라 신문왕 6년(686년) 때 같이 들어온 것으로 추측된다(김순진, 2003). 그 후 성년례는 고려시대를 거쳐 조선시대 사대부를 중심으로 널리 행해졌다(주영애, 2010). 전통사회에서는 15~20세, 여자 15세에 이르면 음력 정월에 좋은 날을 택하여 남자는 관례를, 여자는 계례를 하는 성인지례(成人之禮)로서 성인이 됨을 알리는 오늘날의 성년식과 같은 것이다. 성인사회로 들어가는 관문인 이 의식의 참뜻은 겉모양을 바꾸는 데에 있지 않고 어른으로서의 책임과 의무를 일깨우는 데 있다(송재용, 2010). 오늘날에는 성년례라고 하며, 현재 우리나라는 1984년부터 매월 5월 셋째 주 월요일을 '성년의 날'로 정하여 대학이나 단체, 직장에서 의식을 치르고 선후배들이 특별한 선물이나 이벤트로 축하를 행하는 것이 일반적이다. 그러나 이에 대한 많은 연구(가정생활개선진흥회, 2003; 계선자・이정우・박미석・김연화, 2005; 김은희, 2009; 신상구, 2010;주영애b, 2010)들이 이루어지면서 현대에 적합한 성년례를 정착시키고자 노력을 기울이고 있다.

### 3) 혼례

전통사회에서 혼례는 인륜지대사(人倫之大事)로 그 절차는 매우 신중하게 진행되었다. 우리의 전통혼례는 주자가례의 영향을 일부 받기는 하였으나, 주자가례가 비교적 조선화(朝鮮化)한 행례(최배영, 1999)로 변모되어 사회 상황에 맞는 의례로 이루어져 왔다. 오늘날의 혼례는 서양 문물이 도입된 후 신식 혼인 예식이 들어오면서부터 서구식 교육의 영향을 받은 계층을 중심으로 전통혼례 대신 신식 혼례식이 유행하게 되었다. 혼례절차도 전통 혼례의 많은 부분을 결합시켜하고 있지만 간소해지고 현대화되어 행해지고 있다. 그러나 함을 보내거나, 폐백을 올리는(주영애a, 2010) 등 그 전통적인 기본 틀은 아직까지 이어져 오고 있다.

### 4) 상례

상례는 삶의 마지막 통과의례로 극진한 슬픔 속에서 경건하게 치러야 한다(임혜경 외 2인, 2003). 전통상례에서는 부모님의 상을 당한 경우 임종부터 매장의식을 거쳐 상주들이 상기(喪期)를 마치고 탈상에 이르는 3년 동안의 의례 절차를 행하였으나, 근래에는 부모님의 상을 당한 경우 약 100일간의 상기를 지내고 있다(김신연, 2001). 무엇보다 장례의 의식절차와 방법, 장소 등에서는 많은 변화가 일어나 전문 장례식장에서 장례의 절차를 대행하고 임종과 발인의식은 종교의식에 따르고 있는 실정이다. 그럼에도 불구하고 임종의 순간을 중시하는 것, 부고를 지내는 것, 문상객의 범위가 넓은 것, 상주 및 친지들이 밤을 지새우는 것, 조의금을 마련하는 것, 장례의 절차를 중요시하는 것, 삼우제를 지내는 것 등에서 볼 수 있듯이 전통적인 상장례의 일부는 지속적으로 이어지고 있다(오재환, 2001).

### 5) 제례

제례는 조상의 돌아가신 날을 기리며, 제사를 받드는 의식과 예절로 우리 고유의 미풍양속으로 이어져 오고 있다. 제례는 조상의 사후에 효를 계속하기 위함으로(이정우・김명나, 1990;김인옥, 1997) 강조되어 왔고, 무엇보다 정성과 공경의 마음을 다하여 지내는 것이 근본이다. 예로부터 제례는 지나치게 형식적인 면을 우선시하게 되면 본질적인 정신을 잃게 되므로 정성을 다하는 기본 마음가짐을 강조해 왔고, 이는 제수를 마련하는 데에도 잘 나타난다. 제수는 음식을 매개로 하여 정성과 염원을 조상님께 전달하여 위로하고 가호를 기원하는 것이다. 그러나 현대에는 의례문화의 변화로 각 가정의 종교에 따라 고인을 기리고 생각하는 경우가 많아, 제례라 하는 용어를 대신하여 이를 통칭할 수 있는 추모의례(구숙회 · 최배영, 2011)로 연구되기도 한다. 제례의 형식과 방법이 차이가 있지만, 고인의 삶을 회고하고 올바른 삶을 다짐하는 의례로서의 의미는 지속되고 있다.

## 3. 선행연구

가정의례의 세부 영역별로 연구된 바를 보면 생일의례는 돌에 대한 실태 조사(이온표, 1998)를 비롯하여, 대학생을 대상으로 한 수연례에 대한 의식조사(안혜숙 외, 2003), 가정행사 수행 실태 조사(장상옥, 2004)를 볼 수 있다. 이들 연구에서는 생일의례의 수행이 보편적으로 이루어지고 있고, 가정행사 수행 실태 중 가장 많이 하는 행사(장상옥, 2004)라고 하였으며, 이는 손님접대와 음식준비를 감안하여 외부시설에서 이루어지는 경향이 증가하고 있다고 하였다.

한편 성년례에 대한 연구는 성년례 활성화방안이나 모델개발 등 다양한 연구가 있으나, 성년례에 대한 의식조사와 관련된 연구(오환일 · 김정신 · 이행숙 · 조희진, 2002; 조희선 · 이혜자 · 이윤정 2002; 이동필 2004; 주영애b, 2010)에서는 성년례는 성인으로서의 정체성과 책임의식을 고취시킨다는 생각을 갖게 하는 의의를 찾고 있으며, 형식과 방법에 대한 재고를 통해서 성년례의식을 이어갈 수 있도록 해야 할 것을 제안하였다. 한편 또 다른 연구(계선자 · 이정우 · 박미석 · 김연화, 2005)에서는 구체적인 성년례 방법에 대한 다양한 방법을 제시하였는데, 숙명여대 건강가정지원센터와 숙명여대가 공동주최하는 숙인당 후원의 성년례 프로그램 참여자 600명을 대상으로 하여 연구한 결과 전통과 현대를 조화시키고, 지나친 상업성에 치우친 왜곡된 성년례를 지양하도록 하고 참여자들의 특성과 요구도를 고려한 프로그램이 개발되어야 한다고 하였다. 그리고 성년례 특강, 성년례 정착을 위한 연구, 건전 성년례 프로그램 모형개발, 예비부부교육으로서 성년례 확산을 위한 건강가정센터 가정문화 프로그램의 개발과 실제 행사 증가를 기대하였다. 가족중심의 개별성년례 연구(주영애b, 2010)에서는 그 필요성과 성년례 실천을 위한 부모교육을 제안하고 건강가정지원센터의 가족행사 수행 프로그램 실시 역할을 강조하였으며, 어머니들의 성년례 인식과 관련 변수로는 연령과 종교를 지적하였다.

혼례에 대해 한 연구(이지영, 1998)에서는 전통사회의 혼인준비내용과 혼인의례에 대하여 대체적으로 높은 수용의식을 나타내고 있으며 혼인관행은 예로부터 행해왔던 대로 답습하기보다는 실리적이고 편리한 방향으로 행하자고 하는 경향을 나타냈다. 또 다른 연구(주영애b, 2010)에서는 한국전통혼례절차에 대한 수용은 긍정적인 것으로 조사되었지만 이에 대한 교육경험이 매우 낮고, 성별 차이도 큰 것으로 나타나, 앞으로 관련 교육과 계도를 제안하였다.

상제례에 대한 연구로는 가정의례연구의 일부분으로 다루어진 바로 볼 수 있는데, 주부를 대상으로 한 가정의례의 인식 연구(홍현주, 1986; 송유미, 1990)에서는 조상제사에 있어서 기능>구조>형식의 순으로 전통적인 가치관을 보이는 것으로 나타났는데 이는 한국가족의 외형적 변화에도 불구하고 한국인의 심층의식 속에는 전통적인 가족주의 가치관이 자리 잡고 있는 것을 알 수 있었다. 주부의 제사에 대한 가치관에 영향을 미치는 변인은 연령, 사회적 지위, 거주지, 종교이며 연령이 높을수록, 사회경제적 지위가 낮을수록, 농촌에 거주하며, 불교 신자일 때 전통적인 것으로 나타났다. 제례에 대한 대학생의 의식 및 수행에 관한 연구(김인옥, 2003)에서는 전체적으로 제례에 대한 의식보다 수행의 정도는 낮으며 특히 일부 제사형식과 절차의 간소화를 요구한다고 하였다. 자녀로서 대학생들이 집안 내 제사 참여의 기회가 많을수록 제례의식은 긍정적으로 나타났으며 제례 수행의 동기요인이 되고 있다고 보았다. 또한 제례의식이나 수행에서는 본인이나 가정의 종교가 큰 변수로 작용하며 대체로 기독교인의 경우 제례에 대한 거부와 부정적 반응이 두드러지게 나타난다고 하였다. 그리고 초등학생을 대상으로 한 연구(문종필, 2007; 이승연, 2008)에서는 초등학생의 관혼상제에 대한 인식정도를 조사하여 이를 통해 사회과 교과서에서 관혼상제에 대한 교육내용의 개선방향을 제시하였다. 대부분 초등학생들은 관혼상제의 기본개념 및 의의, 도덕적 효과, 궁극적 목적 등을 인식하지 못하고 있었고, 제사를 지내야 한다는 의식은 남학생에게서 많이 나타났다.

한편 미혼남녀 가정생활관과 가정의례문화 인식 연구(정은선, 2005)에서는 조사대상자의 가정의례 인식은 연령, 본인의 종교, 아버지의 종교, 어머니의 종교, 본인의 직업, 아버지의 직업, 본인의 학력, 가정의례문화교육의 필요성 여부 인식에 따라 유의미한 차이를 보였다. 그리고 또 다른 연구(옥선화 · 진미정, 2011)에서는 제사와 같은 경우는 세대 간 차이가 뚜렷하지만, 교육수준, 종교, 성장지역의 배경변수를 통제하였을 때 세대 간 차이가 발견되지 않은 것은 삼칠일 지키기나 명절 보내는 방법이라고 하여, 개인이나 가족의 특성, 전통적인 문화유지 차원에서 해석되어야 할 부분도 있다는 지적을 하였으며, 가족의례가 세대에 관계없이 전통이 약화되거나 강화되는 측면이 있다고 하였다.

가정의례의 변화양상은 이렇듯이 개인적인 특성 변수뿐만 아니라, 세대나 전통적인 가치 등에 따라 달라 가정의례의 공감과 적용에 밀접하게 연관됨으로써 각 의례문화의 내용별로 유의한 차이가 나타남을 알 수 있었다. 또한 대부분의 연구에서 연령과 종교가 의례문화의 차이를 나타내는 중요한 변인이 되고 있음을 확인할 수 있었다. 가정의례교육과 관련된 관혼상제 교육내용의 필요성을 강조한 연구 등도 진행되어 왔음을 볼 수 있었다.

## Ⅲ. 연구방법

전통사회의 소비가치에 대한 조사연구(심영, 2006)에서 적용된 공감과 적용의 용어를 참고하였으며, 공감과 적용은 조사대상자가 갖고 있는 지식과 경험을 통해서 얻은 의사의 표시이며, 어느 정도 실천할 것인가에 대한 전반적인 경향을 볼 수 있으므로 가정의례에 대한 관심도나 지식측정보다 교육적 방안을 제안하고자 하는 데에 활용하였다. 여대생의 가정의례에 대한 공감과 적용을 중심으로 한 본 연구의 문제는 다음과 같이 설정하였다.

첫째, 가정의례에 대한 교육 실태와 의례장소는 어떠한가?
둘째, 가정의례의 공감과 적용은 어떠한 차이가 있는가?
셋째, 가정의례의 하위영역별 공감과 적용은 어떠한 차이가 있는가?

본 연구에서 사용되는 가정의례 공감이란 전통사회로부터 현재까지 가정의례 각 내용에 대해 지식과 경험을 통해서 얻은 의사의 표현으로서 이에 대해 조사대상자가 수용하는 의식적인 수준을 의미한다. 그리고 가정의례 적용이란 앞으로 가정의례의 주관자로서 가정의례를 실생활에서 어떻게 실천하고 지켜나갈 것인지에 대한 수준을 의미한다.

본 연구에서는 수도권 대학교에 재학 중인 여대생을 임의로 표집하여 조사대상으로 삼았다. 2009년 11월 10일부터 17일까지 예비조사 후 설문지의 일부 문항을 수정・보완하여 2009년 11월 23일~2010년 12월 5일까지 3학기 걸쳐 본 조사를 실시하였다. 총 570부의 설문지를 배부하였고, 최종적으로는 463부를 본 연구의 분석 자료로 사용하였다.

설문구성은 이길표(1989)・송유미(1990)・이지영(1998)・정은선(2004)의 선행연구 설문지 내용을 일부 수정・보완하였다. 조사대상자의 일반적 사항 13문항, 가정의례교육의 실태 5문항, 가정의례장소 7문항, 가정의례공감 22문항, 가정의례적용22문항으로 구성되었다. 가정의례의 공감과 적용에 관한 문항은 각각 5점 Likert 척도를 적용하였고, 수집된 자료는 SPSS/WIN 17.0을 이용하여 전산처리하였다. 빈도분석, t-test 검증, 일원변량분석(one-way ANOVA)과 Multiple Range Test로 추후 검증하였다.

## Ⅳ. 결과 및 해석

### 1. 조사대상자의 일반적 특성

본 조사대상자들은 만 20~21세가 35.9%로 가장 많았고, 형제 순위는 장녀 51.8%, 막내 21.0%였다. 전공은 사회계열이 36.3%로 가장 많았고 예체능계열 8.2%로 가장 적었다. 본인의 종교는 무교 및 기타 종교가 43.6%로 가장 많았으며, 그 다음으로 기독교 30.7%, 천주교 17.1%, 불교 8.6% 순이었다. 아버지 종교는 무교 및 기타 종교 48.4%, 기독교 21.8%였으며, 어머니 종교도 무교 및 기타 종교 33.3%, 기독교 31.1%였다. 그리고 한 달 총수입은 400만 원 이상이 42.8%로 가장 많았으며, 조부모와 동거경험 유무는 비슷한 수준이었다. 아버지 직업으로는 기술·전문직 32.6%, 사무·판매직 24.4%, 자영업 23.1%, 기타 12.3% 순이었으며, 어머니 직업은 주부 57.0%, 기술·전문직 16.4%였다. 성장지는 주로 대도시였으며, 주거형태는 아파트가 60.5%로 가장 많았다. 가정교육 수준은 보통 42.5%, 자유롭고 민주적인 편 31.7%, 엄하고 보수적인 편 25.7% 순이었다.

### 2. 가정의례 교육 실태와 의례장소

조사대상의 가정의례 교육경험은 67.2%가 있었으며, 가정의례교육 경험 장소는 학교(초·중·고)가 37.6%로 가장 높았고, 가정(부모님, 조부모님, 친지 등) 31.5%, 대학 강의 29.6%, 매스컴 1.3%로 나타났다. 가정의례교육은 86.4%가 필요하다고 했으며, 희망하는 가정의례교육의 장소는 학교 49.7%, 가정 39.1%로 높게 나타났다. 희망하는 가정의례교육으로는 상례 30.0%, 제례 26.3%, 혼인례 25.1%, 성년례 11.4%, 생일의례 7.1% 순이었다.

이를 종합해 보면 현재 가정의례교육은 학교(초·중·고 및 대학) 및 가정에서 많이 이루어지고 있고 향후 가정의례교육은 필요하다고 보고 있으며, 주로 학교(초·중·고 및 대학)와 가정에서 배우기를 희망하고 있음을 알 수 있다. 한편 희망하는 가정의례교육은 '상례'가 가장 높았는데 이는 혼례를 가장 많이 희망한다고 했던 정은선(2004)의 연구결과와 다소 차이가 있었다. 본 연구에서는 혼례보다는 상례에 대한 교육을 희망하는 바가 높았다. 가정의례 수행 희망 장소로는 백일 또는 돌을 치르는 장소가 가정 밖 60.0%, 가정 내 40.0%로 나타났다. 회갑, 칠순, 팔순 등의 생신을 치르는 장소로는 가정 밖 74.5%, 가정 내 25.5%로 나타났으며, 평소생일은 가정 내 77.1%, 가정 밖 22.9% 순으로 희망하였다. 혼례와 상례, 생일의례 중 일부분은 사회화된 현상을 나타내지만, 아직까지 제례와 평소 생일은 가정 내에서 행하여야 한다고 희망하는 것으로 나타났다.

## 3. 가정의례의 공감과 적용의 차이

조사대상자의 가정의례에 대한 공감과 적용은 5점 만점으로 점수가 높을수록 공감과 적용이 높은 것으로 해석되었다. 전반적인 공감(3.829)과 적용(3.663)은 모두 평균점수를 상회하여 비교적 높은 공감수준과 적용수준을 나타내었으나, 공감과 적용 수준은 차이($p<.001$)를 보여 공감이 상대적으로 적용보다 높은 수준이었다. 가

정의례 공감수준은 상례>제례>생일의례>성년례>혼례 순으로 나타났다. 그리고 실제 적용은 상례>제례>혼례>생일의례>성년례 순이었다. 또한 가정의례 공감과 적용이 차이는 성년례>생일의례>제례>상례>혼례 순이었다.

성년례의 공감과 적용에서 유의한 차이가 크게 나타나 성년례 필요성을 인식하고 있으나, 적용되기에는 어려운 현실을 반영하고 있음을 보였다. 생일의례, 상례, 제례도 공감과 적용은 차이를 나타내고 있는데, 이는 의식적으로는 수용하지만, 현실적으로 적용하기에는 괴리감이 있다고 판단된다. 한편 혼례는 공감정도와 실제 적용에서 유의한 차이가 없으므로, 혼례에 대한 공감은 현실에 그대로 적용될 가능성이 높은 것으로 보인다.

## 4. 가정의례의 하위영역별 공감과 적용의 차이

### 1) 생일의례

생일의례의 각 요인별 공감과 적용정도, 그리고 공감과 적용의 차이를 분석한 결과 '백일・돌 행사는 가족, 친지가 모두 모여 한다.'는 공감(3.98)과 적용(3.81)이 $p<.001$ 수준에서 유의한 차이가 나타났다. '회갑 때는 부모님께 새 옷을 장만해 드려야 한다.'는 공감(3.92)과 적용(3.66)이 $p<.001$에서 '어른의 10년 주기(칠순, 팔순, 구순 등) 생신에는 수연행사를 해야 한다'는 공감(3.75)과 적용(3.64)이 $p<.01$ 수준에서 유의한 차이가 나타났다. 그리고 '백일이나 돌떡은 이웃이나 친지에게 돌려야 한다.'는 공감(3.61), 적용(3.25)이 $p<.001$ 수준에서 유의한 차이가 나타났다.

생일의례에서는 어른의 10주년 주기(칠순, 팔순, 구순 등)의 수연 행사보다 백일, 돌의 행사에 현실적으로 더 적용을 하려는 것을 볼 수 있다. 이는 가정의 행사 수행 실태에 있어서 탄생행사를 가장 많이 하고 다음으로 현대 가정행사, 전통행사 순으로 행하는 장상옥(2004)의 연구와도 일치하는 결과라 할 수 있다. 또한 전통적으로 행해져온 생일의례에 가족과 친지가 함께 모여서 축하하고, 행사에 필요한 일들에 대해서 모두가 공감하지만 현실적으로 가족과 친지들이 원거리에 살거나, 직장이나 개인적인 사정으로 또한 사회변화에 따라 다른 형식으로 적용하는 현실을 볼 때 과거와 같은 생일의례를 적용하기에는 어려움이 있는 것으로 보인다.

### 2) 성년례

성년례에 대한 공감과 적용은 '성년이 되면 성인으로서 권리와 책임을 다해야 한다.'의 경우 공감(4.22), 적용(3.83)은 $p<.001$ 수준에서 유의한 차이가 나타났다. 여대생들이 성인으로 권리와 책임을 다해야 함에 대해 공감은 하고 있으나 실제로 적용은 어려움이 있음을 알 수 있다. 이러한 공감은 주영애b(2010) 연구에서도 유사하게 나타났다.

그리고 '성년이 되면 주위 사람들도 성년자를 어른으로 인정하고 대해야 한다.'가 공감(4.08)과 적용(3.63)이 $p<.001$ 수준에서 가장 유의한 차이가 나타나, 성년례의 중요성을 인식하는 경우는 많아지고 있으나 이런 현상에 비해 사회적 인식은 한계점을 가지고 있음을 시사한다. 반면 '성년의 날은 어른으로부터 술 마시는 법도를 배워야

한다.'는 공감(3.31)과 적용(2.70)이 p<.001 수준에서 유의한 차이가 나타나고 있다. 예로부터 성년례에서는 '초례'라는 의식을 통하여 어른이 성년자에게 술을 내려주는 절차가 있었지만 오늘날은 이와 같은 성년례가 거의 치러지지 않고 있음을 감안하면, 이들 절차에 대한 인식이 부족한 결과가 아닌가 한다. 주영애b(2010)의 연구에서는 현재 가족의례로서의 성년례에 대한 연구도 미흡할 뿐만 아니라 부모들도 성년례에 대한 인식자체가 부족하다는 것을 문제점으로 들고 있다.

성년례는 '생애에 있어 중요한 통과의례이므로 반드시 해야 한다'는 공감(3.19)과 적용(2.73)이 p<.001 수준에서 유의한 차이가 나타났으나 공감과 적용 수준이 전반적으로 다른 내용과 비교해 볼 때 낮은 편이다. 이는 다른 의례에 비교할 때, 성년례에 대해서 보고 배우는 기회가 부족한 결과를 반영한다고 사료된다.

### 3) 혼례

혼례의 경우, '혼인날을 정했어도 양가에서 초상이 나면 탈상 후로 미루어야 한다.'는 공감(4.14)과 적용(3.76)이 p<.001 수준에서 유의한 차이가 나타났다. 예로부터 혼인날을 정했더라도 부모가 돌아가시면 삼년상을 치르고 혼례를 올렸으나 이러한 정신은 현대에도 많이 남아있는 것으로 보인다하더라도 실제 적용 수준은 매우 낮다고 할 수 있다.

'예단과 혼수는 형편껏 정성을 다해 마련한다.'는 공감(3.93), 적용(3.84)이 p<.05 수준에서 유의한 차이가 나타났고, 한편 '혼례에서

함보내기와 받기 행사는 하도록 한다.'는 공감(3.15), 적용(3.19)이 전반적으로 낮게 나타났으며 실제 공감과 적용 간에는 유의한 차이가 없었다. 이러한 결과는 자신은 함보내기와 받기행사는 생략하고 싶어도 사회통념상 따라서 하는 경우로 해석할 수 있으며, 혼인의 정신보다는 타인의 시선이나, 위신, 체면 등이 복합적으로 작용한 결과로 여겨진다.

또한 '시댁에 인사드리는 폐백은 해야 한다'는 적용(3.58)이 공감(3.44) 수준보다 높게 나타났으며, p<.01 수준에서 유의한 차이가 나타났다. 앞으로도 폐백은 지킬 것(주영애a, 2010)이라는 최근 연구와 유사한 결과였다. 한편 공감과 적용의 차이는 폐백의 의미를 인식하지 못하고 현행 예식장에서 폐백실을 따로 마련해두고 형식에 따라하는 분위기가 자리매김 된 결과가 아닌가 한다. 현재와 같이 예식 후 바로 예식장 내의 폐백실에서 시부모님께 폐백을 드리는 형태는 1960년대 후반부터 본격화되었고, 서양식 결혼식이 처음 보편화된 때에는 예식은 예식대로 하되 폐백만큼은 시댁에서 치르는 경우가 많았으나 가정의례준칙의 영향으로 피로연이 금지되는 과정에서 폐백이 예식장 안에서 하게 되는(김인규, 2006) 형식이 일반화된 것과 무관하지 않다고 사료된다.

혼례는 다른 의례에 비해 가장 산업화된 의례로 볼 수 있는데, 산업화가 진행되면서 혼수시장과 전문적 혼인예식장이 급증하게 되어 오늘날의 혼인예식문화는 이들 예식업의 영향을 많이 받아왔다. 그러나 혼인은 인륜지대사(人倫之大事)이므로 혼인의 과정과 절차에 담긴 깊은 뜻을 헤아리고 지켜갈 수 있는 교육적 계도가 필요한 부분이라 하겠다.

### 4) 상례

상례의 경우, '상가(喪家)에 가면 예법에 맞는 조문예절로 인사를 행해야 한다.'가 공감(4.30), 적용(4.20)이 모두 높게 나타났으며, p<.01 수준에서 유의한 차이가 나타났다. 공감과 적용의 의지가 높게 나타났지만, 차이가 나타나는 것은 조문 시 예법에 맞게 표현해야 하는 교육적인 뒷받침이 필요함을 시사하는 바라 여겨진다. 이는 정은선(2005)의 연구 결과와도 일치하는 바라 하겠다. '상주는 돌아가신 분과의 가족관계에 따라 적합한 상복을 입는다'가 공감(4.22)과 적용(4.17) 모두 높은 수준을 보였으나 유의한 차이는 나타나지 않았으며, '슬픈 일(장례)은 기쁜 일(혼례)보다 더 함께해야 한다'가 공감(4.06)과 적용(4.02)이 비교적 높게 나타났으나, 유의한 차이는 나타나지 않았다. 대부분의 조사대상자들은 경사보다 상사에 더 참여해야 한다고 생각하고 있으므로 조문 시 예절에 관한 교육이 더 강조되어야 할 것이다. '상가의 조문은 입관 후에 한다.'는 공감(3.54)과 적용(3.53)은 유의한 차이는 나타나지 않았다. 오늘날 상례는 대부분 장례식장에서 3일장으로 이루어지고 있으므로 조문하는 시기는 전통 상례의 절차를 따르지 않는 것으로 볼 수 있다.

### 5) 제례

제례에 대한 인식은 '제사(추도식)를 지낼 때는 단정한 옷차림을 해야 한다'가 공감(4.41)과 적용(4.30)이 높게 p<.01 수준에서 유의한 차이가 나타났다. '아들이 없는 경우 딸이 추도식이나 제사를 주관해야 한다.'는 공감이 4.19, 적용이 3.84로 나타났으며 공감과 적용의

차이는 p<.001 수준에서 가장 유의한 차이가 나타났다. 이는 현대사회가 딸만 있는 가정이 늘어 가고 있기 때문에 딸이 제사를 지내는 것에 대한 거부감이 사라져 가는 현상으로 볼 수 있으나 아직까지 실제 생활에서의 적용은 부족한 것으로 보인다. 그러나 초·중등학교 학생을 대상으로 한 이승연(2008)의 연구결과에서는 향후 딸이 제사 지내는 것에 대해 응답자의 70.5%가 찬성하였고, 그 비율 또한 남녀 찬성 비율이 동일하였다. '부모님이 돌아가신 날이 되면 제사(추도식)를 지내야 한다.'는 공감(4.08)과 적용(4.05)이 유의한 차이가 나타나지 않아, 제사를 통해 효의 실천은 지켜질 것임을 시사한다.

반면 '제사음식은 가정에서 정성껏 직접 만들어야 한다.'는 공감(3.71)과 적용(3.80)에서 유의한 차이는 없었다. 제수마련의 주된 책임을 져왔던 주부들의 취업이 증가하면서 제수마련의 어려움이 큰 것이 현실이나, 이에 대한 여대생의 공감과 적용은 중간 점수 이상을 상회하고 있어, 앞으로도 제사음식을 가정에서 직접 마련하는 것은 지켜질 것으로 보인다. '설이나 추석에는 차례를 지낸다.'는 공감(3.67)과 적용(3.83)이 p<.001 수준에서 유의한 차이가 나타났다. 이는 현대 사회에서 우리 고유의 명절에 대한 인식이 사라져 가고 있다는 것을 보여주는 일면이며, 명절을 휴일로 여기는 사람들이 늘고 있다는 것을 보여주는 결과라 할 수 있다. 또한 주부들의 명절 스트레스가 사회문제화 되고 있는 바를 볼 때 조사대상자들은 앞으로 의례의 주관자로 공감하는 수준은 낮으나, 사회적 기대나 의무로 적용하고자 함이 아닌가 여겨진다.

'제사(추도식)에는 자녀들에게 돌아가신 분에 관한 이야기를 하여 생각나도록 한다.'는 공감(3.33)과 적용(3.12)이 비교적 낮은 수준이었으며, p<.001 수준에서 유의한 차이가 나타났다.

## 5. 배경변인에 따른 가정의례 공감과 적용의 차이분석

배경변인에 따른 가정의례 공감과 적용의 차이분석 결과는 총 18개의 배경변인(연령, 형제 순위, 전공, 본인 종교, 아버지 종교, 어머니 종교, 조부모와 동거경험, 아버지 직업, 어머니 직업, 성장지, 주거형태, 가정교육수준, 가정의 한 달 총수입, 가정의례교육 경험여부, 교육경험 장소, 가정의례교육 필요성여부, 가정의례교육 희망 장소, 희망하는 가정의례교육) 중 유의한 차이가 나타난 형제 순위, 본인 종교, 아버지종교, 어머니종교, 성장지, 가정의 한 달 총수입, 가정의례교육경험 여부, 교육경험 장소 등 8개 변인만을 중심으로 보았다.

가정의례 및 생일의례는 가정의례 교육경험이 있는 집단보다 없는 집단($p<.05$)에서 가정의례 공감과 적용의 차이가 나타났다. 성년례는 성장지($p<.05$)와 가정의례 경험여부($p<.01$)에서 유의한 차이가 나타났다. 가정의례 교육경험이 있는 집단보다 없는 집단에서 차이가 크게 나타났는데 이는 가정의례 교육의 필요성을 시사해 주는 바라 하겠다.

혼례의 공감과 적용의 차이는 본인 종교($p<.05$), 아버지 종교($p<.05$), 어머니 종교($p<.05$)에서 유의미한 차이가 나타났다. 모두 기독교 집안에서 다른 종교보다 상대적으로 차이가 크게 나타났다. 예를 들어 기독교인 집안은 폐백을 드릴 때 술을 올리는 경우를 꺼려하는 경우를 많이 볼 수 있다. 반대로 아버지는 불교 집단이, 본인과 어머니는 무교 및 기타 종교 집단이 가장 차이가 적게 나타났다.

상례의 공감과 적용의 차이는 한 달 총수입($p<.05$), 교육경험 장소($p<.05$)에서 유의미한 차이가 나타났다. 월 소득이 200만 원 미만

인 집단이 400만 원 이상인 집단보다 높은 차이가 나타났는데 이는 소득이 적을수록 상례의례에 공감하는 수준과 실제 적용하는 수준의 차이가 더 큰 것을 의미한다. 저소득 가정은 마음은 있으나 형편상 실제로 행동에 옮기지 못하는 현실을 반영한 결과라 할 수 있다. 교육경험 장소로는 대학 강의보다는 가정에서 차이가 적게 나타나 직접적 참여를 통한 가정교육이 공감 및 적용에 대한 차이를 좁히는 데 더 효과적임을 알 수 있으며, 대학 강의 등 학교에서의 교육은 이론 교육에 치중되어 공감하는 수준만큼 적용이 미치지 못하고 있음을 나타낸다. 제례의 공감과 적용의 차이는 형제 순위(p<.05), 교육경험 장소(p<.01)에서 유의미한 차이가 나타났다. 형제가 있는 집단보다 외동인 집단에서 공감과 적용의 유의한 차이가 크게 나타났다. 교육경험 장소로는 대학 강의 및 매스컴보다는 가정에서 차이가 적게 나타나 상례와 마찬가지로 가정교육으로부터 실제 경험한 수준과 유사하게 공감수준을 나타냄을 알 수 있다.

이상을 종합해 보면 전체적 배경변인 가운데 조사대상자의 연령, 학력, 종교(본인의 종교 및 부모의 종교)가 가정의례에 유의미한 차이를 나타내는 주부들을 대상으로 한 연구(이길표, 1998), 미혼남녀를 대상으로 한 연구(정은선, 2005)와 다른 결과를 나타내고 있다. 특히 본인 종교를 제외한 성장지, 가정의례교육 경험 여부 및 교육경험 장소는 기존의 연구에서 유의미한 변수로 나타나지 않았던 변수들이다.

이러한 결과를 놓고 볼 때 세대 간 가정의례의 비교연구(이기숙, 2004)가 필요한 부분이며, 특히 종교는 장차 가정 내 갈등의 요인이 될 가능성이 있는 변수이므로, 상호 이해를 돕는 실천적인 가정의례 교육이 필요함을 시사한다. 또한 가정에서의 의례교육 경험이 있을 경우, 공감과 적용의 차이가 크지 않음을 볼 때, 부모교육을 통하여 가정 내에서 의례교육의 기회를 가질 수 있도록 하는 방안이 강구되어야 하며, 학교나 사회교육을 통한 우리의 전통가정의례에 대한 의미나 가치교육도 필요하다고 판단된다.

## V. 요약 및 결론

본 연구는 여대생을 대상으로 가정의례에 대한 공감과 적용 수준을 조사하고 배경변인에 따른 가정의례 공감과 적용 차이를 분석함으로써 앞으로 가정의례교육에 필요한 기초자료를 제공하고자 함에 목표를 두고 이루어졌다. 가정의례에 대한 교육의 실태를 종합한 결과를 보면, 가정의례 교육경험은 67.2%가 있었으며, 가정의례교육 경험 장소는 학교(초·중·고)가 37.6%로 가장 높았고, 가정(부모님, 조부모님, 친지 등) 31.5%, 대학 강의 29.6%로 나타났다. 가정의례교육은 86.4%가 필요하다고 했으며, 희망하는 가정의례 교육의 장소는 학교 49.7%, 가정 39.1%로 높게 나타났다. 희망하는 가정의례교육으로는 상례 30.0%, 제례 26.3%, 가정의례에 대한 여대생의 공감과 적용을 토대로 한 가정의례교육 방향은 혼인례 25.1%, 성년례 11.4%, 생일의례 7.1% 순이었다.

가정의례 수행 희망 장소는 백일 또는 돌을 치르는 장소로는 가정 밖 60.0%, 가정 내 40.0%로 나타났다. 회갑, 칠순, 팔순 등의 생신을 치르는 장소로는 가정 밖 74.5%, 가정 내 25.5%로 나타났으며, 평소 생일은 가정 내 77.1%, 성년례는 가정 내 54.2%였으나, 혼례는 가정 밖 90.9%로 나타나 차이를 보였다. 상례는 가정 밖 75.8%, 가정 내 24.2% 순으로 나타났으며, 제례는 가정 내 76.5%, 가정 밖 23.5%로 나타나 상례와 제례는 매우 다른 양상을 보였다. 한편 가정의례의 하위영역별 가정의례 공감수준은 상례>제례>생일의례>성년례>혼례 순이고, 실제 적용은 상례>제례>혼례>생일의례>성년례 순이었다. 또한 가정의례 공감과 적용의 차이는 성년례>생일의례>제례>상례>혼례 순으로 나타났다.

가정의례의 하위영역별 공감과 적용의 차이분석에서 각 의례별 공감 적용 차이가 가장 큰 세부 내용을 중심으로 한 결과를 보면, 생일의례는 '백일이나 돌떡은 이웃이나 친지에게 돌려야 한다.'가 공감(3.61)과 적용(3.25)이, p<.001 수준에서 가장 유의한 차이가 나타났고, 성년례는 '성년의 날은 어른으로부터 술 마시는 법도를 배워야 한다.'가 공감(3.31)과 적용(2.70)이 p<.001 수준에서 가장 유의한 차이가 나타났다. 혼례에서 '혼인날을 정했어도 양가에서 초상이 나면 탈상 후로 미루어야 한다.'는 공감(4.14)과 적용(3.76)이 p<.001 수준에서 유의한 차이가 나타났다. 상례에서 '상가(喪家)에 가면 예법에 맞는 조문예절로 인사를 행해야 한다.'는 공감(4.30), 적용(4.20)이 p<.001 수준에서 가장 유의한 차이가 나타났다. 제례에서 '아들이 없는 경우 딸이 추도식이나 제사를 주관해야 한다.'는 공감(4.19), 적용(3.84)의 차이로 p<.001 수준에서 가장 유의한 차이가 나타났다.

배경변인에 따른 가정의례 공감과 적용의 차이분석을 한 결과는 총 18개의 배경변인 중 형제 순위, 본인 종교, 아버지 종교, 어머니 종교, 성장지, 가정의 한 달 총수입, 가정의례교육 경험여부, 교육경험 장소 등 8개 변인에서만 차이를 나타내었다. 가정의례 및 생일의례는 가정의례 교육경험이 있는 집단보다 없는 집단($p<.05$)에서 가정의례 공감과 적용의 차이가 나타났다. 성년례는 성장지($p<.05$)와 가정의례 경험여부($p<.01$)에서 유의한 차이가 나타났다. 가정의례 교육경험이 있는 집단보다 없는 집단에서 차이가 크게 나타났고, 혼례의 공감과 적용의 차이는 본인 종교($p<.05$), 아버지 종교($p<.05$), 어머니 종교($p<.05$)에서 유의미한 차이가 나타났다. 상례의 공감과 적용의 차이는 한 달 총수입($p<.05$), 교육경험 장소($p<.05$)에서 유의미한 차이가 나타났으며. 제례의 공감과 적용의 차이는 형제 순위($p<.05$), 교육경험 장소($p<.01$)에서 유의미한 차이가 나타났다.

이상의 결과를 토대로 결론과 함께 제언을 하고자 한다.

첫째, 조사대상의 가정의례의 공감과 적용 결과에는 전통성과 현대성이 공존하며, 현대의 변화를 수용하는 측면과 전통적 가치를 고수하는 이중성이 단적으로 드러나 있다. 특히 성년례는 공감과 적용에서 유의한 차이가 크게 나타나 성년례에 대한 필요성을 인식하고 있으나, 의미 있게 적용되지 못하는 현실을 반영한 것임을 보여주고 있다. 시대와 환경의 변화에도 불구하고 가정의례의 근본정신은 변함이 없지만 가정의례를 행하는 때와 장소, 상황, 형식 등에 따라 달라질 수 있다. 따라서 급변하는 사회상황과 트렌드를 따를 수밖에 없는 현대생활이지만, 동시에 우리가 유지해 왔던 전통적 가치에 대한 교육이 반드시 병행되어야 함을 시사하는 바라 할 것이다.

둘째, 가정의례문화교육의 실태를 살펴본 결과 67.2%가 가정의례 교육을 받은 경험이 있으며 교육장소로는 학교와 가정이 가장 많았다. 앞으로 가정의례교육의 필요성에 대해 86.4%가 필요하다고 응답하였고, 교육을 원하는 장소는 학교와 가정이 가장 높았다. 따라서 학교를 중심으로 한 가정의례교육을 실천할 수 있는 교사교육뿐만 아니라 부모교육까지 확대 적용될 수 있는 방안을 강구할 필요가 있다고 본다. 또한 전통만 재현하고 보여줄 것이 아니라 현대사회에 좀 더 적합한 교육으로 구성되어야 하며, 실습을 겸한 실천적 교육이 되어야 할 것이다.

셋째, 연구결과 본인 종교를 제외한 성장지, 가정의례교육 경험여부 및 교육경험 장소는 기존의 연구에서 유의미한 변수로 나타나지 않았던 새로운 관련 변수임을 확인하였다. 특히 가정의례교육 경험여부는 의례에 대한 공감과 적용에 유의미한 변수가 됨을 볼 때, 의례교육의 필요성을 재확인할 수 있었다. 의례에 대한 배움이 없고, 확실한 가치의식이 뒷받침되지 않을 때 혼란과 정체성 없는 의례문화가 자리매김 될 우려가 크므로, 이에 대한 교육적 가치를 재인식하고 실현하도록 해야 한다. 특히 가정의례교육 경험이 가정에서 이루어졌을 때, 공감적용의 차이가 적게 나타남을 볼 때 위에서 강조한 가정내에서 부모가 중심이 되는 가정교육을 통한 가정의례 경험이 의미가 있음을 다시 확인할 수 있었다. 한편 이외의 관련 변수에 따라 가정의례의 공감과 적용이 차이를 나타내는 것을 감안하여, 교육 시 대상의 특성을 고려한 교육프로그램 구안이 필요하다고 사료되며, 특히 종교적 차이로 인하여 가정의례 수행 시 마찰이 없도록 각 종교별 가정의례의 특성과 절차, 상호이해 부분도 교육에 포함되어야 한다. 그리고 상·제례에 대한 실천적 교육방안도 강구되어야 한다.

넷째, 앞으로 가정 밖에서 수행할 것으로 보이는 의례는 상례, 혼례가 가장 두드러지므로, 관련 의례산업의 활성화가 기대되며, 의례산업 종사자 또는 전문가를 대상으로 한 의례교육도 필수적으로 이루어져야 할 것이다.

다섯째, 연구결과를 바탕으로 가정의례교육을 위한 교육 방안을 세부영역별로 제시하면, 생일의례의 경우 백일이나 돌은 성장하는 아기의 무병장수와 축복을 기원하는 의미가 담겨있음을 강조하여 교육할 필요가 있다. 그리고 성년례는 반드시 필요한 통과의례이나, 조사대상자들은 초례를 통한 술에 대한 예법을 배우는 것이 성인으로서의 책무를 일깨우는 과정임을 인식하고 있지 못함을 볼 때, 청소년시기에 성년이 되기 이전에 사전교육으로 성년례의 중요성과 의미 등을 미리 깨달을 수 있는 교육기회를 부여해야 할 것이다. 한편 혼례에서는 함보내기와 받기, 폐백 등에 대하여 한국의 혼례문화로 받아들이고 지켜갈 수 있는 교육과, 조문예절이나 제사의 본질적 의미 교육 등도 가정의례교육 내용에서 강조되어야 한다.

후속연구를 위해서는 세대별 가정의례의 세부내용에 대한 공감과 적용의 비교연구나 종교별 가정의례의 공감과 적용연구, 가정의례교육에 대한 체계적인 교육프로그램 개발, 나아가 교육의 효과성을 검증하는 후속 연구도 필요하다. 본 연구는 조사대상이 제한되어 있고, 각 의례에 대한 내용을 세부적으로 적용하지 못한 한계점은 있으나, 최근 한국문화에 대한 관심이 고조되고 있는 시점에서 우리의 가정의례문화는 어떠한 형식으로 전개되어 나갈 것인지에 대한 이해가 필요하다고 보아 수행된 연구이다. 따라서 우리의 문화적 속성이 반영되는 가정의 의례생활을 중심으로 공감과 적용의 실태를 파악하여, 교육에 기초가 될 수 있는 결과를 찾아본 데에 의의를 두고자 한다.

## <참고문헌>


구숙회 · 최배영(2011). 「서울시 중년기 주부의 추모의례에 대한 인식 연구」. 한국가족자원경영학회지, 15(2), 23-44.

계선자 · 이정우 · 박미석 · 김연화(2005). 「성년례 프로그램 모형개발 및 성년례 참여자 만족도」. 한국가족자원경영학회지, 학술대회논문집, 76.

김득중(2005). 『실천예절개론』. 교문사.

김득중(2007). 『지향가정의례』. 중화서원.

김순진(2003). 「성년례의 활성화를 위한 모형개발 연구」. 성신여자대학교 문화산업대학원 석사학위논문.

김신연(2001). 『전통생활예절』. 민속원.

김인옥(1997). 「전통제례에 관한 생활문화적 고찰과 현행제례의 실태연구」. 성신여자대학교 대학원 박사학위논문.

김인옥(2007). 『가정의례연구』. 한국학술정보.

김인옥 · 안혜숙(2003). 「제례에 대한 대학생의 의식 및 수행에 관한 연구」. 대한가정학회지, 41(3), 113-129.

김인옥 · 안혜숙 · 주영애(2006). 「수연례에 대한 대학생의 의식조사」. 한국전통생활문화학회지, 9(2), 65-74.

김인옥(2008). 「예식업종사자의 전통혼례에 대한 의식과 태도 연구」. 한국생활과학회지, 17(6), 1181-1195.

문옥표(1997). 「가정의례에 나타난 한국인의 예절 : 전통관혼상제를 중심으로」. 인문과학76 · 77합집, 153-180.

문종필(2007). 「초등 사회과 관혼상제 관련내용 및 학생인식 분석」. 서울교육대학교 교육대학원 석사학위논문.

박혜인(2001). 「가정의례의 변화와 21세기의 지향 모색」. 한족가족복지학, 6(1), 31-54.

박명옥 · 최배영(2004). 『테마가 있는 예절이야기』. 새로운 사람들.

송재용(2010). 『한국의례의 연구』. 박문사.

심 영(2006). 「속담에 나타난 소비가치를 중심으로 한국 전통소비문화 연구」. 소비자학연구, 17(2), 85-113.

안혜숙 · 주영애 · 김인옥(2002). 『한국가정의 의례와 세시풍속』. 신정.

오원경(2003). 「혼례, 상제례 속의 다례속」. 중국사연구, 22, 129-159.

오재환(2001). 「한국의 근대화 의례 연구 : 박정희 시대를 중심으로」. 부산대학교 대학원 박사학위논문.
옥선화·진미정(2011). 「가족가치관과 생활문화의 세대비교 : 가족의례를 중심으로」. 대한가정학회지, 49(4), 67-76.
유덕선(2009). 『한국인의 관혼상제』. 홍문관.
이기숙(2004). 「낙동강 남부지역의 상례문화실태조사 : 부산의 교사집단을 중심으로」. 한국가정관리학회지, 22(5), 7-11.
이길표(2000). 『전통가례』. 한국문화재보호재단.
이동필(2004). 「울산시 고교생들의 예절 및 관혼상제 인식에 대한 조사」. 울산대학교 교육대학원 석사학위논문.
이승연(2008). 「초·중등학교 전통예절교육에 관한 소고 : 제례에 대한 학생들의 인식을 중심으로」. 초등도덕교육, 28, 216-240.
이정우·김명나(1990). 「도시주부의 혼·제례에 대한 의식과 행동에 관한 연구」. 대한가정학회지, 28(1), 105-124.
이정우·김명나(1993). 「주부의 가정의례에 대한 의식·행동 및 만족도에 관한 연구 : 결혼식·제사 및 회갑연을 중심으로」. 생활과학연구지, 8, 23-50.
이지영(1998). 「전통사회 혼인에 관한 대학생의 의식 조사 연구」. 성신여자대학교 대학원 석사학위논문.
이희재(2007). 『한국의 전통의례』. 한국학.

# 가족행사로서의 성년례*

주영애

## Ⅰ. 서론

예로부터 "예(禮)는 나라를 다스리는 근본이요, 관례는 예를 행하는 시초이다. 하늘을 본뜬 것이 관(冠)의 제도이고 성인이 되게 하는 것은 관례의 뜻이다. 관례를 행한 뒤에야 인도가 갖추어지고 인도가 갖추어진 뒤라야 예의가 서게 된다."(현종 때 왕세자 이돈(李焞)의 교시, 玄宗改修實錄 38集 16面 11년 3/9 병인)라고 하였다. 이는 관례를 행한 뒤라야 비로소 한사람의 성인이 되어 기존 사회에 합류할 수 있음을 말하는 것이다. 즉 관례를 치룬 후 혼인을 할 수도 관직의 길로 나갈 수도 있는 완전한 성인이 되는 것으로 인식되었다.

20세기 중반까지만 해도 만 20세가 되면 지역이나 마을 단위로 어

---

* 본 논문은 2010년 『한국가족자원경영학회』의 「한국가족자원경영학회지」 14권4호에 실린 "가족행사로서의 성년례 정착을 위한 방안연구 : 어머니들의 성년례에 대한 인식과 실천사례를 중심으로"의 일부임.

른들을 모셔놓고 성년이 되었음을 축하하는 전통의례를 치르는 곳이 많았으나, 갈수록 서양식 성년례에 밀려 전통성년례의 모습은 거의 찾아보기 어렵게 되었다. 현재는 전통성년례에 담긴 사회적 의미를 깨우쳐 주고자 하는 성년의 날 행사를 하고 있다. 각 문화권에서도 다양한 형태의 성인식을 해 왔고, 우리 사회에서도 예로부터 어른으로서의 자각과 책임을 일깨우는 의례 교육을 실시하여 사회의 일원으로 합류시킴으로써 사회의 가치관을 전승하고 유지 시켜왔다.

핵가족화로 위계질서 교육이 위협받는 현대사회에서 과보호로 양육된 자녀들은 성인이 되어도 심리적 독립이 이루어지지 않고 자신들의 권리에만 민감하고 사회적인 책임과 의무는 깨닫지 못하는 경우가 많아졌다. 실제로 신체적으로 성숙된다는 것과 성인으로서의 삶의 태도를 갖고 성숙한 사회인으로 인정받는 것과는 차이가 있다.

근래에는 국가기관이나 관광서 및 사회단체에서 사회적 책임과 의미를 깨닫게 하는 관례를 '성년례'라 칭하면서 그 필요성을 강조하고, 집단성년례 형식으로 다양하게 의식을 시행하고 있다. 성년례는 여러 단체에서 행해지고 있다고는 하나 성년을 맞는 이들 중 소수만 참여할 기회를 얻고 있고 특히 집단 성년례의 특성상 대표자 몇 명만 온전한 의식을 경험하며 그 밖의 참여자 대다수는 방관자의 입장에 있기 마련이다. 따라서 성년례를 치르면서도 어른으로서의 책무를 일깨우는 뜻을 내면화하기에는 매우 어렵다. 대다수의 성년자가 제외되고 소수를 위한 의식으로서 끝나는 현행 성년례의 문제를 해결하고 통과의례로서의 성년례를 경험하기 위해서는 개별성년례 형태로 진행되는 방안을 강구해야 할 것으로 본다. 선행연구(이정우 · 김연화 · 김경아 2000; 조희선 · 이혜자 · 이윤정 2002)에서도 이와 같은 문제점들이 지적되었다. 이를 변화시키기 위해서는 각 가정에서 관례자 중심으로 이루어졌던 전통성년례의 의미를 되새겨 볼 필요가 있다고 판단되었다. 그러나 선행연구에서는 조사대상이 성년자 당사자인 경우가 대부분이었고, 그들의 성년의례에 대한 만족도나 필요성에 초점이 맞춰져 있었다. 이는 성년자의 희망사항이 성년례 모델을 구성해 가는데 있어서 참고자료가 될 수는 있으나, 가족의 행사로서 성년례를 자리매김 시키고자 하는 측면에서는 행사 주관자의 인식을 파악할 수 없다는 한계점이 있다. 현대 가정에서는 전통 성년례를 하기에는 어려운 점이 많고, 특히 행사를 주관해야 하는 부모세대가 성년례를 경험하지 못한 세대이므로 그 행사의 의미나 필요성, 형식 등에 대해 인식하지 못하는 경우가 많을 것으로 본다. 따라서 우리나라 성년례의 변화과정과 선행연구를 고찰하고, 성년례를 행하였거나 행할 대상의 자녀를 둔 어머니들을 중심으로 성년례에 대한 인식조사와 실천사례를 살펴보고자 한다. 이를 바탕으로 가족행사로서의 성년례 정착을 위한 기초자료를 제시하고자 하며, 보다 현실적인 실천 방안을 제안하는 데에 연구의 목적을 둔다.

## II. 이론적 배경

### 1. 성년례의 변화과정

전통성년례는 고려 광종 16년(956)에 왕자에게 원복례(元服禮)가

행해졌다는 기록이 있으므로 관·계례의식(冠笄禮儀式)이 기록되어 있는 중국의 『예기(禮記)』가 우리나라에 도입된 시기인 신라 신문왕 6년(686년) 때 같이 들어온 것으로 추측된다(김순진, 2003). 그 후 성년례는 고려시대를 거쳐 조선시대 사대부를 중심으로 널리 행해졌다.

전통 성년례는 남아에게 상투를 틀어 갓(관)을 씌우고 어른의 옷을 삼단계로 갈아입히는 관례와 여아에게 어른의 복식을 입히고 쪽을 찌고 비녀를 꽂아주는 계례가 있다. 『예서(禮書)』에 의하면 남아의 경우 15세에서 20세 사이의 정월에 택일하여 관례를 하였으며 3일 전에 주인이 사당에 고하고, 예에 밝고 덕망 있는 어른을 빈(賓)으로 모셔 관례를 주관하게 하였다. 관례는 세 단계의 절차를 거치는데 첫 단계는 어린이 세계에서 분리됨을 뜻하는 분리의례이며 두 번째 단계는 어린이 세계에서 어른 세계로 이동하는 경과 의례의 성격을 띠는 정화의례로서의 술의 의례이고, 세 번째 단계는 어른 세계로의 통합을 뜻하는 의미로 자(字)를 지어주는 의례로 진행된다.

첫 단계 분리의례는 삼가례(三加禮)로 아이 때 입던 동자복 차림으로 식을 시작하여 성인이 되면 입게 될 어른의 평상복-외출복-예복의 순서로 세 번에 걸쳐 예를 갖춘 어른의 모습으로 옷으로 갈아입히면서 실제로 아이에서 어른으로 변화되는 과정을 구체적으로 보여줌으로써 성인이 되었음을 알린다. 이는 어른의 옷으로 바꾸어 입었으므로 어린아이의 허물을 벗고 어린이의 세계로부터 분리되었음을 나타낸다. 두 번째 단계인 경과 의례는 술의 의례인 초례(醮禮)이다. 이는 어른이 내려준 술을 마시는 것으로 새로운 지위와 관계, 그리고 질서의 형성을 상징하는 의례이다. 술로 예를 행하는 것은 어린이에서 어른으로 옮겨가는 과도기의 경과의례이자 신성한 의식인 정화의례이다. 세 번째 단계인 자관자례(字冠者禮)는 관례자에게 새로운 이름인 자(字)를 주어 성인이 되었음을 나타내는 것으로, 어린이를 벗어나 기성사회로의 통합을 상징하는 의례이다. 초대받아 온 빈객(큰손님)이 관례자에게 이름을 지어 주는데 이는 어른으로서 탄생을 상징한다. 의례가 끝나면 사당에 가서 조상에게 어른이 되었음을 고한 뒤 밖에 나와 친척과 마을 어른을 찾아뵙고 절을 하여 어른이 되었음을 알린다. 또한 주위의 어른들은 관례자를 축하하고, 어른으로 대우하여 말씨도 '해라'에서 '하게'로 바꾸며 절을 하면 맞절을 해 준다. 이처럼 관례를 치른 후에야 어른으로 인정받게 되었다. 이러한 전통적인 관례는 조선시대 후기에 변화를 겪게 되었는데, 삼가례를 행하는 것이 경제적으로 힘들었던 대부분의 경우 간소하게 행하고, 10세가 넘으면 혼례를 서둘렀던 조혼의 풍습으로 인해 관례는 혼례과정에 흡수되어 사회적 의의가 약화되기 시작하였다. 1894년 갑오경장 이후 시행된 단발령으로 인해 상투와 관으로 상징되던 관례의 형태도 그 의의를 잃게 되어 점차 사라지게 되었다. 이후 우리 사회는 급격한 산업화와 도시화의 과정을 거치면서 전통가정의례 전승의 주축을 이루고 있던 종가와 한마을 단위 집성촌이 붕괴되어 성년례마저 자취를 감추게 되었다. 박대순(1987)은 전통적 의미의 관례가 없어진 이유에 대해서 다음과 같이 분석하였다. 첫째 사례(四禮) 중에도 관례는 혼례나 상례에 비해 그 행사 후의 결과가 뚜렷하지 않다는 점, 둘째 조선 후기 청나라의 영향으로 변발풍습이 유행한 점, 셋째 을미개혁 때 내린 단발령, 넷째 관례가 결혼의 전제적 행사가 되면서 점차 약혼식과 융합되어 버린 점이라고 하였다.

1969년 12월 4일 동아일보에 박일봉이 '성년일(成年日)' 제창(提

唱)을 제안하여 이를 계기로 '재건국민운동중앙회'가 주관하여 1971년 첫 성년일 축하식을 올렸다. 그 뒤 1972년 3월 30일에 대통령령 제6615호에 의거 4월 20일을 '성년의 날'로 정하고 1973년 4월 20일에 제1회 '성년의 날' 행사를 국가차원에서 거행하며 관심을 갖게 되었다. 이후 여러 과정을 거친 후에 1999년 8월 31일 관례를 성년례라 하여 매해 5월 세 번째 주간을 성년 주간으로 정하게 되었다. 2008년에는 민법이나 건전가정의례준칙에서 성년자의 연령을 만 19세로 정하여 시행하게 되었다. 현대 성년례의 기본적인 형태는 머리와 의복의 변화로 행해지기가 어려운 삼가례(三加禮)와 쓰임이 없어진 자를 지어주는 명자례(名字禮)는 생략되고, 현대의 흐름에 맞게 성년 선서 및 성년 선언을 행하고 성년이 되어 처음 마시는 술의 의식을 행함으로써 어른으로서의 책무를 일깨우는 의식을 거행하게 되었다. 성년례는 주로 기관이나 사회단체에서 주도하는 집단 성년례의 형태로 시행됨에 따라 참석인원, 장소, 성년례의 절차나 형태 등도 주최 측의 사정에 따라 결정되고 있다. 이는 자칫 주최 측의 편의에 의해 성년례의 본질이 훼손될 우려가 생길 수도 있으며 집단 성년례의 특징상 성년자 개개인에게 의미 있는 성년례가 되지 못할 수 있는 한계점이 있지만, 이러한 형식이 널리 이어지고 있다.

일반적인 현대 성년례는 한두 명의 관・계례자를 대표로 전통성년례의 모습을 보여주고 나머지 참여 성년자들은 집단 형식으로 성년 선서, 성년 선언을 하고 큰손님의 특강을 듣는 걸로 진행되고 있다. 이는 전통적인 것과 현대적인 것을 혼합한 절충형식으로 복식과 절차 등에서도 절충형식으로 진행된다. 현대 성년례의 유형을 보면 주로 부모를 배제하고 성년자들 중심으로 진행되고 있으며 의복은 남자는 도포를 입고 유건을 쓰고 여자는 노랑 저고리와 빨강 치마, 혹은 당의를 입고 화관을 쓰는 것으로 간소하게 진행되고 있다. 이러한 현대 성년례는 성년례가 본격적으로 시행되던 1990년대 말부터 현재 2010년까지 10년 이상 행해져 오면서 그 형식적인 기틀은 어느 정도 갖추어져 가고 있지만 집단 성년례가 갖는 한계점과 그에 따른 문제점도 보이고 있다. (사)한국가정생활개선진흥회가 성년례를 치른 성년자들을 대상으로 설문조사한 결과를 보면 기관에 의한 단체 성년례를 치른 사람들의 경우 너무 형식적이어서 지루했으며, 인원이 많아서 본인은 들러리를 선 것 같았다는 응답이 33%로 나왔다. 또한 가족과 함께 하지 못해 아쉬웠다는 응답도 37%였다.(한국가정생활개선진흥회, 2003) 이와 같은 결과는 집단 성년례가 갖은 한계점을 지적한 바라 할 수 있다. 한편 외래문화가 유입되면서 전통의 관례와는 다른 성인식이 20세 무렵 청년기들의 또래문화로 등장하기 시작했다. 이들은 성인식에 성과 관련된 의미를 부여하여 꽃이나 향수를 선물하고 술을 마시며 서로 축하 행사를 갖는 등 기존의 전통 성년례와는 본질적으로 다른 의미의 성인식을 하고 있다. 대학생의 성년식 실태조사에 의하면(조희선 외, 2002) 가족과 함께 하는 경우는 다행이나 친구 또는 선배들과 하는 경우가 대부분이며, 이러한 경우, 식사 후 술집으로 가 쓰러질 때까지 마시거나, 나이트클럽이나 성인전용극장에 가보거나, 이성 친구와 오감에 맞는 장미나 향수, 사랑한다는 말, 초콜릿, 키스 등 선물을 하거나, 남자의 경우 선배로부터 성매매 여성과의 관계를 제공받기도 하는 등 무분별한 성인들의 향락적 행위 모습을 따라 하기도 한다. 이는 성년례가 어른으로서의 책무를 일깨우는 의례임에도 불구하고 그 의미보다는 즐기는 문화로서 청소년들 사이에 인식하게 되었음을 보여 준다. 이는 과도기에 있는 청년기 학생들에게 성년례의 본질이 온전한 인격체로서 자신의 행위와 사고를 책임지는 것이 어른이라는 깨달음을 그 의례를 통해 가르쳐야 할 부모와 사회가 그 역할을 행하지 않음으로써 발생된 현상이라고 보지 않을 수 없다. 즉 부모와 자녀만으로 이루어진 핵가족화와 입시위주의 교육으로 인하여 가정과 학교에서도 청소년기의 학생들에게 성인으로서의 가치관 정립과 법적, 사회적 정당한 권리나 의무에 대한 제대로 된 교육이 이루어지지 않은 데에 기인한 바도 크다. 이에 사회적으로 각종 사회현상이 야기되고 이를 우려한 뜻있는 단체에서 현대에 맞게 고쳐진 새로운 형태의 성년례를 시행하기에 이른 것이다. 한편 최근에는 청소년들 스스로 자성을 통해서 성년의 날을 의미 있는 날로 여기고, 기존의 소비 향락적인 성년의 날 문화에서 벗어나 나눔을 실천하는 '아름다운 성년의 날 페스티발'이라는 형식에 동참하자는(2010. 5. 17. 뉴시스) 캠페인도 나타나고 있다.

## 2 선행연구

성년례에 대한 선행연구로는 박대순(1987) · 김상보(1989) 등이 문헌을 중심으로 조선시대의 관례연구를 하여 그 성격과 절차, 구조, 의의 등에 대한 내용을 제시하였다. 전통성년례의 어려운 점을 감안한 새로운 성년례 모형개발 연구는 조희진 · 김정신 연구(1998)를 비롯하여, 이정우 · 김연화 · 김경아(2000), 조희선 · 이혜자 · 이윤경(2002), 김순진(2003), 이동필(2004), 계선자 · 이정우 · 박미석 · 김연화(2005)

연구 등이 있으며, 한국 성년식의 교육적 의미에 대한 이승원(2006) 연구, 전통관례와 현대 성년례 복식에 대한 김혜경(2008)·김은희(2009), 새로운 성년례 활성화 방안을 제시한 신상구(2010) 등의 연구가 있다.

김순진(2003)은 성년례의 활성화를 위한 모형개발연구에서 전통관례와 현대성년례의 차이를 분석하면서 그 시행의 변화를 다섯 가지로 구분하여 설명하였다. 첫째, 시기의 차이로 전통은 남자 15~20세, 여자 15세였는데 현대 성년례는 법률적으로 만 19세가 되는 해에 5월 셋째 주 중 주최 측의 편리한 날짜에 진행하며, 둘째, 전통 성년례가 개인을 대상으로 하는데 반해 현행 성년례는 대부분 집단을 대상으로 하고 있다. 셋째, 전통의 경우 부모가 성년례를 주관하므로 부모의 역할이 컸으나 현행 집단 성년례에서는 회사, 학교, 각 단체가 그 역할을 대신하게 됨에 따라 실제 부모는 행사에 단순히 참여할 뿐이므로 부모의 역할이 거의 사라졌다고 할 수 있다. 넷째, 복장의 절차가 간소하게 변화하였다. 다섯째, 현대 성년례에서는 자를 지어주는 것이 사실상 불가능하게 되어 명자례 절차가 생략되었다. 대신 성년 선서, 성년 선언을 함으로써 성인으로서의 의미를 되새기는 의식을 행하게 되었다. 이렇듯이 사회의 변화에 맞춘 현대식 성년례가 요청될 수밖에 없음을 제시하고 있다.

이승원(2006)은 현대 성년식의 교육적 의의를 다양하게 제시하였다. 즉 성년식은 가정교육과 학교교육의 한계를 극복하고 보충하는 또 다른 사회 함의적·교육적 차원으로서 중요하다고 보았다. 교육은 개인적 차원이 아니라 철저하게 사회적·공공적인 차원의 것이고 사회구성원 모두가 책임져야 한다는 의미를 새겨 볼 필요가 있으므로 교육상실의 위기 속에서 성년식을 새롭게 회복해야 하는 책임을 강조하였다. 성년식을 통해 성인으로 인정해주는 사회적 의례로서 자리잡아갈 때 그 교육적 의의도 매우 클 것이라 하였다. 성년식을 위한 사전교육의 필요성으로 집중 독서, 국토순례, 금연학교 입학, 기아체험 등의 방법도 제안하였으며, 성년식 정착과 효과를 위해 종교교육의 긍정적인 기능회복도 필요하다고 보았다. 즉 종교교육과 활동을 통해 성인으로서의 삶을 준비할 수 있고, 종교기관들이 성년식과 관련하여 적극적인 참여가 이루어지면 성년식 정착에도 기여할 것이라 주장하였다. 조희진 · 김정신(1998)은 대학에서의 집단성년례 실시를 목적으로 연구하여 집단성년례의 모델을 모색하기도 하였고, 이정우 · 김연화 · 김경애(2000)는 국가적 차원에서 보다 규범화된 성년례문화 보급을 제안하면서 성년례의 필요성을 성년자가 인식하도록 선도책으로 교양과목의 활성화 및 전통과 현대가 어우러진 다양한 성년례 프로그램의 개발을 제안하였다. 그리고 조희선 · 이혜자 · 이윤경(2002)은 전통의례의 의미를 훼손하지 않으면서도 현실적 상황과 조건에 맞는 성년식의 재구성이 필요하다고 하였고, 성년자 개개인이 주인공이 되는 개별 성년식의 시행을 권장하되 단체에서도 참가인원을 조절하는 방법이 바람직할 것이라 하였다.

한편 오환일 · 김정신 · 이행숙 · 조희진(2002)은 중국연변의 조선족 학생 40명을 대상으로 성년례와 전통예절을 교육하고 성년례를 시행한 후 설문조사를 실시하였다. 이 연구는 성년자로 하여금 한국인으로서의 자부심과 정체성을 가질 수 있도록 했다는 결과를 제시하였다.

계선자 외 연구(2005)는 숙명여대 건강가정지원센터와 숙명여대가 공동주최하는 숙인당 후원의 성년례 프로그램 참여자 600명을 대상으로 연구한 결과, 전통과 현대를 조화시키고 은사님과 부모님을 모시고 한 행사를 포함한 성년례 행사에 만족도가 높은 것으로 나타났다. 또한 지나친 상업성에 치우친 왜곡된 성년례를 지양하도록 하고 참여자들의 특성과 요구도를 고려한 프로그램이 개발되어야 한다는 점을 제시하였다. 그리고 성년례 특강, 성년례 정착을 위한 연구, 건전 성년례 프로그램 모형개발, 예비부부 교육으로서 성년례 확산을 위한 건강가정센터 가정문화 프로그램의 개발과 실제 행사 증가를 기대하였다. 그리고 최근 김은희(2009)는 성년례의 문화콘텐츠화 방안으로 성년자 생일축제와 연계한 성년례를 제안하였다. 성년례에 관한 의식조사를 병행한 연구 제안은 아니었으나, 성년례를 활성화할 수 있는 방안을 제시한 시론적인 내용으로 현대의 성년례에 대한 관심과 발전가능성을 모색하고 있어, 앞으로 이와 관련한 다양한 연구와 활성화 방안들이 제시되어야 할 것으로 보인다. 이외에 새로운 문화콘텐츠로부터 성년례 활성화를 이끌어 낸 신상구(2010)는 옛길을 활용한 성년례의 활성화 방안이라는 흥미로운 연구를 발표했다. 성년례는 인생에 있어서 터닝 포인트로서 역할을 해야 하는데 전통적인 관례가 우리의 저변으로 돌아오기 위해서는 현대사회가 필요로 하는 놀이와 즐거움, 거기에 교훈이라는 여러 의미를 담아야 할 것으로 보고, 그 의미를 옛길에서 찾고자 하였다. 인생의 출발점에서 행해지는 관례에서 역사와 인생을 담고 있는 '옛길'을 걷게 하는 것은 자신의 과거를 돌아보고 현재를 생각하며 미래를 전망할 수 있는 소중한 기회가 될 것이라고 전제하고 신문왕로 길을 걷는 프로그램을 마련하였다. 즉 신문왕로는 신문왕이 부왕인 문무

왕을 만나러 가던 길, 문헌에 여정이 정확하게 나와 있는 길이며, 또 신문왕은 관례와 직접 관련이 있는 『예기』라는 책을 처음으로 우리나라에 들여온 왕이라는 점이다. 이 옛길 위에서 성년례의 통과의례 프로그램을 만들었고, 분리・조정・재생・통합이라는 4가지의 과정을 넣어 세부적으로 '자아-상생수양-세신-성인탄생'이라는 단계로 전개하였다. 인문학에서의 스토리텔링연구가 이루어지고 있는 상황에서 이 연구는 성년례에 적용 가능한 관심을 받을 수 있는 내용으로 생각된다.

이상과 같이 선행연구에서는 전통성년례의 의미를 살리면서도 현대적으로 수용발전 시킬 수 있는 모델을 제안하고, 형식은 집단 혹은 개별로 이루어질 수 있지만, 성년자가 그 의미를 인식하고 내면화될 수 있는 방법이 요구된다고 제언을 하고 있다. 현재까지의 연구는 성년자 당사자들을 중심으로 한 연구가 대부분이다. 성년례를 가정의례로 인식하고 개별성년례로 자리매김할 수 있도록 그 주관자인 부모를 중심으로 한 연구는 없었다. 따라서 전통사회 가정의례의 본질적인 의미를 살리면서 현대에 적합한 가족행사로서의 개별성년례를 제안하기 위해서는 기초연구로서 성년자를 둔 어머니들의 인식연구가 필요하다.

## Ⅲ. 연구방법

본 연구에서 설정한 3가지의 연구문제는 다음과 같다.

1) 어머니들의 자녀 성년례 실천 사례는 어떠한 특성을 보이는가?

2) 어머니들의 성년례에 대한 인식은 어떠한 경향인가?

3) 어머니들이 희망하는 가족행사로서의 성년례는 어떠한 경향인가?

연구를 위해 작성된 도구는 관련문헌과 선행연구 고찰을 토대로 문항을 개발하였으며 2010년 3월 1일부터 4월 2일까지 관련전공 교수와 대학원생을 중심으로 4차의 도구개발 회의 후 수정보완작업을 거쳤다. 1차 완성된 설문지는 성년례를 행하였거나 행할 대상의 자녀를 둔 40~50대 전업주부 20명을 대상으로 심층 면접지를 구성하였다. 그리고 가족행사로서의 성년례에 대한 희망문항을 보완하여, 2차 질문조사를 위한 도구를 완성, 최종적으로 조사 대상의 일반적 특성 6문항과 성년례에 대한 기존 인식조사 11문항, 앞으로 원하는 가족행사로서의 성년례에 대한 18문항으로 총 35문항의 반구조화된 설문지를 구성하였다.

사례조사는 성년례를 행하였거나 행할 대상의 자녀를 둔 어머니를 중심으로 이루어졌다. 조사기간은 2010년 4월 5일부터 15일까지였고, 40~50대 전업주부 20명은 면접조사자와 1:1로 1시간 정도 인터뷰를 했고 이를 녹음하였다. 고등학교 자모회를 중심으로 만난 어머니들의 면접을 시작하여 스노우볼 방식으로 자료 수집을 하였다. 녹음되었던 인터뷰 내용은 기본사항을 표로 정리하여 분석하였고, 개인적인 응답은 사례별로 정리하여, 제시하였다.

설문조사는 5월 1일부터 6월 25일까지 표집대상인 서울의 강동·강서·강남·강북 지역의 고등학교 자모회를 중심으로 한 대상자로부터 1차 자료를 수집하고, 연령과 조사지역의 분포를 고려하여 사례조사와 같은 방식으로 2차 자료수집이 이루어졌다. 총 420부의 설문지를 배부, 수집하여 이 중 부실 기재된 설문을 제외한 321부를 최종 분석에 활용하였으며, 조사대상의 지역적 분포는 강남 91명, 강동 99명, 강북 80명, 강서 51명이었다. 자료 분석은 SPSS 17 프로그램을 활용하여 연구문제에 따라 빈도분석과 t-test를 통해서 이루어졌다.

## Ⅳ. 결과분석

### 1. 조사대상의 일반적 특성

사례조사 대상자들은 총 20명으로 연령은 40대 12명, 50대 8명이었으며, 학력은 고졸 4명, 대졸 15명, 대학원졸 1명으로 이루어졌다. 월 소득은 500만 원 이상이 9명, 400~500만 원이 7명, 300~400만 원이 3명, 200~300만 원이 1명이었다. 종교는 기독교 8명, 무교 6명, 불교 3명, 천주교 3명이었다. 자녀를 2명 둔 어머니들이 13명, 3명을 둔 어머니들이 6명, 1명을 둔 어머니는 1명이었다. 한편 설문조사 대상자들의 연령은 주로 40대(56.7%)와 50대(31.2%)로 자녀들이 성년시기의 전후에 있는 경우였으며, 직업은 전업주부(62.9%)가 대부분이었다. 그리고 대졸학력자(73.5%)가 대부분이었고, 월 소득 400만 원~600만 원(41.1%)인 경우가 비교적 많은 편이었고 400만 원 이하(36.1%), 600만 원 이상(22.7%)의 순으로 나타났다. 종교는 기독교(40.2%)가 가장 많았고, 불교(25.2%), 무교나 기타(21.3%), 천주교(15.3%)로 나타났다.

## 2. 성년례 실천 사례

성년례의 실천 사례는 총 20사례 중 6개 사례만이 실천을 했다. 그리고 앞으로 자녀들에게 성년례를 해주고 싶은 경우는 9개 사례로 나타났고, 성년례의 의미도 잘 인식하지 못하고, 해줄 의지도 없는 경우가 5개 사례로 나타났다. 그 외 6사례는 자녀들이 이미 성장하여 해당사항이 없는 경우였다. 성년례 실천 사례들의 반응을 보면 다음과 같다.

> '자녀들의 만 20세 생일에 생일상을 차리고 가족이 모여서 축하해 주었는데, 아들한테는 아버지가 직접 술을 가르쳤고 교훈을 내려 주었어요. 아이들이 성년례를 해준 것을 무척 좋아했고 뿌듯해했어요. 긍지도 느끼고 자랑스러워했어요. … 선물로 금목걸이를 해 주었는데 몸에 계속 지니면서 좋아하고 있어요.'라고 하였다. (사례 9)

> '아들이 재수를 하기 때문에 기관이나 대학교에서 하는 성년례를 참가할 기회가 없어 섭섭해서 집에서라도 해 주고 싶었습니다.' '제 자신도 아들을 이만큼 키웠다는 뿌듯함이 있어서 아들이 20살 성년이 되는 날에 선물로 귀걸이, 속옷을 사주면서 축하해 주었습니다. 아들아이는 쑥스러워하면서도 좋아했어요. 전통 관례에 대해서는 잘 몰랐는데 그 의미를 알고 보니 참 좋아 보이고, 고3인 딸아이에게는 전통적인 성년례를 해주고 싶습니다(사례 3).'

> '처음으로 아빠가 쓴 축하편지와 선물을 받고 아이가 아주 기뻐했어요(사례 7).'

성년례를 치른 사례는 모두 아버지가 성년축하의식을 주도하는 경향이었으며, 자녀들은 새로운 가족 행사의 경험을 아주 기쁘게 받아들였다고 하였다. 주변 가족의 성년례 행사를 보고 행한 경우, 성년례에 대한 기초 지식이 없이 단지 축하해 주는 의미로 저녁 먹고 선물을 줄 때 아이들이 별 반응을 안 보였다는 사례도 있었다.

> '남동생 댁이 성년례에 대해 알려주어 알게 되었는데… 남동생 댁이 자기네 아이들 성년례를 해주었다고 자랑하는 말을 듣고 둘째 딸아이의 성년식을 해주었어요. 그리고 나서 친정식구들 상에서 유행처럼 아이들의 성년례를 해주었어요(사례 17).'

이는 성년례에 대해 부모가 지식을 갖고, 어떠한 내용의 성년 축하를 하느냐에 따라 그 교육적 효과도 달라질 수 있음을 보여준다. 조사 대상자 중 딸이 있는 어머니(사례 7,9)는 초경을 하게 된 딸에게 케이크를 사주고 축하해 주었다고 응답하였다. 그중 몇 명은 성년례를 성과 관련된 행사로 인식하고 있었으며, 특히 여자의 성년례는 초경과 관련이 있는 것으로 생각하고 있었다. 초경을 한다는 것은 성인의 초입에 들어간 것이라 여겨 바른 몸가짐에 대해 주의를 주어야 한다고 생각했으며, 여성이 되었음을 축하해 주었다고 응답했다. 따라서 딸이 있는 조사 대상자 중에는 딸의 초경만 축하해주고 만 19세 성인의 해에는 별도의 축하나 의례 없이 지난 경우도 있었다. 한 사례(사례 8)의 경우에는 아들의 몸에 음모가 난 것을 보고 이제 성인이 되었으니 몸가짐을 조심하라는 경각심을 일깨워 주었으며 케이크를 사주었다고 답했다. 이는 성년례를 성과 결부시킨 것으로만 이해하고, 우리 전통 성년례의 의미를 알지 못했기 때문이 아닌가 생각된다. 한편 성년례에 대해서 별다른 의미를 부여하지도 못할 뿐더러, 앞으로도 실천할 의지를 전혀 갖지 못하는 사례(사례 1, 14, 15, 18, 19)도 있었다.

'최근에 둘째 딸아이가 대학교에서 성년례를 했는데… 아이에게 별 변화도 없고, 나도 할 필요를 못 느껴요. 큰 딸아이는 미국 유학 중이고 막내 딸아이에게도 해 줄 마음이 없어요(사례 14).'

'성년례에 대해서는 잘 알지 못하고, 아이들한테 해 준 적도 없습니다. 그리고 해 줄 마음도 없어요(사례 19).'

또한 딸이 성년의 날에 선배들한테 선물을 많이 받아와서 아이들끼리 하는 문화로 생각했던 (사례 16) 경우도 있어, 어머니가 의례의 성격이나 의미를 알고 있지 못하므로 이를 실천하기 위해서는 많은 정보와 이해가 필요하다는 점을 시사해 주는 것이었다.

## 3. 어머니들의 성년례에 대한 인식

어머니들은 이전부터 성년례에 대해서 알고 있는 경우가 55.1%로 나타났으며 들어본 적이 있는 경우는 27.1%였고, 잘 모르겠다는 경우도 17.8%로 나타났다. 이는 어머니들의 연령에 따라 차이가 나타났는데(P<05), 연령이 높을수록 성년례에 대해서 질문에 응답하기 전부터 알고 있던 것으로 나타나 50대의 경우는 65%였으나, 30대에는 28.1%로 차이가 났다. 한편 성년례를 알게 된 경로는 대부분 TV나 신문 등 언론매체를 통해서 알게 된 경우가 61.7%로 가장 많았고, 학교 교육이나 평생 교육, 가족이나 친지, 책을 통해서 알게 되었다는 경우는 10%에 못 미치는 미미한 수준이었다. 지방자치단체나 기관에서 성년의 날인 5월에 집단성년례를 개최하고 있고 이를 홍보하기 위한 언론매체의 방송을 통해 시청한 결과라고 볼 수 있어, 방송 매체의 영향력이 매우 크게 작용하고 있음을 보여준다.

성년례 행사의 의미는 성인이 되어서 해야 할 책임과 의무를 알려주는 의식이라고 대부분 인식하고 있었으나(90.7%), 여자아이의 초경을 축하해주고 몸을 소중히 여기게 하는 의식으로 알고 있는 경우도 4.7%였다. 성년례의 근원에 대해서는 우리나라에서 예로부터 전해오던 전통문화라고 인식하고 있는 경우가 가장 많아 61.7%에 해당 되었으나, 내용을 잘 모르겠다는 경우도 약 20%에 이르고 있었고, 근래에 필요에 의해 새롭게 생긴 문화(10.3%)라고 인식한다거나 외국에서 들어온 문화(8.1%)로 인식하고 있는 경우도 있었다. 성년례의 근원에 대해서도 연령이 높을수록 예로부터 전해 내려오는 전통문화로 바르게 인식하고 있었으나, 30대에서는 상대적으로 그 비율이 낮아 졌으며, 근래에 생긴 문화(15.4%)로 인식하거나 잘 모르겠다(38.5%)는 경우가 많아, 연령에 따라 차이를 보였다. 또한 종교별로는 불교나 천주교의 경우가 기독교나 무교 및 기타 종교인 경우보다 상대적으로 예로부터 전해오는 전통문화로 인식하는 비율이 높아 차이를 보였다. 성년례를 하는 시기는 5월 성년의 날(38.0%)이나 만 19세 생일날(34.3%) 하는 것으로 인식하는 비율이 높게 나타났다.

## 4. 자녀를 대상으로 한 성년례의 실행

자녀의 성년례를 실행한 경우는 전체 조사대상에서 17.1%로 나타나 성년례의 실행이 미미한 상황임을 보여준다. 실행했을 경우, 그 내용을 보면, 성년례를 행한 곳은 대부분 가정(78.2%)이나 학교(10.9)가 대부분이었다. 성년례의 실행방식은 생일날 케이크와 선물을 준비해서 축하해주거나(45.5%), 외식하고 성년축하를 해준 경우(40.0%)가 대부분이었다. 한편 전통식으로 해준 가정은 5.5%. 예절원에서 배운 현대식 성년례를 해 준 경우는 7.3%였다. 따라서 '성년례'의 의례적인 형식을 통해서 했던 경우는 12.8%에 그치고 있음을 볼 수 있다. 성년례에 사용한 비용은 5만 원 미만(50.9%)이 대부분이었고, 성년례를 치룬 후 자녀의 마음가짐과 행동의 변화가 있었는지에 대한 문항에서는 어른스러워지고 책임을 다하려는 경우와 변화하려고 노력할 것 같으나 변화가 없었다는 경우가 비슷한 비율로 나타나, 성년례를 통해서 자녀들이 보다 성인의 책무를 내면화할 수 있는 방안이 필요할 것으로 여겨진다. 한편 어머니들의 배경변인에 따른 자녀들의 성년례 실행에서는 차이가 나타나지 않았다.

## 5. 가족행사로서 희망하는 성년례에 대한 견해

성년례를 할 때 반드시 포함되어야 하는 내용으로는 어른으로서 지켜야 하는 책임과 의무를 배우는 내용(35.7%)과 올바른 성교육 내용(21.1%)이 중심을 이루었다. 성년례를 하는 시기는 만 19세 생일날(42.1%)이나 5월 성년의 날(39.3%) 또는 고등학교 졸업식 날(12.5%)이라고 하는 응답도 있었다. 가족행사로서 하고자 한다면 개별성년례가 되므로 자녀의 생일에 하는 것이 보다 바람직하다고 생각하는 바가 많은 것으로 보인다. 성년례를 하는 장소도 대부분 집(68.8%)에서 하는 것을 희망하고 있었으며, 의례를 주관하시는 큰손님 초대와 관련해서는 모시고 싶지만 번거로울 것 같다는 의견이 많은 것(54.5%)으로 나타났고, 모시지 않을 것이라는 응답도 25.5%로 나타났다. 오히려 큰손님 역할의 대행자로 아버지나 어머니가 할 수 있다는 응답이 많았고(43.6%), 할아버지나 할머니, 또는 가족 중에 자녀에게 도움이 될 사람이 큰손님 역할을 할 수 있다는 견해를 갖고 있었다. 또한 성년례 참여인원으로는 가족만 참여한다는 경우(44.5%)가 가장 많았으며, 조부모까지 참여하거나(21.8%), 가족과 성년을 맞는 성년자의 친구들을 초대하는 경우(16.8%)에 대한 응답도 있었다.

성년례에 포함되어야 할 절차로는 교훈(29.4%)과 술의 의례(19.0%), 성년 선서(17.2%) 등이 필요하다고 여기는 것으로 나타났다. 성년례 때의 복장은 양복정장(43.0%)이 좋다는 반응을 보이고 있으며 가족행사로서 성년례 비용으로는 7만 원에서 10만 원 정도 소요되는 것이 좋다는 견해(43.0%)가 가장 많았다. 성년축하의 선물은 대부분 필요하다(90.7%)고 했고, 축하 선물로는 반지나 목걸이(34.3%) 또는 한복이나 양복정장(24.0%), 책(16.5%)이 바람직하다는 견해였다. 한편 성년례에 대한 교육의 필요성 여부는 대부분 필요하다(94.7%)고 보고 있으며 성년례교육을 위한 교육장으로는 학교(42.4%)나 평생교육원 및 사회단체를 통한 교육(25.5%), 가정(23.1%)이 좋다는 반응을 보였다. 언론매체를 통한 성년례교육의 필요성 여부도 대부분 필요하다(89.1%)는 응답이었다.

어머니들의 일반적 사항에 따른 희망하는 성년례에 대한 견해의 차이를 살펴본 결과, 교육 장소에 대해서만 가정의 월 소득(P<.01)과 어머니들의 종교(P<.01)에 따라서 차이가 나타났다.

가정의 월 소득이 400만 원 이상으로 높을수록 사회단체나 학교에서 성년례에 대한 교육이 이루어지기를 희망하고, 400만 원 이하의 경우에는 상대적으로 학교나 가정에서의 교육을 주로 희망하는 것으로 나타나 차이를 보였다. 어머니 종교별로는 기독교의 경우에는 학교나 가정에서 또는 종교기관에서, 천주교나 불교의 경우에는 사회단체나 학교에서 성년례교육이 이루어지기를 희망하는 차이를 보였다.

어머니들의 성년례에 대한 사전인지에 따라 희망하는 성년례견해에 대해서는 유의한 차이가 나타난 바는 없고, 성년례의 실천 여부(P<.05)와 언론교육의 필요성(P<.001)에서만 유의한 차이가 나타났다. 즉 어머니들이 성년례에 대해서 알고 있을 때 모르는 경우보다 실천이 상대적으로 높아짐을 알 수 있는 것으로, 특히 가정의례는 예로부터 보고 배우는 경험을 통하여 교육되고 전수되는 바가 많으므로, 중요한 의례의 하나로서 성년례를 인식할 수 있도록 하는 것이 가정에서의 개별성년례를 행할 수 있음을 시사한다. 성년례에 대해 사전인지를 잘 하고 있을수록 언론을 통한 성년례교육의 필요성을 높게 인식하는 것을 알 수 있었다. 현대 사회의 특성상 언론매체에 의한 영향력이 매우 크므로 이를 통한 교육의 효과를 기대하고 있는 결과라 본다.

## V. 논의 및 결론

본 연구에서는 전통적 관례가 사회변화로 인해 사라지고 현대적 의미에서의 관례인 성년례가 행해지고 있는 현 시점에서 성년자와 부모가 성년례의 의미를 깨닫도록 하며 가족행사로서 자리매김 될 수 있는 방안 모색의 필요성을 제기하면서 시도되었다. 특히 가족행사의 주관자인 어머니를 중심으로 성년례에 대한 인식조사와 실천사례조사를 병행하여 이루어졌다. 조사 결과를 토대로 다음과 같이 앞으로 가족행사로서의 성년례 정착을 위한 방안을 제안하고자 한다.

첫째, 현재 선행연구에서 고찰한 바와 같이 집체성년례가 널리 행해지고 있으나, 형식적 행사에 그치는 경우가 많고, 개인성년자들에게 의미 있는 행사가 되기 어려운 제한점을 감안하여 앞으로는 가족중심의 개별성년례의 필요성이 크게 부각된다. 둘째, 성년례에 대해 부모들을 대상으로 한 인식변화 교육이 요청된다. 성년례에 대해서 사전에 인식하고 있는 어머니들이 자녀들의 성년례를 실행하는 경우가 많았고, 이에 대해 언론교육의 필요성도 높게 인식하고 있는 바를 보면, 행사를 주관하는 부모들의 인식이 무엇보다 중요함을 알 수 있다. 조사대상 대부분이 성년례 교육의 필요성에 공감하고 있듯이 성년례에 대한 인식 변화를 위한 부모대상교육이 이루어져야 할 것이다. 특히 어머니들의 연령이 낮을수록 성년례가 근래에 필요에 의해서 생긴 문화로 이해되는 바가 있으므로, 30대 이하의 어머니들을 대상으로 한 전통관례의 의미와 더불어 현대식 성년례에 대한 교육의 필요성이 제기된다. 셋째, 성년례에 대해서 부모들이 받아야 할 교육 내용으로는 큰손님의 역할 수행이나 성년절차, 술의 의례, 성교육 등의 내용이 포함되도록 해야 한다. 조사결과 개별성년례에서는 전통성년례에서 행사를 주관했던 큰손님을 모시는 상황이 어렵고 번거롭게 여기고 있고, 모실 의지도 희박하다는 경향을 감안해 볼 때, 전통성년례에서 큰손님이 행하던 역할을 아버지나 어머니가 행할 수 있도록 하는 방안이 필요하다. 그리고 성년의 의미를 바르게 파악할 수 있도록 성인 책무 깨닫게 하기나 술의 의례, 그리고 연구결과에서 제시되었던 성교육내용도 함께 교육되어야 할 것으로 본다. 넷째, 성년례의 시기는 20세(만 19세) 생일날에 가족이 모여 행하는 것이 보다 합리적인 대안이 될 것으로 본다. 성년례는 가정에서 가족을 중심으로 하되, 부모나 조부모 또는 성년자인 자녀에게 도움이 될 사람을 큰손님으로 모시고, 형편에 맞는 선물을 준비하며, 의식으로서의 의미를 강조하기 위한 옷차림을 하고 참여할 수 있도록 한다면, 성년례의 의미를 찾고, 성년자로 하여금 내면화할 수 있도록 하는 현실적인 방안이 될 것이라 사료된다. 다섯째, 성년례에 대한 교육기관의 노력과 실천이 요구된다. 가정에서도 행할 수 있는 개별성년례에 대한 교육을 각 교육기관과 사회교육기관을 통해서 보다 더 적극적으로 행할 필요가 있다. 선행연구에서는 학생들을 대상으로 한 교양강좌의 필요성을 주장한 바 있다. 이는 앞으로 학생들이 부모세대가 되는 시점에 의미 있게 영향력을 발휘하게 될 것이라 예상되지만, 현재 부모세대들이 교육받고 이를 적극적으로 실천할 수 있도록 해야, 보다 지속적인 실천이 가능해지리라 생각되기 때문이다. 가정의 교육이나 의례는 단절된 후 다시 자리매김하기까지에는 수많은 시간과 노력이 요구된다. 각 지역의 건강가정지원센터는 이를 위한 사회교육기관으로서 중심적 역할을 할 수 있을 것이라 본다. 센터를 중심으로 한 가족행사로서의 성년례에 필요성과 그 절차에 대한 교육이나, 5명 이내의 성년자 가정을 중심으로 성년례 실시 프로그램 등을 실시한다면, 바람직한 성년례 모델로 자리매김하는 데에 일조할 수 있을 것이라 사료된다. 여섯째, 조사대상자들이 성년례에 대해서 알게 되는 경로는 TV 등 대중매체의존이 높고,

성년례에 대한 교육의 필요성을 느끼고 있으므로, 대중 매체를 활용한 성년례 필요성과 방법에 대한 계도와 교육이 마련된다면, 이승원(2006)의 연구에서도 제시된 바와 같이 교육상실의 위기 속에서 성년식을 새롭게 회복해야 하는 책임을 사회공동책임으로 확산 인식하는 길이 될 것이라 보며, 어떤 계도보다 효과적일 것이라 여겨진다. 일곱째, 가정 내에서 부모가 주관하는 현대식 성년례의 다양한 형식과 접근방법을 모색할 필요가 있다고 본다. 지금까지의 성년례는 전통성년례의 형식과 그 형식과 유사하게 만들어진 현대식 성년례의 틀에서 크게 벗어나지 않고 있는 상황이다. 그러나 개별성년례로 시행될 경우에는 현대식 성년례의 간소화 차원으로 재정리되는 개별성년례의 형식과는 다른 방식으로의 체험을 통한 성인의 책무를 내면화할 수 있는 다양한 프로그램들이 마련되어야 할 것으로 사료된다. 이를 위해 다양한 실행방식에 대한 타학문 분야와의 복합적인 깊이 있는 논의와 새로운 시도가 지속되어야 할 것이다. 개별적인 성년례의 실행은 결국 가정 내에서 부모가 주관하는 성년례의 형식을 도입할 때 비로소 가능하다. 따라서 가정에서 사라진 전통관례를 다시 가족행사로 실행하기 위해서는 그 소중한 의미에 대해 폭넓은 교육이 이루어져야 할 것이다. 현대 핵가족에서는 자녀 중심의 가족 활동이 진행되는 경향을 보이고 있다. 일례로 자녀의 돌잔치를 예전의 회갑연 못지않게 기획하고 실행하고 있다. 이들 자녀들이 성년이 될 시기에는 성년례도 지금의 돌잔치를 하듯 성행하게 되지 않으라고는 말할 수 없다. 실천사례에서도 친지들 사이에 자녀들에게 성년례를 해주는 것이 유행이 되어 따라했다는 사례가 있는 것처럼 앞으로 가족행사로서 성년례가 적극적인 의례로 실천될 수도 있을 것이다. 이에 요즘 젊은 세대가 쉽게 접하는 외국 풍습을 따라하는 문제를 제기하고, 우리 전통 관례로부터 교육되어온 그 의미를 접할 수 있는 기회를 만들어 가야 할 것이다.

본 연구는 조사대상이 제한되어 있고, 조사결과를 일반화하기에는 한계점이 있으나, 가족행사의 주관자인 어머니의 인식을 중심으로 성년례 실천 방안을 찾아본 것에 의미를 두고자 한다. 따라서 후속연구에서는 이러한 개별성년례를 경험한 부모와 자녀의 사전 사후 경험 사례분석을 통해서 개별성년례의 의미를 재조명해보는 과제가 필요하며, 종교기관에 따른 성년례관련 교육실행과 성년례 모델 개발도 연구되어야 할 것이다. 그리고 다문화가정에서 성장하게 된 자녀를 위한 개별성년례 실행을 위한 건강가정지원센터의 프로그램 개발과 그 결과에 대한 평가연구도 이루어져야 한다고 본다. 또한 현대식 성년례의 새로운 대안으로 선행연구에서 옛길을 활용한 성년례 활성화 방안을 모색했던 바와 같은 성년자들이 공감하고 성인으로서 책무를 느낌과 동시에 즐겁고 의미를 찾을 수 있는 개별성년례 프로그램의 개발도 요청된다.

# <참고문헌>


계선자・이정우・박미석・김연화(2005).「성년례 프로그램 모형개발 및 성년례 참여자 만족도 한국가족자원경영학회」. 학술대회논문집, 76.

김득중(1997).『실천생활예절』. 중화서원.

김순진(2003).「성년례의 활성화를 위한 모형개발 연구」. 성신여자대학교 문화산업대학원 석사학위논문.

김시덕(2009).「한국 일생의례의 동아시아적 보편성과 고유성」. 비교민속학 39, 69-96.

김은희(2009).「성년례의 문화콘텐츠화 방안연구」. 원광대학교 동양대학원. 석사학위논문.

김혜경(2008).「전통 관례와 현대 성년례 복식 연구」. 성균관대학교 대학원 박사학위논문.

문종필(2007).「초등 사회과 관혼상제 관련내용 및 학생인식 분석」. 서울교육대학교 교육대학원 석사학위논문.

박대순(1987).「조선시대 관례의 사적연구」. 단국대학교 석사학위논문.

(사)한국가정생활개선진흥회(2003).「함께 가꾸는 가정문화 의미 있는 성년례」.

신상구(2010).「옛길을 활용한 성년례의 활성화 방안연구」. 한민족문화연구 32, 69-99.

안혜숙・주영애・김인옥(2002).『한국가정의의례와 세시풍속』. 신정.

오환일・김정신・이행숙・조희진(2002).「조선족 학생들의 집단 성년례에 대한 인식」. 한국여성교양학회지 9, 5-26.

이동필(2004).「마산시 고교생들의 예절 및 관혼상제 (사례) 인식에 대한 조사」. 울산대학교 교육대학원 석사학위논문.

이문주(2002).「성인식으로서의 관례의 구조와 의미분석」. 유교사상연구 17.

이승원(2006).「한국 성년식의 교육적 의미・진리논단」. 13, 257-274.

이정우・김연화・김경아(2000).「성년례 시연을 통해 본 성년례 모델 개발의 탐색적연구 : 참가 대학생을 중심으로」.

이희재(2007).「유교가례의 변용과 창조적계승」. 유교사상연구 31, 25.

조희선・이혜자・이윤정(2002).「성년식의 정착을 위한 탐색적 연구 : 대학생의 필요성인지를 중심으로」.

조희진・김정신(1998).「집단성년례의 바람직한 방향 모색에 관한 연구」. 한국여성교양학회지 5, 141-172.

최기호(1994). 「인간성 회복을 위한 전통생활예절의 생활화에 관한 연구」. 조선대학교 교육대학원 석사학위논문.
뉴시스(2010. 5. 17.).

05

CHAPTER

# 조선시대 여성 리더십의 재조명

# 신사임당의 셀프리더십과 어머니리더십*

주영애

## Ⅰ. 서론

### 1. 연구의 의의 및 목적

21세기에서 先代인물 중 Role Model을 찾아보고, 그를 통한 가르침을 되새겨보는 일은 무엇보다 중요하다. 역사를 통한 현재의 올곧은 인식이야 말고, 미래를 준비하는 기본적인 자세가 될 것이기 때문이다.

우리의 역사상 후대에 커다란 영향력을 끼친 수많은 인물 중 신사임당은 뛰어난 예술가이자 훌륭한 어머니로서 널리 알려져 있다. 신사임당은 詩書畵에 능통하고 섬세한 감성을 지닌 문인이며 조선시대 화풍에 영향을 끼쳐 한국미술사에서도 그가 갖는 의미는 크다. 더욱이 전해오고 있는 각종 글을 통해서 보면, 어머니로서의 사임당

* 본 논문은 2014년 『동양철학연구회』의 「동양철학연구」 80호에 실린 "신사임당의 생애에 나타난 셀프리더십과 어머니리더십에 관한 연구"의 일부임.

의 삶은 더욱 부각된다. 율곡 이이를 비롯한 일곱 자녀들이 제각기 역량을 발휘할 수 있도록 성장시켰다. 우리 사회에서 '성공한 자녀의 뒤에는 훌륭한 부모가 있다'는 말의 증명은 율곡 이이를 통해서 강조되어 왔다. 신사임당은 당시에 이상적인 여성상이었던 주나라 문왕의 어머니 太任을 본받고자 Role Model로 삼았다. 그의 당호를 '사임당'이라고 한 것도 이와 무관하지 않다. 사임당은 태교로부터 출발한 자녀교육과 孝정신을 이어온 도덕교육을 몸소 실천했으며, 가족관계를 위한 자식의 도리, 어머니의 도리, 아내의 도리, 동생의 도리, 며느리의 도리, 조상에 대한 도리, 친척에 관한 도리를 지켜온 바는 오늘에도 그 의미를 되새기게 한다.

신사임당은 짧은 삶을 살다 세상을 떠났지만, 사임당에 대한 관심과 연구는 그동안 폭넓게 전개되어 왔고, 그 영향력은 그녀가 세상을 떠난 지 5세기가 지난 지금까지도 계속되고 있다. 한편에서는 사임당이 유교적 이데올로기에서 탄생하였고, 후대 정치적 영향으로 각색되어진 인물이라는 평가도 있다. 그러나 오늘날 각 계층에서 여성의 역할과 인권이 신장하고 있는 때에 '여성', '모성', '화가'로서 사임당의 본연의 모습을 재조명해 보는 것은 시대를 초월한 삶의 가치와 Role model을 찾기에 충분히 의미가 있다.

따라서 본 考에서는 사임당의 생애에 나타난 셀프 리더십과 어머니 리더십이 현대 여성 리더십 교육에 시사하는 바를 찾아보고자 한다. 신사임당을 통해서 여성 Role model을 탐색하는 일은 오늘날 여성 리더십 교육을 위한 또 하나의 관점을 제시해 줄 수 있을 것이다. 즉 현대사회가 요구하는 리더로서의 자질을 탐색하고, 그 의미를 찾기 위해서 우리의 역사에서 대표적인 여성인물을 중심으로 탐색하여 보는 것은 매우 자주적인 자세이다. 그동안 신사임당 연구는 페미니즘 관점(박민자, 2005; 이숙인, 2008; 이은선, 2005; 천화숙, 2006)이나, 예술적 관점(박일화, 1992; 이미숙, 2008), 철학적 관점(유정은, 2011, 2013), 교육적 관점(김언순, 2006; 김익수, 2009; 심혜자, 2001; 이미경, 1993) 등이 시도되었다. 제 학문적 관점을 토대로 본고에서는 사임당의 셀프 리더십과 어머니 리더십을 중심으로 리더십 교육의 시사점을 찾아보고자 한다.

## 2. 연구방법과 연구문제

일반적으로 생애연구는 구술이나 기록물을 토대로 연구된다. 그러나 사임당은 현존인물이 아니고, 생애를 살펴볼 수 있는 문헌도 제한되어 있으며, 신사임당에 대한 사회적 관심과 저명함과는 달리 그녀의 시와 글, 그림 등은 몇 점이 전해 올 뿐이다. 따라서 사임당의 작품과 삶을 평가한 이들의 저서나 글 중에서 사임당의 생애와 교육관 등을 살펴보는 방법이 추가로 적용되었다. 본고에서는 사임당의 생애를 중심으로 2가지의 연구문제를 설정하였다.

첫째, 신사임당의 생애에 대한 담론을 중심으로 현대적 관점에서 재론의 의미를 찾아본다. 이는 선행연구와 신사임당의 작품으로 전해오는 시・서・화, 고문헌을 토대로 하여 논의하였다.

둘째, 사임당의 생애에 대한 제 기록과 연구를 토대로 신사임당의 자기관리와 가정경영, 자녀교육에 끼친 영향을 중심으로 셀프 리더십 및 어머니 리더십 속성을 찾아 현대 여성을 위한 리더십 교육에 주는 시사점을 제시하였다. 사임당의 셀프 리더십은 송영수(2011)의 연구를 기초로 셀프 리더십 영역을 범주화하여, '도전과 창의성', '자기주도성'으로 셀프 리더십 속성을 찾았다. 또한 어머니 리더십은 김경아(2008)의 연구에서 적용한 어머니 리더십의 분석 틀을 기초로 하여 신사임당 어머니 리더십의 속성을 가정경영 영역에서는 '신의와 가내범절 지향성'으로 자녀양육영역에서는 '孝悌와 立志 지향성'으로 구분하여 분석하였다.

## II. 신사임당의 생애와 리더십

### 1. 신사임당 생애에 대한 현대적 재조명의 의의

신사임당(1504년~1551년)은 1504년(연산 10) 10월 29일 아버지 신명화와 용인 이 씨 이사온의 딸인 어머니 사이에서 딸 다섯 중에 둘째 딸로 강릉에서 태어났고, 1551년(명종 6)에 서울에서 48세의 일기로 세상을 떠났다. 한편 친정어머니 용인 이 씨는 돌아가신 부모에게 효행을 다하고 죽은 남편에게 정절을 지켜 1528년(중종 23)에는 열녀로 표창을 받기도 하였다. 어머니 이 씨는 사임당이 죽은 뒤에도 오래도록 외손자인 율곡 이이를 지켜주었다. 용인 이 씨는 사임당과 같은 훌륭한 딸을 길러냈을 뿐만 아니라, 손자·손녀들에게까지 영향을 미쳐, 자손들이 존경하는 삶을 살았다. 신사임당의 외할아버지인 이사온은 사임당의 어머니 용인 이 씨를 출가 후에도 계속 친정에 머물러 살도록 하여 가정교육을 이어갔다, 사임당도 외가인 강릉 북평촌에서 어머니, 외할머니 최 씨와 생활하면서 부덕을 익혔으며, 아버지로부터는 한문, 미술, 자수, 서예 등 학문적인 재능을 익혔고, 할아버지께는 婦德과 小學, 大學, 家禮에 대한 교육을 받기도 하였다.

즉 신사임당은 어린 시절에 아버지로부터 학문과 서화를 배우고, 어머니와 외할머니로부터 婦德을 익히는 좋은 환경에서 성장하였다. 그러나 신사임당 생존 시기는 유교적인 규범을 적용하여, 여성의 활동영역을 가내로 국한지어 왔던 때였으므로 여성들은 가사와 육아, 가정 운영으로 머물게 되어 스스로가 재능을 드러내는 것이 어려웠을 뿐만 아니라, 재능이 있다하더라도 사회적으로 인정받기에는 더욱 한계가 있었다. 일례로 어떤 부인은 평생 자신이 쓴 글씨를 상자에 숨기고 있다가 죽고 나서야 비로소 남편이 알게 된 경우도 있었다(박지현, 2007)하니, 예술적 역량을 발휘하거나 개발 기회조차 갖기 어려웠을 것으로 보인다. 신사임당은 남편 이원수와 혼인 후에 친정아버지의 삼년상을 치루고, 강릉 봉평과 파주 등을 오가며 살았으며, 그 사이에 자녀 7명을 출산하여 성장시키며, 살림살이까지 책임져야 했다. 신사임당은 딸로서, 아내로서, 어머니로서, 며느리로서 역할을 하며, 맡은 바 소임을 다했다.

그러나 신사임당은 어떻게 후대에까지 화가로서, 어머니로서 명성을 얻을 수 있었으며, 영향을 미치게 되었을까? 이는 사임당의 삶과 작품에 관한 담론을 시도한 이숙인(2008)의 연구와 박지현(2007)의 연구에서 찾아 볼 수 있다. 이 연구에서는 송시열로부터 사임당이 婦德과 모성성의 담지자로 형상화되었음을 제기하였고, 그녀의 사후 100년이 지난 17세기 중반부터 본격화 되었으며, 18세기~19세기까지 율곡과 송시열의 학문적·정치적 권력을 공고히 하기 위한 맥락과 축을 같이 한다고 보았다. 따라서 신사임당의 담론은 시·

서·화의 대가로서의 재능에 대한 순수한 평가보다는 유교적 이데올로기에 적합한 '여성성', '모성' 강조로 전개되었다. 이는 학문적, 정치적, 남성적인 시각에서의 담론이었다는 점에서 일부 한계가 있다. 사임당을 둘러싼 다양한 담론은 유교적 사회이데올로기, 정치적 관점 등이 맞물려 이루어졌던 것이다. 여성의 능력과 재능을 인정받기 어려운 시절을 살았음에도 불구하고 사임당이 자기개발을 위해 성찰하고, 걸출한 작품을 남겼다는 사실과 훌륭한 어머니로서의 역할을 수행했다는 사실만을 집중하여 보더라도 사임당의 삶에 대한 재평가는 의미 있는 가치를 담고 있다. 인간의 자기개발 패러다임으로 부각되는 리더십, 그리고 자녀 양육의 숭고한 책임을 지닌 여성의 역할에 대한 논의는 오늘날 더욱 필요하다. 여성으로서, 한 개인으로서의 사임당, 어머니로서의 사임당이 우리에게 주는 메시지는 현대사회에서 요구되는 다양한 여성의 역할과 능력개발에 필요한 가치와 속성을 발견할 수 있도록 해주기 때문이다.

현대사회에서 여성들의 사회활동은 출산과 육아문제와 맞물려 논의되며, 이는 예나 지금이나 다름이 없다. 특히 여성의 활동이 제약이 많았던 유교사회 분위기에서는 여성 자신에게 뛰어난 재능과 능력이 있다하더라도 원하는 바를 성취하기는 매우 어려웠을 것이다. 사임당의 경우, 친정어머니의 가사와 육아의 도움이 있었다. 그러나 사임당이 활동할 수 있는 환경이 전제되었다 하더라도 그 개인이 갖고 있는 예술적 감각과 능력, 뚜렷한 자녀교육관, 자기 성찰과 발전을 위한 노력 등이 없었다면, 오늘날 회자되는 사임당에 대한 평가가 가능했을 것인가에 대해서도 함께 논의되어야 한다.

신사임당은 詩나 그림뿐만 아니라 글씨도 매우 탁월하였다. 그녀의 필적이 오늘날까지 전수 되고 있다는 점은 후대에 이르기까지 지속적으로 평가·재조명되고 있기 때문이다. 유교적 이데올로기에 근거하여 송시열, 김진규, 신정하, 송상기 등의 학자들은 사임당이 갖고 있는 예술적 능력이나 詩書畵의 탁월함을 인정했지만, 그보다는 여성성, 모성을 우선적으로 강조하여 평가했고, 그녀의 작품에 대한 여러 발문을 통해서 이를 부각시켜왔음도 간과할 수 없다. 따라서 신사임당의 능력과 자기개발 노력 등은 시대의 이데올로기를 넘어서 재인식되어야 하는 가치가 있다. 본고에서는 여성성과 모성으로서의 역할을 중심으로 한 평가가 현대까지도 유의미하게 회자되는 그 근거를 찾고 논의하고자 한다.

전통사회에서 여성에게 가정을 중심으로 한 역할이 수 세기가 흘러 오늘날 삶이 변화했다 하더라도 딸, 아내, 며느리, 어머니의 역할은 그 내용과 실천에서의 차이는 있을지라도 본질적인 역할은 예나 지금이나 달라지지 않았다. 물론 그러한 역할 갈등으로 인한 어려움은 현대 여성들이 겪어야 하는 문제이기도 하지만, 오늘날에는 개인의 선택에 의해, 아내나 며느리, 또는 어머니이기를 포기하는 경우가 많은 것은 사실이다. 그러나 많은 여성들은 성장 후 일정 연령에 이르러서 婚姻을 하고 자녀를 出産, 養育하는 삶을 살아가고 있다. 전통사회에서 여성의 활동 영역이 家內로 국한되었던 것과는 달리 현대 여성들은 사회생활을 통해서 자아를 실현하려는 욕구도 강해졌다. 또한 교육적 기회 확대와 더불어 사회 진출의 기회가 많아진 여성들은 실제로 사회 각 영역에서 다양하고 왕성한 사회활동을 하고 있다. 이는 전통 사회와는 구별되는 변화양상이다. 현대사회에서 신사임당의 삶을 재조명해야 하는 이유는 시대의 이데올로기를 뛰어넘는 어머니 역할의 측면에서 가치조명도 필요할 뿐만 아니라, 여성이라는 고정적인 관념하에서만 여성능력과 활동을 바라보는 시각을 벗어나, 한 인간으로서 자기주도적인 삶을 살아왔던 모습을 찾을 수 있기 때문이다.

신사임당은 500여 년 전에 존재했던 인물이지만, 오늘날 여성들의 삶에 귀감이 될 수 있는 여성 리더십을 그녀의 생애를 통해서 찾아볼 수 있는 당위성은 매우 크다고 본다. 다양한 lifestyle이 공존하고 있고, 전통적인 남녀의 역할이 붕괴되면서, 우리 사회에서 기대되고 있는 개인의 삶의 모습은 무한히 변화하고 있다. 앞서 언급한 바와 같이 '가정'을 둘러싼 '여성', '모성'에 대한 역할과 기대감은 시대성을 반영하며, 지속적으로 논의될 것이다.

## 2. 신사임당의 셀프 리더십

현대사회에서 리더십은 기업, 학교, 사회, 병원 등 조직을 이루는 많은 영역에서 적용되고 있다. 리더십은 주로 조직이론의 측면에서 상사와 부하의 수직적인 측면에서 다루어져 왔다. 공식조직에서만 적용되는 것이 아니고 각 개인에게도 리더십의 중요성이 강조되고 있다. 현대사회에서 리더십은 단순히 태어날 때부터 타고난 어떤 특정인만이 소유하는 제한적인 것이 아니라 누구나 교육과 훈련을 통해 습득할 수 있는 역량 중의 하나이다(김경아, 2008).

셀프 리더십은 조직에서 리더가 구성원에게 영향을 미치는 일반적인 전통적 리더십과 달리 구성원 자신이 스스로에게 영향을 미치는 리더십으로, 1980년대 미국에서 기업의 글로벌 경쟁력 확보를 위한 방안으로써 등장하여 주목받게 되었다(송영수, 2011). 김재득(2009)은 리더십을 속도 리더십, 태도 리더십, 정도 리더십, 온도 리더십, 각도 리더십으로 분류하며, 새로운 리더십 분류를 소개하는 가운데에 태도 리더십의 하나로 셀프 리더십을 지적한 바 있다. 그는 셀프 리더십(Self-leadership)이란 끊임없는 자기관찰과 목표 설정을 통해 철저하게 자기를 관리하고 단서에 의한 관리로 문제점을 개선하는 것으로 보았다. 즉 성공적인 셀프 리더들은 자기목표와 계획을 갖고 끊임없이 연습하고 매진하며, 자기보상이나 처벌을 활용하며 자기와의 약속을 철저하게 지키는 자기통제력이 강한 사람(김재득, 2009)임을 말하고 있다.

학자들이 정의하는 셀프 리더십은 자아발견과 자기만족을 지향하고 스스로에게 영향력을 행사하는 방법이며, 자기효능감을 위한 기술이고, 행동통제의 기초이며, 자아완성의 학습과정(Manz, 1986)으로 정의되기도 하고, 자기목표 설정과 열정을 가지고 접근하는 행위 및 인지적 과정에 대한 의도적인 활동(Muller, 2006), 또는 자기스스로의 행동을 통제하려는 의도 및 자신의 효율성을 제고시키기 위해 노력하는 영향력(Yun, Cox & Sims, 2006)으로도 정의된다. 이를 종합해 볼 때, 셀프 리더십이란 자기 스스로에게 영향을 미치는 것으로 자신을 통제하고 효율성을 높이기 위한 리더십을 의미하는 것이다.

델파이 방법으로 도출한 기업 내 셀프 리더십에 필요역량은 과업수행 및 성과 창출, 자기 및 관계인식, 자기관리 등의 영역으로 구분하여 설명할 수 있다는 모델을 제시한 연구(송영수, 2011)와 자기효능감에 영향을 미치는 셀프 리더십 변인을 연구하여 자기목표설정과 자기관찰요인, 자연적 보상 요인에서 유의한 차이가 있음(김미경, 2012)을 밝힌 연구도 있다. 이들 연구는 물론 기업 내에서의 셀프 리더십에 초점을 두고 연구한 것이나, 이 중에서도 사임당의 리더십을 분석하는데 적용할 수 있는 단서들을 찾을 수 있다. 신사임당의 셀프 리더십을 재조명하고자 하는 까닭도 사임당은 어머니로서의 역할 뿐만 아니라, 화가로서 자기통제적인 삶, 끊임없는 노력, 자기 관찰, 목표설정, 자기관리 등을 해온 셀프 리더십의 속성을 갖고 있다고 보기 때문이다. 특히 신사임당은 생존 시기의 시대적 상황을 극복하고 자신의 역량을 발전시켜 왔던 노력은 시대를 초월한 재조명의 의의를 담고 있다. 한편 그녀의 셀프 리더십의 재조명을 위해서는 현 사회에서 통용되고 있는 셀프 리더십의 개념이 어떻게 사임당의 생애를 통해서도 제시될 수 있는지를 찾는 것이 필요하므로, 최근 연구에서 적용되어 분석된 셀프 리더십의 기준을 적용하여 전개하였다. 따라서 신사임당의 셀프 리더십 분석에서는 그녀의 작품 활동과 그에 대한 당대 및 후대인들의 평가 등을 토대로 하고, 셀프 리더십을 연구한 송영수(2011)의 연구를 기초로 하여 다음 <표 1>과 같이 셀프 리더십 영역을 범주화하였고, 도전과 창의성, 자기주도성으로 셀프 리더십 속성을 논의해 보고자 한다.

<표 1> 신사임당의 셀프 리더십 분석에 활용된 셀프 리더십 영역과 속성

| 셀프 리더십 영역 | 역량 | 사임당의 셀프 리더십 속성 |
|---|---|---|
| 과업수행 | 커뮤니케이션, (업무책임감), (업무전문성), 책임감, 정직성, 도전정신, 창의성 | 도전과 창의성 |
| 자기 및 관계인식 | 문제해결, 긍정적 사고, 대인관계, 자기주도성, 자기개발, 자기 통제, (개방성), 자아성찰 | 자기주도성 |
| 자기관리 | 동기부여, 목표수렴, 시간관리, (자기보상) | |

* 송영수(2011) 연구에서 제시한 셀프 리더십 필요역량을 사임당 셀프 리더십 분석에 적용하고자 정리하여 제시한 것임. ( )안의 내용은 기업분석적용에 활용되었으나, 본 연구에서는 사임당 생애 적용의 근거를 찾기 어려워 분석에서는 제외하였음.

### 1) 도전과 창의성

셀프 리더십과 창의성의 관계에 관한 연구(장은영 · 이광희 · 박동진, 2013)에서는 Amabile(1996)의 연구를 참고하여 관계성을 설명한다. 창의성은 내재적 과업동기가 가장 큰 원천이 된다고 보는 것에서부터 출발한다. 즉 개인의 창의적인 수행이나 창의적 과정과 그 결과물들을 만들어 내는 것은 외재적 동기보다는 내재적 동기에 의해서 좌우된다는 것이다. 외재적 동기는 오히려 창의성에는 부정적인 영향을 미치는데, 스스로 내재적 동기에 의해 어떤 행위를 하고 결과물을 만드는 경우에 외재적 동기가 개입되면, 개인의 활동을 오히려 통제하는 요소가 될 우려가 있다. 즉 자신의 행동을 책임과 자율권을 갖고 도전에 대응하기 위해 구체적으로 책임 있게 무엇을 할 수 있을 것인가를 제시하게 되므로 외부의 압력은 낮아지고, 내적과업동기를 강화시켜서 창의적인 활동을 가능하게 한다. 그러므로 셀프 리더십의 정의에서도 언급했듯이 자기 스스로에게 영향을 미치는 것으로 자신을 통제하고 효율성을 높이기 위한 리더십을 의미하는 것이라고 볼 때, 창의성은 셀프 리더십을 설명하는 의미 있는 속성을 담고 있다. 사임당의 생애와 작품세계에서는 셀프 리더십 측면에서 도전과 창의적 속성을 찾아볼 수 있다. 창의성에 대한 내부동기 원리에서는 내적으로 동기부여 된 상태가 창의성을 좌우하는 주요 요소이며, 내적 동기를 강화하는 조건이라 할 수 있는 변혁적인 리더와 셀프 리더십이 있는 조직구성원은 창의성을 발휘하게 한다는 연구 결과(장은영 · 이광희 · 박동진, 2013)에 근거하여 사임당의 도전과 창의적 속성을 담은 셀프 리더십을 발견할 수 있다.

신사임당 「草蟲圖의 미의식 연구」에서 초충도가 풀이나 꽃・곤충 등 소박하고 작은 미물을 애정 어린 관심을 갖고 바라보며 화폭에 담은 것은 만물을 감싸고 배려하는 사단지심의 본체이며 사랑의 원리인 사임당의 '仁'의 마음을 담고 있으며, 그녀가 그린 초충도의 美의 근원을 '仁'으로부터 시작된다고 분석(유정은, 2011) 된 바 있다. 즉 생활주변에서 쉽게 접할 수 있는 작은 소재를 중심으로 따뜻한 마음을 불어넣은 생명력이 담긴 그림을 통해서 자연미, 소박미, 여백미, 유가적 美意識을 담아내고 있다. 이는 신사임당만이 지닌 독특한 작품으로 자연에 대한 순수한 수용과 자연을 향한 마음을 담는 한국적 특성을 지닌 독립된 회화양식으로 발전시킨 것이라는 점에서 그 의의가 있다. 조선 초기의 회화는 중국회화를 선별적으로 받아들여서 한국적 화풍을 이루었는데, 송・원대 회화를 모방하는데 그쳤다고 분석하는 일제강점기의 식민사관에 의거하여 막연하게 믿는 종래의 통념은 마땅히 불식되어야만 한다(안휘준, 2000)는 점을 사임당의 草蟲圖를 통해서 재확인할 수 있다는 점에서 소재의 다양한 위치, 구도, 사실적인 형태, 밝은 색채, 생동감 있는 표현 등은 그녀의 독창적인 화풍을 보여준다. 이는 사임당의 창의성을 확인할 수 있는 바이다.

이렇듯 신사임당의 작품세계는 사임당 작품에 발문을 써준 송시열, 이경혁, 소세양 등의 글을 통해서 다시 한 번 창의성을 엿보게 된다. 사임당은 매우 창의적인 자신만의 작품세계를 표현해 왔다. 영조 때 이조판서 洪良漢(1724~1802)이 지은 자신이 갖고 있던 4폭의 그림첩에 기록한 발문인 '사임당 신 씨의 그림 폭에 적는다.'에 의하면, 그 내용은 다음과 같다. "그림으로써 세상에 드러난 사람은 이루 헤아릴 수 없지마는 모두 남자요 부인은 아주 없으며, 또 잘 그리는 이는 많아도 신묘한 경지에 들어간 이는 드문데 부인으로서 그림을 잘 그려 신묘한데 들어간 이야말로 오직 우리나라 사임당 신씨가 그분이다. 그렇기 때문에 사임당의 그림이 세상에서 진귀하게 여김을 받는 것이 저 값진 구슬과 같을 뿐만이 아닌 것이다." 그러나 그림은 어찌 되었는지 확실하지 않다고 전한다. 신사임당의 그림에 孟浩然, 李白의 시가 적혀있는데, 그림에는 시인이 나타내고자 하는 쓸쓸한 마음을 나그네, 배, 나무, 하늘 등 시에 등장한 정경에 대하여 잘 묘사하고 있다. 그리고 산수화에 陽谷 蘇世讓(1486~1562), 白軒 李景奭(1595~1671), 尤庵 宋時烈(1607~1689) 등의 발문(유정은, 2013)이 전하고 있다. 이들 발문에서는 여성의 섬세함과 덕성, 천재성, 인품 등에 대한 예찬이 담겨 있다. 당대에는 보기 어려운 작품을 만난 그들은 여성의 섬세함과 덕성, 천재성, 인품 등에 대한 예찬과 더불어 독창적인 예술품에 대한 감탄을 해 왔다.

신사임당이 천재적인 예술가로 유년시절부터 독창적이었다고 보기는 어렵다. <先妣行狀>에 수록되어 앞서 언급했던 바와 같이 사임당은 중국의 작품을 보고, 어려서부터 모방하였으나, 성장하면서 자신만의 독특한 작품세계를 펼쳤다는 기록을 보면, 사임당은 지속적으로 내적동기를 강화하고, 몰입하여 예술 작품을 이루어냈으므로 결국 당대를 넘어서까지도 긍정적 평가가 이루어질 수 있었던 것으로 보인다. 그녀가 외재적 동기에 의해 작품 활동을 통제받았다면, 아마도 뛰어난 작품의 탄생은 불가능했을 것이다. 유년시절 부모와 조부모를 통해서 강화된 예술적 감각과 지적 능력 등은 내적통제력이 강했던 성품으로 내면화되고, 성숙되어 비로소 작품을 통해 그녀의 창의성이 발휘되었다고 사료된다. 즉 신사임당이 새로운 서화 작품을 시도하는 도전과 몰입은 내적동기를 더욱 강화하게 하였고, 창의적 작품을 완성하여, 후대에까지 영향을 미치고 있다.

### 2) 자기주도성

최근 연구(이유진, 2012)에 의하면, 셀프 리더십은 자기주도적인 학습력과 학업적 자기효능감, 생활만족도에 모두 긍정적 영향을 미치는 것으로 나타나고 있다. 또 다른 연구(AnNa, 2013)에서는 자기효능감이 높은 사람은 심리적 안전감이 높으며, 주도적 행동이 더 높다고 하였다. 즉 셀프 리더십에는 자기주도성이라는 측면을 담고 있음을 볼 때 사임당의 생애에서는 셀프 리더십 속성인 자기주도성을 찾아 볼 수 있다.

<先妣行狀>에서 이르기를 "나의 어머니는 진사 신공의 둘째 따님이시다. 유년시절부터 경전에 통하고 문장을 지으셨다. 또 바느질에 능하였고, 자수 실력은 지극히 정교하였으며, 천성 또한 온화하고 고상하였다. 마음가짐이 정결하였고 태도는 조용하였으며 일 처리는 안정되고 섬세하였다. 말 수가 적고 행동은 신중하였으며 또 스스로 겸손하시었다. 이에 신공께서 애지중지 여기시니 어머니의 성품 또한 효성스러우셨다."라고 하였다. 사회적으로 여성에게 요구되었던 婦道에 이르고자 하는 실천적 노력은 율곡의 글을 통해서 확인할 수 있다. 사임당은 婦德, 婦言, 婦容, 婦功을 지키며, 자기스스로의 내면 성찰을 통하여 언행을 주의하고자 노력했음을 알 수 있는 대목이다.

신사임당이 갖고 있던 성품과 행동 태도 등이 언급된 바로 볼 때,

안정되고 섬세하고 신중함을 갖게 되는 것은 깊은 자기성찰 없이는 불가능했을 것이다. 내면의 관리를 통하여 자신의 소임으로 인식하고 올곧은 태도로 주도적인 삶을 이끌어 갔을 것으로 보인다. 오늘날에도 여성이 자아실현을 위해 노력함에 있어서, 육아 및 자녀양육, 가사활동에서 자유로울 수는 없는 상황이다. 그러나 자신의 신념과 지속적인 동기부여가 있을 때 이를 극복해 내고, 사회적인 활동을 하면서, 자신의 역량을 발휘하고, 전문분야에서 괄목할만한 성과를 내는 여성들이 많다. 신사임당은 어머니와 친정에서 함께 살면서 육아와 살림살이의 도움을 받았으므로 그녀의 역량발휘가 더욱 빛을 발휘했을 것이라 생각된다. 다만 사임당의 뛰어난 개인적 역량이 없었다면, 가정환경에서 詩書畵가 가능하도록 여건을 조성해 주었다하더라도 과연 가능할 수 있었을 것인가에 대한 의구심이 생긴다. 중요한 것은 사임당의 산수화를 본 소세양은 '하늘의 조화를 빼앗은 그녀의 神筆에 놀라 감탄했다는 점이고, 鄭惟吉은 그녀를 '규방의 보배'라고 칭송했고, 또한 어숙권 역시 뛰어난 재주를 가진 많은 여인들이 단지 여자라는 이유로 비난받거나 그들의 예술이 폄하되는 것을 탄식하면서 신사임당의 뛰어난 그림들을 소홀히 여길 수 없다고 말했다(이숙인, 2008)는 점이다. 이는 사임당 작품 그 자체에 높은 평가를 하고 있다는 것으로, 사임당의 셀프 리더십 분석에 중요한 자료가 된다.

일각에서 보면 한 여성의 성장과 성공 뒤에는 또 다른 여성의 희생과 봉사가 수반되어야 가능하다고 볼 수 있다. 그러나 그 역량을 발휘할 수 있었던 배경에는 개인의 잠재력이나 동기, 개인의 역량 등, 자기주도적인 리더십이 전제되어야 한다는 점을 간과해서는 안

된다. 사임당의 삶에서 스스로 동기부여만 있다고 해서 훌륭한 작품을 후대에 남기게 되었을 것으로는 보지 않지만, 분명 사임당 성장의 중요 動因이 되었을 것이다. 사임당은 셀프 리더십의 속성인 자기주도성을 갖고, 스스로 내적 동기를 부여하고 자기를 성찰하면서 성장을 위해 노력했고, 부모와 조부모의 지지를 토대로 큰 역량을 발휘할 수 있었다고 사료된다.

## 3. 신사임당의 어머니 리더십

신사임당은 전통 유교사회의 현모양처 이데올로기를 대표하는 것으로 인식되어 왔다. 그러나 오늘날 그녀와 같은 전통사회에서의 현모양처는 시대적 요구에 부합되지 않으며, 다소 평가절하 되는 상황에 놓여 있을 정도이다. 그러나 유교적 전통여성의 삶을 현대적으로 재해석할 때 부정적인 시각으로만 평가할 것인가에 대해서는 재론의 여지가 있다고 생각된다. 즉 賢母에서 강조되고 있는 바는 시대를 초월해서 생명과 창조의 의미를 담고 있는 母性性으로 오늘날 자녀를 하나 또는 둘 밖에 낳지 않는 이 시대에 더욱 강조되고 있는 것은 아닌지 살펴볼 필요가 있다. 물질적 풍요 속에 소수의 자녀를 낳아 '내 아이만', '최고로', '영재로' 키우려는 왜곡된 모성이 발휘되는 현 상황을 보면, 오히려 통제와 절제로 훈육하여 자녀를 성장시킨 유교사회에서의 어머니의 위대함을 더 깊이 숙고함이 마땅하다. 그러한 의미에서 신사임당의 담론에서 항상 거론되는 '만들어진' 현모양처를 유교적 이데올로기의 부산물로 평가하기보다는 가정을 이끌고 자녀를 양육하는 '어머니'로서의 역할과 리더십의 관점에서 재해석할 필요성이 존재한다. 모성이 이데올로기적인 요소와 변혁적인 요소를 동시에 가지고 있다는 사실에 주목(양민석, 2006)한 연구도 있다. 모성이 처한 사회문화적 관계 속에서 더욱 심화된 억압의 기제로 될 수 있지만, 평등과 해방의 덕목을 강화시키는 토대로 발전할 수도 있다는 점이다. 이런 의미에서도 사임당의 모성에 대한 재해석은 의미가 있다.

리더란 사회조직과 공적관계에서만 존재하는 것이 아니다. 한 가정의 어머니는 '가정'이라는 사회의 가장 최소단위인 조직을 이끌고 성장시키는 중대한 소임을 맡은 리더이다. 과거 수직적이고 권위적인 가족구조에서부터 탈피하여 상호 수평적이고 호혜적인 관계 속에서 새로운 관계 정립을 지향하는 현시점에서는 무엇보다 가정을 경영하는 리더로서의 리더십 함양이 절대적으로 요구(박미석·김경아, 2006)되고 있다. 특히 가정에서 어머니의 리더십 발휘가 시대적으로 절실히 요구(김경아, 2008)되고 있으나, 어머니 리더십 연구는 아직도 활발히 진행되지 못하고 있다. 가정에서 어머니의 양육태도가 자녀의 성장에 영향을 미친다는 바는 이미 널리 알려진 바이다. 그러나 어머니 리더십의 개념을 적용하여 연구한 바는 박미석·김경아(2006)의 연구를 기점으로, 유아나 아동(최종임, 2006; 채경선, 2012), 청소년 자녀(장영애, 2012)의 성장과 지도에 부모의 리더십이 관련되어 있음을 보여주는 연구 정도로 매우 부족한 상황이다. 이러한 가운데에 국내외의 대표적인 리더 9명을 중심으로 그들을 길러낸 어머니 리더십에 대한 김경아(2008)의 사례연구는 어머니 리더십 연구에 있어서 매우 의미 있는 결과를 제시하였다.

본 연구에서는 어머니 리더십을 정의함에 있어서, 어머니가 자녀의 올바른 성장발달을 위해 훈육하며 영향을 미치는 과정으로 보고자 한다. 본고에서는 김경아(2008)의 연구의 틀을 참고하여 사임당의 어머니 리더십을 당시 여성에게 주어졌던 소임의 측면에서 가정경영과 자녀교육의 두 가지 영역으로 구분하였다. 사임당의 생애에 관한 고찰을 토대로 가정경영에서는 '信義와 家內凡節 지향성'으로 자녀양육에서는 '孝悌와 立志 지향성'으로 논의하였다.

<표 2> 신사임당 어머니 리더십 분석에 적용된 리더십의 영역과 리더십 속성

| 리더십 영역 | 내용 | 사임당의 어머니 리더십 속성 |
|---|---|---|
| 가정경영 | 가족의 질서 확립 | 신의(信義)와 가내범절(家內凡節) 지향성 |
| 자녀양육 | 자녀의 특성파악, 자녀 훈육 | 효제(孝悌)와 입지(立志) 지향성 |

### 1) 信義와 家內凡節 지향성

조선시대 여성의 교육에서는 四德, 즉 婦德, 婦言, 婦容, 婦功을 강조했다. 이는 덕성스러운 마음가짐과 말조심, 정결한 용모 그리고 부녀자로서 익혀야 할 바느질과 음식 만들기 등을 갈고 닦아야 함을 말한다. 이는 소혜왕후가 女四書를 비롯하여 『예기』, 『논어』, 『통감』 등의 내용과 태임, 태사와 같이 역대 어진 비빈의 행실을 기록하여 만든 조선시대 대표적인 여성규범서인 『內訓』(1475년, 성종 6년)의 <언행장(言行章)>에서도 언급된 바이다. 즉 당시 여성교육의 목표는 유교정신에 입각한 현모양처를 육성하는 것이었다. 여성은 가내생활에서 자녀교육에 필요한 교육, 주부로서 모성으로서의 덕성 함양과 가사 관리와 가사 기술 등의 교육을 강조해 왔다. 이영미(1989) 연구에서는 조선조 여성의 규범류에 나타난 여성교육을 분석하면서 여성

교육에서는 수신, 효친, 부부의 도, 자녀교육, 형제간의 돈목, 가사기술, 봉제사, 손님접대 등의 교육을 강조해 왔음을 주장한 바 있다.

이러한 여성교육이 강조되어온 시점에서 사임당은 자연스럽게 이를 체득하고, 실천하는 삶을 살았을 것이라는 점은 쉽게 짐작할 수 있다. 신사임당은 당시 여성들이 했던 바와 같이 가정운영을 위해 의식주를 관리하고, 가족관계를 유지하며, 자녀교육에 힘쓰고, 조상을 섬기면서, 아랫사람을 관리하는 등의 활동을 해야 했다.

사임당이 발휘한 가정경영에서의 리더십에서는 信義와 家內凡節 지향성을 볼 수 있다. 그녀의 리더십 속성을 찾을 수 있는 근거는 율곡의 <先妣行狀>에서 찾을 수 있다. '아랫사람이나 종을 꾸짖는 일이 없었고, 그들을 대할 때는 말씨나 표정을 온화하게 하셨다. 혹 아버지께서 실수를 하시면 반드시 바로잡아 주셨고, 자녀들에게 허물이 있으면 곧바로 꾸짖었으며, 주변 사람에게 허물이 있으면 책임을 물었다.'라는 바는 사임당이 가정을 운영하며 지켜왔던 가치의식을 잘 보여주는 것이라 하겠다. 타인을 존중하나, 자신이 정한 옳고 그름의 판단과 가치기준에 따라 질책하고, 자신의 행동에 대한 책임감을 중시했던 바를 알 수 있다. 사람은 자신의 행동에 대한 책임을 강조한 家內凡節을 지키도록 가치기준을 명확히 했다.

信義의 가정경영은 부부관계에서 찾아볼 수 있다. 선행연구에서는 사임당의 삶은 남편과의 관계에서 매우 다중적인 해석을 가능하게 하는 단서를 찾아 제시하였는데, 가정경영을 위한 사임당의 가치의식을 볼 수 있는 내용이다. 세 살 위인 남편에게 학문적으로 가르치는 역할을 한 점, 혼인의 예우를 다해야 하므로 자신이 죽은 후에도 다시 장가를 들지 말라고 남편을 교화하는 역할을 한 모습 등에서 일부일처제의 정착과 관련한 갈등과 부부관계에서의 신의를 강조한 것 등은 새롭게 조명되어야 할 것(이은선, 2005)으로 평가한 것이다. 즉 가정경영에서 가장 기본은 부부관계의 올바른 유지와 화목이 근간이 된다. 이는 오늘날의 연구에서도 부부관계와 생활만족도, 삶의 질 등이 깊은 관련성을 갖고 있다는 연구(이혜자·김윤정, 2004; 강득자, 2009; 조혜숙, 2013)들을 보더라도, 사회 정치적 이념과 시대성을 초월한 공통사항이다. 사임당도 부부관계에서의 신의를 강조한 바는 이를 잘 나타내주는 바라 하겠다. 전통사회의 부부관계에서는 가부장적 질서와 남녀유별 내외법 등을 강조했고, 남편에 대한 믿음을 다하기 위해 죽어도 개가하지 않는 것이 부인이 덕으로 간주되었지만 남편의 아내에 대한 믿음은 강조되지 않았다(김희연, 2010; 김언순, 2006). 결국 개가불가의 논리는 나아가 남편에 대한 여성의 정절을 요구하는 근거가 되던 시절에, 사임당은 남편에게 신의를 지켜 자신이 죽더라도 재혼하지 않도록 요청했다. 이는 전통사회에서는 '양처'로서의 태도는 아니었을지 모른다. 오히려 현대적인 가정경영 관점에서는 매우 의미 있는 바라 하겠다. 재혼을 하면서 자녀들이 받게 될 심리적 어려움까지 헤아리고, 올곧게 지켜온 가정의 화목과 질서, 나아가 가정경영을 위해 사임당 본인은 죽더라도 남편이 부부의 信義를 지켜줄 것을 요청한 것이라 사료된다. 율곡의 『擊蒙要訣』 <거가장>에서 '부부사이에 예와 공경한 마음을 잃지 않은 뒤에라야 집안일을 제대로 다스릴 수가 있다'라고 한 바는 사임당이 이미 진실한 마음으로 부부의 관계를 지키며, 삶을 살아 자손들에게 귀감이 되어온 바를 짐작케 한다. 시대를 초월한 信義의 가정경영을 위한 사임당 리더십의 발휘가 주목되는 이유가 아닐까 한다. 17세기 조선 후기 양반여성의 리더십을 분석한 연구(한희숙, 2008)에서 설득과 治家, 보살핌과 섬김 등의 다중적이며 통합적인 리더십을 보였다고 지적한 바도 이와 관계된다.

### 2) 孝悌와 立志 지향성

부모의 자녀지도는 리더십의 한 형태로 부모가 가지고 있는 리더십의 개념인식에 따라 부모의 행동도 달라지고 자녀의 행동이나 신념, 가치관에 영향을 미칠 수 있음이 보고되었다. 부모와 자녀의 상호작용과정이 리더십의 한 형태임에는 틀림없고, 아동의 효의식이 클수록 아동의 리더십이 커진다(채경선, 2012)는 연구결과는 사임당의 어머니 리더십을 분석하는 근거가 될 수 있다. 즉 효 실천은 아동의 리더십과는 상관관계가 있으며, 가정과 사회에서의 효 실천, 리더십의 의사소통, 의사결정, 인간관계, 학습능력, 집단관리, 자기이해, 집단 활동 영역 모두 긍정적인 상관관계를 보여 효 실천이 클수록 아동의 리더십이 커진다는 것이다. 선행연구에서 강조된 효 실천이 리더십과 관련 있다는 결과를 보면, 사임당의 생애와 자녀교육을 위한 어머니 리더십 속성을 '효제 지향성'으로 명명할 수 있다. 孝悌란 부모님께 효도하고 형제자매 간 화목하게 지낼 것을 통합한 개념이다.

신사임당의 생애에 영향을 미친 인물은 부모와 외조부모였다. 그들은 사임당으로 하여금 가정교육을 통해서 심신을 올곧게 하는 품성교육과 지식교육 뿐만 아니라, 예술적 재능을 길러준 詩書畵교육에 이르기까지 매우 귀중한 가르침을 주었다. 그중에서도 그녀의 기본성품이 된 빼놓을 수 없는 것이 孝悌교육이라는 점이다. 어머니인

용인 이 씨의 효행에 대한 가르침은 그대로 사임당의 삶에 스며들었고, 이는 사임당이 일곱 자녀를 양육할 때 자녀훈육을 위한 중요 가르침으로 삼게 했다. 즉 가정에서 보고 배우는 효의 실천적인 훈육 속에서 자녀들이 바르게 성장한다는 것은 현대 리더십연구 학자들이 이미 그 효과성을 입증했다. 자녀교육을 위한 신사임당의 효제지향적인 어머니 리더십은 율곡에게 이어졌다. 율곡은 『擊蒙要訣』 <事親章>에서 '무릇 사람들이 부모에게 마땅히 효도해야 함을 알지 못하는 이가 없으되 효도하는 자가 심히 드무니, 이것은 부모의 은혜를 깊이 알지 못하는 데서 말미암은 연고이다. 세월이 흐르는 물과 같아서 어버이 섬기기를 오래할 수 없다. 그러므로 자식 된 자는 모름지기 정성을 다하고 힘을 다하여 미치지 못할 듯이 함이 옳다.' 하였고, <喪制章>에서는 효는 백행의 근본이므로 부모님의 상례를 무엇보다 정성껏 모실 것을 강조하였다. 사임당이 48세에 젊은 나이로 돌아가자 삼년상을 치르고 상복을 벗고 난 후에도 다시 어머니를 위해 心喪을 1年 더 하였고, 부친상을 당했을 때도 三年喪을 치른 것(채경선, 2009)을 보면, 사임당의 효제 지향의 어머니 리더십은 율곡을 통해 실천되고 이어졌다고 사료된다.

한편 立志는 성장하는 자녀에게 매우 중요한 가르침이다. 오늘날에는 청소년기 자녀들의 진로설정과 연계하여 설명될 수 있는 부분이다. 최근 연구에서는 부모가 자녀를 믿고 자녀의 결정을 따라가려는 태도와 자녀의 의견을 받아들이는 수용적 태도를 보인다면, 청소년은 개인의 업무를 수행하는데 있어서 적절하게 책임감을 갖고 문제 해결을 할 수 있음을 시사한다(장영애, 2012)고 하였다. 성별, 부학력, 모학력, 가정경제 수준 등의 사회 인구학적 변인들은 청소년의 리더십에 관계되는 변인이며, 부모의 자율적이고 수용적인 양육 행동 그리고 부모자녀 간의 개방형 의사소통은 청소년의 리더십에 영향을 미치는 중요한 변인이 된다. 또한 어머니의 변혁적 리더십과 청소년자녀의 심리적 복지감 연구를 보면, 궁극적으로 어머니의 변혁적 리더십은 자녀의 진로결정에 대한 긍정적 신념으로 작용하게 된다(김경아, 2011). 자녀로 하여금 진로설정에서 자신의 뜻을 세우도록 하는 것은 어머니들이 어떠한 리더십을 갖고 지도하느냐 따라서 달라질 수 있다. 이른바 立志는 오늘날 삶의 여정에서 매우 중요하여, 이를 위한 어머니의 영향력은 강력하다. 즉 어머니의 리더십은 곧바로 자녀성장을 위한 밑거름이 되는 것이다.

신사임당의 어머니 리더십에서 立志 지향성을 살펴보자. 신사임당은 자녀를 일곱을 두었다. 이들 자녀에 대한 기록이 모두 남아 있는 것은 아니나, 선행연구와 문헌자료에 근거해 볼 때, 첫째 아들 璿(아호 죽곡 1524~1570), 맏딸 梅窓(1529~1592), 그리고 셋째 아들 栗谷의 성장과 훈육을 중심으로만 보더라도 자녀의 특성과 강점을 살펴 양육하고 독려한 어머니의 현명함을 볼 수 있다. 오늘날 부모들은 자녀교육에 모든 자원을 집중하며 부모가 키우고자 하는 '자녀상'을 앞세움으로써 자녀와 갈등상태에 놓이는 경우도 많다. 전통사회는 多産이 多福이며, 多男이 多福인 사회였다. 사임당은 7남매를 두었으니, 현대적인 삶과는 거리가 있다. 신사임당의 자녀들은 각기 다른 재능을 발휘할 수 있었고, 그러한 성장 배경에는 그녀의 현명한 자녀양육이 뒷받침되어왔다. 詩書畵에 집중하며, 부덕을 실천하는 어머니의 모습은 자녀들로 하여금 뜻한 바대로 자기성장을 위해 노력하는 귀감이 되었을 것이다. 梅窓과 막내아들 瑀는 사임당의 예술적 재능을 물려받아 詩畵에 능했다. 그들은 성장과정 중에 어머니의 창조적인 작품을 곁에서 보고 배웠을 것이다. 梅窓의 재능은 사임당을 닮았으며, 그녀는 바느질과 자수, 학식과 지혜, 인격과 시, 글씨에 이르기까지 어머니 사임당의 모습을 그대로 이어받은 여성으로 평가되고 있다. 매창을 일컬어 '작은 사임당'이라고 부르기도 하며, 율곡에 대한 후대의 평가는 이미 알려진 바이다. 瑀에 대한 평가는 우암 송시열의 玉山詩稿序에 남긴 찬사를 통해서도 알 수 있다. 사임당의 자녀들이 자신의 뜻을 세워 펼쳐갔던 삶은 후대에 귀감이 되고 있다. 율곡은 『擊蒙要訣』에서 修己의 첫 번째 핵심가치로 立志를 강조하였다. "배우는 자는 먼저 뜻을 세워서 도로써 自任하여야 한다."고 하였으며, 『聖學輯要』에서는 "학문하는 사람은 자신의 뜻을 먼저 세워야 하며, 뜻을 세우지 않고 성공한 사람은 없다. 그러므로 修己의 첫 번째 일이 입지이다", "志는 마음이 가는 바로서 정이 이미 발하고서 그가 가는 추향을 정한 것이니, 선으로 가는 추향이나 악으로 가는 추향을 정하는 것은 모두 志다"라고 하였다. 즉 志는 시비를 명백히 하고 선을 향하여 악을 배척하는 것이므로, 입지를 통하여 악을 우발하는 바를 경계하고, 인간이 마음이 향하는 선을 향하여 실천하도록 함을 뜻하는 바라 할 것이다. 立志란 중도에 포기할 수 있는 이상을 추구하는 것이 아니라 자기가 하고자 하는 일에 명확하게 뜻을 두고 지표로 삼으며, 삶의 중심 가치를 우선 세우는 일(안진희, 2008)이다. 즉 先須立志, 正向, 矯氣質의 측면에서 입지는 그 의미가 깊다.

자신이 나아갈 길에 있어서 뜻을 세우고, 그 是非를 가려 善을 향해 나아가는 실천성을 강조한 사임당의 자녀양육이 없었다면, 율곡,

매창, 옥산 등 자녀들이 자신의 뜻을 세워 학문과 예술적인 면에서 큰 성장은 어려웠을 것으로 사료된다. 자녀들이 갖고 있던 각자의 재능과 능력 등을 살피고, 훈육하고 강화했던 사임당의 어머니 리더십 속성으로서의 立志 지향성은 오늘날 자라나는 청소년들의 진로 설정을 위해 어머니들이 어떠한 리더십을 발휘해야 할 것인지에 대한 실증적인 근거를 제시한다.

## Ⅲ. 현대 여성의 리더십 교육에 주는 시사점과 결론

본고에서는 신사임당의 생애에 대한 선행연구와 작품 등을 중심으로 신사임당이 개인으로서 자기성장을 위한 삶, 그리고 가족 안에서의 어머니로서의 삶, 이를 바탕으로 후대에 끼친 영향 등을 살펴보았다. 그리고 기존의 연구에서 시도되었던 교육학적 관점이나 페미니스트 관점, 예술적 관점과는 구분되는 여성 리더십 교육의 측면에서 재조명을 시도하고자 하였다. 이는 역사적으로 뛰어난 인물을 중심으로 현대사회에서도 강조되는 리더십의 속성 요인을 찾아, 귀감이 될 수 있는 근거를 제시함으로써, 현대 한국인으로서의 주체적인 삶의 인식과 태도를 지향해 나가는데 도움이 되는 바를 제안하고자 함이었다.

신사임당은 가부장적 유교사회에 생존했던 여성이었지만, 부모와 조부모로부터 존중받고 교육받으며 성장했다. 이는 사임당 개인의 역량과 예술적 재능을 발휘할 수 있는 귀중한 기틀이 되었다. 후대에까지 회자되는 뛰어난 詩書畵를 남기는 밑거름이 되었던 것이다. 사임당은 가정교육을 잘 받았을 뿐만 아니라, 한 여성으로서의 삶과 어머니로서의 삶에 대한 사임당 스스로의 깊은 성찰을 바탕으로 강한 내적 동기와 신념을 갖고 살았다. 사임당의 작품은 시대적 정치적인 목적하에 섬세함과 독창성, 여성의 감수성 등을 엿볼 수 있다고 평가됨으로써 사임당 개인의 삶이나 역량을 중심으로 논의되기보다는 母性性을 중심으로 강조되었음을 알 수 있었다. 신사임당이 자주적인 한국의 여성을 대표하는가에 대한 논의가 5만 원권 화폐 제작 시 논란이 되어 온 바도, 그녀가 갖고 있던 개인적인 역량이나 창조성을 강조하지 않았던 것에 연유한다고 보인다. 수 세기 동안 신사임당 담론으로 여성성과 모성 등을 강조해 온 바이므로 이에 대해 페미니스트 관점에서는 신사임당의 생애는 성역할 고정관념화의 배경이 될 수 있음을 우려하게 만드는 주장을 낳게 하였다. 그러나 본고에서는 가정을 중심으로 신사임당의 삶을 고찰하고 셀프 리더십과 어머니 리더십을 재조명하는 방향에 초점을 두었다. 이를 중심으로 현대 여성의 삶, 어머니의 삶에 요구되는 리더십 속성의 가치를 찾고 이를 토대로 현대 여성 리더십 교육의 시사점을 논의하였다.

사임당의 셀프 리더십과 어머니 리더십의 속성을 그림으로 요약하여 <도 1>로 제시하였다. 셀프 리더십의 관점에서 사임당의 리더십 속성은 '도전과 창의성', '자기주도성'을 찾아볼 수 있으며, 이는 현대 여성의 삶에서도 매우 필요할 뿐만 아니라 그 가치가 부각되는 바라 하겠다. 셀프 리더십이란 자기 스스로에게 영향을 미치는 것으로 자신을 통제하고 효율성을 높이기 위한 리더십이라고 본론에서 종합적으로 정의한 바에 근거하여, 신사임당 생애를 고찰해 본 결과, 그녀는 개인의 작품세계를 통하여, '여성'이라는 성역할에 머무르지 않고 도전과 창의성을 발휘하여 뛰어난 작품세계를 인정받게 되었다고 사료된다.

그녀의 작품에 실린 학자들의 발문을 보면, 신사임당의 창의성은 강한 내적동기를 바탕으로 발현되었음을 짐작하게 한다. 당시 여성들에게 주어진 소명은 가내활동에 집중하는 것이었으나, 신사임당은 삶에 대한 자기주도성을 갖고, 자신의 예술적 능력을 펼쳐 나갔다. 신사임당은 자기성찰을 바탕으로 신념과 여성 특유의 감수성, 독창성 등을 가내활동을 뛰어넘어 예술작품을 통하여 표현하고 그 역량을 발휘하는 주도적 삶을 살았던 것이다. 현대 여성들은 가정과 사회의 각 분야에서 탁월한 능력을 발휘하며 살아간다. 여성의 시대적 사명을 고려할 때, 여성의 자기개발을 위한 신념, 가치 등 셀프 리더십의 속성은 어느 시기보다도 개발되고 내면화되어야 한다. 자신의 심신을 올곧게 하며, 주도적인 삶을 살고, 도전과 창의성을 발휘하는 셀프 리더십의 속성은 자주적인 삶을 살고자 하는 현대 여성의

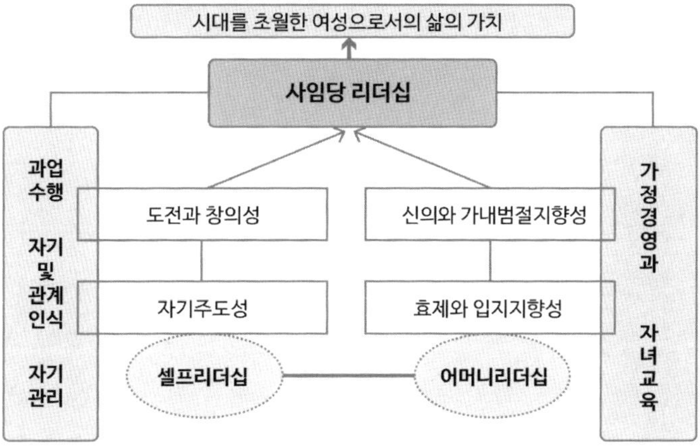


<도 1> 사임당의 셀프 리더십과 어머니 리더십

삶에 큰 귀감이 된다. 따라서 신사임당이 갖고 있던 셀프 리더십의 도전, 창의성, 자기주도성은 시대를 초월한 가치를 발휘하게 될 것으로 사료된다.

또한 사임당의 어머니 리더십에서 강조된 속성은 가정경영과 자녀교육차원으로 구분하여 가정경영을 위한 어머니 리더십으로는 '信義와 家內凡節 지향성'의 속성으로, 자녀양육을 위한 어머니 리더십의 속성은 '孝悌와 立志 지향성'으로 보았다. 사임당은 올곧은 성품으로 가내 아랫사람관리, 신의를 다하는 남편과의 관계 유지, 자녀교육에서 효제의 강조, 자녀들로 하여금 앞으로 삶을 살아감에 있어 바른 뜻을 세우는 입지의 중요성을 깨닫도록 했다. 이는 사임당 어머니 리더십으로 발현되는 근거가 되었다고 본다. 가정경영의 책임을 갖고 있는 어머니들에게 있어서, 신사임당 리더십은 示唆하는 바가 크다. 어머니 리더십이 발휘되는 가정경영과 자녀교육면에서 信義와 家內凡節 지향성, 孝悌와 立志 지향성 속성은 家道의 가르침이 부재인 이 시대에 더욱 절실한 바이다. 오늘날 빈번하게 나타나고 있는 부부간의 갈등과 이혼 등은 가족 구조를 변화시켜 구성원에게 큰 어려움을 겪게 하고, 특히 자녀들은 큰 상처를 받는다. 이런 시대에 신의와 가내범절을 지향하며 가정을 이끌어갔던 신사임당의 어머니 리더십은 재음미해야 할 필요가 크다. 또한 효제와 입지 지향성의 속성은 자녀출산을 기피하거나, 적게 나은 자신의 자녀만을 위해 그릇된 모성을 발휘하는 현대 부모들의 왜곡된 자화상을 돌이켜 볼 수 있는 계기를 제공한다. 선행연구(이소희, 2003;김경아, 2011;채경선, 2012)에서 보았듯이, 孝실천과 리더십의 관계, 청소년기 자녀의 진로설정에 미치는 어머니의 영향 등이 오늘날 연구에서도 그

관계성이 입증되고 있음을 보면, 사임당은 이미 孝悌와 立志 지향성의 어머니 리더십을 발휘함으로써 후대에 영향력 있는 자녀들을 키워냈다고 사료된다. 자신의 소임을 다하고, 뜻을 두고자 했던 詩書畵에 집중하는 어머니의 모습은 자녀들로 하여금 '보고 배우는' 계기가 되었을 것이다. 자녀교육을 위해 '하라'의 지시 교육방식이 아니라, 어머니 스스로 자기성장을 위해 실천하고, '하자'의 공동노력을 보이는 것은 자녀훈육에서는 '보고 배우도록 하는' 모범이며, 소중한 가르침이 된다. 이와 같은 가정경영과 자녀양육에서 보여준 신사임당 어머니 리더십의 가치는 재인식되어야 할 필요가 있다. 한편 모성은 새로운 변혁적인 요소로서 평등과 해방을 위한 사회적 덕목을 강화시킬 수 있는 유연한 대처 능력으로 활용될 수 있다. 이러한 사임당 어머니 리더십이야말로 앞으로 현대 여성 리더십 교육과 부모교육에도 유용한 자료로 활용될 수 있을 것으로 보인다.

리더십 교육의 관점에서 역사적 여성인물의 삶에 관한 조명을 기초로 셀프 리더십 속성을 찾는 연구는 지속되어야 한다. 이는 개인의 성장은 물론 가정운영, 자녀양육 등에 적용될 수 있는 시대초월의 가르침을 우리 역사 속에서 찾아가는 길이기 때문이다. 우리의 삶은 서구화되고, 급속한 변화가운데 물질중심의 가치 혼란을 겪고 있으므로 자주적이고 주체성 있는 여성 리더십이 절실해지고 있다. 여성 리더십의 개념이 지식기반사회로의 진입에 따라 여성 인적자원에 대한 기업과 정부의 관심이 높아지면서 제기된 개념(남인숙, 2005)으로 논의되어 왔다. 여성이 존재하는 어떠한 집단이나 조직에서도 필요하며, 특히 어머니로서의 리더십은 시대성을 초월한 여성 리더십으로 가치를 담고 있음을 상기시키는 것이다. 본고에서는 신사임당의 리더십을 통해 오늘날 여성 리더십을 위한 시사점 찾을 수 있었다. 추후 자주적인 주체의식과 역사의 재인식을 통하여, 역사 속 여성인물을 중심으로 셀프 리더십과 어머니 리더십 발굴을 위한 후속연구가 확대되기를 기대한다. 김세서리아(2014)의 '신사임당, 하이테크놀로지를 만나다'에서 전통적인 여성, 모성의 이데올로기가 새로운 현대사회에서 어떻게 접목될 것인지에 대하여 전통유교이념과 여성, 첨단과학기술의 삼각관계를 해석한 사례와 같은 시도도 요청된다. 이러한 우리의 역사와 문화 속의 여성인물 연구를 통한 새로운 교육콘텐츠 개발도 적극적으로 시도되기를 기대한다.

## <참고문헌>


강민수(2011). 「신사임당의 정서능력 발현과정 연구」. 서울대학교 대학원 박사학위논문.

김재득(2009). 『리더십워크북』. 공동체.

김경아(2008). 「리더를 길러낸 어머니 리더십의 사례연구」. 대한가정학회지, 46(7), 21-33.

김경아(2011). 「어머니의 가정 내 변혁적 리더십이 청소년자녀의 심리적 복지감 및 진로결정 자기효능감에 미치는 영향」. 한국가족자원경영학회지, 15(4), 149-167.

김미경. 「셀프 리더십 척도와 자기 효능감과의 관계」 한국 HRD 연구 7(3), 21-43, 2012.

김세서리아(2014). 『사임당, 하이테크놀로지를 만나다』. 돌베개.

김익수(2009). 「동방의 인륜사회를 지향한 사임당의 가정교육관」. 한국사상과 문화, 47, 133-164.

박미석 · 김경아(2006). 「가정생활건강성 향상을 위한 가정리더십 프로그램 개발 및 실시」. 한국가족자원경영학회지, 10(3), 113-130.

박민자(2005). 「사임당에 대한 여성사회학적 조명」. 덕성여대 논문집 34.

박지현(2007). 「화가에서 어머니로 : 신사임당을 둘러싼 담론의 역사」. 동양한문학연구, 25. 141-167.

소혜왕후, 정양완역주(1989). 『내훈』. 학원사.

송영수(2011). 「기업 내 셀프 리더십 필요역량 탐색. HRD연구」. The Korean Juornal of Human Resource Development Quarterly, 13(3), 51-74.

심혜자(2001). 「신사임당 교육의 이념과 내용 연구」. 경성대학교 교육대학원 석사학위논문.

안진희(2008). 「격몽요결에서 이해한 리더십 개발과 모형」. 숙명여자대학교 사회교육대학원 석사학위논문.

양민석(2006). 「모성의 사회적 확장과 여성 리더십」. 여성주의 가치와 모성리더십, 89-115.

유정은(2011). 「신사임당 「초충도」의 미의식 연구」. 한문고전연구, 23. 69-97.

유정은(2013). 「신사임당 예술철학 연구」. 강원대학교 대학원 박사학위논문.

윤혜린(2007). 『여성주의 리더십 새로운 길 찾기』. 이화여자대학교출판부.

이동성(2013). 「생애사 연구방법론의 이론적 배경과 분석방법에 대한 탐구」.

초등교육연구, 26(2). 71-95.
이미경(1993).「신사임당의 교육사상 연구 : 자녀교육을 중심으로」. 한국교원대학교 대학원 석사학위논문.
이미숙(2008).「신사임당 작품의 조형적 특징 및 예술관 연구」. 경희대학교 교육대학원 석사학위논문.
이숙인(2008).「신사임당 담론의 계보학」. 진단학보, 106, 1-31.
이영미(1989).「조선조 여성의 가정교육에 대한 현대적 재조명」. 성신여자대학교 대학원 박사학위논문.
이유진(2012).「대학생의 셀프 리더십이 대학생활 만족도, 자기주도적 학습력 및 학업적 자기효능감에 미치는 영향」. 한양대학교 교육대학원 석사학위논문.
이은선(2005).「페미니즘 시대에 신사임당 새로 보기」. 동양철학연구, 43. 217-254.
이이, 고산역해(2008).『성학집요/격몽요결』. 동서문화사.
이재남(2011).「栗谷 李珥家의 審美意識에 관한 연구 : 師任堂・栗谷・玉山을 중심으로」. 성균관대학교 박사학위논문.
장영애(2012).「부모의 양육행동과 부모-자녀 간 의사소통이 청소년의 리더십에 미치는 영향」. 청소년시설환경, 10(1). 3-14.
장은영・이광희・박동진(2013).「변혁적 리더십과 셀프 리더십이 창의성에 미치는 영향」. 인적자원관리연구, 20(5), 115-132.
채경선(2012).「아동의 '효'의식과 리더십과의 관계연구」. 효학 연구, 16, 51-68.
채경숙(2009).「격몽요결에 나타난 가치 및 덕목에 관한 연구」. 경인교육대학교 교육대학원 석사학위논문.
천화숙(2006).「조선시대 여성들의 삶과 신사임당」. 역사와 실학, 31, 153- 176.
조형 엮음(2006).『여성주의 가치와 모성리더십』. 이화여자대학출판부.
최종임(2006).「부모의 리더십개념인식과 부모양육행동과의 관계」. 한국가족복지학, 11(2), 5-24.
한희숙(2008).「조선후기 양반여성의 생활과 여성 리더십」. 여성과 역사 9, 1-48.
An Na(2013).「임파워링 리더십이 주도적 행동에 미치는 영향에 관한 연구」. 세종대학교 대학원 박사학위논문.
Manz, C. C.(1986). *Self-leadership : Toward an expanded theory of self-influence*

*processes in organizations*. Academy of Management Review, 11, 585-600.

Muller, G. F.(2006). *Dimensions of self-leadership : A german replication and extension*. Psychological Reports, 99, 357-362.

Yun, S., Cox, J., & Sims, H. P. Jr(2006). *The forgotten follower : A contingency model of leadership and follower self-leadership*. Journal of Managerial Psychology, 21(4), 374-388.

# 조선시대 여성문인과 여성실학자의 리더십*

박영숙

## Ⅰ. 서론

### 1. 연구의 필요성

우리나라 역사를 돌이켜 볼 때 여성의 리더십이 고찰된 경우는 남성의 리더십 연구와 비교해 볼 때 지극히 적었다. 조선시대에는 남성위주의 가부장제로 인해 이름을 남긴 여성은 매우 적었다. 조선의 시대적 배경에 살면서도 영향력을 끼치고 존경을 받았던 여성 리더들을 재조명해 보는 것은 현대의 여성 리더십 연구에 의미 있는 과정이 될 것으로 사료되었다.

본 연구에서는 조선시대의 여성 문인과 실학자들의 삶을 고찰함으로써, 여성 리더십의 의미를 재조명하여, 현대의 여성 리더로 성장하고자 하는 이들에게 방향성을 제시해보고자 한다.

---

* 본 논문은 2017년 성신여자대학교 일반대학원 박사학위논문인 "조선시대 여성리더십에 관한 생활문화적 조명 : 여성문인과 실학자를 중심으로"의 일부임.

## 2. 연구의 목적

본 연구의 목적은 조선시대에 문인들과 실학자들의 생애에 대한 생활문화사적 조명을 통해 현대에도 이어질 수 있는 여성 리더십의 방향을 논의하는 데에 있다.

즉, 본 연구의 구체적인 연구목적은 다음과 같다.

첫째, 조선시대 생활문화 가운데에서 여성 문인과, 여성 실학자들이 어떠한 리더십을 발휘하면서 개인생활, 가정생활, 사회생활을 영위했는지에 대하여 修己리더십과 治人리더십 두 가지로 분류하여 그 내용을 고찰하고 분석한다.

둘째, 현대리더십 이론을 적용하여 조선시대 여성 리더십과의 관련성을 분석하여 그 유형을 분류해 보고, 당시 여성 리더십에 대하여 생활문화적 의의를 찾아본다.

셋째, 조선시대 여성 문인과 실학자들이 발휘했던 리더십을 修己리더십과 治人리더십으로 분류하고, 그 리더십에 내재한 핵심역량을 찾아 제시함으로써 역사적 여성인물들의 리더십 역량이 여성 리더십을 통해 발현되었음을 밝혀보고자 한다.

# II. 연구방법

본 연구에서는 한국 여성들에게 독특한 여성 리더십이 있는지를 연구하기 위해 조선시대 여성 문인과 실학자를 중심으로 여성 리더십 사례를 생활문화적인 관점에서 조명하려고 한다. 조선시대 여성들의 修己와 治人의 리더십이 현대 여성들에게도 개인생활과 가정생활, 사회생활에 필요한 핵심역량이 될 수 있는 타당성을 분석하고자 한다. 본 연구는 문헌연구 방법과 연구대상자에 대한 자료를 수집하고 관찰하는 사례연구 방법으로 연구하고자 한다.

## 1. 연구대상

현대를 살아가는 여성들에게 유용한 여성 리더십을 연구하기 위해 먼저 연구대상으로 조선시대의 여성 문인들과 실학자들을 선정하였다. 조선시대의 가부장적인 유교사회에서 살았지만 역량을 키워 비범하게 삶을 펼쳐왔으며, 족적을 남겨 학문분야에서 연구의 대상이 되기도 한 인물들로 조선 중기부터 후기를 살았던 인물들이다.

## 2. 연구 자료 선정 및 분석

조선시대 여성인물을 고찰한 한희숙(2004)은 신사임당・황진이・허난설헌을 선정하였다. 이이화(1989)・김미란(1992)・한국여성개발원(1998)・이문호(2002)・이성미(2002)・이덕일(2003)의 연구를 바탕으로 연구대상을 선정하였다.

<표 1> 조선시대 여성 문인과 실학자

| 여성 문인(16세기) | | 여성 실학자(17-19세기) | |
|---|---|---|---|
| 신사임당 | 1504 - 1551 | 장계향 | 1598 - 1680 |
| 황진이 | 1506?-1567? | 임윤지당 | 1721 - 1793 |
| 허난설헌 | 1563 - 1589 | 김만덕 | 1739 - 1812 |
| 이매창 | 1573 - 1610 | 사주당 이 씨 | 1739 - 1821 |
| | | 빙허각 이 씨 | 1759 - 1824 |
| | | 강정일당 | 1772 - 1832 |

연구 자료는 선행연구, 단행본, 작품, 저서와 업적을 중심으로 연구하였다. 이들의 리더십이 현대에도 적용될 수 있는 가치가 있는지를 분석하여 제안하고자 한다.

## 3. 용어의 정의

### 1) 여성 문인(16세기)

조선시대 여성의 역할은 가정에서 婦德과 자녀교육에 힘쓰는 것으로 규정되었다. 유교적인 배경에도 불구하고, 조선중기에 여성 문인들과 예술가들이 등장하였다. 이들은 문인의 재능을 펼쳤기 때문에 현대 여성들에게도 충분히 재조명할 가치가 있는 리더십이라고 본다.

### 2) 여성 실학자(17~19세기)

임진왜란과 병자호란의 영향으로 가부장제는 더욱 강화되었고, 조선 초기부터 성리학의 영향으로 婦德 함양교육을 받게 되었다. 독서를 통해 실학에 대한 관심도 증가하였다. 『小學』과 『內訓』 등을 읽으면서 저서를 남긴 여성 실학자들이 등장하였다.

### 3) 리더십

리더라는 단어는 1300년경, 리더십이라는 단어는 1800년대 전반에 영어권 국가에서 사용되기 시작하였다. 용어는 서양에서 들어왔지만(백기복, 2011), 조선시대 이전부터 지도자의 의미로 리더십의 개념은 사용되어 왔다.

전통적 리더십 연구(강정애 외, 2010)에서 "리더십은 집단의 목표를 달성하기 위해 리더가 구성원에게 동기부여 시키고, 영향력을 행사하는 과정"으로 정의하였으나, 현대의 연구들은 "리더, 구성원, 상황변수들을 반영한 통합적 개념"으로 정의하고 있다. 본 연구에서는 리더가 구성원들에게 영향력을 발휘하는 현대적 관점에서의 리더십을 고찰하고자 한다.

#### 4) 생활문화

조선시대의 여성 리더십을 생활문화적 관점으로 연구하는 것은 현대 여성들이 역사 속에서 정체성을 찾아가는 기반이 될 수 있다고 확신한다. 본 연구는 조선의 여성 문인들과 실학자들이 개인생활 영역, 가정생활 영역과 사회생활 영역에서 발휘된 修己의 생활문화와 治人의 생활문화로 분류하여 연구하려고 한다.

#### 5) 修己治人

修己治人 철학은 조선의 정치이념이었지만, 가치관과 리더십에도 영향을 주었다. 修己를 자기관리, 자기혁신, 자기확충, 자기실현의 현대적 개념으로 보았다(허미희, 2007). 율곡은 『격몽요결』에서 修己로 자기완성을 이루고, 治人으로 사회에 참여하는 리더십을 말하였으며, 개인영역, 가정영역과 사회영역으로 확대해 나갔다(이성진, 2015). 현대의 리더십 이론이 전통적인 가치관의 영향을 받았다는 것을 전제해 볼 때 조선의 사회적인 가치관과 문화의 영향력을 배제할 수 없는 상황이다. 修己治人의 리더십이 조선시대의 가치관과 문

화의 배경에서 나타났으므로, 본 연구에서 생활문화를 배경으로 나타난 리더십을 여성의 修己리더십과 여성의 治人리더십의 관점에서 고찰하는 것은 의미가 있다고 본다.

## Ⅲ. 여성 리더십

### 1. 여성 리더십의 개념

여성 리더십은 생물학적으로 여성으로 분류되는 이들이 발휘하는 리더십이다. 남성 중심적 조직문화 속에서 이들이 어떻게 성공으로 이끌어 주었는지를 분석하고 이것이 일반화될 수 있는지를 타진하는 것이 연구의 주 내용을 이루게 된다(서용희, 2013).

### 2. 여성 리더십에 관한 선행연구

여성 리더십과 관련한 선행연구 고찰을 위해 학술연구정보서비스(RISS)를 활용하여 학위논문과, 학술지 자료를 토대로 주요 연구 동향에 대해 살펴보았다.

여성 리더십에 관련된 연구는 변혁적 리더십(학위 논문 132건, 학술지 32건), 감성 리더십(학위논문 38, 학술지 19), 수평적 리더십인 수퍼 리더십(학위 논문 35건, 학술지 11건), 서번트 리더십(학위논문 23건, 학술지 12건)에 관한 연구를 찾을 수 있었다. 반면 여성 리더십과 관련하여 1994년부터 총 15건의 박사학위 연구가 진행되었음을 확인할 수 있었다.

## 3. 여성 리더십의 특성

여성의 리더십은 그 연구의 필요성 및 여성이 가진 세부 직업과 관련하여 연구되었다. 여성 리더십 유형과 역량은 다음과 같다.

<표 2> 여성 리더십의 유형과 역량

| 유형 | 리더십 영역: 역량 | 선행연구 |
|---|---|---|
| 셀프 리더십 | Manz(1986)제시 / 송영수(2011) | 송영수(2011)<br>김종희(2014)<br>안종인(2014)<br>박선민(2016)<br>조민정(2016)<br>서예지(2016) |
| | 과업수행 : 커뮤니케이션, 책임감, 정직성, 도전정신, 창의성 | |
| | 자기 및 관계인식: 긍정적 사고, 대인관계, 자기주도성, 자기개발, 자기통제, 자아성찰 | |
| | 자기관리: 동기부여, 자기통제, 자아성찰 | |
| 감성 리더십 | Goleman(2002)제시 / 정현영(2006) | 다니엘 골만 외 (2009)<br>정현영(2006)<br>이성화(2012)<br>고부섭(2016)<br>김정현(2016)<br>홍은설(2016) |
| | 자기인식 능력: 자기감정 및 능력을 인식 | |
| | 자기관리 능력: 자신의 감정을 다스리는 능력 | |
| | 사회적 인식 능력: 직원과 고객의 요구를 인식 | |
| | 관계관리 능력: 직원들과 좋은 인간관계 능력 | |
| | 서민주(2016)융합된 감성과 기술, 창조성, 상상력, 섬세함과 부드러움, 화합, 유연한 사고와 소통 등 | |
| 서번트 리더십 | Spears(2005)제시 / 김지아(2016) | 한희숙(2008)<br>서보미(2013)<br>이은주(2013)<br>최미섭(2014)<br>박순숙(2015)<br>김지아(2016) |
| | 경청, 공감, 치유 | |
| | 설득, 인지, 통찰 | |
| | 비전제시, 청지기 의식 | |
| | 구성원의 성장 | |
| | 공동체 형성 | |
| 수퍼 리더십 | Manz&Sims(1991)제시 / 박용진(2009) | 김쌍언(2009)<br>박용진(2009)<br>김영학(2009)<br>조주홍(2010)<br>권영해(2013)<br>박미선(2013) |
| | 모델링: 책임감, 창의력, 지속적 개선, 조직능력 촉진 | |
| | 목표설정: 개인의 적성과 능력에 맞는 목표설정 | |
| | 격려와 지도: 주인의식, 자신감, 자부심 | |
| | 나눔과 질책: 팀의 성과 | |

| | | |
|---|---|---|
| 변혁적 리더십 | Bass(1990)제시 / 허남철(2009) | 김혜숙(2004)<br>김숙경(2007)<br>김용구(2008)<br>류은영(2008)<br>허남철(2009)<br>서용희(2013)<br>정용락(2014) |
| | 카리스마: 변화, 이상적 목표, 비전, 열성, 장애초월, 높은 목표, 기인적 창업가적 파워-비전과 사명감을 제공함<br>-자부심을 주입 존경과 신뢰를 얻음 | |
| | 고무: 높은 기대를 가지고 의사소통함 | |
| | 지적자극: 구성원 잠재력 개발, 조언자나 코치, 자율성보장, 권한위임, 리더는 모델 역할.<br>-지식, 합리성 및 문제해결 능력을 증진함 | |
| | 개별적 배려: 문제해결 방법인식에 자극, 능동적 리더, 창의적 아이디어, 정서적 자극되면 큰 영향력.<br>-각자를 개인적으로 상대하고, 지도, 충고함 | |

## Ⅳ. 조선시대 여성 리더십에 관한 생활문화적 고찰

### 1. 여성 리더십에 관한 생활 문화적 고찰의 의의

생활문화란 사람이 일정한 환경에서 살아가기 위해 필요한 의식주 중심의 일상적으로 반복되는 관습이다(이향숙, 2011). 생활문화의 영역은 가족이 함께 생활하는 의식주 생활뿐만 아니라 육아 및 건강관리, 가정생활교육, 예의생활 등의 구체적 삶의 모습을 담고 있고, 이는 지속적으로 축적되어 규범적인 의의를 지니고 전해 내려오는 전통으로 받아들여지게 된다(이길표·주영애, 1999). 가정 중심으로 발전해 왔던 修己治人의 리더십은 서양의 현대적 리더십과 같은 맥락에서 이해된다고 말하는 논문들을 기초로 하여, 리더십의 영역을 개인영역, 가정영역과 사회영역으로 아래와 같이 분류하였다.

<표 3> 생활문화에 나타난 修己와 治人

| 구분 | | 내용 |
|---|---|---|
| 修己 | 개인생활 영역 | 성장배경, 삶의 태도 |
| 治人 | 가정생활 영역 | 부부관계, 효를 중심으로 부모와 자녀관계,<br>가정경제와 의식주, 가정경영 |
| | 사회생활 영역 | 학문과 사상, 업적 |

여성 리더십에 관한 생활문화적 고찰의 의의는 다음과 같다.

첫째, 전통사회 여성의 삶의 주된 영역인 가정생활에서의 역할과 활동에 대한 이해를 전제로 하여 여성 리더십에 대한 구체적인 사례 분석에 유용하다.

둘째, 의식주를 비롯한 생활문화에는 여성의 감성적 특성을 발현시키는 문학과 예술의 중요한 소재가 된 바가 많다. 여성 문인의 리더십 사례분석에 유용하다.

셋째, 생활문화에는 삶의 영위에 필요한 구체적인 사물과 사물의 관리행위를 수반하고 그러한 행위가 나타날 수 있도록 영향을 미치는 각종 의식, 가치들이 내포되어 있다. 여성 리더십 연구를 위해서는 당시 생활문화의 환경에서 어떻게 리더십이 발현될 수 있었는지에 대해 파악하는 것이 유용할 것이라 사료된다.

## 2. 조선시대 여성 문인의 삶과 리더십

조선 중기 여성들은 가정 중심으로 시부모와 남편을 받들고, 아이를 키우며 손님 접대 등 婦德을 쌓는 일에 몰두하였다. 그러나 중국의 영향으로 학문과 예술 분야에서 여성의 활동이 활발해지면서 여성 문인들이 등장하였다.

#### 1) 신사임당(1504-1551)

우리나라에서 가장 모범적인 어머니상과 현모양처상을 말한다면 신사임당을 들 수 있다. 사임당은 학문과 詩書畵의 예술성도 뛰어난 조선의 여인이었다.

#### 2) 황진이 (1506?-1567?)

황진이는 영화나 드라마로 만들어지면서 대중의 관심을 받는 인물이다. 당시의 독특한 예술적인 감각을 지닌 시인으로 지금까지 문학성을 인정받는다.

#### 3) 허난설헌(1563-1589)

허난설헌은 문학적인 재능을 타고 났으며, 명문가에서 부모교육을 받고 자라서 최고의 여류시인이 되었다. 유교적 환경에서 가정의 아픔을 시로 승화시켰다.

#### 4) 이매창(1573-1610)

이매창은 출신 성분으로 인해 기생이 되었다. 자유를 추구하였으나 성별, 신분의 문제로 인해 한계를 넘을 수 없음을 탄식하며 시로 자신을 표출하였다.

## 3. 조선시대 여성 실학자의 삶과 리더십

17세기 여성들은 가정경제와 가문을 위해 자녀교육, 가산관리, 친인척과 노비관리, 조상제사와 손님접대 등 통합적인 리더십을 보여주었으며, 이는 18・19세기 여성 리더십에도 영향을 주었다(한희숙, 2008).

### 1) **장계향**(1598–1680)

장계향의 여덟 가지의 전인상은 현모양처, 시인, 화가, 서예가, 교육자, 사상가, 과학자, 사회사업가였으며 선행을 중시하는 인물이었다(김춘희, 2012).

### 2) **임윤지당**(1721–1793)

윤지당은 여성 성리학자로 사대부가 남성들의 전유물이었던 성리학을 연구할 수 있었던 배경은 유교의 경전과 중국의 역사를 알고 있었기 때문이었다.

### 3) **김만덕**(1739–1812)

김만덕은 거상이었으며 당시 여성의 한계를 넘어 사업에 성공한 경제인이었다. 사업을 통해 벌었던 전 재산을 지역 사회에 환원한 여성 지도자였다.

#### 4) 사주당 이 씨(1739-1821)

사주당은 어려서 영리하고 단정하였으며 길쌈, 바느질과 예절 등 女工을 익히고, 옛 열녀들을 바라는 마음에서 길쌈하는 틈틈이 학문을 익혔다.

#### 5) 빙허각 이 씨(1759-1824)

빙허각의 집안은 소론의 명문가문이었다. 사주당은 빙허각에게 태교에 관한 집필에 영향을 주었다. 여성들에게 지식을 나누어주려고 백과사전을 편찬하였다.

#### 6) 강정일당(1772-1832)

생계마저 어려웠지만 아내의 도리를 완벽하게 이행하였으며, 학문의 집념도 대단하여 유교의 13경을 암송하여 誠과 敬으로 심성수양 하였던 여성 성리학자이다.

## V. 조선시대 여성 리더십에 관한 생활문화적 조명

### 1. 여성 문인의 리더십 유형과 생활문화적 의의

#### 1) 여성 문인의 리더십 유형

현대의 리더십 이론에 근거하여 조선시대 여성 문인의 리더십 유형을 분석하였다.

<표 4> 여성 문인의 리더십

| 연구대상자 | | 리더십 | 역량 |
|---|---|---|---|
| 문인 | 신사임당 | 셀프 리더십 | 자아성찰, 책임감, 창의성 |
| | | 감성 리더십 | 사회적 인식 능력, 관계관리 능력 |
| | | 서번트 리더십 | 비전제시, 구성원의 성장 |
| | | 수퍼 리더십 | 모델링, 나눔과 질책 |
| | | 변혁적 리더십 | 이상적 목표, 비전과 사명감, 존경과 신뢰, 창의적 아이디어 |
| | 황진이 | 셀프 리더십 | 도전정신, 창의성, 자기주도성 |
| | | 감성 리더십 | 자기인식능력 |
| | | 변혁적 리더십 | 장애초월, 기인적 삶, 창의적 아이디어 |
| | 허난설헌 | 셀프 리더십 | 자기관리, 도전정신, 창의성 |
| | | 감성 리더십 | 자기인식, 자기관리 |
| | | 수퍼 리더십 | 적성에 맞는 목표설정. 자부심. |
| | | 변혁적 리더십 | 장애초월, 창업가적 파워, 이상적 목표, 창의적 아이디어 |
| | 이매창 | 셀프 리더십 | 자아성찰, 자기주도성 |
| | | 감성 리더십 | 자기인식 능력 |
| | | 변혁적 리더십 | 장애초월, 변화, 열성, 창의적 아이디어 |

## 2) 생활문화적 의의

### (1) 여성 문인의 修己리더십

신사임당이 발휘한 셀프 리더십의 역량인 자아성찰, 책임감, 창의성과 감성 리더십의 역량인 관계관리 능력과 사회적 인식 능력은 개인생활 영역의 기준이었던 그녀의 성장배경과 삶의 전체에서 드러났던 리더십 역량이었다. 한편 황진이가 발휘한 셀프 리더십의 역량인 도전정신, 창의성과 자기주도성과 감성 리더십의 역량인 자기인식능력은 개인생활 영역에서 발현된 리더십 역량이었다. 허난설헌의 셀프 리더십의 역량인 자기관리, 도전정신과 창의성, 감성 리더십의 역량인 자기인식과 자기관리는 개인의 삶에서 볼 수 있었던 리더십 역량이었다. 또한 이매창이 발휘한 셀프 리더십의 역량인 자아성찰과 자기주도성과 감성 리더십의 역량인 자기인식 능력도 개인에게서 나타난 리더십 역량이었다. 모든 여성 문인들은 개인생활 영역에서 각자의 환경조건을 인식하고 어떻게 대처할 것인가에 대한 깊은 고민이 있었을 것으로 보이며, 이를 통해 셀프 리더십과 감성 리더십의 역량을 발휘하는 여성의 修己리더십으로 발현시키는 결과를 가져왔다고 사료된다.

(2) 여성 문인의 治人리더십

신사임당이 발휘한 서번트 리더십의 비전제시와 구성원의 성장은 신사임당이 가족들과 자녀들을 대상으로 발휘한 역량이었다. 한편 황진이와 이매창은 가정에서의 비전제시나 구성원의 성장은 이루기 어려웠다. 허난설헌도 가정생활 영역에서의 비전제시와 구성원의 성장은 어려웠다. 본 논문에서는 서번트 리더십의 역량은 여성의 가정생활영역에서 발휘되는 역량이라고 기준하여 고찰한 바, 신사임당만이 서번트 리더십을 발휘한 것이라 사료된다.

신사임당이 발휘한 수퍼 리더십의 역량은 자녀들에게 모델링이 된 것이다. 또한 詩·書·畵에서도 수퍼 리더십을 발휘한 것으로 판단된다. 허난설헌은 가정생활 영역에서는 수퍼 리더십을 발휘할 수 없었으나 시인으로의 목표 설정과 자부심을 가지고 살면서 사회생활 영역에서 수퍼 리더십의 역량을 발현해 온 것으로 본다. 황진이와 이매창은 시와 시조의 재능을 발휘했지만, 기녀의 신분으로 인하여 수퍼 리더십의 역량을 발휘했다고 보기는 어렵다고 사료된다.

신사임당의 변혁적 리더십의 역량은 가정과 가문에 이상적인 높은 목표를 세웠고 율곡과 매창과 옥산의 어머니이자 교육자로서의 존경과 신뢰를 받을만한 역량을 발휘하였다. 황진이는 출신과 직업적인 장애를 극복하며 개척자적인 삶을 살았고, 이매창도 신분의 장애를 넘어 변화를 주도하는 변혁적 리더십을 발휘하였다. 허난설헌의 변혁적 리더십의 역량은 장애초월, 변화와 열성으로 좌절 속에서도 역량을 시로써 승화시켰다. 신사임당, 황진이 허난설헌과 이매창은 모두 변혁적 리더십을 발휘한 여성 문인으로서 그 의미가 깊다 하겠다.

결과적으로, 여성 문인들에게 공통적으로 나타난 리더십 역량은 셀프 리더십, 감성 리더십과 변혁적 리더십인 세 가지 리더십의 역량이었다고 판단된다. 그들은 개인생활 영역에서 셀프 리더십과 감성 리더십을 발휘하였고 가정생활 영역과 사회생활 영역에서는 공통으로 변혁적 리더십을 발휘한 것이다. 여성 문인들이 나타낸 리더십의 역량을 생활문화적으로 조명한 결과 개인생활 영역에서 나타난 셀프 리더십과 감성 리더십의 역량은 여성의 修己리더십의 역량이었으며, 가정과 사회생활 영역에서 나타난 서번트 리더십, 수퍼 리더십과 변혁적 리더십의 역량은 여성의 治人리더십의 역량이라고 볼 수 있었다.

## 2. 여성 실학자의 리더십 유형과 생활 문화적 의의

### 1) 여성 실학자의 리더십 유형

조선시대 여성 문인에 나타난 리더십 유형에서 살펴보았듯이, 현대 리더십 이론에 근거하여, 여성 실학자 6명의 리더십 유형을 분석하면 다음과 같다.

<표 5> 여성 실학자의 리더십

| 연구대상자 | | 리더십 | 역량 |
|---|---|---|---|
| 실학자 | 장계향 | 셀프 리더십 | 정직성, 책임감, 자기주도성 |
| | | 감성 리더십 | 사회적 인식 능력, 관계관리 능력 |
| | | 서번트리더십 | 경청, 공감, 치유, 구성원의 성장 |
| | | 수퍼 리더십 | 모델링, 격려와 지도 |
| | | 변혁적리더십 | 이상적 목표, 비전과 사명감, 존경과 신뢰, 창의적 아이디어 |
| | 임윤지당 | 셀프 리더십 | 자기관리, 자기개발 |
| | | 감성 리더십 | 자기인식능력 |
| | | 서번트리더십 | 공동체 형성 |
| | | 수퍼 리더십 | 모델링 |
| | | 변혁적리더십 | 변화, 이상적 목표, 창의적 아이디어 |
| | 김만덕 | 셀프 리더십 | 자기통제, 자기주도성, 도전정신 |
| | | 감성 리더십 | 사회적 인식능력 |
| | | 서번트리더십 | 공감, 치유, 설득, 구성원의 성장 |
| | | 수퍼 리더십 | 모델링 |
| | | 변혁적리더십 | 이상적 목표, 비전과 사명감, 변화, 창의적 아이디어 |
| | 사주당 이 씨 | 셀프 리더십 | 책임감, 자기주도성, 자기개발 |
| | | 감성 리더십 | 관계관리 능력 |
| | | 서번트리더십 | 구성원 성장, 공동체 형성 |
| | | 수퍼 리더십 | 모델링 |
| | | 변혁적리더십 | 비전과 사명감, 창의적 아이디어 |
| | 빙허각 이 씨 | 셀프 리더십 | 책임감, 창의성, 자기개발 |
| | | 감성 리더십 | 사회적 인식능력 |
| | | 서번트리더십 | 구성원의 성장과 공동체 형성 |
| | | 수퍼 리더십 | 자신감, 자부심 |
| | | 변혁적리더십 | 비전과 사명감, 변화, 창의적 아이디어 |
| | 강정일당 | 셀프 리더십 | 자기개발, 자기관리, 관계인식 |
| | | 감성 리더십 | 관계관리 능력 |
| | | 서번트리더십 | 설득, 공동체 성장 |
| | | 수퍼 리더십 | 격려와 지도, 자신감, 자부심 |
| | | 변혁적리더십 | 장애초월, 자부심, 창의적 아이디어 |

### 2) 생활문화적 의의

#### (1) 여성 실학자의 修己리더십

조선후기 여성 실학자들의 리더십을 생활문화적 관점에서 조명한 결과 개인생활 영역, 가정생활 영역과 사회생활 영역에서 의의를 찾을 수 있었다. 장계향이 발휘한 셀프 리더십의 역량인 정직성, 책임감과 자기주도성과, 감성 리더십 역량인 관계관리 능력은 생활문화적 관점에서 볼 때 성장배경과 삶의 태도로 구분하였던 개인생활 영역에서 나타난 리더십의 역량이었다. 임윤지당이 발휘한 셀프 리더십의 역량인 자기관리와 자기개발과, 감성 리더십의 역량인 자기인식능력도 개인생활 영역에서 나타난 리더십 역량이었다. 김만덕이 발휘한 셀프 리더십의 역량은 자기주도성이었고 감성 리더십의 역량은 사회적 인식능력이었다. 김만덕의 셀프 리더십과 감성 리더십의 역량도 개인생활 영역에서 나타난 리더십 역량이었다. 사주당 이씨가 발휘한 셀프 리더십의 역량인 책임감, 자기주도성, 자기개발과 감성 리더십의 역량인 관계관리 능력도 개인생활 영역에서 나타난 리더십 역량이었다. 빙허각 이 씨의 셀프 리더십 역량인 책임감, 창의성, 자기개발과 감성 리더십의 역량인 사회적 인식능력은 개인생활 영역에서 나타난 리더십 역량이었다. 강정일당이 발휘한 셀프 리더십의 역량인 자기개발, 자기관리, 관계인식과 감성 리더십의 역량인 관계관리 능력도 개인생활 영역에서 나타난 리더십 역량이었다. 모든 실학자들은 셀프 리더십과 감성 리더십을 개인생활 영역에서 내면적으로 스스로를 인식하고 자신의 삶을 결단하기 위하여 여성의 修己리더십을 발휘하였다고 판단된다.

### (2) 여성 실학자의 治人리더십

장계향이 발휘한 서번트 리더십의 역량은 경청, 공감, 치유와 구성원의 성장이었고, 임윤지당이 발휘한 서번트 리더십의 역량은 공동체 형성이었다. 김만덕의 서번트 리더십의 역량은 공감, 치유, 설득, 비전제시였고, 사주당 이 씨가 발휘한 서번트 리더십의 역량은 구성원 성장, 공동체 형성이었다. 빙허각 이 씨의 서번트 리더십의 역량은 구성원의 성장, 공동체 형성이었고, 강정일당이 발휘한 서번트 리더십에서는 설득과 공동체 성장의 역량이 나타났다.

장계향이 발휘한 수퍼 리더십의 역량은 모델링, 격려와 지도였고, 임윤지당이 발휘한 수퍼 리더십의 역량은 모델링이었다. 김만덕의 수퍼 리더십의 역량은 모델링이었고, 사주당 이 씨가 발휘한 수퍼 리더십의 역량은 모델링이었다. 빙허각 이 씨의 수퍼 리더십의 역량은 자신감, 자부심이었으며, 강정일당의 수퍼 리더십의 역량은 격려와 지도, 자신감, 자부심이 나타났다.

장계향이 발휘한 변혁적 리더십의 역량은 비전과 사명감, 이상적 목표를 이룸, 존경과 신뢰였다. 임윤지당의 변혁적 리더십의 역량은 변화와 이상적 목표였다. 김만덕이 발휘한 변혁적 리더십의 역량은 변화와 높은 목표였고, 사주당 이 씨의 변혁적 리더십의 역량은 비전과 사명감이었다. 빙허각 이 씨가 발휘한 변혁적 리더십의 역량은 비전과 사명감과 변화였으며, 강정일당의 변혁적 리더십의 역량은 장애초월, 자부심이었다.

여성 실학자들이 발휘한 서번트 리더십, 수퍼 리더십과 변혁적 리더십의 역량들은 가정생활 영역과 사회생활 영역이라는 대인관계 속에서 나타난 治人리더십 역량이었다.

리더십의 역량이 일치하지 않았지만, 이들은 모두 여성 리더십이라고 정의하여 고찰한 셀프 리더십, 감성 리더십, 서번트 리더십, 수퍼 리더십과 변혁적 리더십을 발휘하였다. 실학자들에게 나타난 셀프 리더십과 감성 리더십은 개인생활 영역에서 나타났기 때문에 여성의 修己리더십이라고 보았고, 서번트 리더십, 수퍼 리더십과 변혁적 리더십은 가정생활 영역과 사회생활의 대인관계 속에서 발생된 리더십이기 때문에 여성의 治人리더십이라고 볼 수 있었다.

## 3. 조선시대 여성 리더십의 핵심역량에 대한 재조명

여성의 修己리더십이 나타난 셀프 리더십과 감성 리더십의 역량 중에 가장 많이 나타나는 역량을 여성의 修己리더십 핵심역량으로 평가하였고, 여성의 治人리더십이 나타난 서번트 리더십, 수퍼 리더십과 변혁적 리더십의 역량 중에 가장 많이 나타나는 역량을 여성의 治人리더십 핵심역량으로 평가하였다.

### 1) 여성의 修己리더십 핵심역량

여성 문인과 여성 실학자에게서 나타난 역량 중에서 핵심역량을 연구한 결과 修己 부분에서의 핵심역량은 자아성찰, 자기주도성, 자기개발, 책임감, 도전정신, 창의성, 자기관리, 자기인식 능력, 관계관리 능력과 사회적 인식 능력으로 나타났다. 셀프 리더십에서는 자기 및 관계인식의 영역에서 자아성찰, 자기주도성, 자기개발의 핵심역량이, 과업수행의 영역에서 책임감, 도전정신, 창의성이, 자기관리 영역에서 자기관리의 핵심역량이 나타났다. 감성 리더십에서는 자기

인식 능력, 관계관리 능력과 사회적 인식 능력의 핵심역량이 나타났다. 여성의 修己리더십에서는 감성 리더십보다 셀프 리더십의 핵심역량이 더 많이 나타났다.

### 2) 여성의 治人리더십 핵심역량

여성 문인과 여성 실학자에게서 나타난 역량 중에서 핵심역량을 연구한 결과 治人부분에서는 구성원성장, 공동체형성, 모델링, 자부심, 이상적 목표, 비전과 사명감, 장애초월, 변화, 존경과 신뢰, 창의적 아이디어로 나타났다. 여성의 治人리더십 핵심역량을 <표 2>를 참고해 보면, 서번트 리더십에서는 구성원성장과 공동체형성의 핵심역량이 나타났고, 수퍼 리더십에서는 모델링과 자부심의 핵심역량이 나타났다. 변혁적 리더십에서는 카리스마 영역에서 이상적 목표, 비전과 사명감, 장애초월, 변화와 존경과 신뢰의 핵심역량이 나타났고, 개별적 배려의 영역에서 창의적 아이디어의 핵심역량이 나타났다. 여성의 治人리더십의 핵심역량에서는 서번트 리더십과 수퍼 리더십보다 변혁적 리더십의 핵심역량이 세 배나 더 많이 나타났다.

## 4. 현대 여성 리더 사례를 중심으로 본 조선시대 여성 리더십

### 1) 연구문제

본 연구에서는 조선시대 여성 문인과 실학자에게 나타난 리더십과 그 핵심역량에 대하여 논의하였다. 조선시대 여성 리더의 핵심역량이 현대 여성들에게 주는 의미와 적용가능성을 파악하고자 현대 여성 리더 사례를 중심으로 두 가지의 연구문제를 설정하였다.

첫째, 조선시대 여성 문인과 실학자의 삶에서 나타난 여성 리더십의 핵심역량은 현대에도 유용한 가치가 있는가?

둘째, 현대 여성에게 필요한 여성 리더십의 핵심역량은 무엇인가?

### 2) 면접조사 방법 및 연구사례

#### (1) 면접조사 방법

면접조사는 현상학적 연구를 적용하였으며, 사례자의 질문에 대한 의견을 심층적으로 파악하는데 주력하였다. 면접대상자에게 면접질문지를 이용하여 조사하였으며 2016년 9월 1일부터 9월 30일까지 1차 개별 심층면접을 하였으며, 2차 면접은 2016년 10월 10일까지 수행하였다.

면접대상자들은 현재 여성 리더십을 발휘하고 있으며, 연구 주제와 목적에 맞는 대상들 중에서 조선시대의 여성 리더십 연구에 관심을 갖고 있는 여성 문인 3명, 여성 리더 3명, 합 6명을 스노우볼 방식으로 선정하였다. 16년부터 40년까지 일한 전문직 여성들의 성공과정을 들으며 라포(rappot)가 형성되었다. 연구대상자에게 조선시대 여성 문인과 실학자의 리더십에 관하여 요약 설명한 후 면접조사를 하였다.

### (2) 연구사례의 특성

<표 6> 면접사례의 일반적 사항

| 사례 | 구분 | 면담자 | 성별 | 나이 | 학력 | 전공 | 활동 경력 (년) | 결혼 | 자녀 |
|---|---|---|---|---|---|---|---|---|---|
| 1 | 문인 | 아동 문학가 | 여 | 63 | 석사 | 문예 창작 | 25 | 유 | 1남 1여 |
| 2 | | 시인 | 여 | 52 | 학사 | 국문학 | 16 | 유 | 1남 1여 |
| 3 | | 시인 | 여 | 58 | 학사 | 문예 창작 | 30 | - | - |
| 4 | 리더 | 공직자 | 여 | 64 | 석사 | 사회학 | 38 | 유 | 2녀 |
| 5 | | 대학 교수 | 여 | 58 | 박사 | 이학 | 25 | 유 | 1남 1여 |
| 6 | | 공직자 | 여 | 63 | 박사 | 이학 | 40 | 유 | 2녀 |

## 3) 연구사례 분석

### (1) 사례들의 여성 리더십과 핵심역량

① 셀프 리더십의 중요성과 자기개발 노력

사례들은 개인생활 영역에서 셀프 리더십을 가장 많이 발휘하였는데, 이는 여성 리더에게 자아성찰, 자기개발, 자기주도성, 도전정신이 중요한 역량임이 확인되었다.

② 서번트 리더십과 가족의 성장 지원

사례들은 가정생활 영역에서 서번트 리더십을 가장 많이 발휘하였다. 가족의 성장을 지원하는 역량으로 구성원의 성장과 공동체 형성이 효과적인 역량임을 증명하였다.

③ 변혁적 리더십과 사회변화의 주도

사례들은 비전과 사명감, 목표와 영향력, 변화의 역량을 가장 많이 발휘함으로써 사회변화를 주도하였다. 변화를 위해서 변혁적 리더십을 가장 크게 발휘한 것이 확인되었다.

④ 수퍼 리더십과 자부심

사례들은 사회와 교육의 각 분야에서 활력 고취자로서의 자부심을 갖고 구성원들을 성장시킨 수퍼 리더의 역할을 하였는데 이는 수퍼 리더십을 발휘한 결과로 확인되었다.

⑤ 갈등극복과 변혁적 리더십

사례들이 갈등을 극복하게 된 역량은 장애초월이었는데, 이들은 모두 변혁적 리더십을 발휘함으로써 장애를 극복하고 창의적 아이디어로 독특한 업적을 남긴 것으로 확인되었다.

⑥ 사회적 성공과 셀프·감성 리더십

사례들은 5가지 리더십을 다 발휘하였으며, 특히 셀프와 감성 리더십의 역량이 높았다. 이는 여성의 修己리더십의 역량을 갖춘 후, 여성의 治人리더십을 발휘했던 선조들의 리더십을 현대의 성공한 여성 리더들도 발휘하고 있다고 판단된다.

### (2) 사례들이 인식한 조선시대 여성 문인과 실학자의 변혁적 리더십과 변화

사례들은 조선시대 여성 리더십인 5가지 리더십을 모두 발휘하였음을 확인한 바 있다. 또한 핵심역량도 오늘날에도 유용하다는 동일한 결과를 확인할 수 있었다. 사례들이 조선시대 여성 리더들이 가장 추구했던 핵심역량이 변혁적 리더십의 변화였음을 볼 때, 현대의 여성 리더들은 변화를 원했던 선조 여성들의 삶에 대하여 공감한 것으로 판단된다.

### (3) 현대 여성에게 필요한 셀프 리더십의 자기개발과 변혁적 리더십의 비전과 사명감

사례들은 개인생활 영역에서 자기개발을 위해서는 셀프 리더십(자아성찰)을 발휘해야 하며, 가정생활 영역에서 가족의 성장 지원을 위해서 서번트 리더십(구성원의 성장)의 중요성을 말하였다. 사회생활 영역에서 변화를 위해서는 변혁적 리더십(비전과 사명감)을 발휘해야 한다고 말하였다. 이들은 모두 자부심을 가지고 있었는데 이는 수퍼 리더십을 발휘한 결과이며, 갈등을 극복하기 위해서는 장애를 초월하는 변혁적 리더십의 중요성을 언급하였다.

사회적 성공을 위해서 셀프·감성 리더십을 발휘했는데 이는 개인생활 영역인 여성의 修己리더십의 역량을 발휘하는 것이 우선적이고, 나아가 가정생활과 사회생활 영역에서는 여성의 治人리더십을 발휘하였다고 판단된다. 이들의 사회적 성공비결은 여성의 修己리더십과 여성의 治人리더십을 발휘했던 선조들의 리더십을 동일하게 발휘한 것으로 확인할 수 있었다.

첫째 연구문제인 "조선시대 여성 문인과 실학자의 삶에서 나타난 여성 리더십의 핵심역량은 현대에도 유용한 가치가 있는가?"에 대한 사례들의 응답을 통해 모두 유용함을 확인할 수 있었다. 사례들이 생각하는 현대에도 유용한 리더십과 핵심역량은 변혁적 리더십의 변화가 가장 많았는데 이는 조선의 여성들이 삶의 변화를 가장 원하고 있었음을 사례들이 공감한 것으로 판단된다.

둘째 연구문제인 "현대 여성에게 필요한 리더십의 핵심역량은 무엇인가?"에 대하여 사례들은 셀프 리더십의 자기개발과 변혁적 리더십의 비전과 사명감이라고 한 바를 알 수 있다. 즉 사례들은 급변하는 시대에 여성 리더로 성공하기 위해서는 셀프 리더십의 자기개발과 동시에, 변혁적 리더십의 비전과 사명감을 갖고 삶을 개척해야만 성공과 업적을 남길 수 있음을 인식하고 있다고 사료된다.

## Ⅵ. 결론 및 제언

### 1. 결론

본 연구에서는 생활문화적 관점에서 여성의 삶과 리더십을 파악해 보고자 하였다. 조선시대 여성의 삶이 가정 내로 제한되었으나 리더십으로 발현된 바는 현대에도 공통되는 요소가 있을 것이라는 관점에서 여성의 삶을 修己와 治人으로 분석해 보았다. 修己는 개인생활 영역으로, 治人은 가정생활 영역과 사회생활 영역을 중심으로 살펴보았다. 4명의 문인들과 6명의 실학자들은 시대와 상황에 따른 여성 리더십을 발휘하였다. 조선시대의 여성 문인과 실학자들을 생활문화적 관점으로 조명해 본 결과 나타난 여성 리더십은 셀프 리더십, 감성 리더십, 서번트 리더십, 수퍼 리더십과 변혁적 리더십이었다.

본 연구 결과는 다음과 같다.

첫째, 여성 문인들은 셀프 리더십, 감성 리더십과 변혁적 리더십을 발휘하였고, 여성 실학자들은 셀프 리더십, 감성 리더십, 서번트 리더십, 수퍼 리더십과 변혁적 리더십을 발휘했음을 알 수 있었다.

둘째, 여성 문인과 여성 실학자에게서 나타난 핵심역량을 조사한 결과 여성의 修己리더십에서는 자아성찰, 자기주도성, 자기개발, 책임감, 도전정신, 창의성, 자기관리, 자기인식 능력, 관계관리 능력, 사회적 인식 능력을 찾아 볼 수 있었고, 여성의 治人리더십에서는 구성원성장, 공동체형성, 모델링, 자부심, 이상적 목표, 비전과 사명감, 장애초월, 변화, 존경과 신뢰, 창의적 아이디어의 핵심역량을 발휘했음을 알 수 있었다.

셋째, 현대의 여성 리더인 6명의 사례들을 면접조사한 결과 선조 여성의 변혁적 리더십의 변화가 현대 사회에서 가장 유용하다고 하였다. 이는 조선여성들이 변화를 가장 원하였음을 공감한 것으로 사료된다. 또한 현대 여성 리더들에게 가장 필요한 여성의 修己리더십은 셀프 리더십의 자기개발이고, 여성의 治人리더십은 변혁적 리더십의 비전과 사명감이었다.

본 연구를 통해 여성 문인과 실학자의 삶에 나타난 여성의 修己리더십과 여성의 治人리더십은 현대 여성 리더들에게도 계승할 만한 가치가 있다고 판단되었으며 앞으로 생활문화 창조에 기틀이 될 수 있으리라 사료된다. 앞으로도 우리의 역사와 문화 속에 살았던 여성들의 리더십에 관한 연구가 계속해서 이어지기를 바란다.

## 2. 제언

본 연구에서는 조선시대의 문인과 실학자를 당대의 리더십이라는 관점으로 재조명함으로써 조선시대의 여성 리더십을 현대의 여성 리더십과 비교해 보는데 의미를 두었다. 결과적으로 서구 중심의 다양한 가치관과 물질 위주로 변화하는 사회에 살고 있는 현대 여성에게도 개인생활 영역에서 여성의 修己리더십과, 가정생활 영역과 사회생활의 영역에서 여성의 治人리더십이 요구된다는 것을 확인할 수 있었다.

본 연구의 결론에 근거하여 연구의 의의를 언급하면 다음과 같다.

첫째, 서양에서 시작된 리더십 연구들이 한국적인 리더십으로 발전되어 왔다. 본 연구에서 현대 여성 리더에게 요구되는 리더십을 조선시대 여성 리더십에서 찾아본 것은 선조들의 여성 리더십이 현대에도 가치가 있다는 역사적 의미를 찾아 본 것에 의의를 가질 수 있다.

둘째, 조선시대 가부장제와 친영제의 전통이 현대에도 이어지고 있다. 본 연구에서는 선조 여성들의 여성의 修己리더십과 여성의 治人리더십의 핵심역량을 현대 여성들은 어떻게 발휘하는지를 사례조사를 통해 고찰해 보았다는 점에서 의의를 찾아 볼 수 있다.

셋째, 우리나라 여성들의 세계적인 자녀 교육열이 선조들이 발휘했던 리더십 가운데 드러났다. 율곡을 키운 신사임당과 칠현자를 키운 장계향의 자녀교육 모델을 연구하면서 선조 여성들의 삶에 자긍심을 갖게 되었다는 데 연구의 가치가 있었다고 사료된다.

이상과 같은 결론을 토대로 후속연구를 위한 제언은 다음과 같다.

첫째, 여성이 발휘하는 리더십은 여성 리더십, 여성적 리더십과 여성주의 리더십으로 분류되어 연구되고 있지만, 본 논문에서는 통합적인 관점에서 여성 리더십이라는 용어를 사용하였다. 세 가지로 분류했다면 더욱 효과적인 결과를 얻을 수 있었을 것으로 사료된다.

둘째, 조선시대를 대표하는 문인과 실학자 10인을 대상으로 연구하였기 때문에 폭넓은 연구가 이어져야 할 것이라고 본다. 현대 여성 리더십의 모형을 만들기 위해서는 더욱 연구가 요청된다. 또한 조선시대의 여성 리더들에 관한 참고문헌이 부족하였던 제한점도 있었다.

셋째, 오늘날 여성 리더십에 관한 연구는 서양에서 시작되어 우리나라에서 발전되었다. 여성의 역할이 이미 국제적으로 활발해졌기 때문에 국외 여성 리더십의 변천 과정과 핵심역량에 비교하지 못한 아쉬움이 있었다. 이에 관련 연구들과도 비교할 필요가 있음을 제안한다.

넷째, 선조들의 여성 리더십을 드라마나 영화라는 콘텐츠로 담아 보여줄 때 우리나라 역사와 문화에 대한 자긍심을 갖게 될 것으로 사료된다. 신사임당이나 황진이에 관하여는 영화나 드라마 등의 문화 콘텐츠가 계속해서 개발되고 있다. 허난설헌에 관하여도 난설헌 허초희 문화제가 강릉에서 열리고 있다. 경상북도 영양군에서는 음식디미방을 중심으로 양반가의 음식을 재현함으로써 장계향을 소개하고 있고, 2011 KBS '한국의 유산' 프로그램에서 '음식디미방'을 재조명하였다. 거상 김만덕에 관하여도 2010년 KBS1 방송국에서 30회의 드라마에서 상영되었다. 이매창에 관하여도 '매창 꽃에 눕다'라는 무용서사극이 2015년 4월 16일 전라북도 국악원 주최로 열렸다. 지방자치단체 중심으로 지역의 인물들을 문화를 통해 소개하는 문화 콘텐츠의 개발이 이어지고 있음은 바람직한 현상이다. 선조들의 여성 리더십이 문화 콘텐츠를 통해 현대 여성들에게 소개됨으로 여성의 자긍심을 고취하는 노력이 이어지기를 바란다.

## <참고문헌>


강정애・태정원・양혜현・김현아・조은영(2010). 『리더십론』. 시그마프레스.

김미란(1992). 『총명이 무딘 붓끝만 못하니』. 평민사.

김춘희(2012). 「장계향의 여중군자상과 군자교육관에 관한 연구」. 계명대학교 대학원 박사학위논문.

백기복・신제구・김정훈(2011). 『리더십의 이해』. 창민사.

서용희(2013). 「학교장의 여성적 리더십 특성에 대한 연구」. 부산대학교 대학원 박사학위논문.

이길표・주영애(1999). 『傳統家庭生活文化硏究』. 신광출판사.

이덕일(2003). 『이덕일의 여인열전』. 김영사.

이문호(2002). 『한국 역사를 뒤흔들었던 여성들』. 도원미디어.

이성미(2002). 『우리 옛 여인들의 멋과 지혜』. 대원사.

이성진(2015). 「『격몽요결』로 본 율곡 리더십 프로그램 모형개발」. 성신여자대학교 문화산업대학원 석사학위논문.

이이화(1989). 『역사인물이야기』. 역사비평사.

이향숙(2011). 「경북지역 혼례문화 연구」. 성신여자대학교 대학원 박사학위논문.

한국여성개발원(1998). 『한국역사 속의 여성인물』 상. 한국여성 개발원.

한희숙(2004). 「조선시대 여성인물사 연구의 현황과 과제」. 한국인물사연구, 1, 99-117.

한희숙(2008). 「조선후기 양반여성의 생활과 여성 리더십」. 여성과 역사, 9, 1-48.

허미희(2007). 「수기치인 철학이 리더십에 미치는 영향」. 성균관대학교 생활과학대학원 석사학위논문.

CHAPTER 06

# 세시풍속의 변천과 계승

# 세시풍속과 데이시리즈 문화*

주영애

## Ⅰ. 서론

전통적인 농업사회에서 현대 산업사회로 전환되면서 과거 농경생활을 중심으로 했던 우리 사회의 세시풍속 모습도 크게 달라졌다. 전통적으로 세시풍속은 태음력을 기준으로 역사성과 전통성에 바탕을 두고 생활의 주기(週期)도 맞물려 1개월 또는 계절별로 이루어져 왔다. 세시풍속이란(Annual Cyclical Rituals) 음력정월부터 섣달까지 해마다 같은 시기에 반복되어 전해오는 주기전승의례이다. 이는 농경문화를 반영하므로 농경의례(農耕儀禮)라고도 하며, 명절, 24절기 등을 포함하고 있고, 이에 따른 의례와 놀이 등을 담고 있다.

세시풍속은 한국사회의 산업화·도시화의 본격적인 사회구조적 변동과 맞물려 1960년대 이후 크게 변화하였다. 1990년대 후반부터

---

* 본 논문은 2015년 『충남대학교 유학연구소』의 「유학연구」 32호에 실린 "세시풍속과 데이시리즈 문화에 대한 세대별 인식 비교"의 일부임.

민속박물관을 중심으로 전통세시풍속의 현대화와 관광자원화 방안에 대한 논의와 세시풍속 사전 편찬, 세시풍속을 중심으로 한 관광 및 상업화 노력이 진행되면서 지역축제가 농촌에서 대도시에 이르기까지 고루 분포되어 세시풍속의 면모로 나타났다(김명자, 2005).

그럼에도 불구하고 농경문화를 바탕으로 이루어진 세시풍속의 문화적 유산이 인구의 절반 이상이 도시생활을 하고 있는 현대에도 전승될 것인가? 에 주목할 필요가 있다. 일반적인 가정에서는 세시음식이나 예의범절, 놀이 등을 하고 있고, 설과 추석 때 민족의 대이동과 세시음식재료의 판매 등을 보면, 세시풍속은 오늘날까지 우리의 생활에서 지속성을 갖고 있음을 알 수 있다. 태양력을 기준으로 생활하는 현대인들에게 태음력 중심의 전통적인 신성한 의례적 의미까지 담고 있는 세시풍속은 낯설게 받아들여진다. 오히려 각종 기념일을 칭하는 '데이 시리즈'가 큰 유행을 불러일으키고 있다는 점에서 세시풍속 계승에 대해 재고해 보아야 한다. 발렌타인데이, 화이트데이, 블랙데이, 로즈데이, 빼빼로데이 등 특별한 날로 회자되는 데이 시리즈의 현상은 이를 이용한 신소비문화를 탄생시켰다. 인터넷의 보편화와 SNS를 통한 데이 시리즈 상품판매, 다양한 커플이벤트 등 수많은 현상은 이를 잘 보여 준다. 최근 기사(뉴시스 2013. 3. 21.)에 따르면, 칠월칠석이 세계 남녀 사랑의 날이 될 것이라고 하여 발렌타인데이, 화이트데이를 제쳐두고 한국, 미국, 중국 3개국을 동시에 연결하는 글로벌 매칭서비스를 통해 글로벌 솔로대첩을 연다는 내용도 관심을 불러일으켰다. 이러한 기업의 데이 마케팅(Day Marketing) 전략에 따라 데이 시리즈는 급속도로 확산되고 있다. 이는 소비적인 측면에서 청소년이나 미혼남녀를 중심으로 만들어지는 하나의 유행이자 젊은이들의 트렌드일 수도 있다. 그러므로 세시풍속의 새로운 변용이나 현대화 등이 지속된다고 볼 때, 데이 시리즈 중심의 신풍속도 현 시점에서 짚어보아야 할 생활문화 현상이다.

본 연구에서는 우리 사회 세시풍속의 역사적 고찰을 토대로, 도시생활이 보편화되면서 세시풍속이 어떠한 변용과정을 거쳐 가고 있는가를 조사결과를 중심으로 논의해 보고자 한다. 구체적으로는 세대별로 우리의 전통적인 세시풍속 행사와 놀이의 인식, 세시음식에 대한 인식, 세시풍속 계승에 대한 인식, 도시 세시풍속의 하나로 회자되는 데이 시리즈 인식, 실생활의 적용 실태와 계승에 대한 예견 등을 탐색하고자 한다. 그럼으로써 전통문화인 세시풍속의 계승과 발전을 위한 시사점을 찾아본다.

## II. 이론적 배경

### 1. 세시풍속의 의의

예로부터 지금까지 지켜오고 있는 세시풍속은 농경생활에 적합한 행사를 통해서 공동체 사회의 유대감을 갖도록 하고, 자연에 순응하는 삶의 지혜를 공유하게 한다. 세시풍속의 의의는 다음과 같다.

첫째, 세시풍속은 계절에 따른 자연 순응을 위한 기복적인 행위가 수반되는 것이었다. 입춘대길(立春大吉), 건양다경(建陽多慶), 복조리 나누기 등은 거대한 자연 속에서 삶을 영위하기 위해 자연의 이치를 깨닫고 순응함과 동시에, 이겨낼 수 없는 자연의 힘에 기복하는 형태를 보였다. 둘째는 세시풍속마다 조상숭배(祖上崇拜)의 뜻과 행위가 수반되어 왔다. 설, 한식, 단오, 추석 등을 중심으로 천신고사

차례 등의 행위가 이루어졌다. 셋째는 세시풍속 활동에 참여함으로써 공동체 사회의 유대감을 갖도록 하고, '함께하는 문화', '나누는 문화', '우리 문화의식' 등을 심어주게 한다. 마을중심의 세시풍속 놀이나 활동, 다례, 고사(告祀) 등은 민족적인 연대의식과, 한민족에게 뿌리 깊게 남아 있는 '우리' 의식을 형성하는 데에 크게 기여했다.

그리고 장재천(2009)의 연구에서 제시한 세시풍속이 갖는 교육적 의의 중 몇 가지를 보면, 첫째, 세시풍속은 계절의 변화에 따른 생활의 주기성을 알게 하는 교육적인 의의를 지닌다. 우리나라 기후에 맞는 세시활동은 자연환경에 적응하면서 형성해 온 우리의 생활문화이다. 이를 아동이나 청소년들이 이해할 수 있는 기회를 제공함으로써 민족문화의 역사성을 계승해 갈 수 있다. 둘째는 세시풍속을 통한 다양한 놀이문화, 여가문화의 향유를 깨닫게 해준다. 최근에도 각 지역사회의 축제문화는 세시와 지역 특색을 살린 '문화상품'으로 발전해 나가고 있다. 이러한 기틀은 세시풍속이 갖는 '지역사회'와 '다양한 문화'에 대한 수용을 전제로 하며, 여가문화의 하나이자 놀이문화로 전수되는 길이 된다. 셋째, 세시풍속을 통한 한국음식문화의 전수가 가능해진다. 한국음식의 특징 중의 하나는 시식과 절식이 발달해 있다는 것이다. 세시음식에는 다양한 지역의 향토음식을 비롯하여 계절에 맞는 음식문화가 존재하며, 스토리가 존재하는 '세시먹거리'의 문화로 유지되고 있다.

## 2. 전통 세시풍속의 시대에 따른 변용

우리 조상들이 세시풍속을 언제부터 지켜왔는지는 정확히 알 수는 없지만, 『경도잡지(京都雜誌)』, 『동국세시기(東國歲時記)』, 『열양세시기(例陽歲時記)』 등을 통해 풍속 내용을 볼 수 있다. 우리의 세시풍속은 농경에서 공업으로, 공업에서 정보화로 변모하는 과정에서 그 의미나 풍속이 잊히거나 변용되기도 하고, 행사 자체가 생략되기도 하였다. 그럼에도 불구하고 대표적인 세시풍속인 설이나 추석 명절은 '민족의 대이동'을 시키는 중요한 행사로 여겨지고 있다. 농경사회의 세시풍속이 변모하고 있지만, 전혀 다른 형태의 세시로 대치되었다고 보기는 어렵다. 한편 도시화, 정보화 사회로 변모하면서 도시생활을 중심으로 한 데이 시리즈가 도시 세시풍속으로 혼용되어 나타나고 있다. 우리의 전통적인 세시풍속이 음력을 기준으로 이루어져 공감을 얻기에 어려우나, 양력을 기준으로 하는 데이 시리즈는 누구에게나 쉽게 공감되고 있고, 특히 젊은 세대들에게는 또 하나의 문화로 자리 잡고 있다.

세시풍속은 예로부터 그 기능상 종교적 기능, 윤리적 기능뿐만 아니라, 사회적 기능, 정치적 기능, 오락적 기능, 예술적 기능, 생산적 기능 등이 담겨 있다. 더욱이 전통문화의 보존적인 기능이 담겨 있어 유아나 청소년들을 중심으로 세시풍속 교육에 대한 가치도 재조명되고 있고, 관련 연구도 확대되고 있다. 우리의 전통세시풍속은 현재 도시 세시풍속이라 일컫고 있는 데이 시리즈와는 큰 차이가 있다. 즉 전통세시풍속은 개인과 개인의 관계에서 맺게 되는 개별적 의미를 넘어 공동체 사회와 함께 하는 문화적 특성을 지닌다, 반면 데이 시리즈는 개인과 개인의 관계성과 상업적인 마케팅 전략 등이 가미된 소비 문화적 특성을 지니는 것으로, 접근의 개념이 상이하다.

세시풍속은 집안, 마을, 사회가 함께하는 놀이, 음식, 문화가 그

중심이 되었다. 설날이나 추석 등 명절에 함께 만드는 음식이나 윷놀이, 줄다리기, 강강술래, 연날리기 등의 세시놀이는 매우 인간적이고 관계지향적인 교류를 바탕으로 하며, 그를 통한 연대의식을 함양한다. 보육교사를 대상으로 한 세시풍속에 관한 인식조사(주영애, 2012)를 보면 현재의 교육현장에서 적용되고 있는 세시풍속을 살펴볼 수 있다. 보육교사들이 세시풍속 교육을 하는 가장 중요한 이유는 '전통생활문화를 계승하고 발전시키기 위해(50.9%)', '우리 민족의 주체성을 확립하기 위해(30%)', '우리 전통생활문화의 우수성을 알리기 위해(13.2%)', '옛것을 알아 현대와 비교하기 위해(5.6%)' 순으로 나타났다. 세시풍속과 세시음식에 대한 관심도는 높은 편으로 나타났고, 세시풍속 교육으로는 각 절기에 따른 '예의범절(43.2%)', '전통음식(24.7%)', '민속놀이(22.6%)', '민속행사(8.7%)' 등을 가르치는 것으로 나타났다. 그럼에도 불구하고 이와 같은 교육을 할 때 가장 어려운 점은 '어떻게 가르쳐야 할지 방법 모름(30.3%)', '교육자료 부족(27.9%)', '내용을 정확히 알지 못함(24.4%)', '유아들이 흥미를 느끼지 못함(13.9%)' 순으로 나타나 유아들에게 과연 세시풍속이 어떻게 전수될 것인지에 대하여 교육자뿐만 아니라 기성세대의 반성과 교육적인 대안이 모색되어야 한다는 점이 제기되었다.

## 3. 데이 시리즈 문화의 출현

전통적으로는 지금까지 전승되어 온 민속적인 세시풍속이 있다면, 현대적으로는 매년 행해지는 연중행사가 있다. 그러나 국가가 주도적으로 지정한 공식적인 국가기념일, 국경일 등을 제외하고 풍속적인 입장에서 보면, 일반인들이 생활문화로 전승해온 것은 바로 세시풍속으로 매우 자생적인 문화라 할 수 있다. 국가의 기념일이나 국경일 등은 국가에 공헌한 인물들의 노고와 추모의 의미가 담겨있거나, 공공적인 목적 즉 집단 구성원에게 교훈을 주는 공공성이 담겨있다. 그러나 법률적으로 명시되어 있지 않은 기원도 알 수 없는 '날'을 일반인들은 제각기 의미를 부여하며, 일련의 행사, 나눔, 교류 등을 하고 있으며, 현재의 '생활문화'를 형성해 가고 있다. 즉 대중문화, 소비문화 등과 맞물려 나타나고 있는 현대사회에서의 행사나 각종 이벤트 등은 생활문화적인 측면에서 보면, 현대적인 연중행사이자, 세시와도 같이 반복되는 풍속적 의미를 담고 있기도 하다. 자본주의와 소비문화가 주도하는 현대사회의 특징을 반영해 본다면, 도시의 세시풍속으로 대치되는 현상이 이른 바, 데이 시리즈를 통해서 나타나고 있다고 보인다.

<표 1> Day-marketing에서 활용되고 있는 데이 시리즈

| 날짜 | 명명 | 날짜 | 명명 |
|---|---|---|---|
| 1. 14. | 다이어리데이 | 2. 14. | 발렌타인데이 |
| 3. 14. | 화이트데이 | 4. 14. | 블렉데이 |
| 5. 14. | 로즈데이 | 6. 14. | 키스데이 |
| 7. 14. | 실버데이 | 8. 14. | 그린데이 |
| 9. 14. | 포토데이, 뮤직데이 | 10. 14. | 와인데이 |
| 11. 14. | 오렌지데이, 무비데이 | 12. 14. | 머니데이, 허그데이 |

출처: 두산백과 doopedia http://terms.naver.com 인용, 정리한 것임

두산백과(http://terms.naver.com)의 데이 마케팅(Day Marketing)의 정의에 따르면, N세대 사이에서 매월 14일을 기념일로 정해 선물을 주고받는 것이 유행하면서 성행하는 새로운 마케팅을 말한다. 매월 14일은 10대들이 주도하는 기념일이라고 해서 흔히 포틴데이라 부

른다. 기존에 전해지던 밸런타인데이(2월 14일)를 본 딴 것으로 1990년대 말부터 유행하기 시작하였다. 다이어리데이(1월 14일)와 화이트데이(3월 14일)·블랙데이(4월 14일)·로즈데이(5월 14일)·키스데이(6월 14일)·실버데이(7월 14일)·그린데이(8월 14일)·포토데이(9월 14일)·와인데이(10월 14일)·무비데이(11월 14일)·머니데이(12월 14일) 등 매달 14일이 모두 기념일로 되어 있다. 이외에도 1자가 네 번 겹친 11월 11일을 빼빼로데이, 2자가 세 번 겹치는 2월 22일을 커플데이로 삼고 있다. 이때를 겨냥하여 각 업체들은 다양하고 이색적인 이벤트를 개최하여 상품을 적극적으로 홍보하거나 경품행사를 하는 등 활발한 마케팅을 전개한다.

차태훈·전승우·하지영(2008)의 '데이 마케팅의 의례요소에 관한 탐색적 연구'에 의하면, 데이 마케팅은 의례요소를 많이 포함하고 있고, 소비행동이 의례화되는 것은 소비경험이 소비자에게 의례처럼 여겨지는 것으로 보았다. 예를 들어 발렌타인데이의 경우 상징적인 의미를 띠고 있는 의례용품인 초콜릿을 주고받는 행동이 매년 반복되고, 의례화된 소비를 이룬다고 하여, 데이가 갖는 특성은 상징성과 반복성, 참여자들에게 역할부여, 사회적 진지함 등을 가지고 있다고 분석하였다. 데이 시리즈는 현대인들에게 하나의 의례로 수용될 수 있는 여지가 많다는 것을 의미한다.

## 4. 생활에서 나타나는 세대별 인식 차이

생활에서 나타나는 세대별 인식차이는 여러 가지 상황에서 나타나고 있다. 최근 전통육아방식에 대한 부모세대와 조부모세대 간 인식 비교연구(이유미 · 이정은, 2013)에서 나타난 바를 보면, 세대 간 갈등을 완화시키기 위해서는 육아를 둘러싼 두 세대 간 인식의 합의 영역을 확대해야 한다고 하였다. 또한 세대별 부양의식 및 성역할 인식 유형의 차이 연구(정순돌 · 배은경 · 최혜지, 2012)에서는 부양 의식은 청년 · 중년 · 노년에서 집단 간 차이가 없었지만, 성역할 인식에서는 세 집단 간 차이가 있는 것으로 나타나 가족의식의 이중성이 나타났다. 세대갈등을 예방하고 세대 차이를 극복하기 위한 성역할 인식변화가 요구됨이 제시되었다.

엠브레인 트렌드 모니터 리서치 보고서(2012)의 세대 갈등 및 공동체 의식조사에 따르면 대인관계 측면에서 세대별로는 20대의 경우 '이기적인 세대(66.8%), 욕심이 많은 세대(31.5%), 주변사람들에게 관심이 많은 세대(24.6%)로 나타났고, 40대(22.1%), 50대(37.2%), 60대 이상(23.9%)은 배려가 많은 세대라고 나타나 세대별로 인식되는 이미지에도 차이가 있음을 보여주었다. 한편 문화성향 측면에서 보면, 사회문제에 관심이 많은 세대는 30대(31.7%)와 40대(38.5%), 문화적 교양수준이 높은 세대는 30대(43.6%), 40대(30.8%)로, 소비를 가장 많이 하는 세대는 20대(35.3%), 30대(349%), 명품을 좋아하는 세대도 20대(52.3%), 30대(33.8%)로 나타났다.

세대별 인식 차이는 이렇듯 생활문화 각 영역에서 나타나고 있다. 이는 가정 내에서는 잠재적인 가족갈등의 불씨가 될 뿐만 아니라, 사회적으로는 단체나 조직의 세대갈등을 야기 시켜 사회문제가 될 수 있다. 세대 간 인식차이에 대한 파악은 개인과 개인, 개인과 사회, 조직 등에서의 갈등과 문제해결 방안 모색의 기초자료가 될 수 있다.

## Ⅲ. 연구방법

본 연구의 목적을 달성하기 위하여 다음과 같은 세부적인 연구문제를 설정하였다.

첫째, 세대별 세시풍속 행사와 놀이에 대한 인식정도는 어떠한 차이가 있는가?

둘째, 세대별 세시음식에 대한 인식정도는 어떠한 차이가 있는가?

셋째, 세시풍속 계승에 대한 인식은 어떠한가?

넷째, 세대별 데이 시리즈에 대한 인식은 어떠한 차이가 있는가?

다섯째, 데이 시리즈에 대한 실생활적용 실태, 계승에 대한 예견은 어떠한가?

조사도구는 선행연구(최명림, 2003; 김명자, 2005; 주영애·김선주, 2003; 주영애 2012)를 참고하여 본 연구목적에 적합하도록 재구성하였으며, 세대별 30명을 대상으로 예비조사를 실시하고, 박사과정 전공자들의 타당도 분석을 거쳐, 수정보완 하였다. 조사도구는 일반적 사항 5문항(연령, 학력, 종교, 성, 조부모 동거경험)과 세시풍속 행사와 놀이에 대한 인식 12문항, 세시음식에 대한 인식 12문항, 세시풍속 계승인식 5문항, 데이 시리즈에 대한 인식 12문항, 데이 시리즈 적용실태 및 계승에 대한 예견 6문항으로 총 52문항으로 구성되었다. 각 세시풍속 행사, 놀이, 음식 등에 대한 인식과 데이 시리즈 인식 문항은 5점 Likert scale로 이루어졌으며, 각 신뢰도 Cronbach's α가 0.85 이상으로 나타나 신뢰성을 확보하였다, 일반적 사항과 세시풍속 견해, 데이 시리즈 적용실태 및 계승에 대한 의견은 명목척도와 서열척도 문항으로 구성하였고, 일부문항에서는 중복

응답하도록 하였다.

조사의 대상은 서울, 경기지역의 20대~50대 이상을 임의 추출하였다. 연구자 본인과 조사보조원 대학원생 4명이 조사에 참여하였으며, 2014년 9월 4일부터 10월 24일까지 총 350부를 배부하여, 회수한 후 사용가능한 설문지 318부를 분석에 사용하였다. 자료 분석은 spss/win 17.0을 이용하여 빈도분석, $\chi^2$-test, t-test, F-test 등으로 분석하였다. 5점 리커트 척도로 구성된 세시풍속 및 데이 시리즈에 대한 인식정도는 5점 만점으로 점수가 높을수록 각 인식이 높은 것으로 해석하였다. 조사 대상의 연령은 20대(66.5%)가 가장 많았으며, 30~40대(21.5%), 50대 이상(12%)의 순이었다. 학력은 대졸(49.1%)이 가장 많았고, 전문대졸 이하(46.2%), 대학원졸 이상(4.7%)으로 구성되었다. 성별은 여성(79.1%)이 남성(20.9%)보다 많았다. 종교는 기독교(40.2%), 무교·기타(38.9%), 불교(10.8%), 천주교(10.1%)의 순이었다. 조부모와의 동거경험은 없는 경우(53.8%)가 있는 경우(46.2%)보다 많았다.

## Ⅳ. 결과 및 분석

### 1. 세대별 세시풍속에 대한 인식

조사대상자들의 세시풍속 행사와 놀이에 대한 인식정도는 <표 2>에 나타난 바와 같다. 월별 세시 중에서 가장 많이 알고 있는 세시풍속 행사와 놀이는 설날(M=4.03), 추석(M=3.72)으로 나타났으며, 정월 대보름(M=3.61), 단오(M=3.57), 동지(M=3.41)의 순이었다. 그 외의 사월초파일이나 삼짇날, 한식, 칠석, 중양절, 입춘, 유두 등은 인식정도가 낮은 것으로 나타났다. 즉 대표적인 명절로 인식하고 있는 설, 추석, 정월 대보름, 단오 등의 세시풍속은 조사대상 대부분이 행사와 놀이 등에 대해서도 잘 인식하고 있으나, 그 외의 세시민속 행사와 놀이 등에 대해서는 인식도가 떨어지고 있다.

<표 2> 세시풍속 행사와 놀이에 대한 인식정도

| 구분 | 세시민속행사와 놀이 | M | S.D | 순위 |
|---|---|---|---|---|
| 설날 | 차례, 세배, 윷놀이, 제기차기, 복조리달기 | 4.03 | 0.82 | 1 |
| 정월 대보름 | 줄다리기, 지신밟기, 달맞이, 쥐불놀이, 널뛰기, 연날리기 | 3.61 | 0.96 | 3 |
| 입춘 | 농사점, 입춘축(건양다경…) | 2.22 | 1.02 | 10 |
| 삼월삼짇날 | 화전놀이, 풀피리, 풀각시놀이 | 2.11 | 0.95 | 11 |
| 한식 | 한식차례 | 2.55 | 1.13 | 8 |
| 사월 초파일 | 연등놀이, 탑돌이 불꽃놀이 | 2.69 | 1.16 | 6 |
| 단오절 | 창포물 머리감기, 부채 만들기, 씨름, 그네, 줄다리기 | 3.57 | 0.96 | 4 |
| 유두 | 유두천신제 | 1.60 | 0.80 | 12 |
| 칠월칠석 | 칠석제, 용왕제 | 2.23 | 1.08 | 9 |
| 추석 | 차례, 강강수월래, 소놀이 | 3.72 | 0.98 | 2 |
| 중양절(구월구일) | 단풍놀이 | 2.57 | 1.09 | 7 |
| 동지 | 팥죽뿌리기, 말타기, 술래잡기 | 3.41 | 1.03 | 5 |

세시풍속 행사와 놀이에 대한 인식은 설날이나 정월 대보름, 단오절, 추석, 동지 등 일부 세시풍속에 대해서는 높게 나타났으나, 세대별 차이를 보이는 경우는 설날($p<.05$), 정월 대보름($p<.01$) 등으로 연령이 높을수록 각 세시풍속 행사와 놀이에 대한 인식이 높은 것으로 나타났다. 그러나 단오에 대해서는 $p<.05$ 수준에서 50대 이상

(M=3.76), 20대(M=3.64), 30~40대(M=3.22) 순으로 낮게 나타나, 이외의 세시풍속 인식과는 차이를 보였다. 한편 전반적인 인식이 낮은 입춘, 삼월삼짇날, 사월초파일, 유두, 칠월 칠석의 세시풍속과 놀이 등은 모두 p<.001의 수준에서 세대별로 차이를 보였고, 연령이 높아질수록 인식수준이 높아지는 경향을 보였다. 그러나 추석이나 중양절, 동지 등은 세대별 인식의 차이가 통계적으로 유의미하게 나타나지 않았지만, 연령이 높아질수록 각 세시풍속 행사와 놀이에 대한 인식은 높아졌다. 이는 조사대상의 연령이 낮아질수록 전통세시풍속에 대한 인식이 희박해짐을 보여준다.

## 2. 세대별 세시음식에 대한 인식

선행연구인 이성숙(2004)의 연구에서 가장 중요하다고 생각되는 세시풍속에 관한 내용은 전통음식(65.5%)이라고 조사된 바가 있다. 본 연구에서는 각 절기에 따른 세시음식에 대한 인식에 대하여 세대별로 어떠한 차이가 있는지 조사한 결과, 추석(M=4.11)과 설날(M=4.07) 음식에 대한 인식이 가장 높고, 동지(M=3.99), 정월 대보름(M=3.91) 순으로 나타났다. 그 외의 세시음식에 대한 인식정도는 평균 3점 이하로 낮게 나타났으며, 특히 사월초파일(M=2.39)의 쑥버무리나 입춘(M=2.38)의 생채, 명태순대, 유두(M=1.79)의 유두국수, 수단 등은 인식정도가 매우 낮아, 세시에 맞춰서 먹던 음식으로 인식을 하지 못하는 것으로 나타났다. 단오의 경우 세시풍속 행사나 놀이에 대한 인식(M=3.57)은 세시음식(M=2.56)보다 인식정도가 높은 것으로 나타났다.

세시음식에 대한 인식은 비교적 높으며, 세대별로 인식의 차이를 보인 경우는 설날(p<.05), 정월 대보름(p<001)으로 나타났다. 설날의 떡국과 세주 등 음식에 대해서는 50대 이상(M=4.47)이 가장 높게 인식하고 있고, 20대, 30대, 40대(M=4.01)는 모두 유사하게 나타났다. 반면, 정월 대보름의 오곡밥이나 나물, 부럼, 귀밝이술 등의 세시음식에 대해서는 연령이 높아질수록 인식이 높은 것으로 나타났다. 한편 세시음식에 대한 인식은 전반적으로 낮으나, 세대별로는 한식(p<.01), 사월초파일(p<.001), 단오절(p<.05), 유두(p<.001), 칠월칠석(p<.05)에서 각각 차이를 보였으며, 연령이 높아질수록 각 세시음식에 대한 인식은 상대적으로 높아지는 결과를 보였다. 그러나 단오의 수리취떡이나 쑥떡, 유두의 유두국수, 수단 등에 대한 인식은 연령별로 차이가 있었지만, 그 인식정도는 가장 낮은 것으로 나타났다.

<표 3> 세시음식에 대한 인식정도

| 구분 | 세시풍속 | M | SD | 순위 |
|---|---|---|---|---|
| 설날 | 떡국, 세주 | 4.07 | .07 | 2 |
| 정월 대보름 | 오곡밥, 나물, 부럼, 귀밝이술 | 3.91 | .91 | 4 |
| 입춘 | 생채, 명태순대 | 2.38 | 1.01 | 11 |
| 삼월삼짇날 | 화전 | 2.72 | 1.19 | 5 |
| 한식 | 찬밥, 쑥떡, 진달래주 | 2.66 | 1.14 | 6 |
| 사월초파일 | 쑥버무리 | 2.39 | 1.11 | 10 |
| 단오절 | 수리취떡, 쑥떡 | 2.56 | 1.05 | 8 |
| 유두 | 유두국수, 수단 | 1.79 | .83 | 12 |
| 칠월칠석 | 호박전, 밀전병, 밀국수 | 2.63 | 1.21 | 7 |
| 추석 | 송편, 토란탕 | 4.11 | .90 | 1 |
| 중양절(구월구일) | 국화주, 국화전 | 2.47 | 1.15 | 9 |
| 동지 | 동지팥죽, 비빔국수, 동치미 | 3.99 | .96 | 3 |

## 3. 세시풍속 계승에 대한 인식

세시풍속 계승에 대한 인식에 대하여 살펴본 결과, 세시풍속의 계승가능성에 대해서는 대부분 가능성이 있다(44.3%)고 보고 있으며, 일부는 부정적인 견해(21.2%)를 보였다. 세시풍속 계승 가능성의 이유는 '우리 민족의 삶의 역사이며 문화이기 때문(81.6%)'이라고 인식하는 바가 가장 크며, 그 다음으로는 '요즈음 우리 문화에 대해 너무 모르기 때문(36.4%)'이라고 나타났다. 그러나 세시풍속 계승의 어려움으로는 '지켜나가기가 힘들어서(57.6%)'가 가장 높게 나타났으며, '현대생활에는 별로 도움이 되지 않아서(22.5%)', '시대에 맞지 않으므로(22%)', '큰 의미를 찾을 수 없으므로(19.6%)' 등으로 나타났다.

그리고 세시풍속에 대한 지식 습득은 주로 '부모님을 통해서(67.4%)', '할아버지나 할머니를 통해서(37.3%)' 이루어지는 것으로 나타났다. 그 외에 '방송과 인터넷 매체(28.8%)'나 '책을 통해서(18.4%)' 습득하는 것으로 나타났다. 한편 최근 들어 지자체를 중심으로 한 세시풍속 행사들이 많이 이루어지고 있으므로, 이에 대한 관심과 참여여부를 알아본 결과, 참여경험이 없는 경우(63.9%)가 있는 경우(36.1%)보다 많은 것으로 나타났다. 세시풍속과 관련된 지자체의 축제참여를 유도하기 위한 방안마련이 필요할 것으로 보인다.

## 4. 세대별 데이 시리즈 인식의 차이

조사대상자들의 전반적인 데이 시리즈 인식정도를 보면, 가장 높게 인식하고 있는 경우는 발렌타인데이(M=4.46)와 화이트데이(M=4.46)로 나타났고, 뒤이어 블랙데이(M=3.89)와 로즈데이(M=3.60)로 나타났다.

그 외에는 비교적 낮은 인식정도를 보였다. 한편 세대별 데이 시리즈 인식정도의 차이를 보면, 데이 시리즈 중 발렌타인데이, 화이트데이, 블랙데이, 로즈데이, 키스데이 등은 $p<.001$의 수준에서 세대별 인식의 차이를 보였다. 즉 20대가 각 데이에 대한 인식이 가장 높았으며, 30대~40대, 50대의 순으로 낮아지는 것을 볼 수 있었다.

<표 4> 세대별 데이 시리즈에 대한 인식의 차이

| 데이 시리즈 | M 순위 | 20대 | | 30-40대 | | 50대 이상 | | F-value |
|---|---|---|---|---|---|---|---|---|
| | | M | SD | M | SD | M | SD | |
| 다이어리데이 (1. 14.) | 7 | 1.94 | 1.18 | 1.85 | 0.89 | 1.66 | 0.75 | 1.13 |
| 발렌타인데이 (2. 14.) | 1 | 4.59 | 0.72 | 4.37 | 0.77 | 3.89 | 0.76 | 14.73*** |
| 화이트데이 (3. 14.) | 1 | 4.57 | 0.76 | 4.40 | 0.76 | 3.92 | 0.71 | 12.20*** |
| 블렉데이 (4. 14.) | 3 | 4.01 | 1.15 | 3.84 | 1.09 | 3.26 | 1.16 | 7.08*** |
| 로즈데이 (5. 14.) | 4 | 3.78 | 1.21 | 3.54 | 1.24 | 2.71 | 1.25 | 12.46*** |
| 키스데이 (6. 14.) | 5 | 3.35 | 1.41 | 2.72 | 1.34 | 2.03 | 1.17 | 17.56*** |
| 실버데이 (7. 14.) | 6 | 1.98 | 1.14 | 2.01 | 0.91 | 1.63 | 0.75 | 1.95 |
| 그린데이 (8. 14.) | 10 | 1.65 | 0.87 | 1.72 | 0.69 | 1.53 | 0.60 | 0.71 |
| 포토데이, 뮤직데이 (9. 14.) | 11 | 1.64 | 0.91 | 1.65 | 0.69 | 1.61 | 0.79 | 0.03 |
| 와인데이 (10. 14.) | 9 | 1.84 | 1.12 | 1.74 | 0.77 | 1.79 | 0.91 | 0.26 |
| 오렌지데이, 무비데이 (11. 14.) | 12 | 1.61 | 0.91 | 1.60 | 0.67 | 1.50 | 0.69 | 0.28 |
| 머니데이, 허그데이 (12. 14.) | 8 | 1.93 | 1.18 | 1.66 | 0.73 | 1.47 | 0.69 | 4.10 |

*p<05 **p<.01 ***P<.001

## 5. 데이 시리즈의 실생활 적용 실태 및 계승에 대한 예견

데이 시리즈 실생활 적용 실태와 계승에 대한 전반적인 예견은 <표 5>에 나타난 바와 같다. 데이 시리즈는 대부분 '기업의 마케팅 전략으로 탄생한 것이므로 의미가 없다(55.1%)', '삶에 도움이 되지 않는 상술에 불과하다(23.1%)'고 여기거나, '재미있는 생활의 이벤트(38.6%)'로 여기는 경우도 많았다. 한편 '젊은 세대의 신풍속도(22.5%)'로 보는 경우도 있다. 데이 시리즈에 맞춘 행사나 이벤트의 참여정도는 '할 때도 있고, 안 할 때도 있다(70.3%)'는 경우가 대부분이었다. 그 행사나 이벤트에 참여하는 이유는 '다른 사람들이 데이 시리즈 선물이나 이벤트를 기대하므로(50.9%)', '참여하는 것이 즐거워서(34.8%)'가 대다수로 나타났다. 데이 시리즈의 지속가능성에 대해서는 가능하다고 보는 경우(60.1%)가 높게 나타났으며, 그 이유로는 '젊은 세대들에게 호응을 얻으므로(67.2%)', '기업마케팅이 활발해질 것이므로(43.6%)' 가능할 것으로 보고 있었다. 다만 데이 시리즈 지속가능성에 대해 부정적인 이유로는 '시대에 따라 사람들의 관심이 달라지고(54.2%)', '지속적인 문화적 가치를 담고 있지 않음(36.3%)'인 것으로 나타났다.

<표 5> 데이 시리즈의 실생활 적용 실태 및 계승에 대한 예견

| 구분 | | N | % |
|---|---|---|---|
| 데이 시리즈 개념 (중복응답) | 기업의 마케팅 전략으로 탄생한 것이므로 의미가 없다 | 174 | 55.1 |
| | 재미있는 생활의 이벤트다 | 122 | 38.6 |
| | 요즈음의 트렌드로 알아둘 필요가 있다 | 41 | 13.0 |
| | 삶에 도움이 되지 않는 상술에 불과하다 | 73 | 23.1 |
| | 젊은 세대의 신풍속도이다 | 71 | 22.5 |
| | 기타 | 4 | 1.3 |
| 데이 시리즈에 맞춘 행사, 이벤트 참여 정도 | 매번한다 | 5 | 1.6 |
| | 가능하면 하려고 한다 | 23 | 73 |
| | 할 때도 있고 안할 때도 있다 | 222 | 70.3 |
| | 하지 않는다 | 46 | 14.6 |
| | 전혀 하지 않는다 | 20 | 63 |

| | | | |
|---|---|---|---|
| 데이 시리즈에 맞춘 행사, 이벤트 참여 이유(중복응답) | 하지 않으면 시대에 뒤처지는 거 같아서 | 16 | 5.1 |
| | 다른 사람들이 데이 시리즈 선물이나 이벤트를 기대하므로 | 161 | 50.9 |
| | 참여하는 것이 즐거워서 | 110 | 34.8 |
| | 기타 | 61 | 19.3 |
| 데이 시리즈의 지속가능성 | 매우 그렇다 | 32 | 10.1 |
| | 그렇다 | 158 | 50.0 |
| | 그저 그렇다 | 103 | 32.6 |
| | 그렇지 않다 | 22 | 7.0 |
| | 전혀 그렇지 않다 | 1 | 0.3 |
| 데이 시리즈의 지속가능성의 이유(중복응답) | 기업마케팅이 더 활발해질 것이므로 | 133 | 43.6 |
| | 젊은 세대들에게 호응을 얻으므로 | 205 | 67.2 |
| | 흥미로운 이벤트이므로 | 82 | 26.9 |
| | 기타 | 5 | 1.6 |
| 데이 시리즈의 지속가능성의 어려움(중복응답) | 일시적인 마케팅 전략으로 탄생한 것이므로 | 75 | 25.4 |
| | 지속적인 문화적 가치를 담고 있지 않으므로 | 107 | 36.3 |
| | 시대에 따라 사람들의 관심이 달라지므로 | 160 | 54.2 |
| | 기타 | 16 | 5.4 |

## V. 결론 및 제언

본 연구는 오늘날 한국사회에서 나타나고 있는 세시풍속의 생활문화 변화에 대한 세대별 인식차이를 토대로 변용, 수용, 계승되어야 할 세시풍속에 관한 시사점을 찾아보고자 시도되었다.

연구문제에 따른 결과는 다음과 같이 요약할 수 있다. 첫째, 세대별 세시풍속 행사와 놀이에 대한 인식을 보면 설, 추석, 정월 대보름, 단오 등의 행사와 놀이에 대해서는 잘 인식하고 있으나, 그 외의 세시에 대해서는 인식도가 낮아지고 있으며, 연령이 낮아질수록 점차 세시풍속에 대한 인식이 희박한 것으로 나타났다. 둘째, 세대별 세시음식에 대한 인식정도는 추석과 설날음식에 대한 인식이 가장 높고, 동지, 정월 대보름 순으로 나타났으며, 그 외의 세시음식에 대한 인식정도는 평균이하로 낮게 나타났다. 특히 사월초파일의 쑥버무리나 입춘의 생채, 명태순대, 유두의 유두국수, 수단 등은 인식정도가 매우 낮게 나타나, 세시에 맞춰서 먹는 음식으로 인식하지 못하는 것으로 나타났다. 연령이 높아질수록 각 세시음식에 대한 인식은 상대적으로 높아지는 결과를 보였지만, 특히 단오나 유두의 세시음식에 대한 인식은 연령별로 차이가 있다 하더라도, 그 인식정도는 가장 낮은 것으로 나타났다. 오히려 단오의 경우는 세시풍속 행사나 놀이에 대한 인식이 세시음식에 대한 인식정도보다 높은 것으로 나타났다. 셋째, 세시풍속의 계승가능성에 대해서는 44.3%는 가능성이 있다고 보고 있으며, 21.2%는 부정적인 견해를 보였다. 세시풍속은 우리 민족의 삶의 역사이며 문화로, 요즈음 우리 문화에 대해 너무 모르기 때문에 계승되어야 한다는 것으로 나타났다. 그러나 세시풍속은 실제로 지켜나가기가 힘들고 현대생활에는 별로 도움이 되지 않고, 시대에 맞지 않는다는 견해를 볼 수 있다. 세시풍속에 대한 지식 습득은 주로 부모와 조부모를 통해서 이루어지고, 그 외에는 방송과 인터넷 매체, 책을 이용해서 얻고 있다. 넷째, 12개월 동안 각 월마다 있는 데이 시리즈에 대한 전반적인 인식은 발렌타인데이와 화이트데이가 가장 높고, 블랙데이, 로즈데이 순으로 나타났으며, 세대 간에도 인식차이를 보여, 20대가 각 데이에 대한 인식이 가장 높았으며, 30대, 40대, 50대의 순으로 낮아졌다. 그 외에는 비교적 낮은 인식정도를 보였다. 다섯째, 데이 시리즈에 대한 실생활 적용실태와 지속성에 대한 예견을 보면, 데이 시리즈의 개념은 대부분 기업의 마케팅 전략으로 탄생한 것이므로 의미가 없고, 삶에 도움이 되지 않는 상술에 불과하다고 보는 부정적 견해가 많았지만, 재미있는 생활의 이벤트이며, 젊은 세대의 신풍속도로 보는 경우도 있었다. 데이 시리즈에 맞춘 행사나 이벤트의 참여 이유는 타인이 데이 시리즈 선물이나 이벤트를 기대하기 때문이기도 하지만, 참여에 따른 즐거움도 있는 것으로 나타났다. 이러한 경향을 반영하듯이 데이 시리즈는 지속될 것이라고 보는 경향이 높았고, 젊은 세대들의 호응과, 기업마케팅이 그 동인이 될 것으로 보았다. 그러나 시대에 따른 관심의 변화와 지속적인 문화적 가치를 담고 있지 않는 데이 시리즈의 속성상 지속가능성에 대해서는 부정적인 견해도 있었다.

세시풍속과 관련한 종합적인 결과는 세대별 세시풍속에 대한 인식에 차이를 보이고 있으며, 연령이 낮아질수록 계승여부의 어려움이 있을 것으로 예상된다. 그러나 세시풍속은 우리 민족의 삶의 역사이자 문화로서 계승되어야 할 것으로 인식하고 있었다. 다만, 현실에 도움이 되지 않고, 시대에 맞지 않는다는 문제점이 해결되어야 한다. 또한 새로이 등장하여 지켜지고 있는 데이 시리즈는 일부 대표적인 내용 이외에는 그 인식정도가 낮아지고 있고, 세대별 차이를 보이며, 연령이 낮을수록 인식정도가 높아져 전통적 세시풍속에 대한 세대별 인식과는 상반된 결과를 보인다. 한편 세시풍속의 계승여부나 데이 시리즈의 지속성 여부에 대해서는 현시대의 '문화'로서 앞으로는 변화할 것이라 점이다. 김명자(2005) 연구에서도 지적되었듯이 새롭게 생성되는 풍속을 무작정 간과할 수는 없고 전통세시풍속이 과거의 것이라면 오늘의 우리 생활양식이 미래의 전통세시풍속이 된다는 점을 감안해야 한다. 이렇듯 우리의 생활문화는 역사성과 시대성을 반영하는 것이므로, 동 시대에 존재하는 '전통'과 '현대'

문화의 인식 현상을 분석하는 것은 변화해 나아가는 생활문화에 대하여 논의하는 근거가 될 수 있다.

따라서 본 연구에서는 세시풍속 계승을 위한 시사점을 찾고자 하는 목적의 실현을 위해 전통적 세시풍속의 '문화적 가치'를 계승할 필요성을 찾고, 그 대안 마련을 위한 논지에서, 그리고 데이 시리즈에 대한 재인식과 평가의 측면에서 몇 가지 제안과 더불어 결론을 맺고자 한다. 첫째, 세시풍속의 의미와 가치를 전수하기 위한 교육적 노력이 요청된다. 놀이와 접목한 세시풍속 교육을 유치원 초등학교 학생들을 대상으로 우선적으로 적용해야 할 필요가 높다. 또한 '문화융성'의 국가정책과 더불어 우리 문화의 역사성을 담고 있는 세시풍속의 새로운 '문화콘텐츠화'의 노력을 통하여, 시대성을 반영한 세시풍속의 창조가 기대된다. 영화, 음악, 드라마, 공연 등의 문화콘텐츠 개발을 위한 가치 있는 내용이 세시풍속의 놀이나 행사 음식 등에 농축되어 있기 때문이다. 둘째, 기업은 소비자 행동에 지속적으로 영향을 미치게 된다. 기업에서는 '문화코드'를 중심으로 한 소비자 마케팅에 관심을 둘 필요가 있다. 문화적 가치를 상실한 감각적이고 흥미위주의 데이 시리즈는 그 지속성에 문제가 있을 것으로 연구결과에서도 나타난 바와 같이, 재고해야 할 것이다. 특히 기업에서는 젊은 세대들에게 노출이 많은 온라인과 모바일 매체를 활용하여 문화적 가치를 담은 세시풍속의 적용에 대해 깊이 숙고해야 한다. 이는 전통과 고유성을 잃고 시속만을 추구하고 있는 현재의 문제를 해결해 주는 방안이 될 수 있을 것이다. 셋째, 세시풍속 계승은 주로 부모·조부모를 중심으로 계승되어 왔던 바를 주지하여, 가정을 중심으로 부모들은 이에 대한 관심과 적용을 위한 노력을 경주해야 한다. 넷째는 세시음식의 확산 노력이 요청된다. 세시풍속은 사계절이 뚜렷하고, 오랜 역사동안 시식과 절식이 중심이 되어온 우리의 음식문화 등이 중요한 부분을 차지한다. 최근 한식을 중심으로 한 다양한 뷔페들이 유행하고 있는 것은 한식이 갖고 있는 가치를 재인식하고, 이를 보다 확산하면서 기업마케팅의 일환으로 적용하여 성공하고 있는 예시라고 할 수 있다. 세시음식들이 이러한 추이와 함께 개발되고 적용되는 노력이 기대되는 바이다. 다섯째, 민관학이 연계하여 단오문화 창조를 위한 콘텐츠 개발사례(장정용, 2007)에서도 보았듯이 지역문화의 활성화와 더불어 세시풍속과 연계된 지역축제의 콘텐츠발굴과 국민들의 참여기회 확대를 지향한다면, 전통의 가치를 바탕으로 현시대에 적용 할 수 있는 새로운 세시풍속 창조를 위한 발돋움이 가능할 것으로 사료된다. 후속연구로는 가정에서 부모를 중심으로 한 세시풍속 및 생활문화교육의 실천성에 관한 연구와 전통세시풍속의 원형에 근거한 전통문화콘텐츠 활성화 방안, 전통 세시음식을 활용한 외식산업의 활성화방안 등과 관련한 응용연구가 지속적으로 진행되기를 기대한다.

## <참고문헌>


『東國歲時記』·『京都雜誌』·『冽陽歲時記』.

김명자(2004). 「세시풍속의 전승과 현대화 방안모색」, 『민속연구』 제13집. 안동대 민속학연구소, 145-166.

김명자(2005). 「도시생활과 세시풍속」, 『한국민속학』. 41.

김명자 · 김종대(2003). 「세시풍속의 교육적 의의와 실천화」, 『비교민속학』. 25, 175-208.

김월덕(2009). 「세시기를 통해서 본 세시풍속의 재구성과 재탄생」, 『민속학연구』. 24. 149-167.

박환영(2006). 「도시생활속의 세시풍속」, 『중앙민속학』. 11권, 51-63.

엠브레인 트렌드 모니터(2012). 「세대갈등 및 공동체 의식에 대한 조사」. 리서치 보고서, 173-210.

이성숙(2004). 「세시풍속 및 세시음식의 인지도에 관한 연구」. 한국 실과교육학회지, 18(3), 179-194.

이숙재 · 이봉선(2009). 「세시풍속과 연계된 유아경제교육 프로그램 모형개발」, 『대한가정학회지』. 47(3), 67-79.

이유미 · 이정은(2013). 「전통육아방식에 대한 부모세대와 조부모세대 간 인식 비교연구」, 『아시아문화연구』. 29, 267-299.

장정룡(2007). 「세시풍속과 콘텐츠」, 『강원민속학』 제21집. 473-490.

장재천(2009). 「한국의 문화 : 세시풍속의 사회교육적 의의」, 『한국사상과 문화』. 47, 187-214.

정순둘 · 배은경 · 최혜지(2012). 「세대별 부양의식 및 성역할 인식유형」, 『한국가족복지학』. 17(2), 5-23.

주영애 · 김선주(2003). 「우리나라 세시풍속과 관련된 유아교육 프로그램 모형」, 『한국전통 생활문화 학회지』. 6(1), 83-100.

주영애(2012). 「전통생활문화교육에 대한 인식과 실행 : 보육현장의 세시풍속 교육을 중심으로」, 『한국가정관리학회지』. 30(3), 193-208.

차태훈 · 전승우 · 하지영(2008). 「데이 마케팅의 의례요소에 관한 탐색적 연구 : 소비자참여에 미치는 영향을 중심으로」, 『소비문화연구』. 11(2), 43-65.

최명림(2003). 「한국 세시풍속의 변화와 문화콘텐츠화 연구」. 전남대학교 대학원 박사학위논문.
한국갤럽조사연구소(http://www.gallup.co.kr). 갤럽DB '관혼상제/세시풍속' · '관광'.
Rook D. W(1985). *The ritual dimension of consumerbdmior*. Journal of Qmwmr research, 12(3).

# 유아다례와 세시풍속 교육*

박영자

## Ⅰ. 서론

### 1. 연구의 필요성 및 목적

오늘날 우리는 서로 다른 문화와 국가, 그리고 다양한 인종의 사람들이 함께 살아가는 세계화, 개방화, 다문화의 시대에 살고 있다. 유아들이 이러한 시대적 흐름 속에 살아가기 위해서는 우리 문화에 대한 올바른 이해와 긍정적인 정체감, 다른 나라의 문화와 사고방식에 대한 이해, 사회변화에 따른 수용의 태도가 필요하다. 최근 고시된 누리과정 제정의 중요사항도 기본 생활습관, 창의·인성 교육과 함께 사람과 자연을 존중하고 우리 문화를 이해하는데 중점을 두고 있으며 전통문화를 특정 영역이 아닌, 모든 영역에서 고루 다루고 올바르

* 본 논문은 2015년 성신여자대학교 일반대학원 박사학위논문인 "유아전통문화교육 통합프로그램 개발 및 효과 : 다례와 세시풍속을 중심으로"의 일부임.

게 이해하는데 초점을 맞추고 있다. 유아기는 모든 분야에 대한 선호가 결정되는 시기이며 우리의 전통문화를 자랑스럽게 여기고 사랑하며 관심을 갖게 되느냐 마느냐의 중요한 갈림이 이루어지는 시점이므로, 유아기의 전통문화교육에 대한 연구가 필요하다고 보인다(배은진, 2010). 이는 우리의 전통문화와 어울리는 외래의 문화를 선택할 수 있는 태도를 기를 수 있게 되는 것이다. 또한, 전통문화교육은 어렸을 때부터 자국 문화의 정체성 확립을 위해 필요한 교육이므로 유아를 지도하고 있는 교사들의 전통문화에 대한 관심과 필요성의 인식이 무엇보다 중요하게 요구(주영애, 2012)되고 있다.

따라서 연구자는 유아를 위한 전통문화교육이 필요하다고 생각되었으며, 본 연구를 위한 사전작업으로 유아전통문화교육 실태에 대한 문헌연구와 전통문화교육에 대한 교사들의 인식 및 태도를 알기 위한 예비연구를 수행하였다. 문헌연구 결과, 교사의 전통문화에 대한 지식과 이해가 부족하고(전경화, 2005; 주영애, 2012) 전통문화 교수 효능감이 그리 높지 않아(최기영 외 2인, 2011) 유아기 전통문화교육이 제대로 실시되지 못하고 있었다.

또한 전통문화교육 활동을 실시하는데 필요한 교육프로그램과 교재·교구의 부족(박진희, 2005; 서선옥, 2008; 박형신, 2010)과 교사의 전통문화에 대한 지식과 기능부족으로 인한 교육의 어려움도 문제점으로 나타났다. 예비연구에서 전통문화에 대한 교사들의 인식, 다례와 세시풍속에 대한 교사들의 인식, 전통문화에 대한 교사들의 태도를 파악해 본 결과 유아수준에 맞는 교재·교구와 교수방법의 개발, 교사연수, 전문 강사 양성, 문화 체험장 마련 등을 요구하는 것으로 나타났다. 이는 선행연구(박진희, 2005; 서선옥, 2008; 박형신, 2010; 주영애, 2012)의 결과와 일치하는 것으로 유아를 위한 전통문화교육 프로그램 마련과 교사를 위한 전통문화 교수능력 강화의 필요성이 시급하다고 판단되어 본 프로그램을 개발하고 그 효과성을 연구하게 되었다. 전통문화교육 중 다례 프로그램과 세시풍속 프로그램이 각각 별도로 이루어진 연구들은 많이 있으나 다례와 세시풍속을 통합한 유아전통문화교육 통합프로그램은 없는 실정이다. 이윤경(2005)도 그동안의 유아전통문화교육은 그 영역과 범위가 매우 다양함에도 불구하고 주로 전통놀이와 전통음악에 치중되어 실시되어 왔음을 지적하며 전통문화의 다양한 영역과 범위 및 양상들이 어우러져 통합적으로 교육이 이루어져야 한다고 주장하였다.

본 유아전통문화교육 통합프로그램은 다례를 통하여 정서를 함양함과 동시에 세시풍속에 담겨있는 의미와 유래, 놀이, 먹을거리 등을 유아의 발달 수준에 맞게 체험교육 내용으로 제시하였다. 따라서 본 연구에서는 다례와 세시풍속을 중심으로 한 유아전통문화교육 통합프로그램이 유아의 전통문화에 대한 인식 및 태도, 정서지능에 미치는 영향과 학부모의 전통문화에 대한 인식 및 태도에 미치는 영향에 대해 연구하여 통합프로그램으로서의 효과성을 검증해 보고자 한다.

## 2. 연구문제

연구문제 1. 다례와 세시풍속을 중심으로 한 유아전통문화교육 통합프로그램이 전통 문화 에 대한 유아의 인식 및 태도에 미치는 영향은 어떠한가?

연구문제 2. 다례와 세시풍속을 중심으로 한 유아전통문화교육 통합프로그램이 유아의 정 서지능에 미치는 영향은 어떠한가?

연구문제 3. 다례와 세시풍속을 중심으로 한 유아전통문화교육 통합프로그램이 학부모의 인식 및 태도에 미치는 영향은 어떠한가?

## II. 이론적 배경

### 1. 유아전통문화교육

#### 1) 유아전통문화교육의 의의

최근 전통문화교육을 통해 우리의 것을 지키고 계승, 발전시키는 일이 중요하게 인식되어 학계에서는 전통문화 관련 연구들이 활발하게 이루어지고 있다. 유치원 교육과정의 전통문화 관련 교육 내용 분석(방인옥, 2002; 이채진, 2008; 서윤희 외 2인, 2010; 최기영, 2014)에서는 유아전통문화교육의 내용을 세분화하여 분류하여 5개 생활영역 전반에 총체적인 교육이 되어야 함을 지적하였으며, 전통문화 교육에 관한 프로그램 개발연구(김승신, 2000; 주영애, 2000; 서혜은, 2003; 배영희, 2004; 최은미 외 2인, 2005; 김명희, 2010)에서는 연간계획 안에 전통문화교육 프로그램을 접목하여 유아들이 전통문화를 자연스럽게 관심을 갖고 친숙하게 받아들이도록 제시하고 있다.

한편 전통문화에 대한 유아교사의 인식과 실태 및 교사 교육에 대한 요구를 조사한 연구(전경화, 2000; 이은화 외 3인 2003; 김혜진,

2005; 서선옥, 2008)에서는 전통문화교육의 확대, 교육의 필요성을 제기하고 있으며, 유아교사들이 변해야 유아교육현장이 변화되기 때문에 교사교육과 더불어 대학에서 전통문화 관련 교과목 개설이 이루어져야 함을 언급하였다.

따라서 전통문화교육이 갖는 의의는 크게 3가지로 요약될 수 있다.

첫째는 유아들이 전통문화에 대한 자부심과 정체성을 확립하여 민족주의를 고양시킬 수 있으며(윤기영, 2000; 이기현, 2002), 둘째는 전통문화교육을 통해 유아의 정서지능 발달에 긍정적인 영향(신명신, 2008; 김명희, 2012)을 준다고 볼 수 있다. 그것은 우리 전통문화의 사상과 교육의 덕목 속에는 감성지능의 요소인 감정인식, 자신의 감정조절, 자신의 동기화, 타인의 감정 인식, 상대방과 관계를 맺는 능력이 모두 포함(박영은, 1995; 방인옥, 2002; 엄기영, 2006; 김명희, 2012; 이경자, 2013)되어 있기 때문이다. 마지막으로 유아전통문화교육은 서구문화와 차별되는 세계화를 이끄는 원동력(성선재, 2008; 김명희, 2012)이 되므로 세계화, 개방화시대에 맞게 재구성하여 교육되어져야 할 것이다. 또한, 21세기는 보편적인 한 가지의 이론으로는 그 효과를 기대할 수 없기 때문에 유아교육현장에서도 모든 이론과 다문화 등 통합적으로 활용하려는 노력들이 이루어지고 있다.

### 2) 누리과정 속 전통문화교육

양질의 교육과 보육을 제공하기 위한 '5세 누리과정'의 전반적인 구성을 보면 기본 생활습관과 질서, 배려, 협력 등 바른 인성을 위한 창의·인성교육이 강화되었으며 사람과 자연을 존중하고 우리 문화를 이해하는데 중점을 두고 11개 생활주제와 5개 생활영역에 전통문화 관련 활동이 두루 포함되어 있다. 본 연구자는 5세 누리과정 교사용 지도서에 수록된 활동과 전통문화 관련 내용을 생활주제에 따라 분석하였다. 분류된 내용은 <표 Ⅱ-1>과 같다.

<표 Ⅱ-1> 5세 누리과정 생활주제별 전통문화교육 활동

| 전통문화교육활동 \ 생활주제 | | 유치원과 나 | 나와 가족 | 우리동네 | 동식물과 자연 | 건강과 안전 | 생활도구 | 교통기관 | 우리나라 | 세계여러나라 | 환경과 생활 | 봄여름가을겨울 | 계(%) |
|---|---|---|---|---|---|---|---|---|---|---|---|---|---|
| 전통사상과 다례 및 세시풍속 | | | 4 | 2 | | | | | 3 | 1 | | | 10 (8.4) |
| 전통 생활 문화 | 의 | | | | | 1 | | | 4 | 2 | | | 40 (33.6) |
| | 식 | | | | | 3 | | | 4 | 3 | 1 | 3 | |
| | 주 | | | | | | | | 3 | 2 | 2 | | |
| | 생활 도구 | | | 1 | | | 4 | 1 | 4 | 1 | | 1 | |
| 전통 예술 문화 | 전통 음악 전통춤 | | 1 | 1 | 2 | | | | 3 | 3 | 1 | | 38 (31.9) |
| | 전통 미술 | | 1 | | 3 | | | | 4 | | 1 | | |
| | 전래 동요와 동화 | | 3 | 1 | 5 | 1 | | | 5 | 2 | 1 | | |
| 전통 놀이 문화 | 전통 놀이 | | | | 1 | | 1 | | 7 | 2 | | 1 | 12 (10.1) |
| 전통 역사 문화 | 우리나라 상징 | | | 1 | | | | | 7 | 2 | | | 19 (16) |
| | 문화재 박물관 | | | 2 | | | | 1 | 4 | 2 | | | |
| 계 | | | 9 (7.6) | 8 (6.7) | 11 (9.3) | 5 (4.2) | 5 (4.2) | 2 (1.7) | 48 (40.3) | 20 (16.8) | 6 (5) | 5 (4.2) | 119 (100) |

교사용 지도서의 활동내용을 분석한 결과 일 년 동안 유아들이 활동하는 총 696개의 활동 중에서 전통문화교육 관련활동은 119개 활동이며 이는 전체 5세 누리과정 활동의 17.1%를 차지하였다. <표 Ⅱ-1>에서 보듯이 119개 전통문화 관련 활동을 분석한 결과 전통사상과 다례 및 세시풍속관련 활동은 10개(8.4%), 전통생활문화(의·식·주·생활도구) 관련 활동은 40개(33.6%)이며 전통예술문화(전통음악과 전통춤, 전통미술, 전래동요와 전래동화) 관련 활동은 38개(31.9%), 전통놀이문화(전통놀이) 관련 활동은 12개(10.1%), 전통역사문화(우리나라상징, 문화재와 박물관) 관련 활동은 19개(16%)로 나타났다. 또한 누리과정의 전통문화교육 관련 활동을 생활주제와 관련하여 분석한 결과 '우리나라', '세계 여러 나라', '동식물과 자연', '우리 동네' 순으로 활동이 제시되었다. '우리나라' 생활주제에는 전통문화 관련 119개의 활동 중 48개(40.3%), '세계 여러 나라'는 20개(16.8%), '동식물과 자연'은 11개(9.3%), '우리 동네'는 8개(6.7%)의 활동이 제시되었다. 이는 전통문화교육 활동이 연중 꾸준하게 시행되고는 있지만 11개 생활주제 중 '우리나라'에 조금 더 편중된 것을 알 수 있다.

전통문화교육 관련 활동은 특정한 생활주제에서만 이루어지기보다는 11개 생활주제에 맞게 지속적이고 고른 활동으로 이루어지는 것이 바람직하다 하겠다.

## 2. 유아다례교육

한 잔의 차를 온 정성을 다하여 알맞게 우리고, 예의범절을 지켜

정성을 다하여 대접할 때 마음의 안정과 청정함과 겸허함을 배우게 된다(김정신, 2008; 양지현, 2011). 그러므로 차는 생활 속에 구현되는 정신문화로 차를 마시는 가운데 신체와 정신을 맑게 하여 정신수련을 통해 몸과 마음을 수련하고 덕을 쌓게 된다. 다례교육은 우리 고유의 차 문화와 접목된 예절로서 차의 기본정신에서 실천에 이르기까지 모든 예의범절을 포함하며, 반복적인 다례교육을 통해 유아들은 기본 생활습관, 가정 생활습관, 사회 생활습관 등을 익힐 수 있다(이성애, 1997; 장순연, 2000; 강미라, 2002; 김미경, 2003; 여상인, 2006; 서은주, 2008). 또한 유아다례교육 활동이 다른 사람의 입장을 이해하게 되는 이타적인 사고, 감정이입, 정서표현 등 정서지능에 긍정적인 효과가 있음이 보고되었다(김미경, 2003; 정영숙, 2003; 김종희, 2004; 정영숙·노현옥, 2004; 오경주, 2005; 고현주, 2006; 박춘근, 2007; 임희영, 2009; 서정분, 2012). 주영애(2001)는 유아다례교육의 필요성과 의의에 대해 다음과 같은 견해를 밝혔다. 첫째, 다례교육은 차분하고 바른 몸가짐과 마음가짐을 갖도록 한다. 둘째, 다구를 다루면서 물건 다르기의 예법을 익힌다. 셋째, 차를 우려 대접하면서 어른 모시는 태도를 익힌다. 넷째, 한복을 입고 차를 다루면서 바른 옷차림의 예법을 배울 수 있다. 다섯째, 전통문화의 소중함을 체험하고 계승해 간다. 이렇듯 다례는 과거로부터 오늘에 이르기까지 계승되고 있는 전통문화로 유아들은 다례교육을 통해 우리 고유의 차 문화를 직접 체험하면서 전통문화에 대한 친밀감을 형성하는 기회를 갖게 된다고 하였다. 따라서 유아다례교육은 차 생활을 통해 유아가 예의 마음가짐과 몸가짐을 일깨우고, 또래집단과 어울려 올바른 차 생활 예절을 익히는 가운데 친사회적 행동을 습득하고 다른 사람의 감정을 배려하는 것을 실천하는 활동뿐만 아니라 다례와 관련된 다양한 문화를 접하게 되는 교육을 의미한다(박영자, 2010)고 볼 수 있다. 장순연(2000)은 유아가 차를 대접하는 절차를 통해 타인에 대한 존경심을 바탕으로 사회성을 기를 수 있다고 하였으며, 기본 생활습관을 실천하고 사회·정서 발달에 효과가 있으며 체계적이고 종합적인 예절교육이므로 유아들의 전인 발달에 도움이 된다고 하였다. 따라서 다례교육은 차를 매개체로 하여 다사뿐만 아니라 정신에 이르기까지 인성 및 모든 기본생활을 포함한 교육프로그램이며 인간의 삶의 도리를 추구하고 덕을 쌓는 행위로 몸과 마음을 수련하는 활동(오경주, 2005; 고현주, 2006)이며, 유아의 정서발달에 긍정적인 영향을 미칠 것으로 여겨진다.

### 3 유아세시풍속교육

오랜 세월을 지내면서 우리 선조들은 자연의 변화에 맞추고 일정한 형식을 갖추어 오늘날의 생활로 정착된 것이 바로 세시풍속이다(하정연, 2004; 김현정, 2008). 우리의 세시풍속은 농경생활과 밀접한 관련이 있으며 조상들은 농사를 잘 짓기 위해서 계절의 변화에 지혜롭게 대처해 가면서 적절한 때에 씨를 뿌리고 거두어 들였다(안혜숙 외 2인, 2002).

이러한 세시풍속은 오랜 세월동안 반복되어져 온 인간의 삶을 위한 연중행사로 그 나라의 정신과 승화의 소산(주영애, 2003)이라고 할 수 있다.

세시풍속의 교육적 가치는 첫째, 세시풍속을 통해 유아들은 계절의 변화에 따른 생활의 주기성을 익힐 수 있다(임재택, 1999, 하정연, 2004; 이혜영, 2014)는 점이다. 각 계절마다의 특성을 알고 해마다 반복되는 계절을 느끼며 자연을 통해 생활의 주기성(김종연, 2005; 김혜정, 2006; 김현정, 2008)을 익힐 수 있음을 알 수 있다.

둘째, 유아들은 다양한 놀이와 건강한 먹을거리를 경험할 수 있다(김유선, 2014). 대부분의 놀잇감은 특별한 것이 아니라 자연물인 경우가 많으며 집단문화의 성격을 갖고 있어 함께 즐기는 놀이로 유아들은 공동체 의식과 사회성(정숙주, 2000; 오춘자, 2002; 전민경, 2010)을 배울 수 있으며 절기와 계절에 나는 건강한 먹을거리를 통해 우리 농산물의 중요성을 인식하고 우리 고유의 전통음식을 맛보는 경험을 할 수 있다.

셋째, 세시풍속은 우리 고유의 미풍양속이므로 부모와 유아에게 자연스럽게 전달되고 가정과 지역사회로 확산되어(편해문, 2007; 이혜영, 2014) 세시풍속에 대한 관심과 참여의 공간을 넓히고 지역과 교류할 수 있게 된다.

넷째, 기풍(祈豊), 기복(祈福), 점복(占卜), 오락, 예술 등을 담고 있는 세시풍속은 생존의 중요한 요건인 풍요와 건강이 그냥 이루어진 것이 아니라 세시의례를 통해 이루어질 수 있다고 생각하는 겸손한 자세로 곧 믿음의 심성을 함양(이윤영, 2008; 김유선, 2014)한다고 할 수 있다.

마지막으로 세시풍속은 조상숭배 및 혈연중심의 사회생활 등 윤리의식과 공동체 의식을 고취시키기에 충분하며 민속놀이를 비롯한 다양한 전통예술(이혜영, 2014)이라 할 수 있다.

이처럼 세시풍속은 우리 조상들이 살아왔던 생활 속의 지혜를 직접 경험하고 과거의 모습을 통해 현재를 파악하여 미래로 연결되는 교육이 되어져야 할 것이다. 또한 유아들은 세시풍속을 통해서 우리의 문화를 이해하고 향유하는 올바른 태도를 기를 수 있으며 자신의 경험과 생각을 다양하게 표현할 수 있으며 공동체 의식을 중요시 여기는 세시풍속의 특성은 타인과 공감하고 협동하는 태도를 길러주기에 충분하고 더 나아가 이웃과 나라를 사랑하는 마음씨(유은목, 2011)를 갖게 하며 민족적 자아 정체성을 확립하고 정서적 함양과 함께 창의·인성 교육적 측면에서 꼭 필요한 교육이라 사료된다.

## Ⅲ. 유아전통문화교육 통합프로그램

### 1. 유아전통문화교육 통합프로그램 시안

#### 1) 통합프로그램 목적 및 목표

다례와 세시풍속을 중심으로 한 유아전통문화교육 통합프로그램의 목적 및 목표 선정은 국가수준 교육 과정인 '5세 누리과정'의 목적인 만 5세에게 필요한 기본 능력과 바른 인성을 기르고 민주시민의 기초를 형성하는 것을 목적으로 하여 선정하였다.

#### 2) 통합프로그램 내용

본 연구자는 다례와 세시풍속을 중심으로 한 유아전통문화교육 통합프로그램의 내용을 선정하기 위하여 '5세 누리과정' 교사용 지도서의 전통문화 관련 활동들을 분석하여 전통문화관련 문헌고찰과 선행연구를 통해 프로그램의 내용을 추출하였고 교육내용은 일상생활과 놀이 속에서 통합적으로 편성하였으며 19회기의 프로그램으로 결정하였다. 1월부터 11월까지 세시풍속이 있는 달에는 세시풍속을 3일 동안 경험하고 세시풍속이 없는 달에는 다례프로그램을 1일 진행하며 구사・구용을 익힐 수 있도록 하였다. 그 내용을 살펴보면 다음 <표 Ⅲ-1>과 같다.

<표 Ⅲ-1> 다례와 세시풍속의 유아전통문화교육 통합프로그램 내용

| 회기 | 프로그램명 | 활동 명 | 활동내용 | 전통문화 내용 요소 | 예절 동요 |
|---|---|---|---|---|---|
| 1 | 설날 | 설날의 의미와 유래 | ・한복 입는 법 한복 명칭<br>・세배하는 방법 | 세배, 덕담, 설빔, 세찬 | 설날・수용공・족용중 |
| 2 | 설날 | 설날에 하는 전통놀이 | ・윷놀이 동화 듣기<br>・윷놀이 | 전통놀이 | 설날・수용공・족용중 |
| 3 | 설날 | 설날에 먹는 전통음식 | ・방앗간에서 가래떡 뽑기<br>・가래떡 썰기<br>・떡국 만들어 먹기 | 떡국 만들기 | 설날・수용공・족용중 |
| 4 | 정월 대보름 | 정월 대보름에 하는 전통놀이 | ・부럼에 대해 알기<br>・달맞이<br>・더위팔기 | 부럼, 오곡밥, 귀밝이술, 묵은 나물 | 정월 대보름・수용공・족용중 |
| 5 | 정월 대보름 | 정월 대보름에 하는 전통놀이 | ・연 만들기<br>・줄다리기 | 전통놀이 | 정월 대보름・수용공・족용중 |
| 6 | 정월 대보름 | 정월 대보름에 먹는 음식 | ・귀밝이술 마시기<br>・부럼먹기<br>・약식 만들어 먹기 | 약식 만들기 | 정월 대보름・수용공・족용중 |
| 7 | 다례 | 차실 예절 | ・녹차씨앗 관찰하기<br>・녹차 마시기 | 구사・구용 | 다례・인사해요・두용직 |
| 8 | 다례 | 차의 효능 | ・동화 듣기<br>・녹차 마시기 | 구사・구용 | 다례・인사해요・목용단 |
| 9 | 단오 | 단오의 의미와 유래 | ・동화 듣기<br>・단오에 대해 알기 | 창포, 단오선, 수릿날, | 단오・수용공・족용중 |

| | | | | | |
|---|---|---|---|---|---|
| 10 | 단오 | 단오에 하는 전통놀이 | ·단오부채, 씨름하기 쑥버무리 만들기 | 전통놀이 | 단오·수용공·족용중 |
| 11 | 단오 | 단오에 먹는 음식 | ·수리취떡 만들기<br>·진달래 화전 만들기 | 화전 수리취떡 | 단오·수용공·족용중 |
| 12 | 다례 | 차 도구 | ·차 도구 명칭 알기<br>·말차 마시기 | 구사·구용 | 다례·인사해요·기용숙 |
| 13 | 다례 | 차 우리기 | ·성·경·애 하는 마음 갖기<br>·연차 마시기 | 구사·구용 | 다례·인사해요·구용지 |
| 14 | 다례 | 차의 종류 | ·동화 듣기<br>·녹차·우롱차·홍차 마시기 | 구사·구용 | 다례·인사해요·성용정 |
| 15 | 추석 | 추석의 의미와 유래 | ·성묘하기<br>·차례상 차리는 법 | 추석빔, 차례상 | 추석·수용공·족용중 |
| 16 | 추석 | 추석에 하는 전통놀이 | ·동화듣기<br>·강강술래 널뛰기 | 전통놀이 | 추석·수용공·족용중 |
| 17 | 추석 | 추석에 먹는 음식 | ·송편 만들기 | 솔잎, 송편 | 추석·수용공·족용중 |
| 18 | 다례 | 전통 다식 | · 다식 만들기<br>·국화차 마시기 | 구사·구용 | 다례·인사해요·색용장 |
| 19 | 다례 | 부모님께 차 드리기 | ·부모님께 차 드리기 | 구사·구용 | 다례·인사해요·입용덕 |

# Ⅳ. 연구 방법

## 1. 유아전통문화교육 통합프로그램의 효과

### 1) 연구 대상

연구의 대상은 경기도 시흥시에 위치한 S유치원 만 5세 유아 52명을 실험 집단으로 선정하여 진행하였다. 통제집단은 A유치원 만 5세 유아 48명을 선정하였다. 두 집단은 만 5세 누리과정 교육을 받는 유아로 가정환경, 경제적 수준, 남녀 구성, 담임교사 학벌 및 연령, 담임교사 자격증 소지 여부, 학부모 교육수준이 모두 비슷한 유아들로 동일한 집단으로 선정하였다. 본 연구의 유아 표집 대상은 <표 Ⅳ-1>과 같다.

<표 Ⅳ-1> 본 연구의 유아 표집 대상

| | 통제집단 | | 실험집단 | | 전체 |
|---|---|---|---|---|---|
| | 하늘반 | 우주반 | 고운반 | 꽃잎반 | |
| 남아<br>반 중 %<br>성별 중 % | 16<br>(61.54)<br>(28.07) | 13<br>(59.09)<br>(22.81) | 14<br>(56.00)<br>(24.56) | 14<br>(51.85)<br>(24.56) | 57<br>(57.00) |
| 여아<br>반 중 %<br>성별 중 % | 10<br>(38.46)<br>(23.26) | 9<br>(40.91)<br>(20.93) | 11<br>(44.00)<br>(25.58) | 13<br>(48.15)<br>(30.23) | 43<br>(43.00) |
| 전체 | 26<br>(26.00) | 22<br>(22.00) | 25<br>(25.00) | 27<br>(27.00) | 100 |

### 2) 연구 도구

#### (1) 전통문화에 대한 인식 및 태도

유아의 전통문화 인식에 대한 검사 도구는 민행란(2001)・김영희(2005)의 도구를 연구자가 수정・보완하였으며 유아의 태도를 알아보기 위한 검사 도구는 안재신・한애향(1999), 정애경(2003)이 수정・보완한 검사 도구를 연구자가 재구성하였다. 검사항목은 주영애(2000)의 연구내용과 『유아예절 지도서(주영애, 1999)』의 예절동요로 구성하였으며 검사도구 문항은 유아의 인식과 태도로 구분하여 인식 영역은 5개 문항으로 구성하였고 태도 영역은 흥미 8문항, 실천 8문항, 관심 8문항, 총 24문항으로 구성하였다. 전통문화에 대한 유아의 인식 및 태도 문항구성과 특성은 <표 Ⅳ-2>와 같다.

<표 Ⅳ-2> 전통문화에 대한 유아의 인식 및 태도 문항 구성

| 문항구성 | | 문항수 | 신뢰도 |
|---|---|---|---|
| 인식 | 알고 있는 정도 | 1 | |
| | 흥미 정도 | 1 | |
| | 능숙 정도 | 1 | |
| | 가정, 유치원에서 생활하고 즐기고 싶은 정도 | 1 | |
| | 다음세대에 전달해주고 싶은 정도 | 1 | |
| 태도 | 흥미 | 8 | .746 |
| | 실천 | 8 | .706 |
| | 관심 | 8 | .639 |

### (2) 정서지능

본 연구에서 유아의 정서지능을 검사하기 위해 Mayer와 Salovery (1990) 등을 토대로 김경희(1998)가 우리의 실정에 맞게 개발한 '교사용 유아정서지능 평정척도'로 유아정서지능 평정척도 하위 요인은 본 연구자가 일부 수정하여 사용하였다. 본 연구의 유아 정서지능 검사의 신뢰도 측정 결과 <표 Ⅳ-3>에서 보듯이 Cronbach's α값이 모두 0.9 이상이므로 각 항목의 내적 일관성 신뢰도가 매우 높은 것으로 나타났다. 유아정서지능에 대한 하위 요인별 문항구성을 제시하면 <표 Ⅳ-3>과 같다.

<표 Ⅳ-3> 유아정서지능 평정척도의 하위요인별 문항 구성

| 하위요인 | 문항수 | 문항번호 | 높은 점수의 의미 | 신뢰도 |
|---|---|---|---|---|
| 자기정서의 이용 | 12 | 18, 19, 22~31 | 자율적이며 성취를 이루기 위해 스스로 동기화하고 인내심을 갖는다. | .964 |
| 타인정서의 인식 및 배려 | 8 | 32~39 | 타인의 정서를 인식하고 그에 따라 배려할 수 있다 | .944 |
| 자기정서의 인식 및 표현 | 10 | 1~10 | 자신의 정서를 인식하고 이를 상황에 맞게 적절히 표현 한다 | .903 |

| | | | | |
|---|---|---|---|---|
| 정서의 조절 및 충동억제 | 10 | 11~17, 20, 21, 48 | 자신의 정서를 조절할 수 있으며, 충동 특히 분노를 억제할 수 있다 | .915 |
| 교사와의 관계 | 5 | 40~44 | 교사와 원만하고 바람직한 관계를 맺는다 | .923 |
| 또래와의 관계 | 5 | 45~47, 49,50 | 또래와 원만하고 바람직한 관계를 맺는다. | .914 |

## 2. 유아전통문화교육 통합프로그램에 대한 학부모의 인식 및 태도

### 1) 연구 대상

실험 집단인 시흥시 S유치원 만 5세 유아 52명의 학부모를 대상으로 설문지를 진행하였다. 다례와 세시풍속을 중심으로 한 유아전통문화교육 통합프로그램 진행 후 유치원에서는 유아들의 활동모습이 담긴 동영상과 사진 등을 카페에 업로드 하였다. 그런 다음 설문지를 각 가정으로 보내어 다시 회수하는 방법으로 질적 연구를 실시하였으며 학부모의 일반적 특성은 <표 Ⅳ-4>와 같다.

<표 Ⅳ-4> 학부모의 일반적 특성

(N=52)

| 변인 | 구분 | N(%) | 변인 | 구분 | N(%) |
|---|---|---|---|---|---|
| 연령 | 20대 | 2 (3.9) | 직업 유무 | 유 | 26(50.0) |
| | 30대 | 32 (61.5) | | 무 | 26(50.0) |
| | 40대 | 18(34.6) | 유아 출생 순위 | 첫째 | 24(46.2) |
| 성별 | 남 | 2(3.9) | | | |
| | 여 | 50(96.1) | | 둘째 | 22(42.3) |
| 학력 | 고졸 | 12(23.0) | | | |
| | 전문대졸 | 22(42.3) | | 셋째 | 5(9.6) |
| | 대졸 | 15(28.9) | | 넷째 | 1(1.9) |
| | 대학원 이상 | 3(5.8) | | | |

### 2) 연구 도구

선행연구인 나문숙(1989)의 '세시풍속에 관한 주부들의 관심도 연구'와 정숙주(2000)의 '세시풍속에 관한 부모와 유아교육현장의 요구분석', 박인선(2012)의 '유아다례교육에 관한 어머니들의 인식과 요구도 조사' 등의 연구를 토대로 전통문화 전공교수와 전통문화 관련 대학원생의 검증을 거쳐 구성하였다. 설문지의 구성내용을 살펴보면 설날, 정월 대보름, 단오, 추석의 4가지 절기와 다례로, 총 5회로 설문지의 문항은 2문항으로 첫 번째는 자녀가 즐거워하고 변화된 점, 두 번째는 학부모가 관심 갖는 부분에 대해 자유롭게 서술하는 방식으로 구성하였다.

# V. 연구 결과

## 1. 유아전통문화교육 통합프로그램의 효과성 분석

### 1) 전통문화에 대한 유아의 인식 및 태도

#### (1) 유아의 인식

유아전통문화교육 통합프로그램이 전통문화에 대한 유아의 인식에 미치는 효과를 검증하기 위해, 실험집단과 통제집단의 사전·사후검사 점수를 비교하고, 효과의 크기를 알아보기 위하여 Cohen's d를 구하였다. 인식에 대한 집단 간 사전·사후 검사 결과는 <표 Ⅴ-1>과 같다.

<표 V-1> 유아의 인식에 대한 집단 간 사전·사후 검사 결과

| 영역 | 집단 | N | 사전 | | 사후 | | 평균 차 | t | d |
|---|---|---|---|---|---|---|---|---|---|
| | | | M | SD | M | SD | | | |
| 인식 | 실험 | 52 | 2.10 | .414 | 4.05 | .868 | 1.95 | 18.86*** | 2.61 |
| | 통제 | 48 | 2.05 | .574 | 2.78 | .944 | .73 | 4.98*** | 0.72 |

*** p<0.001

### (2) 유아의 태도

다례와 세시풍속을 중심으로 한 유아전통문화교육 통합프로그램이 유아의 태도에 미치는 효과를 검증하기 위해 흥미, 실천, 관심의 태도영역 전체에 대한 설문자료의 통계결과를 분석하였다. 그 결과 실험집단과 통제집단 모두 사전보다 사후에서 평균이 증가함을 알 수 있었다. 이에 태도영역에 대한 실험집단과 통제집단의 사전·사후검사 점수를 비교하고, 효과의 크기를 알아보기 위하여 Cohen's d 값을 구하였다. 태도영역에 대한 집단 간 사전·사후 검사 결과는 <표 V-2>와 같다.

<표 V-2> 유아의 태도 영역별 집단 간 사전·사후 검사 결과

| 영역 | 집단 | N | 사전 | | 사후 | | 평균 차 | t | d |
|---|---|---|---|---|---|---|---|---|---|
| | | | M | SD | M | SD | | | |
| 흥미 | 실험 | 52 | 1.74 | .370 | 3.98 | .788 | 2.25 | 18.83*** | 2.61 |
| | 통제 | 48 | 2.02 | .476 | 2.70 | .698 | .68 | 6.16*** | 0.89 |
| 실천 | 실험 | 52 | 1.79 | .385 | 3.94 | .692 | 2.15 | 19.42*** | 2.69 |
| | 통제 | 48 | 2.06 | .458 | 2.80 | .544 | .74 | 7.28*** | 1.05 |
| 관심 | 실험 | 52 | 1.87 | .287 | 3.99 | .689 | 2.12 | 21.53*** | 2.99 |
| | 통제 | 48 | 2.10 | .424 | 2.77 | .543 | 8.01 | 8.01*** | 1.16 |
| 전체 | 실험 | 52 | 1.80 | .290 | 3.97 | .710 | 2.17 | 20.89*** | 2.90 |
| | 통제 | 48 | 2.06 | .397 | 2.76 | .677 | .562 | 7.87*** | 1.14 |

*** p<0.001

## 2) 유아의 정서지능

다례와 세시풍속을 중심으로 한 유아전통문화교육 통합프로그램이 유아의 정서지능에 미치는 효과를 검증하기 위해, 정서지능 하위영역에서 자기정서 이용, 타인정서 인식 및 배려, 자기정서의 인식 및 표현, 정서의 조절 및 충동억제, 교사와의 관계, 또래와의 관계 등 정서지능 하위 영역 전체에 대한 설문자료의 통계결과를 분석하였다. 그 결과 실험집단과 통제집단 모두 사전보다 사후에서 평균이 증가함을 알 수 있다. 이에 정서지능 하위영역 전체에 대한 실험집단과 통제집단의 사전·사후검사 점수를 비교하고, 효과의 크기를 알아보기 위하여 Cohen's d 값을 구하였다. 정서지능 전체에 대한 집단 간 사전·사후 검사 결과는 <표 Ⅴ-3>과 같다.

<표 Ⅴ-3> 유아의 정서지능에 대한 하위영역별 집단 간 사전·사후 검사 결과

| 영역 | 집단 | N | 사전 |  | 사후 |  | 평균 차 | t | d |
|---|---|---|---|---|---|---|---|---|---|
|  |  |  | M | SD | M | SD |  |  |  |
| 자기 정서 이용 | 실험 | 52 | 5.04 | .586 | 6.60 | .325 | 1.56 | 18.82*** | 2.61 |
|  | 통제 | 48 | 4.88 | .816 | 5.10 | .70 | .22 | 1.91 | .275 |
| 타인정서 인식 및 배려 | 실험 | 52 | 2.86 | .552 | 4.41 | .332 | 1.55 | 19.49*** | 2.70 |
|  | 통제 | 48 | 2.90 | .820 | 3.04 | .752 | .13 | 1.15 | .167 |
| 자기정서의 인식 및 표현 | 실험 | 52 | 2.81 | .429 | 4.45 | .343 | 1.64 | 24.9*** | 3.46 |
|  | 통제 | 48 | 2.98 | .699 | 3.10 | .762 | .12 | 1.14 | .164 |
| 정서의 조절 및 충동억제 | 실험 | 52 | 2.78 | .591 | 4.37 | .385 | 1.59 | 19.15*** | 2.66 |
|  | 통제 | 48 | 2.91 | .70 | 2.97 | .71 | .06 | .54 | .078 |
| 교사와의 관계 | 실험 | 52 | 3.07 | .647 | 4.45 | .421 | 1.38 | 15.83*** | 2.20 |
|  | 통제 | 48 | 2.94 | .907 | 3.12 | .885 | .18 | 1.40 | .203 |
| 또래와의 관계 | 실험 | 52 | 2.94 | .492 | 4.42 | .332 | 1.48 | 19.80*** | 2.75 |
|  | 통제 | 48 | 2.92 | .831 | 3.15 | .669 | .23 | 1.81 | .262 |
| 전체 | 실험 | 52 | 3.39 | .486 | 4.94 | .305 | 1.55 | 22.84*** | 3.17 |
|  | 통제 | 48 | 3.40 | .689 | 3.55 | .677 | .15 | 1.56 | .225 |

*** $p<0.001$

### 3) 다례와 세시풍속을 중심으로 한 유아전통문화교육 통합프로그램 실시 후 유아들의 반응 그림 변화

다례와 세시풍속을 중심으로 한 유아전통문화교육 통합프로그램 진행 후 유아들의 반응을 살펴보면 유아들이 언어로 표현하는 것이 한계가 있으므로 생각하고, 느끼고, 재미있었던 활동 등을 그림으로 표현하도록 하였다. 설날, 정월 대보름, 단오, 추석, 다례 프로그램 모두 사전 52부, 사후 52부 진행되어 각각 104부씩 수집되었다. 사후 검사에 긍정적인 변화와 섬세하게 잘 표현하였으며 유아들은 그림을 그리며 수업당시 상황에서의 자기감정을 표현하고 자기 정서를 충분히 나타낸 것을 알 수 있었다. 또한, 사후그림에서는 혼자 있는 그림보다는 친구와 함께하는 그림이 많이 나타난 것을 보아 협동하는 모습, 배려하는 모습 등 정서적 안정감을 느낄 수 있었으며 매우 긍정적인 변화를 느낄 수 있었다. 이처럼 교육을 통해 유아들은 스스로 변화된 자신의 모습을 인식하였고 친구와 협동하는 모습 등 바른 행동을 보여 주었다.

## 2. 유아전통문화교육 통합프로그램에 대한 학부모의 인식 및 태도 분석

유아에게 다례와 세시풍속을 중심으로 한 유아전통문화교육 통합프로그램을 매회 실시할 때마다 활동모습을 유치원 카페에 동영상 및 사진 등을 게시한 후 학부모는 가정에서 동영상을 시청 후에 설문지를 작성하여 다시 유치원으로 보내주었고 회수된 설문지만을 내용 분석하였다. 유아의 활동모습 동영상을 보고, 학부모가 직접

작성한 다례와 세시풍속 설문지는 설날은 35부, 정월 대보름은 19부, 단오는 39부, 추석은 34부, 다례는 32부 회수되었으며, 회수된 설문지를 토대로 분석하였다. 또한, 마지막 19회기 '부모님께 차 드리기' 때는 학부모 참여수업을 실시하여 프로그램을 진행하였으며 설문지를 작성하도록 한 후 그 내용을 분석하였다.

'설날' 하면 떠오르고 관심이 가는 대표적인 것은 한복 입고 세배하는 것임을 알 수 있었다. 설날 프로그램 진행 후 학부모로부터 회수된 설문지 35부 전반에서 학부모 스스로도 정확히 모르고 있는 설날에 관한 부분에 대해 공수하고 바르게 세배하는 모습과 설날의 의미에 대해 설명하는 모습을 볼 때 유아전통문화교육 통합프로그램은 앞으로도 꼭 필요한 교육이라고 인식하고 있었다. '정월 대보름' 하면 떠오르고 관심이 가는 대표적인 것은 정월 대보름에 먹는 약식, 오곡밥, 나물 등 전통음식임을 알 수 있었다. 정월 대보름 프로그램 진행 후 학부모로부터 회수된 설문지 19부의 내용에서 학부모들은 부럼을 먹는 이유와 친구들과 협동하며 정정당당하게 전통놀이 하는 모습에서 컴퓨터에 익숙한 유아들이 마음껏 뛰어 놀며 신나게 전통놀이를 즐기는 것을 보니 학부모들도 어린 시절로 돌아간 것 같다고 하였다. 학부모들도 어릴 때 친구들과 함께 즐겼던 전통놀이가 마음속에 행복한 추억으로 남아 있는데 지금의 내 아이도 마음속에 행복한 추억으로 자리 잡을 것 같다며 전통문화는 모든 세대가 함께하고 공유할 수 있다고 인식하고 있었다. 또한 '단오' 하면 떠오르고 관심이 가는 대표적인 것은 화전, 수리취떡 등 단오에 먹는 전통음식임을 알 수 있었다. 단오 프로그램 진행 후 학부모로부터 회수된 설문지 39부의 내용을 살펴보면 학부모 자신도 생소하고

낯선 단오에 무엇을 내 아이에게 알려주어야 할 지 모르는데 유치원에서 3일에 걸쳐 체계적으로 유아들이 몸으로 느끼며 활동하는 모습을 보니 감사한 마음이라고 하였다. 또한, 창포에 머리감기, 샅바를 메고 하는 씨름 등 아이에게 잊지 못할 전통문화체험이 된 것 같다고 하였다. 점차 사라져가는 우리의 소중한 문화가 안타깝다고 인식하고 있었다. '추석' 하면 떠오르고 관심이 가는 대표적인 것은 송편, 토란국, 차례음식 등 전통음식임을 알 수 있었다. 추석 프로그램 진행 후 학부모로부터 회수된 설문지 34부의 내용을 살펴보면 추석에는 송편을 만드는 것이라며 송편을 만들자고 하여 가족 모두 둘러앉아 송편을 만들었다고 하셨으며 '보름달이 뜨는 것 보러 가요' 하며 달을 보며 두 손을 모으고 가족의 건강을 비는 자녀의 모습이 대견하고 흐뭇했다고 하였다. 유치원에서 배운 전통문화교육 덕분에 다시 한 번 가족의 화합과 소중함을 느꼈으며 차례 지낼 때 '엄마! 사과자리는 여기야' 하는 모습에 놀라움을 느꼈다고 하였으며, 서양의 것이 아무리 좋아도 우리의 문화를 지키고 계승해야 한다고 인식하고 있었다. 마지막으로 '다례' 하면 떠오르고 관심이 가는 대표적인 것은 예절과 정서적 안정임을 알 수 있었다. 다례 프로그램은 학부모와 함께하는 참여수업 형식으로 진행하였다. 학부모로부터 회수된 설문지 32부의 내용에서 학부모들은 차를 통해 예절을 배우고 공손하게 어른께 대접하는 모습을 보니 '떼쓰고 심술부리며 장난치던 내 아이 맞나? …' 하는 생각을 했다고 하였다. 또한 다례를 배운 날은 집에 있는 찻잔을 모두 꺼내어 받침을 받친 후 할아버지, 할머니께 차를 대접한다며 차를 마시면서 내 아이에게 예절과 법도를 배운다고 흐뭇해 하셨다.

이상과 같이 회수한 설문지의 내용을 정리하면 학부모들은 소중한 우리의 문화를 다음 세대까지 계승되어지길 바라고 있었으며 그 어떤 서양의 문화보다 우리의 문화가 더 가치 있다고 느끼고 있었다. 이번을 계기로 조상들의 지혜와 얼을 느낄 수 있는 유아전통문화교육 통합프로그램이 더욱 활성화되고 확대되길 기대하고 있었다.

## Ⅵ. 결론 및 제언

### 1. 결론

본 연구에서는 교사들의 유아전통문화교육에 대한 인식 및 태도를 예비 연구로 실시한 후 다례와 세시풍속을 중심으로 한 유아전통문화교육 통합프로그램을 개발하여 유아의 인식 및 태도의 변화와 유아 정서지능에 미치는 영향, 학부모의 유아전통문화교육 통합프로그램에 대한 인식 및 태도 등에 대해 그 효과를 검증하였다. 또한 본 프로그램은 국가 수준의 '5세 누리과정' 기준에 맞춰 구성되었으며, 유아전통문화교육 내용을 반영하였으며 프로그램을 유아가 친근하게 느끼고 쉽게 받아들이게 하기 위해 유아에게 적합한 전통문화교육 활동으로 다례와 세시풍속에 관한 예절창작 동요곡(주영애, 2000)과 『유아예절지도서(1999)』에 수록된 바른 몸가짐(구용, 九容)에 관한 예절창작 동요곡을 첨부하여 진행하였다.

먼저, 어린이집과 유치원 교사들을 대상으로 실시한 예비 연구 결과를 요약하면 다음과 같다. 첫째, 교사들은 유아전통문화에 대한 교육의 확대, 관심과 필요성에 대해 깊이 공감하고 있었으며 우리의 전통문화를 유아에게 실천해야 하는 중요하고 의미 있는 교육으로 인식하고 있었다. 또한 유아교육현장에서 전통문화교육을 실시할 수 있도록 체계적인 교사연수의 필요성을 느끼는 것으로 나타났다. 그러므로 전통문화교육에 대한 교사들의 연수의 기회가 적극적이고 활발하게 이루어져야 할 것으로 사료되며, 교사들의 승급교육이나 보수교육 시에 체계적인 전통문화교육이 다양한 방법으로 마련되어 실시된다면 교사들은 유아교육현장에서 전통문화교육을 실시하는데 어려움이 해소될 것이다. 둘째, 교사들은 유아수준에 맞는 교재・교구의 부족과 교수방법을 잘 몰라서 유아들에게 전통문화를 가르치기가 어렵다고 언급하였다. 또한 각 활동 간의 통합이 다양한 교육내용과 포괄적인 방법으로 활성화되기를 원하고 있었다. 그러므로 유아들이 흥미롭게 전통문화교육 활동을 경험하기 위해서는 각 영역의 다양한 교수-학습 방법이 개발되어 누리과정 전반에서 전통문화교육 활동을 활성화하여 통합적으로 이루어져야 할 것이다. 또한 프뢰벨, 몬테소리 등 외국의 교재・교구에 익숙한 우리 유아들에게 발달수준에 맞는 전통문화와 관련된 교재・교구의 마련을 위해 누리과정에 맞춘 연령별, 영역별 시청각 매체뿐 아니라 직접 만지고 느낄 수 있는 교재・교구의 개발이 시급하다고 여겨진다. 그러기 위해서는 전통문화에 관심 있는 지역 분들과 교사들이 전통문화 관련 자료를 수집하고 발굴하여 정기적인 모임을 통해 다양한 교재・교구를 연구하고 개발하는 것도 바람직하리라 본다. 셋째, 교사들은 유아들이 체험할 수 있는 체험도구 및 문화 체험장에 대하여 요구하고 있었으며, 현장학습, 견학 등 문화체험 연수프로그램을 원하고 있었다. 또한 교사들은 다례와 세시풍속 교육을 더욱 다양하게 경험하고 체험할 수 있는 전문적인 강사가 지도하는 것이 바람직하다고 하였다, 전통문화교육 강사양성을 위해서는 보육교사 및 유아교사 양성교육원 등에서 정규과정의 전통문화교육 교과목 편성이 필요하다고 보인다.

다례와 세시풍속을 중심으로 한 유아전통문화교육 통합프로그램의 효과성을 검증한 연구결과를 요약하면 다음과 같다.

첫째, '연구문제 1'의 유아전통문화교육 통합프로그램이 전통문화에 대한 유아의 인식 및 태도에 어떠한 영향을 미치는지 알아본 결과, 통제집단에 비해 실험집단의 사후 점수에서 전체적으로 효과가 큰 것으로 나타났다. 그러므로 유아전통문화교육 통합프로그램이 유아의 인식 및 태도에 긍정적인 영향을 미친 것을 알 수 있다. 유아들은 전통문화교육 통합프로그램 활동을 통해 우리 선조들의 삶을 이해하고 우리의 풍습을 몸으로 체험하고 경험하며 적극적으로 실천하였음을 알 수 있다. 현대를 살아가는 유아들이 전통문화에 대하여 지속적으로 적극적이며 긍정적인 인식을 갖고 성장하기 위해서는 다양한 방법으로 전통문화교육을 재창조하는 작업이 필요하다고 할 수 있다. 유아들은 다례와 세시풍속을 중심으로 한 유아전통문화교육 통합프로그램이 전통문화에 대한 태도에서 흥미, 실천, 관심영역의 효과를 증진시키는데 긍정적인 영향을 미치고 있음을 확인할 수 있다. 그러므로 유아의 전통문화에 대한 태도를 높이기 위해서는 유아기 때부터 우리의 정체성과 자긍심을 높일 수 있는 전통문화교육 통합프로그램이 필요하다고 여겨진다.

둘째, '연구문제 2'의 다례와 세시풍속을 중심으로 한 유아전통문화교육 통합프로그램이 유아의 정서지능에 어떠한 영향을 미치는지 알아본 결과 통제집단에 비해 실험집단의 사후 검사에서 전체적으로 프로그램의 효과가 큰 것으로 나타났다. 정서지능 6개 하위영역 '자기정서의 이용', '타인정서의 인식 및 배려', '자기정서의 인식 및 표현', '정서의 조절 및 충동억제', '교사와의 관계', '또래와의 관계'에 대한 실험집단과 통제집단을 비교한 결과 더 큰 효과를 보였다. 이러한 결과는 다례와 세시풍속을 중심으로 한 유아전통문화교육 통합프로그램이 유아의 정서지능을 증진시키는데 긍정적인 영향을 미친다는 것을 의미한다. 이는 다례와 세시풍속을 중심으로 한 유아전통문화교육 통합프로그램 활동을 경험한 유아들은 자신과 타인의 정서를 인식하고 배려하며 스스로의 정서를 조절할 수 있게 되어 자연스럽게 정서적 안정감을 향상시킬 수 있다는 선행연구(김종희, 2004; 고현주, 2006; 신명신, 2008; 임영희, 2009; 김선아, 2010; 서정분, 2012)와 일치함을 알 수 있다.

셋째, '연구문제 3'의 다례와 세시풍속을 중심으로 한 유아전통문화교육 통합프로그램이 학부모의 인식 및 태도에 어떠한 영향을 미치는지 질적 분석하여 본 결과 통합프로그램 진행 후 전통문화를 받아들이는 학부모의 인식 및 태도가 긍정적으로 변화된 것을 알 수 있었다. 설날, 정월 대보름, 단오, 추석, 다례 프로그램 동영상을 학부모가 시청한 후 내 아이가 통합프로그램 진행 후 변화 또는 관심을 갖거나 즐거워한 1순위로 설날의 경우는 설날의 의미 및 세배를, 정월 대보름의 경우는 줄다리기를, 단오의 경우는 씨름을, 추석의 경우는 널뛰기를, 다례의 경우는 차 마시는 것으로 나타나 유아들이 세시풍속마다 진행된 전통놀이를 가장 즐거워하는 것을 알 수 있었고 학부모는 전통놀이 속에서 아이들이 씨름하는 방법이나 차례 상차리는 법을 설명하는 것을 보며 대견해하고 놀라워했으며 절하는 모습, 동생 챙기는 마음이나 차분해진 모습이 변화되었다고 느끼고 있었다. 유아들의 활동모습을 보며 학부모들은 우리의 정서를 되찾는 계기가 되었으며 한국인으로서의 긍지를 느낄 수 있었다고 하였다. 또한 설날프로그램 중에서는 한복입고 세배하는 법, 정월 대보름, 단오, 추석프로그램 중에서는 전통음식수업에 학부모의 관심이 가장 큰 것으로 나타났다. 다례 프로그램을 통해 유아의 예절바른 행동, 정서적 안정 등의 태도변화에 긍정적인 반응을 보였다.

본 연구를 통해 학부모들은 다례와 세시풍속 중심의 전통문화교육에 관심을 갖고 있었으며, 앞으로 우리의 미풍양속인 다례와 세시풍속을 지키고 실행해야 할 것이라고 인식하고 있음을 알 수 있었다.

이상으로 다례와 세시풍속을 중심으로 한 유아전통문화교육 통합프로그램은 전통문화에 대한 자긍심과 정체성을 높이고 정서지능을 함양할 수 있는 긍정적이고 바람직한 프로그램이라 사료될 뿐만 아니라, 유아교육기관에서도 적용하기 쉽고 활용하기 쉬운 체험프로그램이라 여겨지며 본 프로그램의 활용을 통해 유아전통문화교육의 기틀을 마련할 수 있을 것으로 기대한다. 또한, 학부모들에게도 조상의 슬기와 지혜를 배울 수 있게 하며, 세계 속의 한국인으로서의 정체감을 형성하고 전통문화에 대한 관심과 중요성 등을 새롭게 인식하도록 도울 뿐만 아니라 적절한 계승방법을 모색하는 데에도 중요한 자료가 되리라 여겨진다.

## 2. 제언

이상과 같은 결론을 토대로 후속연구를 위한 제언을 덧붙인다면 다음과 같다.

첫째, 본 연구에서 표집대상을 시흥시에 있는 유치원으로 한정하였기 때문에 일반화되기에는 한계점이 있으므로 연구대상지역을 폭넓게 확대하여 실시한다면 보다 효과적이고 일반화된 결과를 얻을 수 있는 심층적인 연구가 될 수 있을 것이다.

둘째, 본 프로그램은 만 5세 유아만을 대상으로 실시하였으므로 교육활동의 난이도와 교수-학습 방법의 측면을 고려할 때 만 3세, 만 4세에게 적용하기에 한계가 있다. 유아전통문화교육 통합프로그램은 유아기 전 연령에 걸쳐 주기적이며 반복적으로 실행되어야 하므로 누리과정이 적용되는 만 3세, 만 4세의 발달을 고려하여 실시될 수 있는 통합프로그램도 구안되어야 할 것이다.

셋째, 연중 다양한 세시풍속이 있음에도 불구하고 본 연구에서는 4개의 절기로 한정하여 통합프로그램이 구안되었으므로 그 의의를 포함한 통합프로그램을 구안하여 전통문화교육이 실시된다면 전통문화에 대한 폭넓은 이해를 도울 수 있을 것이다.

넷째, 본 프로그램은 유아에게만 실시하였지만 가정과 지역사회가 연계한 전통문화교육 통합프로그램을 진행한다면 유아뿐 아니라 학부모들까지 우리 문화에 대한 자부심과 긍지를 느끼기에 충분하다고 사료된다.

다섯째, 21세기라는 지구의 공동체에서 살아갈 우리의 유아들에게 과거의 것이 아닌 미래사회에 더욱 필요한 교육활동으로 다양한 방법의 유아전통문화교육 통합프로그램이 모색되어야 할 것이며, 우리 문화를 보존하고 계승하기 위한 노력이 계속 이루어져야 할 것으로 본다.

여섯째, 우리나라는 다문화 가정이 급속도로 증가하고 있으므로 그들을 위한 체계적인 프로그램이 지속적으로 강구되어야 할 필요가 있다. 이에 일 년을 주기로 반복적으로 진행되는 다례와 세시풍속 중심의 전통문화교육 통합프로그램을 확산시켜 다문화가정의 상황과 수준에 맞는 프로그램 연구가 요구된다.

일곱째, 보육교사 및 유아교사 양성과정과 각 지역의 평생학습센타 교육원 등에서 정규과정으로 전통문화교육을 교과목으로 편성한다면, 전통문화에 대한 관심이 높아질 것이며 일반인들도 전통문화교육을 쉽게 받아들일 수 있을 뿐 아니라 유아, 청소년, 성인에 이르기까지 각 단계에 적합한 전통문화교육 프로그램 개발이 시급하다.

# <참고문헌>


곽윤정(2004). 「정서지능 프로그램 모형 개발 연구」. 서울대학교 대학원 박사학위 논문. 교육과학기술부·보건복지부(2012). 5세 누리과정 해설서.

김경희(1998). 「교사용 유아 정서지능 평정척도 개발에 관한 연구」. 연세대학교 대학원 박사학위 논문.

김선주(2014). 「보육교사의 표정언어와 대인관계 문제의 상관관계 연구 : 원장, 학부모, 동료 교사, 영유아와의 관계를 중심으로」. 성신여자대학교 대학원 박사학위논문.

김정신·조희진·정해은(2005). 「유아 차·예절교육 프로그램에 관한 연구」. 여성교양학회지, 14, 235-269.

김종희(2004). 「다도교육이 유아의 정서지능에 미치는 효과」. 성신여자대학교 문화산업대학원 석사학위논문.

김혜진(2005). 「유아교사양성대학의 전통문화교육 교과 현황 및 현직 교사의 활용실태분석」. 서울여자대학교 대학원 석사학위논문.

박선해(2001). 「보육교사의 세시풍속에 대한 이해와 현장적용에 관한 연구」. 영유아보육연구, 제 6권, 111-125.

박은경(2012). 「어린이집에서의 세시풍속 교육에 관한 교사의 인식 및 운영실태」. 인천대학교 교육대학원 석사학위논문.

박인선(2012). 「유아 다례 교육에 관한 어머니들의 인식과 요구도 조사」. 성신여자대학교 문화산업대학원 석사학위논문.

박애자(2008). 「유아를 위한 통합적 다도활동 프로그램의 개발 및 효과」. 원광대학교 대학원 한국문화학과 박사학위논문.

박찬옥·김진희·이경진(2013). 「누리과정 교사용 지도서 전통문화내용분석」. 유아교육학론집, 17(5), 441-464.

배은진(2012). 「유아교육기관에서의 세시풍속 프로그램 운영에 관한 인식 및 실제 연구」. 부산대학교 교육대학원 석사학위논문.

서선옥(2008). 「유치원 교사의 전통문화 교육 실태 및 인식에 관한 연구」. 군산대학교 교육대학원 석사학위논문.

서영숙·고민경(2004). 「유치원의 전통문화교육 실태와 활성화 방안 연구」. 유아교육보육행정연구, 8(2), 201-236.

서은주(2008). 「유아인성 교육을 위한 다례 교육 프로그램 개발에 관한 연구」. 성신여자대학교대학원 가족문화소비자학과 박사학위논문.

서윤희 · 변선주 · 최기영(2010). 「유치원 교육 활동지도서에 나타난 전통문화 교육 관련 활동분석」. 열린 유아 교육 연구, 제4집, 129-149.
안혜숙 · 주영애 · 김인옥(2002). 『한국가정의 의례와 세시풍속』. 신정.
오경주(2005). 「유아다례교육 프로그램이 유아의 사회 · 정서 발달에 미치는 영향」. 진주대학교 벤처경영대학원 석사학위논문.
임희영(2009). 「다도교육이 유아의 정서 · 행동 · 사회관계에 미치는 효과」. 성균관대학교 생활과학대학원 석사학위논문.
이기현(2002). 「유아교육과 전통문화교육」. 유아교육, 11(1), 79-92.
이길표, 주영애(1999). 『전통가정 생활 문화 연구』. 신광출판사.
이경자(2013). 「누리과정에 기초한 전통문화교사교육 프로그램개발」. 가천대학교 대학원 박사학위논문.
이경란(2011). 「영유아 다도 · 예절 프로그램 개발연구 : 표준보육과정을 중심으로」. 원광대학교 동양학대학원 석사학위논문.
이연정(2004). 「유아다도교육 프로그램의 개발연구」. 성신여자대학교 문화산업대학원, 석사학위 논문.
_______ · 이영애 · 이경미 · 박희숙(2003). 「전통문화교육에 대한 유아교사의 인식과 실태조사」. 한국 영유아보육학, 제 20집.
임재택 · 심미영 · 조순영(1999). 「유아교육기관에서의 세시풍속 적용사례와 교육적 가치」. 영유아 보육연구, 제5집, 51-68.
_______ · 하정연 · 노진영 · 이숙희 · 김정미(2001). 『선생님! 세시풍속이 뭐예요?』. 양서원.
전경화(2002). 「의미탐색 전통문화교육과 유아의 국가 정체성 형성」. 중앙대학교 대학원 박사학위논문.
정숙주(2000). 「세시풍속교육에 관한 부모와 유아교육 현장의 요구분석」. 한국교원대학교 교육대학원 석사학위논문.
주영애(2000). 「구용을 중심으로 한 어린이 예절교육 프로그램 모형개발」. 여주대학 논문집, 8(2), 411-430.
______(2001). 「유아를 위한 다례교육 프로그램 모형 개발」. 여주대학논문집, 9(1).
______(2012). 「전통생활 문화교육에 대한 인식과 실행 : 보육현장의 세시풍속 교육을 중심으로」. 한국가정관리학회지, 30(3), 193-207.
______ · 김선주(2003). 「우리나라 세시풍속과 관련된 유아교육 프로그램 모형, 설/대보름/단오/추석을 중심으로」. 한국전통생활문화학회지, 6(1),

83-100.
최기영(2014).「3, 4, 5세 연령별 누리과정 교사용 지도서의 전통문화교육 관련활동 분석 연구」. 열린 유아교육연구, 제5권, 589-610.
최은미 · 이승원 · 이선이(2005).「유치원 교육 과정에 따른 전통문화교육 프로그램 개발」. 미래유아교육학회지, 14(4), 281-317.
하정연(2004).「유아교육기관에서의 세시풍속 프로그램 실천에 관한 문화 기술적 탐구」. 열린 유아교육연구, 9(4), 239-260.
홍지영(2010).「전통문화에 기초한 유아 환경교육 프로그램 개발 및 효과」. 전남대학교 대학원 박사학위논문.

07

CHAPTER

# 생활문화콘텐츠의 개발과 응용

# 한국생활문화자원과 문화관광콘텐츠*

홍영윤

## Ⅰ. 서론

문화체육관광부에서는 2016~2018년 '한국 방문의 해'를 맞이하여 외국인 관광객 2,000만 명 시대의 관광 비전을 펼쳐갈 계획이다. 외국인의 한국방문이 증가한 원인은 한국 드라마, K-POP 등 한류로 인한 한국문화 확산의 영향이 가장 크다. 그러나 한국방문 관광시장은 한류의 영향으로 앞으로도 당분간은 지속될 전망이지만 외국인의 한국방문을 유도하기 위한 새로운 방안을 찾는 노력은 아직까지 미진하다. 한국을 찾는 외국인 방문객은 해마다 늘고 있는 추세이긴 하지만 만족도, 재방문율, 추천의향이 떨어지는(팽수·남문희·정강환, 2016) 심각한 문제에 당면하고 있다. 이러한 한계점을 극복하고 계절적 성수기와 일부 지역에 한정된 방문객을 전국 각지로 분산시

* 본 논문은 2017년 성신여자대학교 일반대학원 박사학위논문인 "외국인의 한국생활문화 친숙도와 방문행동의도의 관계 : 생활문화자원을 중심으로"의 일부임.

키고 연중 내내 방문할 수 있도록 하기 위해서는 가장 한국생활문화적인 콘텐츠로 접근해야 할 필요성이 제기된다.

관광 개발에 있어 문화와 교류, 체험과 감성 등이 중요해짐에 따라 소프트 콘텐츠 중심으로의 패러다임 전환이 더 강조되고 있으며 특히 생활문화는 일상 생활양식이나 가치체계 등에 기반한 하나의 유형·무형의 문화유형으로, 과거와 현대의 가치, 지역과 사회의 가치가 융합되어 있어 관광산업에 창조적으로 활용할 수 있는 잠재력이 상당히 크다(최경은, 2013). 일본에서는 문화관광에서 의미 있는 변화로 각 지역의 생활문화, 특히 지역주민들에게는 너무나 일상적인 일이나 행사 등이 새롭게 부각되며 관광자원으로 변하고 있다. 즉 '유적중심에서 생활문화로', '구경에서 체험으로'의 일련의 표현과 구호로 정의할 수 있다(권숙인, 2003). 이제는 지역의 다양성을 살리는 '지역다움'의 가치에 주목해야 할 때이다. 한국 각 지역의 다양한 생활문화는 기존의 대중관광과 차별화되며, 외국인 방문객에게 한국의 고유한 가치를 높일 수 있는 자원으로 발굴될 수 있을 것이다. 이러한 생활문화자원은 사회문화적이며 경제적 지속가능한 요소를 지니고 있으므로 외국인 방문객들의 니즈를 충족시킬 수 있는 방법으로 자원을 개발, 관리해야 할 것이다.

그동안 외국인의 한국방문에 관한 연구는 다양하게 연구가 되어져 왔으나 한국생활문화를 외국인 방문객 유치를 위한 자원으로 활용하는 연구는 매우 미흡하다. 이에 본 연구에서는 생활문화를 새로운 외국인 방문객 유치에 활용할 수 있는 문화관광콘텐츠로서 한국생활문화자원이 활용될 수 있는 선제적 연구가 될 것으로 생각되었다. 이를 통해 문화관광콘텐츠로서 한국생활문화자원을 활용하는 데에 유용한 자료를 제공하고자 한다.

## II. 생활문화자원과 문화관광콘텐츠

### 1. 생활문화자원

생활문화란 일상생활에서 공통적으로 발견되는 사회구성원들의 사고방식과 행동양식이며 한 사회가 공유하는 상징과 가치체계, 세대를 통해 계승되는 일상적인 생활양식이다(옥선화・진미정, 2011). 생활문화는 각 요소들이 끊임없이 상호작용하면서 하나의 문화체계를 형성하고 생성과 변화와 소멸을 거듭하며, 항시 새로운 시대에 살고 있고 새로운 사회문화적인 상황을 접하고 있으므로 정체적인 것이 아니라 항상 변화는 것이라 할 수 있다(박부진, 2010).

생활문화자원은 개념적 특성상 대상이 광범위하여 생활문화자원의 범위를 분류학적인 원칙에 입각하여 명확하게 설정하기는 어려우나(최경은, 2013) 본 연구에서는 생활문화 영역(송정애 외, 2009; 이윤정, 2013)과 문화관광자원 분류(이무용, 2004)의 선행연구들을 토대로 생활문화자원을 의식주(衣食住), 여가(餘暇), 전통(傳統)으로 분류하였으며, 한 지역의 문화를 가장 가깝게 느낄 수 있는 일반인들의 살아가는 모습, 생활상을 체험하는 것으로 활용될 수 있는 자원으로 정의하였다.

생활문화에 포함되는 영역의 범위를 분류하는 것은 연구자마다 다양하게 구분하고 있다. 송정애 외(2009)는 가정생활을 기준으로 생활문화를 의생활, 식생활, 주거생활, 여가생활로 분류하였다. 관광자원 분류에 있어서 이무용(2004)은 문화관광자원을 자연생태, 역사전통, 문화예술, 생활문화, 산업경제자원으로 분류하였다. 자연생태

자원은 동식물 자원의 관람과 체험프로그램을 포함하며, 역사전통자원은 전통놀이, 전통음식, 전통의복, 전통건축, 전통음악, 전통무용, 전통마을, 전통문화, 세시풍속, 전통문화 체험프로그램으로 구분하였다. 문화예술자원으로는 공연, 전시, 영화 등이 포함되며, 산업경제자원으로는 놀이시설, 상업시설, 전시시설, 공연시설 등으로 구분하였다. 생활문화자원은 일상문화인 먹거리, 살거리, 놀거리, 즐길거리, 쉴거리, 잘거리로 구분하였다.

<표 1> 생활문화의 영역

| 연구자 | 영 역 | 분류기준 |
|---|---|---|
| 박영순 (2003) | 의식주 생활, 여가생활 | 문화교육 |
| 김수현 (2006) | 의식주, 예절, 여가생활 | 문화교육 |
| 김양희 (2007) | 의생활, 식생활, 주생활, 교통, 지리, 관광 | 문화유형 |
| 송정애 외 (2009) | 의생활, 식생활, 주거생활, 여가생활 | 가정생활 |
| 유가(2011) | 의식주 생활, 여가생활, 생활규범, 생활태도 | 문화유형 |
| 이윤정 (2013) | 의식주 생활, 여가생활, 의례 등 | 문화교육 |

## 2. 문화관광콘텐츠

한국관광공사는 문화관광의 정의로 문화적 동기를 가지고 전통과 현대의 다양한 문화를 적극적으로 체험하는 SIT(Special Interest Travel)의 일종이며, 문화관광자원을 유적관광, 예술관광, 교육관광, 종족생활체험관광으로 분류하고 있다. 세계관광기구에 따르면 협의로서의 문화관광은 본질적인 문화적 동기에 따른 인간들의 이동인 것이고 광의로서는 개인의 문화수준 향상 및 다양한 새로운 정보와 욕구를 충족하기 위한 문화적 자원으로의 이동으로 정의한다(강현철 · 류성진, 2014). 문화관광은 다른 관광의 형태와는 다르게 문화자원을 소비하는 목적으로 하는 관광형태이나, 그 개념이나 범위가 불명확하다. 문화관광은 단지 지역의 유물, 유적 등에 대한 관심으로만 봐서는 안 되고, 소비자가 다른 문화를 체험함으로써 그 지역의 가치관이나 사상을 이해하게 되고, 생산자의 시각에서는 지역 문화자원을 관광으로 전환시킴으로써 지역경제와 문화의 활성화를 지향할 수 있는 포괄적인 개념으로 보아야 한다(강현철 · 류성진, 2014).

<표 2> 문화관광의 정의

| 광의의 문화관광 | 협의의 문화관광 |
|---|---|
| · 문화적인 성향의 모든 관광(cultural tourism): 자아실현 욕구 등 내적동기의 충족을 포함한 문화성향<br>· 일상의 주거지를 떠나 문화적 욕구를 충족시키기 위해 새로운 정보와 경험을 얻기 위해 문화적 자원으로 이동하는 행위 | · 문화대상 자체의 관광행위(tourism of culture): 박물관, 유적지 등 명백한 문화자원을 대상으로 하는 목적형<br>· 일상의 주거지를 떠나 유산 지역, 예술 · 문화물, 예술품과 드라마와 같은 특수 문화자원으로의 모든 이동행위 |

출처: 강현철 · 류성진(2014). 문화관광콘텐츠산업 분야의 글로벌 법제전략 연구. 한국법제연구원.

그동안의 관광은 주로 전통문화에 초점을 두고 문화재나 박물관 등 역사유적을 소재로 한 관광에 한정되어 온 경향을 보여 왔으나, 최근 전 세계적으로 문화관광의 잠재성에 주목하여 그 대상 범위가 현대의 생활문화에 예술을 포괄하는 보다 다양한 문화자원을 소재로 한 관광으로 확대되고 있다(이원희 · 김성진, 2012). 즉 문화관광의 대상이 유적지와 기념물을 찾아가는 것에서 한 지역의 문화를 가장 가깝게 느낄 수 있는 것은 일반인들의 살아가는 모습, 생활상을 접해보는 것으로 확대되고 있다. 이러한 생활문화자원에 기반한 관광은 '체험'과 '교류'를 중심으로 전개되어 지역경제와 지역사회 활성화에 크게 기여할 수 있다(최경은, 2013). 따라서 생활문화는 전통과 현대의 가치, 지역과 사회의 가치가 융합되어 있으며 지역의 일상 생활문화를 토대로 다양한 콘텐츠를 창출할 수 있으므로 핵심적 관광 융합 대상으로서 생활문화자원의 중요성에 대해 주목해야 한다. 생활문화가 한국의 콘텐츠로 활용될 수 있는 잠재력이 상당히 큼에도 불구하고 문화유산, 생태관광이나 대중문화에 비해 상대적으로 소홀히 다루어져 왔다. 관광의 대상이 유적지와 지역관광 중심에서 그 지역의 일반적인 생활양식으로 확대되고 있으므로, 생활문화자원의 가치를 재조명하고 창조적으로 활용하여 지역밀착형 관광을 활성화하기 위한 방안을 모색하는 것이 중요하며, 또한 지역자원을 활용하기 위해서도 '생활문화'가 핵심이 되어야 한다.

## Ⅲ. 생활문화자원의 문화관광적 요소

### 1. 의식주

의(衣)식(食)주(住)는 한 시대의 사회와 문화·정치·경제적 상황을 나타내며, 소비자가 사회와 소통하는 가장 일반적인 문화양식이다. 한 문화권에서 다른 문화권으로 확산되는 '문화의 전파'는 의식주 등과 같은 생활문화가 쉽고 빠르게 확산되므로 한국의 패션이 글로벌 소비자들에게 확산되고 있다는 것은 한국인의 정서와 생활양식이 집약된 상징들을 드라마나 음악 등을 매개로 세계인과 공감하기 시작하였다는 의미를 지닌다(이윤경, 2014).

한국 드라마의 인기로 드라마 속 패션과 한류 스타들의 옷차림에 대한 인기가 높아지면서 한국 패션 브랜드에 대한 관심도 높아지고 있다. 외국 방문객들은 한국 방문 시 한국의 의류와 뷰티 등의 패션 제품 중심으로 소비하는 경향이 있으며 'K-패션'의 주요 소비자이다. 또한 K-패션을 판매하는 쇼핑몰은 중국과 일본은 물론 미국, 유럽, 러시아까지도 그 범위를 확대하고 있다.

국제무역연구원(2011)에 따르면 한류를 접한 뒤 한국 상품을 구입한 경험이 있는 소비자들을 대상으로 한 설문조사에서 한류로 인한 호감도가 구매까지 이어진 품목 중 화장품, 의류, 액세서리 등 한국 패션과 관련된 제품을 구매했다는 응답의 합이 49.4%로 가장 높았다. 또한 대한상공회의소의 쇼핑현황 실태조사(2014)에 의하면 한국 관광을 마치고 출국하는 중국인 150명, 일본인 150명을 대상으로 실시한 쇼핑현황 실태조사에서도 중국인들은 화장품 쇼핑을 가장 선호하고 일본인들은 의류 쇼핑을 가장 선호한다는 조사 결과가 나왔다. 홍콩, 싱가포르와 같은 국가적 쇼핑축제가 생기면 한국을 재방문할 의향으로는 중국인 관광객의 90.7%, 일본인 관광객의 66.7%가 '그렇다'라고 답했다. 이렇듯 의식주는 외국인의 한국 방문 활성화에 도움을 줄 것으로 기대되는 것으로 나타났다.

식(食)관광은 방문 지역에서 생산되고 판매되는 음식을 경험함으로써 방문지역의 독특하고 차별화된 문화를 체험하는 것으로 공간의 제약 없이 음식과 관련된 모든 서비스 상품까지 다양한 체험상품 개발이 가능하다. 또한 계절이나 지역에 따라 늘 새롭게 변화하는 특성을 가지고 있어 지속가능한 관광자원이라 할 수 있다. 이러한 식(食)자원이 상품으로서 갖는 매력성과 차별성은 지역의 고유한 문화와 역사가 담겨 있으므로 단연 차별화된 관광자원이라 할 수 있다. 또한 한식은 한국을 가장 쉽고 친근하게 접할 수 있는 대표적인 문화자원의 역할을 할 수도 있다. 특히 한식은 세계적인 트렌드인 건강 음식으로 높은 가치를 지니고 있으며 또한 각 지역마다 보유하고 있는 독특하고 차별성 있는 자원이기 때문에 음식을 통해 지역경제 활성화도 기대할 수 있다. 또한 식(食)관광은 다른 관광 상품과는 달리 만족도 및 재방문 비율이 높은 매력적인 관광자원이기도 하다. 2014년 외래 관광객 실태조사에서도 이를 확인할 수 있다. 조사에 따르면 한국 선택 고려요인으로 쇼핑이 61.0%로 가장 높았고, 음식·미식 탐방이 41.3%로 뒤를 이었다. 이는 외국인 관광객들이 음식에 대한 관심도가 높다는 분석이며, 또한 한국 방문 횟수별로 보아도 '음식/미식 탐방'이 방한횟수 4회 이상(58.6%)에서 상대적으로 높은 것으로 나타났다. 한식은 의식주 중 세계적으로 내놓을 수 있으며 역사성 및 다른 요리와 차별화된 우수성을 가지고 있어 세계화의 충분한 잠재력과 가능성을 보유(신봉규, 2011)하고 있으며, 음식은 관광객들의 기본적 욕구를 충족시키며 새로운 문화를 경험하고 싶어하는 내재된 관광동기를 만족시키는데 큰 역할을 한다고 볼 수 있다(이규민·이승우·차석빈, 2012). 이는 현대에 들어서며 음식을 단순히 섭취하기 위한 물질에만 그치는 것이 아니라 한 나라나 집단의 문화를 담고 있는 하나의 상품(이행순, 2010)으로 여겨지고, 한식이 한국문화와 떨어질 수 없는 것으로 오랫동안 우리나라의 역사와 함께 형성된 음식 문화의 한 형태로 문화적인 관점과 분리되어 판단하기보다는 문화적인 관계로 고려(정영미·박봉규, 2011)되어야 하는 이유이다.

한옥은 우리의 전통주택을 말하지만, 현대라는 시대 배경을 무시한다면 우리가 살고 있는 살림집(주미경, 2011)이다. 최근 한옥마을을 방문하는 관광객이 증가함에 따라 한옥은 한국의 전통 주택일 뿐만 아니라 문화재라는 개념으로 확장되었다(준우선, 2015). 한옥마을은 도시 한옥으로 한옥 고유의 전통적인 주거형태이며, 주거형태 측면과 주거문화에서 차별성과 정체성을 지니고 있으므로 문화나 건축 관광 등에서 필수적인 요소로 활용할 수 있다. 따라서 한옥마을은 복합적인 장소로 전통문화 중심 도시로서의 가치가 높아지면서 한국을 대표하는 문화관광지로 주목받고 있다(이진희, 2016). 또한 한옥과, 선조들이 한옥에서 기거했던 삶의 방식과 역사 그리고 집단으로서 한옥마을은 훌륭한 문화관광 자원이 될 수 있으며 상상력과 창조성 그리고 디지털 기술과 결합한 고부가가치 상품으로 거듭나면 바로 문화콘텐츠화 되어 새로운 부의 원천이 될 수 있다(김순석, 2007). 이러한 자원들은 전통문화와 현대적 요소가 융합한 결과로서 이를 통해서 외국 방문객의 한국 방문 수요를 이끌어내고 있다. 즉 한옥은 한국을 찾는 외국 방문객에게 세계적인 한옥의 건축기법과 전통가옥의 멋을 알리며, 한국의 과학적, 미적 가치를 더욱 상승시킬 수 있는 자원이 될 수 있다.

## 2. 여가

여가와 관광은 그 사회의 소비양식과 밀접한 관련이 있다. 개인의 소비에서 차지하는 여가의 비중이 증가함에 따라 해외여행이 증가하고, 여러 종류의 여가활동 참여가 늘어나게 된다. 즉 여가소비문화는 관광소비문화로 이어진다고 할 수 있다.

2000년 들어서 전통문화의 활용을 통한 관광산업 활성화 전략과 더불어 문화관광의 정책적 관심과 지원이 대중문화로 확대되었다. 특히 대중문화 중에서도 드라마, 영화 등 영상물이 관광상품화되는 영상관광이 대중문화 융합형 관광을 선도하고 있다(최경은, 2013). 이에 영화, 드라마, 문화 등 대중문화에 등장하는 배경지의 관광목적지로서의 효과는 활발한 연구가 진행되고 있다(안소현, 2013). 한류의 전 세계적인 확산에 따라 공연, 음악과 같은 체험형 여가생활문화자원의 소비가 증대되고, 외국인들이 한국을 방문하게 되는 동기가 되고 있다. 한국드라마는 중국의 경우 한국대중문화를 전파하는데 중요한 역할을 하였으며 한국음악과 댄스, 한국영화의 토대를 마련하여 주었고, 드라마를 시청한 시청자들이 그 이미지에 감동되어 영상 속의 장소를 찾는 것은 매우 고무적인 일이며 드라마를 통하여 생긴 신뢰를 바탕으로 관광상품화 하기가 용이하다고 할 수 있다(이수미, 2012). 하여 현재 방문객들을 적극적으로 유치하고 있는 공연들은 공연 콘텐츠 소개에서 '한국적 요소'들을 강조하고 있다(유소영, 2012). 또한 공연, 음악, 드라마와 같은 여가생활문화자원은 수요의 계절성이 거의 없고 사계절 수익성이 안정적으로 보장된 지속가능한 자원으로 볼 수 있다. 또한 더 오래 체류하는 관광을 위해서는 관광객이 일상적 여가생활을 함께 즐길 수 있도록 준비하는 것이 필요하다. 따라서 지역주민이 일상 공간에서 즐길 수 있는 일상 속 놀이문화가 풍성해져야 방문객이 관광과 여가활동을 겸할 수 있다(이훈, 2013).

## 3. 전통(傳統)

전통문화란 오랜 역사와 함께 유지, 전승되어 온 것으로 의식주(衣食住)를 비롯하여 언어, 풍습, 종교, 학문, 예술, 제도 등 우리의 일상적인 생활문화 속에서 존재한다(주영애, 2015). 또한 전통문화는 한 사회 내에 존재하고 있는 관습으로서 그 사회의 구조와 삶의 규칙을 유지하기 위해 생성되고 전수되며 변형해 온 생활문화(박부진, 2010)이며, 과거로부터 현재에 이르기까지 계승되어지는 조상들의 삶의 유형이나 생활양식으로서 현재의 삶 속에서 살아있는 삶의 문화라고 할 수 있다(김한샘, 2015). 또한 한국의 삶속에서 의식주와 관혼상제에는 전통생활문화가 배경에 깔려있으며 그 깊은 저변에 한국적 가치관이 내재되어있다. 생활문화는 심오한 문화가 아니어서 지금까지 소외되어왔지만 전통생활문화야말로 모든 문화의 정수라고 할 수 있다(이향숙, 2011).

전통문화는 국가의 정체성과 이미지를 형성하는 핵심이 될 수 있으므로 문화산업의 중요한 자원이며 생활에서의 유용성, 경제적 가치 등을 포함하므로 매우 유용한 생활문화자원이라 할 수 있다. 또한 전통생활문화자원은 전시형, 박물관형 자원이 아니라 일상생활과 함께 하는 생활문화형 자원이라는 특징을 가지고 있으므로 한국방문을 위해 활용될 수 있는 중요한 자원이다. 따라서 외국인 방문객에게 한국의 전통생활문화를 소비하기 위한 새로운 부가가치를 창출하기 위해서는 전통생활문화자원의 창조산업화를 생각해야 한다. 예를 들면 전통문화자원 체험 등의 체험관광을 비롯한 전통문화 콘텐츠 외에도 우리의 일상적인 생활문화에서 흔히 볼 수 있는 온돌,

구들장, 황토방, 친환경 건축기술 등 외국인 방문객의 관심이 높은 것들이 한국만의 전통생활문화자원이 될 수 있다. 또한 생활문화 속에 깃들어 있는 세시풍속과 각 지역의 전통축제, 전통 문화·예술, 전통놀이 등도 독특한 그 지역만의 전통생활문화자원이 된다. 이러한 전통생활문화자원은 전통문화를 현대적으로 계승 가능하다는 것을 보여주는 동시에 한국만의 고유하고 차별화되며 지역으로는 전통문화자원을 활용한 발전의 가능성을 제시할 수 있다.

이렇듯 전통생활문화를 기반으로 현대적 재창조 노력을 기울이고 생활 속에서 전통생활문화 접목을 시도한다면 창조적인 신동력 산업으로 많은 부가가치를 창출할 뿐만 아니라 외국인 방문객들이 한국을 방문하도록 유도하는 매력적인 자원으로서의 역할을 하게 될 것으로 사료된다.

## Ⅳ. 문화관광콘텐츠 전략

### 1. 문화관광콘텐츠로서 생활문화자원 인식 제고

세계 최대의 여행 사이트인 트립 어드바이저(TripAdvisor, Inc)에 의하면 2016년 여행 트렌드로 여행자들은 새로운 경험을 모색하고 가치 있는 것에 더 많이 소비하며 특정 국가의 문화와 사람들 때문에 여행지를 방문했다고 한다. 최근 여행자들의 개인적 취향, 라이프 스타일, 가치 등이 세분화되고 다양해지고 있으며 새롭고 차별화된 여행경험에 대한 욕구가 증대되고 있다.

이들을 한국방문으로 이끌기 위해서는 한국의 고유한 생활문화를 매력적인 관광자원으로 창출해야 한다. 생활문화자원 개발은 각 지역의 일상생활에 기반을 두고 있고 지역의 정체성을 확립하고 경제적인 향상에 근거가 될 수 있으며, 대외적으로는 한국의 차별화된 이미지를 홍보하는데 효과적일 수 있다. 따라서 한국 고유의 생활문화자원을 활용하여 외국인의 한국 재방문을 확대하고, 지속시키기 위해서는 생활문화자원의 잠재력을 재발견하고 가치를 높이기 위한 인식 전환이 우선 선행되어야 한다. 그동안 생활문화자원은 관광자원으로는 상대적으로 소홀히 다루어져 왔다. 외국인들을 위한 한국 여행이나 관광 상품은 정형화되어 있는 쇼핑, 고궁이나 유적지 투어, 공연관람 등의 패키지 상품에 집중되어 있었던 것이 사실이다. 그러나 전 세계적으로 여행 트렌드가 현지의 진솔하고 일상을 체험하는 것으로 바뀌고 있고, 주도적으로 자신만의 여행계획을 세워 현지의 삶을 좀 더 깊숙하게 경험하고 느끼려는 현상이 늘어나면서 현지의 생활문화는 이제 관광자원으로서의 가치가 재조명되고 있다.

한국의 생활문화자원은 한국의 고유한 가치를 가지고 있어서 무한한 관광자원으로 활용 가치와 가능성이 크며 외국인 방문객들을 끌어들이는 매개체가 되기에 그 가치가 충분하다. 그동안 한류 열풍과 쇼핑 천국으로만 초점이 맞추어져 있는 한국의 관광은 이제 일상의 한국적 생활문화가 외국인 방문객들을 한국방문으로 끌어들일 수 있는 역할을 할 수 있다는 인식으로 전환되어야 할 것이다. 중국인 방문객의 한국 재방문율은 37.8%(2015 외래 관광객 실태조사)로, 여전히 신규방문의 잠재력은 높으나 재방문율은 떨어지고 저가의 여행으로 인한 만족도가 떨어져가는 이때에 한국방문을 이끌었던 단순한 콘텐츠나 자원에서 벗어나 다양하고 차별화되는 한국생활문화야말로 시대적 주류를 이끌어갈 자원으로서의 역할을 하게 될 것으로 생각된다.

이에 더하여 획일화된 모습이 아닌 각 지역마다 독특하고 고유한 생활문화를 자원화 해야 한다. 각 지역마다 기반을 두고 있는 생활문화자원은 지속가능하며 잠재력이 무한한 자원으로서 다른 나라와 차별화 된다고 할 수 있겠다. 따라서 지역마다 차별화되고 독특한 콘텐츠를 보유하고 있으므로 획일화된 방향으로 유도하지 않고 각 지역의 현지화에 맞는 방향으로 다양하게 접근해야 할 필요가 있다. 현지만의 지역다움은 음식, 축제, 특산물, 지역 주민이 함께 참여하는 콘텐츠 등을 포함하며 이러한 자원을 적극 활용한 지역 중심의 현지화를 해야 함을 의미한다. 어느 지역에서나 어디에서나 체험할 수 있는 생활문화자원은 결코 가치를 가지지 못할 것이므로 고유한 한국만의 또는 그 지역만의 생활문화자원을 외국인 방문객들이 체험할 수 있도록 방향을 제시해야 할 것이다.

생활문화자원은 지역의 생활문화를 체험하려는 방문객들로 인한 지역의 경제 활성화에도 도움이 될 수 있다. 지역마다에서 체험할 수 있는 의식주, 여가, 전통 등 생활문화자원을 발굴하여 지역의 특징을 반영한 가치를 확보하여 지역소득이 향상될 수 있는 전략으로 접근함이 필요하다. 현재 외국인 방문객들의 한국방문이 서울이나 제주도 등 일부지역에만 집중적으로 몰려있는 상황에서 생활문화자원은 한 곳으로 집중되어 있는 외국인 방문객들을 각 지역으로 분산시켜 끌어들일 수 있으며, 또한 한 지역에서의 만족도가 높은 생활문화 체험은 또 다른 지역의 생활문화 체험으로의 관심을 유발하게 될 것이며 이는 분명히 외국인 방문객들의 재방문을 유도할 수 있게 할 것이라 생각된다. 이렇듯 외국인 방문객들이 몇몇 지역에만 집중되어 있는 현상에서 벗어나 한국의 전 지역의 생활문화가 관광자원으로 개발됨이 바람직하다 생각된다.

## 2. 생활문화자원 활용을 위한 통합 플랫폼 기반 구축

생활문화자원의 활용을 위한 기반 구축을 할 수 있는 가장 대표적인 플랫폼인 공유경제가 주목받기 시작하고 있다. 이는 스마트폰 대중화로 정보 공유가 쉬워지면서 공유경제가 우리생활에 많은 영향을 미치고 있다. 키워드로 보는 2016년 세계관광트렌드(한국문화관광연구원, 2016)에서도 공유경제 선호도 증가로 인해 에어비앤비(Air BNB)와 우버 등 공유경제 기업이 증가하고 있는 추세이며, 방문객들에게 비용, 편의성, 맞춤형 경험 부분에서 우수함을 보이며 공유경제가 밀레니얼 세대 여행자들에게 각광받을 것으로 예측하고 있다.

대표적인 공유경제 플랫폼인 에어비앤비(Air BNB)의 숙소는 호텔이 밀집한 중심가가 아닌 생활문화 터전이기 때문에 지역 경제를 활성화하는 효과가 크다고 할 수 있다. 이러한 글로벌 숙박 네트워크를 통하면 한국을 홍보하는 효과도 있으며 방문객들에게 관광업소가 아닌 현지인의 생활문화를 직접적으로 체험할 수 있는 기회를 제공하게 된다. 에어비앤비를 이용한 한국 방문객을 대상으로 실시한 설문조사(아이티투데이, 2015년 10월 1일)에 따르면, 현지인과 같은 삶을 통해 새로운 여행 경험을 얻고자 하는 방문객 비중이 90%로 상당히 높은 것으로 나타났다. 한국인의 친절을 경험(86%), 지역의 다양한 문화 활동과 행사에 참여(91%) 등 전형적인 관광 상품으로는 경험하기 힘든 체험을 원하는 방문객의 비중 역시 높았다. 또한 현지인의 삶을 경험한 외국인 방문객 중 78%가 한국을 재방문하고 싶다고 응답하였다. 또한 평균 체류 기간이 일반적인 해외 방문객 대비 27%나 긴 것으로 나타났다. 이는 실제 경험을 한 여행객들의 만족도가 매우 높았다는 것으로 이해할 수 있다.

한국생활문화를 관광자원으로 활용하기 위해서는 생활문화자원 활용 기반을 위한 통합 플랫폼 구축 및 운영 지원체계 확립이 필요하다. 숙박공유를 통해서 현지인의 삶을 경험하고, 지역의 다양한 문화 활동과 행사에 참여하고 전형적인 관광 상품으로는 경험하기 힘든 한국생활문화를 체험할 수 있는 공유경제의 숙박시설 예약 및 결제 시스템 구축, 이용 편의를 증진시키는 시스템이 먼저 구축되어야 한다. 또한 다양한 디지털 기술을 활용하여 외국인 방문객에게 한국생활문화 체험을 제공할 필요가 있다.

통합된 플랫폼의 관리 시스템에서는 각 지역의 데이터베이스를 통합하여 현지의 숙소를 제공할 뿐만 아니라 숙박하고 있는 지역의 교통, 지역정보, 지역 축제나 행사, 공연, 이벤트, 문화체험 등의 정보나 예약 시스템을 통합하여 개별적이고 주도적인 한국방문을 하는 외국인 방문객에게 그 지역 현지인들도 함께 공유하는 정보를 지속적으로 제공해야 한다. 이러한 통합 플랫폼은 공급자와 수요자가 쉽게 연결될 수 있도록 접근성이 용이하며, 원하는 정보를 쉽게 분류해서 이용할 수 있게 정보 활용성도 중요하게 다루어져야 한다. 또한 개별적인 서비스 제공은 한계가 있으므로 통합 관리 시스템에서는 모든 정보 서비스를 한 곳으로 모우고 한국의 도심과 농촌, 고택, 체험프로그램 등의 지역마다의 생활문화자원을 개발하고 홍보 마케팅을 해야 할 것이다.

생활문화자원을 활용할 통합 관리 시스템에서는 한국 생활문화자원을 외국인이 친숙하게 느끼도록 전략적인 홍보 마케팅과 한국방문을 통한 인지도를 높이도록 지속적으로 노력해야 한다. 홍영윤(2017)의 외국인의 한국방문행동 의도에 관한 연구 결과에서 나타났듯이 한국생활문화에 친숙할수록 한국을 방문하려는 태도와 방문행동의도에 영향을 미치는 것으로 나타났는데 이는 한국생활문화를 친숙하도록 홍보하는 것이 한국방문을 활성화하는 방안이 될 것이다. '한식, 미래를 말하다-음식관광 현황 및 활성화 방향-'(김현주, 2016)에 따르면 외국인 방문객의 한국 음식에 대한 인지도는 평균 3.52로 조사되었고, 한국음식에 대한 선호도는 한국방문 전(M=3.77)보다 한국방문 후(M=3.98)에 한국음식에 대한 선호도가 증가하는 것으로 긍정적인 선호도 변화를 보였다. 이에 가능한 한번은 한국방문을 하도록 유도하는 것도 한국생활문화의 인지도를 높이고 친숙하게 하는 방법이 될 것이다. 또한 한국생활문화에 친숙해질 수 있는 전략으로 기존의 한류뿐만 아니라 인터넷이나 블로그, SNS 등을 활용하여 각 지역의 생활문화 콘텐츠를 중심으로 쌍방향 커뮤니케이션을 할 수 있는 온라인/모바일 미디어 플랫폼을 통한 홍보를 지속적으로 해야 할 것이다. 매체와 정보기술의 발달로 인해 세계 어디에서나 많은 사람들이 한국생활문화를 접할 수 있으며, 인터넷을 통하여 전 세계에 유통될 수 있는 환경이다. 따라서 한국의 생활문화를 알리기 위하여 미디어 융합을 통한 한국생활문화자원의 빈번한 노출이 유의미할 것이다.

현재 한류의 영향으로 한국에 대한 선호현상이 확산되면서 한국 생활문화 전반에 관해 선호하는 상황이다. 그러나 이러한 현상은 한류의 형식과 스타일이 기본적으로 한국 고유의 독특한 요소가 담겨져 있지 않으며, 한국적 요소가 한류의 원동력이 아니라는 접근이 있다(여정희 · 김미정, 2010). 따라서 한류를 통한 한국의 생활문화를 홍보함에 있어서도 한국의 고유하면서도 보편적이며 가치 있는 한국의 일상모습을 보여주기 위한 노력이 선행되어야 할 것이다.

### 3. 생활문화자원의 융합 콘텐츠 개발

최근 관광 트렌드는 획일화된 자연자원 중심의 관광에서 기술 및 산업의 융 · 복합으로 변화하고 있다. 융합은 새로운 투자를 하기보다는 기존의 영역을 창조적으로 결합을 추진하는 것이라 할 수 있으므로, 새로운 대규모의 투자를 하기보다는 기존의 한국생활문화를 자원화하여 관광과의 유기적인 결합을 추진하는 것이다.

현재 중국 방문객들의 한국방안 현황에서 30대 이하의 중국 젊은층의 방문 비중이 2005년 29%에서 2015년 36%로 늘어나면서 이들이 방문하는 지역의 변화도 나타나고 있다. 명동에서 벗어나 신촌 · 홍대 등을 방문하는 외국인 방문객들의 비중이 2010년 10.2%에서 2014년 24%로 크게 급증하였으며, 강남역도 2015년 18.4%로 나타나고 있다(NH투자증권 리서치센터, 2016). 이는 단체관광의 주체인 중장년층의 단체관광에서 젊은층의 자유여행으로의 이동을 의미한다. 또한 이들이 방문하는 장소가 전통적인 관광지를 벗어나 점점 한국의 생활문화를 체험할 수 있는 곳으로 다변화되고 있는데 이는 한국생활문화를 소비하는 경험적 소비로 바뀌고 있음을 알 수 있다. 즉 일상 생활문화의 체험이 매력적인 관광자원으로 바뀔 수 있는 것이다.

한국생활문화자원을 활용한 생활문화 콘텐츠로는 농·어촌의 자연과 생활문화, 도시의 생활문화, 역사적 배경과 문화유산을 중심으로 상품이나 콘텐츠 프로그램을 개발할 수 있다. 농촌의 경우는 농가마당에서 야영과 이튿날 아침밥상을 대접받을 수 있는 마당스테이, 팜스테이 등이 있다. 또한 각 지역의 떡 만들기, 흙집, 황토구들방 게스트하우스, 한방체험 등 지역다움을 담은 체험 프로그램들을 활용할 수 있을 것이다. 이러한 지역 체험을 통하여 지역의 생활문화 속으로 들어갈 수 있으며, 지역다운 생활문화 체험을 통하여 외국인 방문객에게 이전에 경험했던 다른 콘텐츠와 비교해 차별화된 가치를 제공할 수 있다. 또한 그 지역의 공연관람, 특산물 음식, 시장 등의 생활문화 체험, 마을공동체에서의 음식 나눔, 길놀이 공연, 주민들이 함께 즐기고 참여하는 마을축제 그리고 농·어촌에서의 신체·정신적 스트레스를 완화시키는 힐링 여행 등의 콘텐츠를 강화할 필요가 있다.

도시의 생활문화에서는 문화나 오락 중심의 여행 콘텐츠를 강화할 수 있다. 키워드로 보는 2016년 세계관광 트렌드(한국문화관광연구원, 2016)에서도 세계관광 5대 트렌드 중 하나로 짧은 기간 동안의 도시여행을 꼽을 만큼 도시에서의 생활문화 체험은 전 세계적으로 그 점유율이 점점 증가하고 있다. 도시에서의 여행 콘텐츠로는 서울 여의도에서의 벚꽃놀이와 강남 하루 체험, 가로수길 등에서 한국의 패션·유행 콘텐츠를 공유할 수 있을 뿐만 아니라 북촌, 전통문화마을인 부암동, 성북동, 서래마을, 이태원, 전통시장 등의 골목 골목이 외국인 방문객에게는 도심 속에서의 한국생활문화를 체험할 수 있는 콘텐츠가 될 수 있다. 또한 한류 K-POP 공연뿐만 아니라 대학로에서의 공연상품들도 도심의 생활문화의 가치를 지닌 콘텐츠가 될 수 있다. 이외에 사계절이 있는 한국의 특성을 이용한 한강에서의 수상레저와 스키 등의 스포츠 콘텐츠와 글램핑 등의 다양한 콘텐츠를 개발할 수 있을 것이다.

역사적 배경과 문화유산으로는 신라 유적지의 문화체험과 부여 백제역사단지, 고택과 음식 등의 체험 등 한국 각 지역문화의 특색과 역사적 배경, 문화유산이 남아있는 곳의 문화콘텐츠를 개발하고 상품화하기 위한 노력 또한 되어야 한다.

이외에 다양한 분야와의 접목을 통한 융·복합 관광 상품을 개발할 수 있다. 산업과 산업 간의 경계가 점점 모호해지고 있으며 이는 관광산업에도 적용되고 있으며 이러한 다른 산업과의 융합은 여행의 목적이 '관광'에서 '경험'으로 변화되고 새로운 경험을 원하는 방문객들이 늘어나면서 시장의 변화를 불러일으킨 결과이다. 그동안 문화유산이나 대중문화 중심이었던 패러다임에서 생활문화자원의 지역 중심의 영역을 확대하기 위하여 좀 더 다양한 분야와의 접목이 절실히 필요하다. 웰빙·뷰티관광, 웨딩·혼수관광, 공연엔터테인먼트 등은 한국생활문화에 기반을 가지고 있으면서 융합적 발상을 통한 관광 상품으로 한국만의 차별성 있는 상품이 될 수 있다. 이를 보다 적극적으로 개발하고 확대할 필요가 있다. 이는 새로운 신규 시장을 창출할 수 있으며, 새로운 니즈를 지닌 새로운 외국인 방문객들을 한국방문으로 이끌 수 있는 경쟁력을 확보하는 길이 될 것이다. 생활문화자원이 다른 자원이나 다양한 분야와의 접목을 통한 상품이 된다면 새로운 외국인 소비계층을 형성하게 되며, 시대적 변화에 맞춰 관련 산업의 시너지 효과도 얻을 수 있을 것이라 사료된다.

# <참고문헌>


강현철 · 류성진(2014). 「문화관광콘텐츠산업 분야의 글로벌 법제전략 연구」. 한국법제연구원.

국제무역연구원(2011). 「한류를 알면 수출이 보인다」.

권숙인(2003). 「“유적”에서 “생활문화”로 : 현대 일본사회에서 문화관광의 새로운 전개」. 비교문화연구, 9(1), 3-27.

김수현(2006). 「외국어로서의 한국어의 문화 교육에 관한 일고찰 : 교재 분석을 중심으로. 한국문화연구」. 11(0), 319-341.

김양희 외(2009). 『가족과 생활문화』. 양서원.

김한샘(2015). 「주한 외국인의 전통문화체험 실태와 동기 및 만족도」. 성신여자대학교 대학원 석사학위논문.

김현주(2016). 「한식, 미래를 말하다-음식관광 현황 및 활성화 방향-」. 한식학술포럼 자료집.

대한상공회의소(2014). 쇼핑현황 실태조사.

문화체육관광부(2016). 2015 외래관광객 실태조사.

박부진(2010). 「살아 움직이는 생활문화의 새로운 변화 가능성」. 대한가정학회, 추계학술대회 자료집, 7-12.

박영순(2003). 「한국어교육으로서의 문화 교육에 대하여」. 이중언어학, 23(0), 67-89.

송정애 외(2009). 『가족과 생활문화』. 양서원.

신봉규(2011). 「한식에 대한 인식이 이미지, 태도, 충성도 및 세계화 추구성향에 미치는 영향에 관한 연구 : 한식 세계화를 중심으로」. 경희대학교 대학원 박사학위논문.

아이티투데이(2015.10.01). 에어비앤비 한국방문객 대상으로 한 설문조사 발표.

안소현(2013). 「산업연관모델을 이용한 한류관광의 경제적 파급효과에 관한 연구」. 경희대학교 대학원 석사학위논문.

여정희 · 김미정(2010). 소비문화의 세계화. 대한가정학회 추계학술대회 자료집, 63-73.

옥선화 · 진미정(2011). 「가족가치관과 생활문화의 세대 비교 : 가족의례를 중심으로」. 대한가정학회, 49(4), 67-76.

유가(2011). 「외국어 유학생을 위한 한국생활문화 교육에 관한 교수 모형 : 초급 학습자를 대상으로」. 대불대학교 대학원 석사학위논문. 11(3),

217-236.
유소영(2012). 「관광공연 관람만족도가 긍정적 한국이미지 및 사후행동의도에 미치는 영향」. 경희대학교 대학원 석사학위논문.
이경숙(2005). 「일상생활문화의 재발견을 통한 체험관광개발에 관한 연구」. 관광정책학연구.
이규민 · 이승우 · 차석빈(2012). 「한식 이미지가 여행목적지로서의 한국에 미치는 영향」. 외식경영연구, 15(4), 179-196.
이무용(2004). 「서울시 야간문화관광 프로그램 개발 방안」. 서울시정개발연구원.
이수미(2012). 「한류문화컨텐츠가 한국관광이미지 및 방문만족에 미치는 영향연구 : 일본인을 대상으로」. 배제대학교 대학원 석사학위논문.
이원희 · 김성진(2012). 「K-pop 신한류를 활용한 인바운드 관광 진흥방안」. 관광학연구, 36(2), 31-56.
이윤경(2014.07). K-Fashion 쇼핑이 시작되었다. 웹진문화관광.
이윤정(2013). 「다문화 교육을 위한 생활문화교육 프로그램이 초등 교사의 문화다양성의 태도에 미치는 영향」. 한국실과교육학회지, 26(2), 179-198.
이향숙(2011). 「경북지역 혼례문화 연구」. 성신여자대학교 대학원 박사학위논문.
이행순 · 황진숙 · 전혜미 · 이수범(2010). 「한식당에서 인지된 한국문화가 한식당 및 한국문화 이미지와 한식당 만족에 미치는 영향에 관한 연구」. 한국조리학회지, 16(4), 64-75.
이훈(2013.05). 여가와 문화 관광의 통합적 정책 필요. 웹진문화관광.
주영애(2015). 「전통생활문화교육에 대한 관심도와 실천도에 관한 연구」. 유학연구, 33(0), 471-496.
주영애(2018). 『한국 가정의 생활문화』. 신정
팽수 · 남문희 · 정강환(2016). 「중국관광객의 한국방문동기 시장세분화 연구」. 문화산업연구, 16(2), 13-28.
한국관광공사(2016). 2016년 9월 관광시장 동향.
홍영윤(2017). 「외국인의 한국생활문화 친숙도와 방문행동의도의 관계 : 생활문화자원을 중심으로」. 성신여자대학교 대학원 박사학위논문.
최경은(2013). 「문화융합형 관광산업 활성화 방안 : 생활문화자원을 중심으로」. 한국문화관광연구원.
트립어드바이저(TripAdvisor, Inc). www.tripadvisor.co.kr.
NH 투자증권 리서치센터(2016). 뻔한 요커에서 스마트 싼커로 : China tourism의 진화.

# 보자기의 상징성과 생활문화적 의미*

김효주

## Ⅰ. 서론

조선시대 왕실에서 사용되었던 의례용품들은 그 시대가 낳은 최고 수준의 문화를 보여준다. 특히 한민족의 생활문화가 현재와 과거의 사고방식을 비롯한 생활양식을 모두 포함한다고 가정할 때 유교적 전통사회의 왕실 행사인 의례에 쓰인 용품들은 미적・경제적 가치 외에 신분과 위계질서를 나타내는 당대 최고의 가치를 지닌 상징물이었다.

왕실 의례용품 중 보자기는 『조선왕조실록(朝鮮王朝實錄)』의 기록과 『국조오례의(國朝五禮儀)』, 『국혼정례(國婚定例)』, 『상방정례(尙方定例)』 등의 왕실가례 관련 규범, 왕실가례의 기록서인 『가례도감의궤(嘉禮都監儀軌)』 등의 사료를 통하여 사례를 살펴볼 수 있다.

---

* 본 논문은 2018년 성신여자대학교 일반대학원 박사학위논문인 "생활문화적 관점에서 본 『영조정순왕후가례도감의궤』의 보자기 연구"의 일부임.

1759년(영조 35)에 거행된 영조와 그의 계비인 정순왕후의 가례는 의례에 관한 규범을 새로이 정비한 후 처음으로 거행된 국혼이었으며, 영조 본인의 의지에 따라 절차는 물론이고 혼례용품까지 규정에 따라 진행되었다. 따라서 이에 대한 연구는 당대 왕실 생활문화의 특징과 문화적 수준을 판단할 수 있는 명확한 근거가 된다. 영조는 본인이 제정한 혼례규범을 몸소 실천함으로써 절약과 검소를 실천하려는 그의 의지를 천명하는 계기가 되었으며, 왕실 혼례의식이 완성된 체계로 정착하는 데 중요한 역할을 하였다.[1)]

본 연구에서는 『영조정순왕후가례도감의궤』에 기록된 가례용품 중 보자기를 사용 용도, 사용 방법, 사용 장소 및 사용 시기 등에 따라 분류하고, 시대 상황과 사회문화적 특성을 고려한 생활문화적 의미를 파악하였다. 이를 통해 왕실 혼례문화 연구에서 이전에는 시도되지 않았던 왕실 가례용 보자기를 중심으로 그 의미와 상징성을 논의하고자 한다.

## II. 조선왕실의 혼례문화와 의례용품

### 1. 왕실혼례의 사회문화적 배경

조선은 건국이념에 따라 이전의 토속적인 의식과 불교・유교적 의식이 혼합된 사회문화적 질서에서 유교를 바탕으로 한 예교질서(禮敎秩序)가 정립되었으며, 이 과정에서 조선의 통치규범인 『경국

1) 신병주・박례경・송지원・이은주(2013), 왕실의 혼례식 풍경, 서울: 돌베개, p.114.

대전(經國大典)』과 예전(禮典)의 근간이 되는 『국조오례의(國朝五禮儀)』가 편찬되었다.[2)]

세종의 지시에 의해 편찬을 시작하여, 성종 때 최종적으로 완성한 『국조오례의(國朝五禮儀)』는 국가의 기본예식인 오례에 대해 규정한 예전(禮典)으로서 이후부터 한반도의 국가 의식들은 국가 규정에 따라 정례화 되고 체계적으로 변하게 된다.[3)]

이러한 예법의 정비에도 불구하고 조선 초에서 영조시대에 이르기까지 왕실이나 사대부의 혼례과정에서 사치한 폐습이 지속되어 왔고, 이의 영향을 받은 일반 서민들도 한 번의 혼례로 가산을 탕진하거나 혼수비용에 대한 부담으로 혼기를 놓치는 일이 비일비재하다는 내용이 『조선왕조실록(朝鮮王朝實錄)』에 지속적으로 언급되고 있다.

영조는 당시 왕실의 운영이 방만하여 사치에 흐르고 국고의 낭비 또한 심하므로, 재정 체계를 바로잡고 용도의 절감을 꾀하기 위해 주요 왕실기관의 재정 운영 규정인 『탁지정례(度支定例)』를 제정하도록 하였다. 이어 왕실가례 시 지출 규모에 대해 정해진 규정이 없어 혼수의 규모가 한결같지 못하고, 비용의 낭비가 심한 폐단을 바로잡기 위하여 『국혼정례(國婚定例)』를 제정하였다. 『국혼정례(國婚定例)』는 왕비를 맞는 가례를 비롯한 각종 왕실의 가례가 순서대로 기록되어 있고, 각종 예식에 소용되는 물품과 그 수량 및 액수가 항목별로 수록되어 있다. 따라서 당시 왕실혼례의 용품과 규모를 연구하는 데 귀중한 자료를 제공한다.

---

2) 한형주(2004), 15세기 祀典體制의 성립과 그 추이-『國朝五禮儀』 편찬과정을 중심으로, 역사교육 89, pp.127-161.
임민혁(2010), 조선 초기 국가의례와 왕권-『국조오례의』를 중심으로, 역사와 실학 43, pp.45-82.

3) 이범직(1990), 朝鮮前期의 五禮와 家禮, 한국사연구 71, pp.31-61.
강제훈(2012), 조선 『世宗實錄』, 『五禮』의 편찬 경위와 성격, 사학연구 107, pp.169-228.

『상방정례(尙方定例)』는 『탁지정례(度支定例)』가 편찬된 뒤 상의원에서 수행되는 업무에 대한 보다 명확한 규제를 위해 별도로 편찬한 규정이다. 권말에는 국혼 시 의대(衣襨), 납채(納采), 납폐(納幣), 동뢰(同牢), 기명(器皿) 등에 대하여 기록되어 있어 조선시대의 의례용품 연구에 참고가 된다.

영조후기 왕실혼례에 관련된 상기 규정의 제정과 이를 실천하려는 국왕의 의지에 맞추어 영조 자신의 가례가 거행되었고, 왕실혼례의 체계화가 실현되었으며, 이의 결과물인 『영조정순왕후가례도감의궤(英祖貞純王后嘉禮都監儀軌)』는 왕실혼례절차의 과정과 사회 문화적 배경을 가늠할 수 있는 자료이다.

## 2. 조선왕실의 의례용품

의례에 사용되는 물품은 의례의 의미와 상징성을 나타내며 또한 이러한 의례에서 사용되는 용품과 도구는 그 시대의 생활양식과 사상이 결합된 생활문화의 일면을 보여준다. 의례에 사용되는 물품들은 그 의례의 목적과 의미를 상징한다. 그중 왕실의례에 사용된 보자기는 『국혼정례』, 『상방정례』 및 『궁중발기』 등의 왕실의례 관련 규정에 상세한 크기, 색, 용도가 기록되어 있으며 『조선왕조실록』에도 그 용도와 종류를 짐작할 수 있는 대목이 남아있다.

궁중 의례용 보자기는 포장내용과 용도에 따라 크기, 색, 형태가 규정되어 있으며, 조각천이 아닌 온전한 옷감으로 용도에 맞추어 제작되었다는 점과 홍색계통의 비단이 주를 이룬다는 특징이 있다.

## Ⅲ. 영조・정순왕후 가례에 사용된 보자기

### 1. 영조・정순왕후 가례

조선 제21대 임금 영조(英祖, 1694~1776)는 숙종의 넷째 아들이며, 어머니는 숙빈 최 씨(淑嬪 崔氏)이다. 1721년(경종 1)에 왕세제에 책봉되었으며, 1724년 경종의 승하 후 왕위에 올랐다. 11세 때(연잉군 시절)인 1704년(숙종 30)에 정성왕후 서 씨(貞聖王后 徐氏, 1692~1757)와 혼인하였으나, 1757년(영조 33)에 세상을 떠나자 2년 뒤인 1759년(영조 35) 6월 당시 15세의 나이인 오흥부원군 김한구(金漢耈)의 딸 정순왕후(貞純王后, 1745~1805년)를 계비로 맞이하였다. 영조・정순왕후의 가례는 1759년 6월 2일 초간택을 시작으로, 삼간택, 납채, 납징, 고기, 책비, 친영, 동뢰의 순서로 진행되었으며, 가례도감(嘉禮都監)에서 보자기를 포함한 필요 물목을 미리 정하고 각 절차와 용도에 맞춰 준비・제작하였다.

조선시대에는 중요한 국가 의식이나 행사가 끝나면 조직, 예규, 업무, 행사, 결과 등 의식의 전 과정을 기록한 보고서인 의궤를 남겼다. 의궤(儀軌)란 '의식(儀式)의 궤범(軌範)'이라는 뜻이다. 국가나 왕실의 주요행사에 대한 절차와 내용, 소요 경비, 참가인원의 임무 및 포상내역 등 의례의 전 과정을 상세히 기록하고 필요 시 그림을 포함하여 당시의 상황을 쉽게 이해할 수 있도록 하였다.[4]

---

4) 박소동 역(1997), 국역 가례도감의궤 영조・정순왕후, 서울: 민족문화추진회. p.2.

## 2. 가례에 사용된 보자기의 특징

『영조정순왕후가례도감의궤』에서 1759년 5월 6일부터 6월 20일까지 가례 준비에 관한 왕의 지시 사항과 신하들의 건의 사항인 계사(啓辭)의 기록 그리고 납채(納采), 납징(納徵), 고기(告期), 책비(冊妃), 친영(親迎), 동뢰연(同牢宴) 등 육례(六禮)에 사용된 물품 목록과 일방의궤(一房儀軌), 이방의궤(二房儀軌), 삼방의궤(三房儀軌)의 자료 중 육례에 사용된 보자기의 종류와 특징은 다음과 같다.

### 1) 명칭

보자기는 물건을 싸거나 덮기 위해 제작된 사각 천을 총칭한다. 왕실 의례용 보자기는 제작 단계에서부터 사용용도, 크기, 옷감 등이 정해지고, 그 내용이 보자기 명칭에 반영되었다.『영조정순왕후가례도감의궤』에 기록된 일례로 납채용 보자기 중 교문지 한 장을 싸는 보자기의 경우에 '안싸개용 홍초(紅綃) 3폭 겹보자기 1건'으로 표기되어 있어 사용용도, 옷감, 크기, 형태, 수량 등의 정보를 알 수 있다.

『영조정순왕후가례도감의궤』의 국역본에 나타난 보자기 관련 어휘는 홑보자기[단보(單袱)], 겹보자기[겹보(裌袱)], 상건(床巾), 부건(覆巾), 함보(函袱) 및 싸개용 핫보자기[유보(襦袱)], 옥책(玉冊) 사이에 끼우거나 옥책(玉冊) 사이를 막는 막이용 핫보자기[격유보(隔襦袱)] 및 옥책(玉冊)을 싸는 갑(匣) 등이 있다.

이러한 보자기에 대한 명칭은 용도, 보자기 안의 내용물, 보자기의 외형에 따라 정해졌다. 용도에 따라 명칭이 정해진 예로는 상건(床巾), 부건(覆巾) 등으로 상(床) 또는 안상(案床) 등을 덮거나 다리부분을 가리는 용도로 사용된 경우이다. 또한 함·궤 등을 싸는 용도로 사용하는 함보(函袱), 교문지(敎文紙)를 싸기 위한 교문보(敎文袱) 등 보자기 안에 싸여지는 물품을 기준으로 명칭을 정한 예도 있다. 보자기의 외형에 따라 명칭이 정해진 예로는 홑보자기[단보(單袱)]와 겹보자기[겹보(裌袱)]가 있다. 홑보자기는 한 장의 천으로 만든 보자기를 뜻하며, 겹보자기는 두 장의 천을 맞대어 겹으로 바느질한 보자기를 일컫는다.

상건(床巾)은 원래 상 전체를 덮는 형태로 사용되었으나 『영조실록』 영조 28년(1752) 4월 2일 기사의 내용에서 확인할 수 있듯이 "상보는 으레 4면(面)을 둘렀는데 이제 생초(生綃)의 큰 보(袱)로 덮는다면 낭비일 뿐더러 제도도 잘못된 것 같으니, 덮지는 말고 두르기만 하라."[5]는 전교가 내려짐에 따라 상을 두르는 용도로 사용된 보자기이다. 영조·정순왕후의 가례일이 1759년(영조 35)임을 고려할 때 이때의 상건(床巾)은 두르는 형태로 사용되었음을 짐작할 수 있다.

부건(覆巾)은 상, 궤, 함 등을 덮는 용도로 독책상(讀冊床)이나 독보상(讀寶床)처럼 크기가 비교적 작고 낮은 상을 덮거나 상 위의 물건을 덮는 데 사용된 보자기이다.

책비 시 왕비 책봉에 소용되는 옥책(玉冊) 등의 중요한 물품을 보호하기 위하여 물건 사이사이에 끼우는 보자기로 사용되었던 막이용 핫보자기[유보(襦袱)]는 솜을 옷감 사이에 두고 바느질한 보자기이다. 영조와 정순왕후의 가례에서는 옥책(玉冊)이 6첩으로 구성됨으로써 옥책(玉冊)을 보호하기 위해 만든 솜을 넣은 대홍광적(大紅

---

5) 『영조실록』 76권, 1752년(영조 28) 4월 2일의 기사.
都監郎廳洪樂性曰: "監造官問祭床所覆巾大小矣。" 上顧謂金尙星曰: "床巾, 例繞四面, 而今以生綃大袱覆之, 非特浮費, 制度似誤, 其令不覆而繞之。" 仍命各陵墓床巾, 一例著式

廣的) 핫보자기 5첩이 사이사이에 끼워졌다.

싸개용 핫보자기[유보(襦袱)]는 금보(金寶), 보통(寶筒), 보록(寶盝), 주통(朱筒), 주록(朱盝) 등 중요한 물품을 보호하기 위하여 솜을 옷감 사이에 두고 바느질하여 제작된 보자기이다.

갑(匣)은 왕비의 책봉에 대한 내용을 옥 조각[옥간(玉簡)]에 글자로 새겨서 책 모양처럼 엮은 의례용 문서인 옥책(玉冊)을 싸는 데 사용하는 십자형 겹보자기이다. 밖은 홍광적(紅廣的)을 사용하고 안은 남광적(藍廣的)을 사용하며 속 넣기는 홍색으로 물들인 초주지(草注紙)를 사용하였다. 길이와 너비는 첩 수의 다소에 따라 포백척(布帛尺)[6]을 사용하여 조절하며, 끝단에 상아(象牙)로 단추(丹樞)를 달았다. 옥책(玉冊)의 포장은 십자형태의 갑(匣) 가운데 놓은 후 십자의 날개 중 상단과 하단을 위로 덮어서 단추로 채우고 마찬가지로 우단과 좌단을 위로 덮어 단추로 채웠다.

### 2) 옷감

영조와 정순왕후의 가례에 사용된 보자기는 대다수가 홍초(紅綃)나 홍주(紅紬)로 제작되었다. 홍초(紅綃)는 생사로 직조된 얇은 비단으로 조선시대 관리들 조복의 옷감으로 사용되었다. 홍주(紅紬)는 홍색 물을 들인 명주의 총칭으로 삼국시대부터 사용되어 온 견직물의 한 종류이다. 그 밖에 짙은 다홍색의 비단인 대홍광적(大紅廣的)이 있다. 옥책의 안싸개용으로 사용되는 대홍방사주(大紅方絲紬)는 대홍색 견방사의 일종인 방사로 짠 평견직물로 중국 호주(湖州)의 특산물이다. 방사주는 方絲紬, 方紗紬, 紡絲紬 등으로 표기되었다.

---

6) 포백척: 포백의 단위를 잴 때 사용하는 자(1척=46.66cm).

『영조정순왕후가례도감의궤』에서 대홍방사주(大紅方絲紬)는 옥책의 안싸개용으로 사용되었으며, 일방의궤에서 대홍방사주 15필이 사용된 기록이 있다.

이 밖에 내함의 겉싸개용 보자기와 쌍이단엽 금잔 및 은도금대 등의 기명을 싸기 위한 보자기 재질인 자적초(紫的綃)는 자적색 얇은 생사 견직물로서 조복의 옷감으로 흔히 사용되었다. 은초아와 은수저 등의 기명을 싸기 위한 자적주(紫的紬)는 꼬임이 없는 중・하등품의 평견직물로서 가장 보편적인 견직물이며, 안보(按袱)의 주렴을 싼 자적토주(紫的吐紬)는 굵은 실로 짠 명주로 다소 두꺼운 견직물이다. 은봉병, 근배, 은바리, 은주발, 은수저첩 등의 기명을 싸기 위한 보자기의 재질인 홍세목(紅細木)은 올이 가늘고 고운 무명직물이다.

의궤에 기록된 보자기 색의 대다수가 붉은 계통인데 홍색 물을 들이는 자초와 홍화는 다른 색에 비하여 염색 비용이 두 배 이상 들었으므로 조선시대에 서민들이 보자기의 염료로 사용하기는 힘든 일이었다. 궁궐에서 쓰는 궁보는 대다수가 홍색으로 제작되었는데, 보자기 포장 후 외관상의 위엄을 짐작할 수 있다.[7)]

영조는 의례용품의 사치를 경계하여 보자기 재질에 대하여 언급한 기록이 있다. 『영조실록』 영조 28년(1752) 11월 17일의 기록에 따르면 "혼전(魂殿)에 사용하는 보자기와 요 그리고 상건(床巾)을 무늬 있는 비단으로 사용하던 것을 모두 향주(鄕紬)로 대신하고, 그전에 향초(鄕綃)를 사용하던 것은 그냥 두라고 하교하였다"고 기록되어 있다.[8)] 또한 『증보문헌비고(增補文獻備考)』에는 1762년 영조가

7) 이종남(2009), 우리가 정말 알아야 할 천연염색, 서울: 현암사, p.91.

8) 『영조실록』 78권, 1752년(영조 28) 11월 17일의 기사.
又教曰: "太室坐榻所排, 昔則用綾, 今則用紬。殯魂殿、殯魂宮用綾緞, 於心若何? 此後殯殿紅廣織

혼례보자기에 대한 사치를 금한 내용이 담겨 있는 데, 직조 비용이 많이 드는 무늬가 있는 비단 대신 향주(鄕紬)를 사용할 것을 명하는 내용이 있다.[9]

『영조정순왕후가례도감의궤』의 보자기는 대부분 홍주(紅紬), 홍초(紅綃), 대홍광적(大紅廣的) 등의 무늬가 없는 옷감으로 제작된 것으로 기록되어 있다. 주목할 점은 책비에 관련된 물목 중 금보, 옥책, 보통, 보록, 주통, 주록 등의 포장은 『국혼정례』에서 문단류의 대홍운문대단을 사용하도록 규정되어 있고, 의궤에는 대홍색의 폭이 넓은 견직물인 무늬 없는 대홍광적(大紅廣的) 핫보자기로 기록되어 있다. 그러나 현존하는 책비에 사용된 보자기 유물은 금보와 보통을 싸는 보자기가 문단으로 직조된 만초연화문(蔓草蓮花紋)의 핫보자기로 제작되어 있다. 이는 『국혼정례』의 규정과 『영조정순왕후가례도감의궤』의 기록과 다른 형태로 당시 기존의 옷감으로 제작되었던 것으로 사료된다.

### 3) 형태와 용도

영조·정순왕후 가례에 사용된 보자기를 용도별로 구분하면, 문서나 물건을 싸기 위한 포장용, 기러기싸개 등과 같은 의례용품을

帳, 代以紅紬, 袱與褥、床巾, 前或以綾緞者, 皆代以鄕紬, 前用鄕綃者, 仍前之意, 載之編輯。”

9) 『증보문헌비고』에는 1762년 영조가 궁중 내의 사치를 경계하며 내린 전교의 내용이 기록되어 있다: “지난해에 상호할 때에 비단보를 명주보로 대신하였으니, 막중한 태실에도 명주를 썼는데, 책빈 때에 교명, 인책의 보를 명주로 대신하고 가례와 대례에 모두 이를 따를 것이며, 의대 가운데 긴요하지 않은 것은 역시 줄여서 나의 만년에 근검 하는 뜻을 보이도록 하라. 아아! 혼인은 풍족하고 사치한데 있지 아니하고 오직 예문에 있으니, 사치함을 없애고 나라의 금지옥엽이 번성한다면 어찌 아름답지 아니하겠는가?” 국역증보문헌비고, 제73권 (서울: 사단법인 세종대왕 기념사업회. 1979), p.206, 김수경(1998), 조선 궁보의 기능과 가치, 미술사학회지 12, pp.5-23. 재인용.

장식한 의장용, 상이나 물건을 덮는 덮개용 또는 이러한 물건들을 싸서 나르기 위한 운반용으로 나눌 수 있다. 형태별로는 한 겹의 옷감으로 제작된 홑보자기와 두 겹의 옷감으로 제작된 겹보자기를 주로 언급하고 있다. 홑보자기는 함이나 궤, 이부자리, 병풍 등을 싸는 용도로 사용되었고, 겹보자기는 주로 문서나 패물 등과 같이 함에 넣을 내용물을 싸는 데 사용되었다. 중요 문서나 패물은 겹보자기로 한 번 싸서 함에 넣은 후 홑보자기로 그 함을 다시 싸는 것이 일반적인 예법이었다. 겉면을 싸는 홑보자기의 네 귀퉁이에 금전지가 장식되었다. 금전지와 술이 달린 보의 경우 내용물을 다 쌌을 때는 모아진 부분이 화려한 장식적인 효과를 냈다. 홑보자기와 겹보자기 사용의 예를 보면 납채 시 교문지 1장을 얇은 홍색의 생사비단[홍초(紅綃)]으로 만든 3폭(약 103cm x 103cm)의 겹보자기에 싼 후 검은빛 옻칠을 한 중간 크기의 함(흑칠중함)에 넣어 6폭(약 206cm x 206cm)의 붉은빛 명주로 만든 홑보자기로 함을 쌌다.

핫보자기는 손상되기 쉬운 물건을 보호하도록 솜을 안에 넣어 만든 보자기로 책비 시 옥책(玉冊), 금보(金寶) 등 주요 물품을 싸는 용도로 사용되었다. 옥책(玉冊)이나 죽책(竹冊)의 경우 그 책 크기의 작은 막이용 핫보자기들이 각 책의 장 사이사이에 끼워졌고, 십자형태의 갑(匣)으로 불리는 보자기에 포장한 후 겹보자기로 싸여지는 것이 일반적이었다. 영조·정순왕후 가례의 책비에서는 짙은 다홍색의 비단인 대홍광적(大紅廣的) 핫보자기로 옥책(玉冊)의 첩과 첩 사이에 상하지 않도록 끼워 넣고 위·아래에는 종이로 끼워 물품을 보호하였으며, 갑(匣)으로 포장한 후 다시 대홍방사주 겹보자기로 쌌다. 부건(覆巾)과 상건(床巾)은 가례 시 사용하는 기물을 덮거나 상의 다리를 가리는 오늘날의 테이블보의 용도로 사용되었다. 상건(床巾)은 의례 시 함이나 궤를 임시로 올려놓을 때 사용하는 형태적으로는 상다리가 긴 안상(案床)에 다리를 가리는 용도로 사용하였다. 부건(覆巾)은 상위의 물건을 덮는 용도나 상을 덮는 테이블보 역할을 하였는데 옥책(玉冊)이나 금보(金寶) 등의 귀중품을 넣은 소함을 올려 이동과 전달이 용이하게 하기 위한 독보상(讀寶床)이나 독책상(讀冊床)에는 부건(覆巾)을 주로 사용하였다. 영조・정순왕후 가례에 사용된 상건(床巾)과 부건(覆巾)의 용도는 <표 1>과 같다.

<표 1> 의궤에 수록된 상 덮개용 보자기

| 상 이름 | 용도 | 절차 | 사용 보자기 | 비고 |
|---|---|---|---|---|
| 당주홍칠 안상 | 흑칠중함 | 납채 | 홍주 6폭 상건 1 | 함 등의 의례용품을 올려놓고 준비하는 데 사용한 상 |
| | 흑칠중함 | 납징 | 홍주 6폭 상건 1 | |
| | 왜주홍칠 속백함 | 납징 | 홍주 6폭 상건 1 | |
| | 당주홍칠 함 | 납징<br>예물 | 홍주 6폭 상건 1 | |
| | 당주홍칠 중함 | 고기 | 홍주 6폭 상건 1 | |
| | 왜주홍칠 명복함 | 책비 | 홍주 6폭 상건 1 | |
| 왜주홍칠 배안상 | 왜주홍칠 궤 | 책비 | 홍주 6폭 부건 1 | 교명을 넣은 왜주홍칠궤를 올려 놓는 상 |
| 왜주홍칠 독책상 | 옥책 | 책비 | 홍주 5폭 부건 1 | 옥책를 올려 놓는 상 |
| 왜주홍칠 독보상 | 금보 | 책비 | 홍주 5폭 부건 1 | 금보를 올려 놓는 상 |
| 왜주홍칠 전안상 | 산기러기 | 친영 | 홍주 10폭 상건 1<br>홍주 6폭 부건 1 | 산기러기를 보자기에 싸서 올려 놓는 상 |
| 왜주홍칠 찬안상 | 동뢰연 기명 | 동뢰연<br>기명 | 상건 2 | 2좌가 사용됨<br>동뢰연에 반찬을 올리는 상 |

### 4) 제작자

영조·정순왕후 가례에 사용된 보자기류는 상의원(尙衣院)에서 제작되었다. 상의원(尙衣院)은 왕실에서 소용되는 물건을 제작하고 보관·관리하는 관청으로 왕실 의례 시 소용되는 모든 물품의 제작과 공급을 담당하였다. 『영조정순왕후가례도감의궤』 중 도청의궤의 기묘 5월 9일 도감낭청과 영조의 대화를 살펴보면 가례 시 사용하는 각종 직조와 바느질을 상의원에서 거행하는 것을 허락하는 대목이 있다.[10]

가례에 사용된 보자기는 숙련된 궁중의 침방나인 혹은 침선비에 의해 제작되었다. 침선비들은 상의원과 제용감(濟用監)에 속해져 있었고, 침선비들은 도감이 설치되면 다른 직인들과 더불어 일방, 이방, 삼방에 배치되어, 염색 및 직조와 더불어 궁중에서 소용되는 다양한 물품들을 제작하였다. 그들은 의녀들과 마찬가지로 차출된 관에 소속된 신분이었고 의궤에 보수와 이름이 수록된 전문인이었다.

강서영(2012)의 연구[11]에 의하면, 조선말 궁중에서 제작 사용된 보자기 발기에 나타난 제작 침 공가는 보자기 크기가 클수록, 제작

---

10) 『英祖貞純王后嘉禮都監儀軌』(上)-啓辭秩 己卯五月初九日, p.0023.
都監郎廳, 以都提調意 啓曰, 嘉禮時, 大殿·中殿衣襨所入匹緞及 敎命所入各樣織造, 例自尙方擧行矣。今亦令尙衣院別單書入後, 趁速擧行之意, 分付, 何如? 傳曰, 允。
박소동 역(1997), 국역 영조정순왕후가례도감의궤, 서울: 민족문화추진회, 계사질, pp.8-9.
도감 낭청이 도제조의 뜻으로 아뢰기를, "가례 시 대전(大殿)과 중전(中殿)의 옷에 쓰이는 비단과 교명(敎命)에 쓰이는 각종의 직조(織造)는 으레 상방에서 거행하였습니다. 이번에도 상의원(尙衣院)에서 별단에 써서 들인 뒤에 서둘러 거행하도록 하라는 뜻으로 분부하는 것이 어떻겠습니까?"하니, 윤허한다고 전교하였다. (도청의궤 기묘 5월 9일)

11) 강서영(2012), 조선말 궁중 보자기 연구, 고궁문화 5, p.77.
보자기가 클수록 그에 따른 침공가도 더 높이 책정되었다. 일반적으로 맛보보다는 인문보의 침공가가 더 높게 책정되었다. 누비맛보는 맛보에 비해 10배나 많은 금액을 지급하도록 되어 있는데, 옷감을 누비는 일이 그만큼 고된 일이었던 까닭이다."
<표 4-3> 궁중발기(보발기)를 통해 본 보자기 종류별 침공 임금표 참조.

기간이 오래 걸릴수록 높게 책정된 것으로 나타나 있다. 『영조정순왕후가례도감의궤』에는 상의원(尙衣院)에 속했던 침선비들의 이름이 일방에 차애(次愛), 홍애(紅愛), 분애(粉愛), 옥대(玉臺), 이방에 초정(草貞), 행화(杏花), 두매(斗梅), 옥랑(玉娘), 삼방에 춘향(春香), 재정(再情), 일애(一愛), 취열(擊烈) 등으로 기록[12]되어 있다.

## Ⅳ. 영조 · 정순왕후 가례에 사용된 보자기의 의미와 상징성

### 1. 왕실의 권위와 위엄의 상징

조선왕실에서의 의례는 유교의 이념을 따르고 바르게 실천하려는 왕실의 의지를 백성들에게 보이는 실행의 장이기도 했다. 특히 왕의 가례는 한 나라의 근본이 시작되고 다음 세대에 나라를 이어갈 후사를 생산하기 위한 중요한 의식이었다.

전통 사회에서 보자기에 대한 가치와 비중을 이해하는 예로 표전문(表箋文)을 싸는 보자기를 들 수 있는데 표전문보는 의례용 보자기 중 정성과 예절을 갖추어야 하는 국가 간 의전용품으로 중요한 역할을 담당하였다.

왕실의례 중 가장 중요한 행사 중 하나인 왕의 가례는 철저한 준비 과정과 계획으로 진행되었는데 특히 가례에 소용되는 용품들은

12) 『英祖貞純王后嘉禮都監儀軌』(上)-一房儀軌-工匠秩, p.0250.
針線婢次愛紅愛粉愛玉臺
『英祖貞純王后嘉禮都監儀軌』(下)-二房儀軌-工匠秩, p.0080.
針線婢草貞杏花斗梅玉娘
『英祖貞純王后嘉禮都監儀軌』(下)-三房儀軌-工匠秩, p.0152.
針線婢春香再情一愛翠烈

각 절차별로 필요 품목, 용도 및 수량을 사전에 파악하여 물목의 확보와 제작 계획을 수립하여 시행하였다.

왕실의례에 사용되는 보자기는 기능적 측면뿐만 아니라 내용물의 중요성을 상징하는 의미를 내포하고 있으므로 민간과는 구분되는 색과 재질을 사용하였고, 용도와 사용처를 미리 계획한 후 제작되었다. 따라서 가례의 절차에 사용되는 모든 물품은 기능적인 용도 외에 일반 백성들이 본받고 따를 수 있는 유교적 예법을 표현하는 도구이기도 했다. 싸고 나르는 오늘날에서의 포장 개념의 보자기 용도에 더하여 보자기 자체가 의례에서 왕실의 권위와 위엄을 보여주는 도구이기도 했다. 보자기는 왕실가례의 절차마다 중요 물품과 상징물을 싸서 전달하는 수단으로 이용되었다.

가례에 사용된 보자기의 색은 대부분 홍색으로 당시 염색 과정에서 많은 비용이 드는 특수한 색이었으며,[13] 왕실의 가례과정에서 조선왕실의 상징인 비단 홍색 보자기에 싸여진 가례물품들은 보자기의 외관만으로도 경외심을 부르는 왕실의 부와 권위의 상징이었다.

## 2. 혼례의 사치절제를 위한 계도의 의미

조선은 건국 이래 유교적 이념에 입각한 의례의 정착에 힘써 왔으며 의례를 행함에도 검소하고 분수에 맞는 소비생활을 가치 있는 덕

---

13) 『세종실록』 35권, 1427년(세종 9) 2월 19일의 기사.
今上自卿大夫, 下至賤隷, 好著紫色, 因此紫色之價, 一匹所染, 又直一匹, 至於衣裏, 皆用紅染, 丹木紅花之價, 亦爲不賤。非惟奢侈相尙, 等威無辨, 物價騰(湧) [踴], 亦爲可慮。 지금 위로는 경대부(卿大夫)로부터 아래로는 천례(賤隷)에 이르기까지 자색(紫色)을 입기를 좋아하니, 이로 인하여 자색(紫色)의 값이 한 필 염색하는 데 값이 또 한 필이나 듭니다. 옷의 안찝까지 모두 홍색의 염료(染料)를 쓰게 되니, 단목(丹木)과 홍화(紅花)의 값도 또한 헐하지 않게 됩니다. 다만 사치를 서로 숭상하여 등차(等次)의 분변이 없을 뿐만 아니라, 물가(物價)가 뛰어 오르게 되니 또한 염려가 됩니다.

목으로 중시하였다. 조선시대 규범서에 의하면 "의·식 생활에서의 소비는 추위를 가릴 만큼만 입도록 하고 음식은 배를 채울 만큼만 먹으라고 하였으며 의복·음식의 사치를 금하며 먹는 것, 입는 것을 아끼고 검소히 하지 않으면 재물이 어떻게 모이겠는가?"라고 가르치고 있다.[14] 또한 조선의 의례문화에 근간이 된 대표적인 가례서인『가례(家禮)』,『가례집람(家禮輯覽)』,『사례편람(四禮便覽)』등의 내용 중 혼례 시 바람직한 소비관을 짐작하게 하는 용어로 사치배제(奢侈排除)와 검소(儉素)를 들 수 있는데 즉 혼례를 행함에 자신의 형편에 맞게 사치를 금하여 검소하게 행함을 말하는 것이다.[15]

조선은 건국 이래 유교적 이념에 입각한 의례의 정착에 힘써 왔으며 의례를 행함에도 검소하고 분수에 맞는 소비생활을 가치 있는 덕목으로 중시하였다.

의례 가운데서도 특히 혼례에 있어서는 절제된 소비가 중요한 미덕임을 강조하였으며 사치로 인해 본래의 의미가 상실될 수 있음을 경계하라 가르쳤다. 그러나 실제에 있어서는 혼례 시의 과소비로 인한 많은 문제점이 야기되었고, 이에 따라 혼례의 사치를 금지하는 다양한 규제가 사회 전반의 제도를 정비하던 조선 전기부터 사회의 안정이 이루어지는 중기까지 마련되었다. 이러한 규제는 국법과 왕명에 의해 시행되었으며, 이는『조선왕조실록』을 통해 여러 차례 언급되고 있다.[16] 조선이 건국된 태조에서부터 고종까지 혼례 시 혼례용품에 대한 관련 기록은 총 201건으로 <표 4>와 같다. 그 내용은

---

14) 이길표·주영애(1999), 전통가정생활문화연구, 서울: 신광출판사, p.172.

15) 최배영(1998), 家禮書를 통해 본「婚禮」觀 硏究:『嘉禮』,『家禮輯覽』,『四禮便覽』, 성신여자대학교 대학원 박사학위 논문, pp.8-9.

16)『조선왕조실록』에 나타난 혼례 시 사치에 대한 기록 참조.

과다한 혼수를 금하는 법과 규정을 언급하거나, 규정을 어긴 자들에 대한 처벌에 관한 내용 54건, 물목별 사치한 혼례용품을 금하거나 이를 대치하는 용품을 권하는 내용 및 혼수용품 사치로 인한 폐단에 대한 내용 70건, 사대부와 왕실 등 사회 지도층의 사치한 혼례를 지적하는 내용 77건으로 분류된다.

이와 같이 조선왕조 전반에 걸쳐 혼례 시의 사치를 우려하고 국법과 왕명을 통해 혼례 시 사용할 수 있는 물품을 구체적으로 제한하였다. 『영조실록』에도 혼수물품 사치 폐단에 대해서 여러 차례 언급되고 있는데, 특히 왕실의 혼사와 상류층의 혼사에 대해 사치하지 말 것을 경고하는 내용이 다수 기록되어 있어 지도층이 모범을 보일 것을 계도하고 있다. 영조 9년(1733) 12월 10일의 기록[17]에는 혼인 시 사치하는 자를 적발하여 법으로 다스릴 것을 언급하고 있으며, 12월 22일[18]에는 혼인 시 사치한 풍습으로 인하여 여자가 시집을 가지 못하고 혼기를 놓치는 폐단을 경계하라는 기록이 있다. 또한 혼례 시 혼수의 사치와 음식 낭비를 언급하며 영조 40년(1764) 1월 24일[19]의 기록에는 부마의 혼사용품을 감하라고 명하고 있다.

---

17) 『영조실록』 36권, 1733년(영조 9) 12월 10일의 기사.
我國閭井間, 嫁娶納幣之規, 多濫無節。多者動費累百金, 少亦不下百金。貧不能辦此, 則雖年過四五十, 莫能娶妻, 以至廢絶倫常之境, 誠爲慨然。謹按 ≪五禮儀≫, 幣用紬或布, 三品以下至庶人, 玄纁各一, 先王定制, 可謂至矣, 而廢閣不行, 其在遵法正俗之道, 宜嚴檢飭。請閭里間婚幣, 必以玄纁, 永爲定式, 過此者, 法司摘發家長, 治以制書有違之律, 俾革侈濫之習。

18) 『영조 실록』 36권, 1733년(영조 9) 12월 22일의 기사.
吁! 爲人父母, 有子有孫, 男婚女嫁, 禮之大者, 情之當然, 而或年過而未嫁, 至老而未婚, 其弊之由, 卽奢侈之所致也。

19) 『영조실록』 103권, 1764년(영조 40) 1월 24일의 기사.
命減駙馬婚具。時國用日耗, 而宮婚將稠疊, 上欲祛其侈濫, 凡樽燭香花刻鏤鬃鍍之制, 或蠲或減, 而食品亦只五器而止。

<표 2>『조선왕조실록』에 나타난 혼례 시 사치금지에 관한 내용 건수

| 왕조 | 내용별 건수 | | | 총 건수 |
|---|---|---|---|---|
| | 법/규정 관련 | 혼례물품 관련 | 왕실/사대부 관련 | |
| 태조 | - | 7 | - | 7 |
| 태종 | - | 1 | - | 1 |
| 세종 | - | 5 | 2 | 7 |
| 성종 | 10 | 5 | 10 | 25 |
| 연산 | 8 | 1 | 8 | 17 |
| 중종 | 15 | 25 | 37 | 77 |
| 명종 | 10 | 4 | 3 | 17 |
| 선조 | - | 4 | - | 4 |
| 광해 | - | 1 | - | 1 |
| 인조 | 3 | 4 | 8 | 15 |
| 효종 | 1 | 4 | 2 | 7 |
| 현종 | 2 | 1 | 1 | 4 |
| 숙종 | 1 | 3 | 3 | 7 |
| 영조 | 1 | 2 | 2 | 5 |
| 정조 | 3 | 2 | - | 5 |
| 순조 | - | 1 | - | 1 |
| 고종 | - | - | 1 | 1 |
| 총계 | 54 | 70 | 77 | 201 |

영조 후반기(1740년~1752년)에는 왕실의례의 정비가 이루어졌는데, 영조 25년(1749)에 왕실 주요 기관에서 각종 재정 국고의 낭비가 심한 것을 경계하여 각 궁과 전, 중앙 각사의 재정과 지출 규모를 규정한 『탁지정례』가 편찬되었다. 같은 해 국혼에서 혼례의 풍속이 사치함을 바로잡기 위해 왕실의례에 관한 규정을 정한 『국혼정례』를 발간하여 왕실 지출을 관리함으로써 낭비를 막고자 하였다. 영조는 혼례가 혼례 자체의 의미보다 사치와 과시로 흐르는 사회적 폐단을 개선하기 위해 왕실에서부터의 검소함을 실천하는 방안으로

여러 차례 제도의 정비를 실시하였으며, 1759년에 거행된 본인의 가례에서 혼례 절차를 간소화하여 실천함으로써 솔선수범하였다.

『영조실록』 28년(1752) 2월 28일과 11월 17일의 기록에 왕실에서 사용되는 보자기의 재질에 대한 내용이 언급되고 있다.[20] 이러한 배경에는 그 당시 보자기를 만드는 옷감이 실록에 기록될 정도로 제작에 많은 비용이 소비되어 왔기 때문이다. <표 3>은 『국혼정례(國婚定例)』에 규정된 육례에 사용하는 보자기와 영조·정순왕후 가례에서 육례에 사용한 보자기의 재질과 수량을 비교·정리한 표이다.

각 육례절차에서 『국혼정례(國婚定例)』에서 규정한 보자기와 영조·정순왕후 가례에서 사용된 보자기의 수량은 정확히 일치하고 있음을 보여준다. 그러나 옥책 및 금보 등의 주요 상징물을 싸는 보자기와 이를 보관하기 위한 보통, 보록, 주통, 주록 등을 싸는 보자기의 재질은 대홍운문대단(大紅雲紋大緞)에서 대홍광적(大紅廣的)으로 변경되었음을 보여주고 있다. 대홍운문대단은 구름무늬가 있는 두꺼운 비단으로써 중국산 비단이며, 대홍광적(大紅廣的)은 상대적으로 저렴한 무늬가 없는 홍색의 넓은 견직물로서 『국혼정례(國婚定例)』의 제정 10년 후에 거행된 본인의 가례에서 몸소 모범을 보여 사회전반에 만연된 사치와 낭비의 폐단을 없애고자 하였음을 알 수 있다.

육례 외에 사용된 영조·정순왕후의 가례에 사용된 보자기는 무

20) 『영조실록』 75권, 1752년(영조 28) 2월 28일의 기사.
"慈殿玉冊、玉寶粧䌙及裹袱, 俱以綿紬爲之。儀仗、輦輿, 一依昨春例修補。慈殿、中宮殿上冊寶受賀處所, 一依庚申例擧行, 軒架鼓吹勿設。方物、物膳竝勿擧行, 只封箋文, 一以體我慈聖謙挹之德, 一以伸予强從之意。"
『영조실록』 78권, 1752년(영조 28) 11월 17일의 기사.
"太室坐榻所排, 昔則用綾, 今則用紬。殯魂殿、殯魂宮用綾緞, 於心若何? 此後殯殿紅廣織帳, 代以紅紬, 袱與褥、床巾, 前或以綾緞者, 皆代以鄕紬, 前用鄕綃者, 仍前之意, 載之編輯。"

늬가 없는 국내에서 생산된 명주나 무명의 종류인 홍초(紅綃), 홍주(紅紬), 대홍광적(大紅廣的), 자적초(紫的綃), 자적주(紫的紬), 자적토주(紫的吐紬), 홍세목(紅細木) 등이 사용되었다. 이는 왕실 혼사에서의 사치함이 백성의 본이 되어서는 안 된다는 영조의 의지를 표현한 것이었다. 본인의 가례를 통해 왕실에서부터 검소와 절약을 실천함으로써 백성의 혼례문화가 사치로 흐르지 않도록 하려는 영조의 애민정신의 표현이었다.

<표 3> 『국혼정례(國婚定例)』와 『영조정순왕후가례도감의궤』에
사용된 육례용 보자기 비교

| 혼례절차 | 물 목 | | |
| --- | --- | --- | --- |
| | 포장 물품 | 보자기 | |
| | | 국혼정례 | 가례도감의궤 |
| 납채 | 흑칠중함 1부 | 안싸개용 홍초 3폭 겹보자기 1건<br>겉싸개용 홍주 6폭 홑보자기 1건 | 동일함 |
| | 산기러기 1마리 | 홍주 2폭 홑보자기 1건 | 동일함 |
| | 흑칠함 1부 | 안싸개용 홍주 4폭 홑보자기 1건<br>겉싸개용 홍주 4폭 홑보자기 1건 | 동일함 |
| 납징 | 흑칠중함 1부 | 안싸개용 홍초 3폭 겹보자기 1건<br>겉싸개용 홍주 6폭 홑보자기 1건 | 동일함 |
| | 왜주홍칠속백함 1부 | 안싸개용 홍초 3폭 겹보자기 1건<br>겉싸개용 홍주 6폭 홑보자기 1건 | 동일함 |
| | 흑칠함 1부 | 안싸개용 홍주 4폭 홑보자기 1건<br>겉싸개용 홍주 4폭 홑보자기 1건 | 동일함 |
| 고기 | 당주홍칠함 1부 | 안싸개용 홍초 3폭 겹보자기 1건<br>겉싸개용 홍주 6폭 홑보자기 1건 | 동일함 |
| | 흑칠함 1부 | 안싸개용 홍주 4폭 홑보자기 1건<br>겉싸개용 홍주 4폭 홑보자기 1건 | 동일함 |

<표 3> 『국혼정례(國婚定例)』와 『영조정순왕후가례도감의궤』에 사용된 육례용 보자기 비교(계속)

| 혼례 절차 | 물목 | | |
|---|---|---|---|
| | 포장 물품 | 보자기 | |
| | | 국혼정례 | 가례도감의궤 |
| 책비 | 왜주홍칠궤 1부 | 안싸개용 대홍운문대단 1폭반 보자기 1건<br>겉싸개용 홍주 4폭 홑보자기 1건 | 안싸개용 대홍광적 1폭반 보자기 1건<br>겉싸개용 홍주 4폭 홑보자기 1건 |
| | 왜주홍칠명복함 1부 | 안싸개용 홍초 3폭 겹보자기 1건<br>겉싸개용 홍주 6폭 홑보자기 1건 | 동일함 |
| | 옥책 | 대홍운문대단 핫보자기를 첩수에 따라 준비<br>안싸개용 대홍방사주에 금줄을 올린 겹보자기 2건 | 대홍광적 1척9촌 막이용 핫보자기 5건<br>안싸개용 대홍방사주(大紅方絲紬) 자물쇠(鎖金) 겹보자기 2건 |
| | 화금왜주홍칠내함 1부 | 안싸개용 홍주 3폭반 홑보자기 1건<br>겉싸개용 자초 3폭 홑보자기 1건 | 동일함 |
| | 흑칠외궤 | 홍주 5폭 홑보자기 1건 | 동일함 |
| | 금보 | 대홍운문대단 핫보자기 1건 | 대홍광적 핫보자기 1건 |
| | 보통 1좌 | 대홍운문대단 핫보자기 1건 | 대홍광적 핫보자기 1건 |
| | 보록 1좌 | 대홍운문대단 핫보자기 1건 | 대홍광적 핫보자기 1건 |
| | 주통 1좌 | 대홍운문대단 핫보자기 1건 | 대홍광적 핫보자기 1건 |
| | 주록 1좌 | 대홍운문대단 핫보자기 1건 | 대홍광적 핫보자기 1건 |
| 친영 | 산기러기 1마리 | 홍주 2폭 홑보자기 1건 | 동일함 |
| 동뢰 | 초를 담을 당주홍칠함 3개<br>(화룡촉, 홍사촉 등) | 홍주 5폭 홑보자기 6건 | 동일함<br>(안싸개·겉싸개용 각 3건) |

## V. 결론

본 연구에서는 조선의 유교적 의례문화가 정착되고 왕실의례가 백성들의 본보기가 된 18세기 영조와 정순왕후 가례에 사용된 보자기에 함의된 생활문화적 의미와 상징성에 대한 고찰을 시도하였다.

상기 연구과정을 통한 주요 결과는 다음과 같다.

첫째, 영조와 정순왕후 가례에 사용된 보자기에 대하여 사용용도 및 방법, 종류, 형태를 분류하여 분석해 본 결과, 『영조정순왕후가례도감의궤』에 나타난 보자기의 종류는 홑보자기[단보(單袱)], 겹보자기[겹보(裌袱)], 상건(床巾), 부건(覆巾) 및 싸개용 핫보자기[유보(襦袱)], 옥책(玉冊) 사이에 끼우거나 옥책(玉冊) 사이를 막는 막이용 핫보자기[격유보(隔襦袱)] 및 옥책(玉冊)을 싸는 갑(匣) 등이 있었다. 이들 보자기는 영조와 정순왕후의 가례 시에 필요한 용품을 싸서 운반하는 용도로 쓰이거나 예물의 보호를 위해 솜을 넣어 제작 후 예물 사이에 끼워 넣거나 예물을 싸는 용도로 사용되었으며, 상건 및 부건은 의례에 사용된 상을 덮거나 두르는 용도였다. 물건이나 문서는 두 겹의 천으로 제작한 겹보자기로 한번 싸서 함에 넣은 후 한 겹의 홑보자기로 그 함을 다시 싸는 것이 일반적인 예법이었다. 핫보자기는 내용물을 보호하도록 솜을 안에 넣어 만든 보자기로 책비 시 옥책(玉冊)과 금보(金寶)를 싸는 용도로 제작되었다.

둘째, 영조는 혼례 시 사치를 경계하여 본인의 가례에도 보자기 재질에 대하여 사치를 금한 기록이 있었다. 영조·정순왕후 가례에 사용된 보자기는 대부분 홍주(紅紬), 홍초(紅綃), 대홍광적(大紅廣的)

등의 무늬가 없는 옷감으로 제작되었다. 가례에서 사용된 보자기는 『국혼정례』에서 규정한 소요량과 일치하였다. 옥책 및 금보 등의 주요 상징물을 싸는 보자기와 이를 보관하기 위한 보통, 보록, 주통, 주록 등을 싸는 보자기의 재질은 『정례』의 규정에서 대홍운문대단으로 규정되어 있으나 『가례도감의궤』의 기록에는 생산비용이 적게 드는 대홍광적으로 변경되어 본인의 가례를 통한 왕실에서부터의 검소와 절약 정신을 강조하였다.

셋째, 18세기는 유교적 의례문화가 확립되고 실행되던 시기였으며 조선왕실에서의 의례는 유교적 이념을 따르고 바르게 실천하려는 왕실의 의지를 백성들에게 보이는 실행의 장이기도 했다. 특히 왕의 가례 절차에 사용되는 모든 물품은 기능적인 용도 외에 백성들이 본받고 따를 수 있는 유교적 예법을 표현하는 도구이기도 했다. 영조와 정순왕후의 가례에 사용된 보자기는 그 자체가 의례도구로서 중요한 상징성을 가지고 있으며, 가례의 절차마다 중요 물품과 상징물을 싸서 전달하는 수단으로 이용되었다. 일반적으로 조선왕실에서 사용된 보자기는 국가 간의 외교 의전용품 혹은 왕실의 위엄과 권위를 나타내는 의례용품의 의미를 지녔다. 이와 같은 보자기의 상징적 의미를 간파했던 영조는 왕실의 권위를 상징하는 가례용 보자기를 통해서도 국가적으로 혼례 시 사치의 폐단을 바로 잡고자 하는 실천의지를 담아냈다.

셋째, 영조·정순왕후 가례에 사용된 보자기는 우리의 전통 의례용품인 동시에 전통의례에 깃들어져 있는 정성과 예절, 절약과 검소의 가치를 포함하고 있는 문화자산이다. 조선시대 최고의 수준으로 제작되고 사용된 왕의 가례용 보자기는 왕실의 혼례용품임과 동시에 절약과 검소의 가치를 내포하는 물품으로 혼례의 의미를 다시금 생각해 보게 하는 자료이다.

보자기는 물품을 덮고, 싸고, 나르는 일상의 생활용품이며, 각종 의례에 활용되어온 의례용품이다. 조선시대 왕실에서 사용된 보자기는 왕실의 기물 중에는 사소한 물품일 수 있으나, 제작 품의에서부터 사용 용도까지 왕실의 기록물에 남아있어 제작과정과 용도 등을 통하여 그 시대의 의례문화와 사회상을 유추해 볼 수 있는 중요한 정보가 내재되어 있다.

## <참고문헌>

『國朝五禮儀』.

『國婚定例』.

『尙方定例』.

『英祖貞純王后嘉禮都監儀軌』.

『朝鮮王朝實錄』.

강서영(2012). 「조선말 궁중 보자기 연구」. 고궁문화 5, p.77.

강제훈(2012). 「조선 『世宗實錄』, 『五禮』의 편찬 경위와 성격」. 사학연구 107, pp.169-228.

국립고궁박물관 편저(2017). 『조선왕실의 포장 예술』. 국립고궁박물관, p.77.

박소동 역(1997). 『국역 영조정순왕후가례도감의궤』. 민족문화추진회. p.2.

신병주 · 박례경 · 송지원 · 이은주(2013). 『왕실의 혼례식 풍경』. 돌베개, p.114.

이길표 · 주영애(1999). 『전통가정생활문화연구』. 신광출판사, p.172.

이범직(1990). 「朝鮮前期의 五禮와 家禮」. 한국사연구 71, pp.31-61.

이종남(2009). 『우리가 정말 알아야 할 천연염색』. 현암사, p.91.

임민혁(2010). 「조선 초기 국가의례와 왕권 : 『국조오례의』를 중심으로」. 역사와 실학 43, pp.45-82.

한형주(2004). 「15세기 祀典體制의 성립과 그 추이 : 『國朝五禮儀』 편찬과정을 중심으로」. 역사교육 89, pp.127-161.

# 전통생활문화교육에 대한 관심도와 실천도*

주영애

## Ⅰ. 서론

전통문화란 오랜 역사와 함께 유지, 전승해 온 것으로 의식주를 비롯하여 언어, 풍습, 종교, 학문, 예술, 제도 등 우리의 일상적인 생활문화 속에서 존재한다. 특히 전통문화에 담겨있는 고유의 정신문화는 21세기를 살아가야 할 후손들이 정체성과 자긍심을 확립하도록 도울 뿐만 아니라, 이를 바탕으로 자신감 있게 세계화를 지향해 나아가는 밑거름을 제공한다. 한편 생활문화란 개인이 일상생활을 통해 살아가는 방식으로서 일상생활을 영위하는데 있어 각 집단에 따라 형성되는 의식과 양식의 총체이며, 일상적인 삶이 행해지는 소재, 즉 공간과 시간, 의복 주거 음식 출산 등으로 구성되는 총체(계선자 외, 2009)이다. 전통생활문화는 자연친화적인 태도와 인간관계

---

* 본 논문은 2015년『충남대학교 유학연구소』의「유학연구」33호에 실린 "전통생활문화교육에 대한 관심도와 실천도에 관한 연구 : 수도권 거주 어머니를 중심으로"의 일부임.

의 존중, 공동체 생활과 관련된 가치관과 생활태도(홍지명 · 김영옥, 2010)를 담고 있고, 조상의 삶의 양식을 통해 전수되어온 관습이나 통념, 가치 문화적 유산으로 미래에도 한국인으로서의 정체성과 자긍심을 갖게 하는 생활교육의 내용이 그 핵심이 된다. 전통생활문화는 새로운 우리 민족문화 창조의 기틀이 되며, 또한 서구의 문화 속에서 우리를 지켜줄 수 있는 힘을 얻게 하고 우리 전통에 어울리는 외래문화를 선택(이성숙, 2004)할 수 있는 안목을 길러준다. 구체적으로 전통생활문화는 관혼상제, 의식주, 구비전승, 생활과 풍속 등의 내용(한경진 · 위은하, 2009; 이숙 외, 2002; 한경진 · 위은하, 2009; 정영금, 2010; 주영애, 2012)을 담고 있으며, 일상에서 유지되는 소중한 유형무형의 문화유산이다. 전통생활문화의 경험은 사회문화의 체득과 전수에 있어서 소중한 것인 바, '우리고유의 한국생활문화 가치'를 재조명하고 전통생활문화를 발굴 · 보전하며, 체험교육의 기회를 제공하는 노력(이경선, 2002; 원덕재, 2004; 이평화, 2004; 한국교육과정평가원, 2009; 한경진 · 위은하 2009; 주영애, 2012)은 한국인으로서의 정체성 함양을 위한 단초가 된다.

전통생활문화를 직접 경험하거나 배운 경험을 갖고 있는 기성세대는 자라나는 세대들과 비교할 때 전통문화에 대한 이해가 깊다. 그러나 자녀세대는 전통에 대한 교육기회가 축소되어있을 뿐만 아니라, 다양한 글로벌 문화에 개방되고, 정보화에 더 많이 노출되어, 전통에 대한 관심은 기성세대와는 차이가 있다. 따라서 전통생활문화가 담고 있는 의미와 가치를 재인식하고 계승을 위한 기초로 삼고자 할 때, 자녀세대들에게 전통생활문화교육은 어느 정도 수용 가능할 것인가? 더불어 전통생활문화의 전수는 과연 가능할 것인가? 라는 의구심이 남는다. 이와 같은 문제 해결을 위해서는 가정에서 생활문화교육의 주체인 부모들의 관심이 바탕이 되고, 실천을 계도할 수 있는 노력이 그 기틀이 되어야 할 것이다. 가정교과를 통해서 일부 전통생활문화교육이 이루어지는 것(이평화, 2004; 원덕재, 2004; 이성숙 외, 2009; 반윤자, 2010)을 선행연구에서 찾아볼 수 있지만, 가정에서 실행되고 있는 전통생활문화교육의 실효성과 실천도에 대해서는 연구되거나 파악되지 못하고 있다.

따라서 본 연구에서는 오늘날 현 시점에서 이루어지고 있는 가정 내 전통생활 문화교육에 대한 어머니의 관심과 실천도를 파악하는 기초연구로, 학교나 사회의 교육적 노력과 더불어 가정을 중심으로 한 전통생활문화 교육의 필요성을 재인식, 실천성을 계도하며, 그 교육의 활성화 방안을 모색하는 데에 목적을 두고 있다.

## II. 이론적 배경

### 1. 전통생활문화교육의 부재

현대에 이르러 핵가족화와 교육의 사회화가 확대됨으로써 조부모와 부모의 책임이던 가정 내 교육적 기능도 점차 사회화되었고, 가정에서 자연스럽게 이루어졌던 생활문화 전수도 어려워지고 있다. 이는 한편으로 사회에서 수많은 청소년 문제의 발생과 비행, 가족해체 등과 무관하지 않게 되었다. 급기야 '인성교육 출발은 가정 … 이제 교육 패러다임 전환해야'라는 의견(한국교육신문, 2013. 1. 7.)이

사회적인 합의로 나타나, 가정에서 실종된 인성을 되찾아야 한다는 인식이 확산(한국교육신문, 2013. 1. 7. 4면, 강학중)되었고, 사회적으로도 가정교육의 중요성을 적극 강조하기 시작하였다. 또한 교육의 근원을 전통교육에서 찾아야 하고, 전통 교육이 제시한 힘을 새 시대에 맞게 개발하고 구성해야 한다(한국교육신문, 2013. 1. 7. 4면, 이배용)는 전통교육의 중요성도 언급되었다. '인성교육 제대로 하자'라는 슬로건으로 민간뿐만 아니라 민간, 국회, 정부 등 11곳이 함께 노력(중앙일보, 2013. 3. 25.)해 온 결과, 2015년 7월에는 인성교육진흥법이 시행되기에 이르렀다.

현대사회에서 당면하고 있는 자녀교육부재와 관련된 제반 문제와 현상을 볼 때, 우리의 '전통생활문화'교육에 대한 필요성을 재고해야 한다. 현재는 어떤 시기보다도 '건강한 가정의 회복', '올바른 가정생활문화의 지향'을 위한 노력이 절실히 요구되고 있다. 특히 전통생활문화교육은 우리 조상들의 의식주 생활모습을 이해하고 배울 수 있도록 하는 것뿐만 아니라, 우리에게 전해 내려온 한국의 정서를 인식하고 느낄 수 있는 기회를 제공(한경진 · 위은하, 2009)하는 교육이므로 그 가치의 재고성이 크다. 즉 전통생활문화교육에는 생활문화의 향유를 통한 한국인으로서의 정체성확립과 민족적인 정서함양, 가족위계질서와 가족 관계의 기본을 익히는 예의범절습득 등이 포함된 생활교육, 인성교육, 문화교육이 담겨 있다.

현대의 자녀교육 부재, 전통생활문화교육의 부재는 우리가 당면하고 있는 차세대 교육문제와 사회문제해결을 위해 우선적으로 고민하고 해결해 가야 하는 과제다. 이에 본 연구에서는 전통생활문화교육의 범주를 선행연구의 기준을 토대로 하여 가정 내에서 실천되어야 할 한국의 전통적인 '의식주 생활교육', '세시풍속교육', '의례교육', 예의범절과 효의 실천을 강조하는 '자녀교육' 등으로 구성하여, 그 관심도와 실천도를 조사하였다.

## 2. 선행연구

전통생활문화교육에 관한 선행연구는 대부분 교육학적 관점에서 시행되었다. 이들 연구는 교육대상에 따라 유아, 청소년, 성인들을 대상으로 구분하여 볼 수 있는데, 특히 유치원이나 어린이집, 초·중등교육기관의 교사대상 연구나 교재 개발, 프로그램 개발 등의 연구(김경아, 2002; 이경선, 2002; 원덕재, 2004; 이평화, 2004; 고민경, 2005; 박진희, 2006; 안순희, 2006; 이성숙 외, 2009; 주영애, 2012; 이명희 외, 2012; 박영자, 2015)를 보면, 성장기 동안에 교육받은 전통생활문화교육의 효과성을 입증하고 있어, 교육의 필요성과 가치를 재차 확인할 수 있다. 문미옥의 연구에서는 전통문화교육은 영유아의 다양한 발달영역에 긍정적 영향을 미친다고 하였으며, 이를 위해 유아교육의 내용과 방법에 기초가 되는 전통문화와 사상에 대한 체계적이고 깊이 있는 연구가 지속적으로 이루어져야 한다고 주장하였다. 주영애(2012), 박영자(2015) 연구에서는 유아교사들의 경우, 유아들을 대상으로 하는 전통생활문화교육의 필요성에 공감하고 있고, 관심도도 높았다. 초등학생을 위한 전통생활문화교육의 필요성은 선행연구(김경아, 2002; 안은희, 2006; 이경선, 2002)를 보면, 실과교육을 통해 강조되었다. 한편 이성숙(2004)의 연구에서는 대학생들은 전통생활문화를 계승하고 발전시키고(54.9%), 우리 민족의 주체성을 확립하기 위해(34.3%) 전통생활문화교육이 중요하다고 하였다. 즉 차세대들에게 필요한 전통생활문화교육은 각 성장 시기를 불문하고 강조되고 있다.

전통생활문화교육은 가정생활문화를 다루는 가정과 학교, 사회가 연계성을 갖고 지도해야 한다는 점에 주목해야 할 필요가 있는데, 가정에서의 예절교육과 기본 생활습관 교육은 가정과의 연계지도가 강조되어 왔다(주영애 · 박상희, 2000; 장성희 2001; 박인선, 2012). 그럼에도 불구하고 선행연구는 앞서 제시했듯이 주로 교육학적 관점에서 이루어져, 가정을 중심으로 한 전통생활문화교육에 대한 연구는 제한적이다. 대부분의 연구는 학교나 교육기관을 중심으로 이루어지고 있기 때문에, 개별가정에서 자녀의 생활교육을 강조하면서도 실제로 그 지도가 어떻게 수행되고 있는지에 대한 관심과 연구는 매우 부족하다. 생활문화에 대한 기초 교육이 가정에서 우선적으로 이루어지고, 학교와 사회가 연계된 교육이 되어야 한다는 점에는 이견이 있을 수 없다. 더욱이 전통생활문화교육은 그 가치의 인식이나 실천이 쉽지 않으므로 가정과 학교, 사회의 연계 교육 필요성이 더욱 크게 요구된다.

'가정과 교과'에서는 전통생활문화의 계승차원에서 교육과 연구(김경아, 2002; 원덕재, 2004; 이경선, 2002; 이성숙, 2004; 이평화, 2004; 안순희, 2006; 이성숙 외, 2009; 반윤자, 2010)가 이루어지고 있으나, 이는 교과교육을 다루고 있으므로, 본 연구에서 시도하는 가정에서의 실천계도를 위한 연구와는 차이가 있다. 전통생활문화 계승을 위해서는 우선 부모의 관심과 노력과 더불어, 그 실천을 구체적으로 계도하는 연구노력이 필요하다.

## Ⅲ. 연구방법

본 연구에서는 가정에서의 전통생활문화교육에 대한 필요성 인식과 앞으로 지향해야 할 교육의 방향 모색을 위하여 다음과 같은 연구 문제를 설정하였다.

연구문제 1: 가정에서의 전통생활문화교육에 대한 어머니들의 관심도와 실천도는 어떠한 관계가 있는가?
연구문제 2: 어머니들이 인식하는 가정에서의 전통생활문화교육 실천제약요인은 무엇이며, 실천도에 영향을 미치는 제 변수의 영향력은 어떠한가?
연구문제 3: 어머니들이 인식하는 가정에서의 전통생활문화교육 활성화 방안은 무엇인가?

조사 도구는 선행연구 고찰을 토대로 본 연구목적에 부합하도록 작성하고, 전공 박사과정 3인의 탐색논의를 거쳐, 수정 보완하여 완성하였으며, 도구의 신뢰도를 검증하였다. 문항은 조사대상의 일반적 사항, 전통생활문화교육에 대한 일반적 견해, 전통생활문화교육내용에 대한 관심도, 실천도, 실천제약요인, 활성화방안 등 총 92문항으로 구성되었다. 일반적 사항과 전통생활문화교육에 대한 견해는 명목척도로, 전통생활문화교육 관심도, 실천도, 제약요인, 활성화 방안은 5점 리커트 척도로 구성되었다. 각 설문문항의 신뢰도의 Cronbach's α 값은 .90 이상으로 조사도구로서의 신뢰성을 확보하였다.

본 조사의 대상은 자녀를 둔 서울·경기·인천 등 수도권 거주 어머니 250명을 대상으로 2014년 8월 20일~2014년 10월 31일까지 3명의 박사과정 연구원들이 편의추출방법으로 설문조사를 시행하였으며, 수집된 설문지 중 부실기재된 것을 제외하고 총 224부로 자료처리가 이루어졌다. 자료처리는 SPSS 18.0 프로그램을 활용하여 연구문제에 따라 빈도분석, 신뢰도분석, t-test, 상관관계분석, 회귀분석 등을 적용하였다.

조사대상 어머니들의 연령은 46세 이상(48.7%)이 가장 많았고, 36~45세 이하(32.6%), 35세 이하(18.8%) 순이었으며, 학력은 전문대졸 이하(46.4%), 대졸(44.2%), 대학원 졸 이상(9.4%) 순이었다. 가정경제 수준은 대부분 '중' 정도로 인식(92.9%)하고 있으며, 직업형태는 full time job(47.3%), 전업주부(32.6%), part-time job(20.1%)의 순으로 나타났다. 자녀수는 2명(58.9%)이 가장 많았고, 종교는 기독교(39.7%), 무교 또는 기타(30.4%)의 순으로 나타났다. 조부모와의 동거경험은 대부분 없는 경우 (51.3%)가 많았고, 가정교육 분위기는 개방적인 편(68.8%)이 대부분이었다. 한편 가훈이 있는 경우(51.8%)가 없는 경우(48.2%)보다 많았다.

조사대상 어머니들은 전통생활문화교육이 대부분 필요하다(73.7%)고 인식하고 있으며, 매우 필요하다(14.3%)와 통합하면, 88% 정도가 필요성을 인식하고 있다. 이는 보육교사를 대상으로 한 연구(주영애, 2012) 결과와도 유사하다. 이 교육이 필요한 이유는 '살아가는데 필요한 기초교육(45.5%)'이며, '요즈음에는 생활문화교육이 잘 이루어지지 않으므로(30.8%)' 필요한 것으로 보았다. 또한 '한국인으로서의 주체성 확립(29.9%)'이나 '전통생활문화의 계승과 발전(20.5%)'을 위해 필요하다고 하였으며, 주로 부모(69.6%)와 전문가

(17.9%)가 담당해야 한다고 하였다. 조사대상 어머니들은 전반적으로 가정에서의 전통생활문화교육은 삶의 기초교육으로서 필요하고, 부모가 우선적으로 담당해야 한다는 데에 긍정적인 견해를 보였다.

본 연구에서 조사 연구된 전통생활문화교육에 대한 관심도는 한국의 전통적인 '의식주 생활교육', '세시풍속교육', '의례교육', 예의범절과 효의 실천을 강조하는 '자녀교육' 등의 내용에 대한 관심 정도를 뜻하며, 전통생활문화교육에 대한 실천도는 해당 교육내용에 대하여 가정 내에서 어느 정도 실천하고 있는지의 정도를 의미한다.

## Ⅳ. 연구결과 및 분석

### 1. 전통생활문화교육에 대한 관심도와 실천도

<연구문제 1>에 근거하여 살펴본 어머니들의 전통생활문화교육에 대한 전반적인 관심도는 <표 1>에서 보면, '자녀훈육(4.01)'에 대한

<표 1> 전통생활문화교육에 대한 관심도와 실천도

| 전통생활문화교육 관심도와 실천도 | | M(SD) | 순위 |
|---|---|---|---|
| 관심도 | 한국전통 의식주 생활 | 3.33(0.67) | 2 |
| | 우리나라 세시풍속 | 2.94(0.81) | 4 |
| | 전통가정의례<br>(돌, 성년례, 혼례, 상례, 제례, 회갑연 등) | 3.19(0.74) | 3 |
| | 자녀훈육 (예의범절, 효행실천 등) | 4.01(0.58) | 1 |
| 실천도 | 한국전통 의식주 생활 | 2.63(0.74) | 2 |
| | 우리나라 세시풍속 | 2.36(0.77) | 4 |
| | 전통가정의례<br>(돌, 성년례, 혼례, 상례, 제례, 회갑연 등) | 2.56(0.78) | 3 |
| | 자녀훈육 (예의범절, 효행실천 등) | 3.48(0.72) | 1 |

관심도가 가장 높았으며, '한국전통 의식주 생활(3.33)', '전통가정의례(3.19)'의 순으로 나타났다. 한편 우리나라 세시풍속에 관한 관심은 다른 교육영역에 비해 상대적으로 낮은 관심(2.94)을 보였다.

전통생활문화교육 세부내용에 대한 관심도는 자녀훈육 중에서도 '마음가짐 예절(4.13)'에 대한 관심이 가장 높았으며, '형제·친척 간 우애의 중요성(4.12)', '언어예절(4.11)', '몸가짐예절(4.1)', '효도의 중요성(4.08)'의 순으로 나타났다. 이러한 관심영역은 이명숙(2006) 연구에서 유아의 기본생활 예절교육으로 조사되었는데, 부모의 연령이나 직업·교육수준·생활수준 등에 관계없이 모두 그 교육의 필요성을 매우 높게 인식하는 것으로 나타났다. 한편 '한국전통 의식주 생활'에서는 '한식의 특징과 장점(3.64)'에 대한 관심이 상대적으로 높았고, '한식 만들기(3.57)', '한국음식예법(3.48)' 등으로 나타났다. 그러나 한복이나 한옥에 대한 관심은 상대적으로 낮았다. 한편 '전통가정의례'에 대한 관심도는 '회갑 등 어르신 생신의 의미와 절차(3.38)'에 대한 관심이 다른 의례보다도 상대적으로 높았으며, '혼례의 의미와 절차(3.33)', '돌의 의미와 절차(3.22)'의 순으로 나타났다. 또한 우리나라 세시풍속에서는 '세시풍속의 의미(3.05)'에 대한 관심이 그중에서는 높았지만, 세시음식 만들기나 세시놀이, 세시풍속 지키기에 대해서는 가장 관심이 낮은 결과를 보였다. 이는 현재 가정에서 가장 관심 있게 여기고 있는 전통생활문화교육에 대한 의식을 잘 반영하고 있다. 즉 전통생활문화이지만, 현대 가정에서도 실현가능한 부분에 해당하는 교육내용으로 판단되는 부분들이다. 그 내용은 자녀훈육과 한국의 전통음식, 회갑, 혼례, 돌 등의 의례, 세시풍속의 의미 등으로 요약할 수 있다.

전통생활문화교육의 실천도는 <표 1>과 같이 관심도와 유사한 순위를 보이며, '자녀훈육(3.48)', '한국전통 의식주 생활(2.63)', '전통가정의례(2.56)', '세시풍속(2.36)'으로 나타났다. 실천도는 관심도에 비해 평균 점수가 낮은 것으로 나타나, 어머니들의 전통생활문화교육 실천은 '자녀훈육' 부분을 제외한 나머지 교육의 실천은 미흡하다. 어머니들의 전통생활문화교육 세부내용 실천도는 <표 2>에서 보면, '형제·친척 간의 우애 중요성(3.66)' 실천이 가장 높았으며, '마음가짐예절(3.63)', '형제·친척 간 우애 실천방법(3.53)', '몸가짐예절(3.58)', '언어예절(3.57)' 순으로 나타났다. 한편 한국전통 의식주 생활교육 영역에서는 전반적으로 실천도가 낮으나, 그중 '한국음식예법(2.88)'과 '한식의 특징과 장점(2.88)' 교육 실천도는 한복종류나 명칭, 한옥의 특징을 알게 하는 교육 실천보다는 상대적으로 높았다. '전통가정의례교육' 실천도는 회갑, 혼례, 돌 의례 순으로 나타나, 관심도와 유사한 경향을 보였다. 다만, 실천도는 관심도에 비하여 낮은 편으로 나타났다. 세시풍속교육 영역 실천도는 '세시 음식 만들기(2.31)'의 실천도가 가장 낮은 것으로 나타났다.

<표 2> 전통생활문화교육 세부내용에 대한 관심도와 실천도 차이

| 항 목 | | | 관심도 | | 실천도 | | t-value/p |
|---|---|---|---|---|---|---|---|
| | | | M(SD) | 순위 | M(SD) | 순위 | |
| 1 | 한국 전통 의식주 생활 | 한식의 특징과 장점 | 3.64(0.76) | 8 | 2.88(0.86) | 10 | 12.324*** |
| 2 | | 한국음식예법 | 3.48(0.76) | 10 | 2.88(0.9) | 9 | 9.458*** |
| 3 | | 한식 만들기 | 3.57(0.91) | 9 | 2.6(0.89) | 15 | 14.572*** |
| 4 | | 한복종류와 명칭 | 3.06(0.89) | 19 | 2.44(0.93) | 19 | 9.099*** |
| 5 | | 바르게 한복입기 | 3.11(0.85) | 15 | 2.62(0.92) | 13 | 7.679*** |
| 6 | | 한옥의 특징 | 3.11(0.95) | 15 | 2.39(0.82) | 21 | 10.373*** |

| | | | | | | | |
|---|---|---|---|---|---|---|---|
| 7 | 우리나라 세시풍속 | 세시풍속의 의미 | 3.05(0.91) | 20 | 2.44(0.85) | 20 | 8.875*** |
| 8 | | 세시음식 만들기 | 2.96(0.87) | 22 | 2.31(0.85) | 24 | 9.957*** |
| 9 | | 세시놀이 | 2.9(0.89) | 23 | 2.34(0.82) | 23 | 9.164*** |
| 10 | | 세시풍속 지키기 | 2.87(0.88) | 24 | 2.37(0.82) | 22 | 8.947*** |
| 11 | 전통 가정 의례 | 돌의 의미와 절차 | 3.22(0.88) | 14 | 2.61(0.87) | 14 | 9.514*** |
| 12 | | 성년례의 의미와 절차 | 3.11(0.86) | 15 | 2.49(0.89) | 16 | 9.599*** |
| 13 | | 혼례의 의미와 절차 | 3.33(0.87) | 13 | 2.63(0.87) | 12 | 10.597*** |
| 14 | | 제례의 의미와 절차 | 3.02(0.97) | 21 | 2.48(0.91) | 17 | 8.490*** |
| 15 | | 상례의 의미와 절차 | 3.06(0.91) | 18 | 2.46(0.92) | 18 | 9.059*** |
| 16 | | 회갑 등 생신의 의미와 절차 | 3.38(0.79) | 12 | 2.7(0.87) | 11 | 10.755*** |
| 17 | 자녀 훈육 | 가훈 | 3.44(0.91) | 11 | 2.91(0.99) | 8 | 8.121*** |
| 18 | | 언어예절 | 4.11(0.69) | 3 | 3.57(0.79) | 5 | 9.936*** |
| 19 | | 몸가짐예절 | 4.1(0.67) | 4 | 3.58(0.79) | 4 | 9.618*** |
| 20 | | 마음가짐예절 | 4.13(0.66) | 1 | 3.63(0.78) | 2 | 9.668*** |
| 21 | | 효도의 중요성 | 4.08(0.67) | 5 | 3.5(0.79) | 6 | 10.606*** |
| 22 | | 효행 실천 방법 | 4(0.71) | 7 | 3.4(0.84) | 7 | 10.728*** |
| 23 | | 형제·친척 간 우애의 중요성 | 4.12(0.71) | 2 | 3.66(0.81) | 1 | 8.160*** |
| 24 | | 형제·친척 간 우애 실천방법 | 4.04(0.77) | 6 | 3.58(0.85) | 3 | 8.013*** |

어머니들의 전통생활문화교육의 실천도는 관심도에 비하여 전반적으로 낮게 나타나고 있고, 관심도와 실천도의 차이를 보면, p.<001의 수준에서 모든 세부교육영역에서 전반적으로 관심도는 높으나 상대적으로 실천도는 낮게 나타나고 있어, 가정에서 전통생활문화교육이 이루어지는 데에는 한계가 있음을 보여 준다. 생활문화교육은 '보고 배우는' 교육(이영미, 1989; 주영애·이영숙, 2007)이 되며, 일상에서 어머니들의 실천은 세대를 이어가는 문화전수의 초석이 된다. 그러나 어머니들의 실천 어려움을 고려해 본다면, 전통생활문화 전수를 전통적인 어머니의 교육에만 의존할 것인지에 대한 물음을 제기해 보아야 한다. 또한 어머니들의 관심도와 실천도의 차이가 나타나고 있어, 어머니들 스스로 실천을 못하고 있는 것에 대한 책임

과 갈등도 내재될 수 있음을 고려해 보아야 할 것이다.

<연구문제 1>에 따른 어머니들의 전통문화생활교육의 관심도와 실천도와의 관계(<표 3>)는 전체적으로 p<.01의 수준에서 '세시풍속(.472)', '자녀교육(.464)', '가정의례(.461)', '의식주 생활문화(.456)'에 대한 관심도와 실천도 사이에 정적 상관관계가 있음을 볼 수 있다. 즉 세시풍속, 자녀교육, 가정의례, 의식주 생활문화교육에 대한 관심이 높을수록 그 실천도도 높은 것을 알 수 있다. 그 외에 의식주의 관심도는 세시풍속 실천도(3.22)와 정적 상관관계가 있으며, 세시풍속의 관심도는 의식주 생활 실천도(.371)와 가정의례에 대한 관심도는 의식주 생활문화 실천도(.387)와 정적 상관관계가 높게 나타났다. 즉 어머니들이 전통적인 의식주 생활교육, 세시풍속교육, 가정의례교육 등에 대한 관심이 높을수록 각 실천도가 높아짐을 볼 수 있다. 따라서 어머니들의 전통생활문화교육에 대한 관심 향상은 실천으로 이어질 수 있음을 감안한 관심향상 방안을 강구해야 한다.

<표 3> 전통생활문화교육 관심도와 실천도와의 상관관계

| | | 전통생활문화교육 실천도 | | | |
|---|---|---|---|---|---|
| | | 의식주 | 세시풍속 | 가정의례 | 자녀훈육 |
| 전통생활 문화교육 관심도 | 의식주 | $.456^{**}$ | $.322^{**}$ | $.301^{**}$ | $.315^{**}$ |
| | 세시풍속 | $.371^{**}$ | $.472^{**}$ | $.355^{**}$ | $.303^{**}$ |
| | 가정의례 | $.387^{**}$ | $.370^{**}$ | $.461^{**}$ | $.295^{**}$ |
| | 자녀훈육 | $.193^{**}$ | $.188^{**}$ | .113 | $.464^{**}$ |

$^{**}p<.01$

## 2. 어머니들이 인식하는 가정에서의 전통생활문화교육 실천제약

<연구문제 2>인 어머니들의 전통생활문화교육 실천제약요인은 종합적으로는 '지도 인재 및 시설부족(3.54)'과 '사회인식 부족(3.4)', '교육환경에서의 등한시(3.06)'의 순으로 나타났으며, '필요성 및 경험부족(2.89)'과 '가정교육부재(2.63)'는 낮게 나타났다.

세부적인 실천제약요인으로는 1순위로 '사회에서는 흥미위주의 1회성 프로그램으로만 제공되어 내면화되기 어렵다(3.62)', 2순위로는 '전통생활문화교육을 지원해 줄 수 있는 체험시설이 부족하다(3.58)', 3순위로는 '지자체나 국가에서 전통생활문화교육 지원 프로그램이 부족하다(3.54)'는 것으로 나타났다. 조사대상 어머니들이 전통생활문화교육의 실천제약요인으로 지도인재부족, 지자체나 국가의 시설부족, 프로그램 부족 등 사회적 인식부족에서 주로 원인을 찾고 있는 것으로 나타나, 가정적 요인보다는 외부적인 요인에 의해 실천에 제약을 받는다고 생각하고 있다. 생활문화교육에서 부모가 주체가 되어야 한다고 생각하지만, 실천도가 낮고, 그 이유를 외부적인 요인에서 찾고 있어 부모교육적인 측면에서 추가 연구해 보아야 할 바로 사료된다.

<표 4> 전통생활문화교육의 세부적인 실천제약요인

| 구분 | | | M | SD | 순위 |
|---|---|---|---|---|---|
| 1 | 필요성 및 경험부족 (M=2.89) | 전통생활문화교육을 받은 경험이 없다 | 3.17 | .92 | 11 |
| 2 | | 전통생활문화교육의 의미를 잘 모르겠다 | 2.96 | .78 | 15 |
| 3 | | 전통생활문화교육에 대해 생각해 본적이 없다 | 2.84 | .85 | 18 |
| 4 | | 전통생활문화교육은 시대적으로 맞지 않는다고 생각한다 | 2.43 | .80 | 19 |
| 5 | | 전통생활문화에 대해 알지 못해서 가르칠 수가 없다 | 3.04 | .82 | 13 |

| | | | | | |
|---|---|---|---|---|---|
| 6 | 가정교육 부재 (M=2.63) | 가정에서 가르쳐야 할 필요성을 못 느낀다 | 2.25 | .79 | 20 |
| 7 | | 가정에서 전통생활문화교육을 지도할 사람이 없다. | 3.01 | .84 | 14 |
| 8 | 교육환경에서의 등한시 (M=3.06) | 전통생활문화교육은 유치원이나 학교에서 지도할 의지가 없기 때문에 실천되기 어렵다 | 2.92 | .86 | 17 |
| 9 | | 전통생활문화교육은 유치원이나 학교선생님들도 잘 모르기 때문에 실천되기 어렵다 | 3.07 | .84 | 12 |
| 10 | | 전통생활문화교육이 이루어질 수 있도록 유치원이나 학교시설과 환경이 조성되어 있지 않다 | 3.20 | .80 | 9 |
| 11 | | 전통생활문화교육을 유치원과 학교에서 지도하려고 해도 합부들에게 외면당하기 때문이다 | 2.93 | .83 | 16 |
| 12 | | 전통생활문화교육은 가정과 유치원이나 학교와 연계 교육이 잘 안되기 때문이다 | 3.20 | .76 | 9 |
| 13 | 사회인식 부족 (M=3.4) | 지자체나 국가에서도 전통생활문화교육의 필요성을 인식하지 못하고 있기 때문이다 | 3.25 | .78 | 8 |
| 14 | | 전통생활문화교육을 지도할 사회교육기관이 부족하다 | 3.51 | .76 | 5 |
| 15 | | 사회에서도 전통생활문화교육을 받고자 희망하는 사람들이 없으므로 외면당한다 | 3.28 | .78 | 7 |
| 16 | | 지자체나 국가에서 전통생활문화교육 지원 프로그램이 부족하다 | 3.54 | .76 | 3 |
| 17 | 지도인재 및 시설 부족 (M=3.54) | 사회에서 전통생활문화교육을 지도할 만한 인재가 부족하다 | 3.44 | .81 | 6 |
| 18 | | 전통생활문화교육을 지원하는 체험시설이 부족하다 | 3.58 | .76 | 2 |
| 19 | | 사회에서 제공되는 전통생활문화교육이 몇 가지로 제한되어 있기 때문에 전반적으로 배울 수가 없다 | 3.52 | .74 | 4 |
| 20 | | 사회에서는 흥미위주의 1회성 프로그램으로만 제공되어 내면화되기 어렵다. | 3.62 | .79 | 1 |

<연구문제 2>에 따른 어머니들의 전통생활문화교육 실천도에 영향을 미치는 제 변수의 영향력을 살펴보기 위해 일반적 사항, 관심도, 실천제약요인들을 입력 변수로 하여 단계별 회귀분석을 실시한 결과는 <표 5>와 같다. 실천도에 영향을 주는 요인 순위는 가정의례관심도>의식주관심도>종교-불교여부>교육환경에서의 등한시하는 제약조건으로 나타났으며, 실천도에 미치는 이들 변수의 영향력은 28.5%를 보였다. 즉 가정의례교육과 의식주교육 등에 관심이 높고,

종교가 불교일 경우, 교육환경에서 등한시되고 있다고 느끼지 않을수록 전통생활문화교육 실천도가 높은 것으로 해석할 수 있다. 이는 전통생활문화교육 실천은 외부환경 제약요인의 문제를 제기하기보다는 교육에 대한 관심을 가질 때 비로소 실천이 잘 이루어질 수 있음을 보여주는 결과로, 실천도 문제를 외부환경에서부터 찾으려는 어머니들의 의식과 태도에 대해 재고해 보아야 한다는 시사점을 내포하고 있다고 판단된다.

<표 5> 일반적 사항, 전통생활문화교육 관심도, 실천제약요인에 따른 실천도

| 전통생활문화교육 실천도 | 회귀계수 | 표준오차 | 표준화 회귀계수 | t | 설명력 | F값 |
|---|---|---|---|---|---|---|
| (상수) | 1.75 | .280 | | 6.26*** | 28.5% | 21.8*** |
| 관심도-가정의례교육 | .217 | .059 | .258 | 3.64*** | | |
| 관심도-의식주교육 | .231 | .064 | .248 | 3.61*** | | |
| 종교-불교여부 | .268 | .100 | .156 | 2.67** | | |
| 실천제약-교육환경에서의 등한시 | -.13 | .056 | -.136 | -2.33* | | |

* $p<.05$, ** $p<.01$, *** $p<.001$

## 3. 전통생활문화교육 활성화 방안

<연구문제 3>에 따른 가정에서의 전통생활문화교육 활성화 방안을 보면, 전반적으로 어머니들은 전통생활문화교육의 활성화를 위해서는 '교육기관의 노력(4.03)'과 '지자체 및 국가적 노력(3.99)', '가정적 노력(3.99)'이 모두 요구된다고 생각하고 있다. 활성화를 위한 세부방안은 '부모들의 관심과 모범보이기(4.13)'가 1순위로 가장 높게 나타났고, '교육기관에서 1회성 교육을 지양하고 지속적인 교육필요(4.11)'가 2순위, '가정과 교육기관(유치원, 학교)과의 연계지도(4.09)',

'교사교육 강화(4.09)'의 순으로 나타났다.

즉 가정에서 부모들의 관심과 모범을 보이는 것을 근간으로 하되, 교육기관인 유치원, 학교 등과의 연계지도와 지속적인 교육의 필요성, 더 나아가 이를 지도할 수 있는 교사교육의 강화를 요구하고 있음을 알 수 있다. 이는 가정과 학교·사회의 유기적인 연계교육의 필요성을 제기하고 있는 것이며, 실천 계도를 위한 지속 교육, 교사교육 강화를 제안하고 있는데, 이와 더불어 부모가 배워서 가르치는 노력도 필요하다고 인식하고 있어, 부모를 위한 전통생활문화교육이 실현될 수 있도록 각 유아교육기관을 비롯하여 초·중·고등학교 부모교육에서 적극적으로 도입하여 교육해야 할 필요가 높다고 사료된다. 이는 앞으로 인성교육실천과 연계한 프로그램이 기획된다면 보다 실효성이 있을 것으로 기대된다.

<표 6> 전통생활문화교육 활성화를 위한 세부방안

| 구분 | | | M | SD | 순위 |
|---|---|---|---|---|---|
| 1 | 가정적 노력 M=3.99 | 부모들의 관심과 모법 보이기 | 4.13 | .63 | 1 |
| 2 | | 조부모들의 관심과 모범보이기 | 3.94 | .70 | 9 |
| 3 | | 조부모나 친척 이웃과의 교류 확대 | 3.90 | .70 | 11 |
| 4 | | 부모가 배워서 가르치려는 노력 | 4.00 | .66 | 7 |
| 5 | 교육기 관노력 M=4.03 | 가정과 교육기관(유치원, 학교)과의 연계지도 | 4.09 | .62 | 3 |
| 6 | | 교사교육 강화 | 4.09 | .64 | 4 |
| 7 | | 교육기관에서 1회성 교육 지양하고 지속적인 교육 | 4.11 | .62 | 2 |
| 8 | | 교육기관에서 특별교육으로 강화 | 3.84 | .69 | 12 |
| 9 | 교육기 관노력 M=4.03 | 지자체나 국가차원에서 전통생활문화체험 시설확대 | 3.96 | .66 | 8 |
| 6 | | 다양한 전통생활문화 프로그램 개발 | 4.06 | .65 | 5 |
| 7 | | 전통생활문화교육지도자 육성 | 3.94 | .73 | 10 |
| 8 | | 지자체나 국가에서 프로그램개발과 시행을 위한 재정지원 | 4.01 | .68 | 6 |

## V. 결론 및 제언

본 연구는 가정에서 지키고 계승해야 할 전통생활문화교육의 필요성을 재고해 보고, 실천성을 계도하며, 앞으로 지향해야 할 전통생활문화교육의 방향을 찾아보고자 하였다. 연구의 결과를 토대로 가정에서 전통생활문화교육을 지속적으로 실천하고, 전수하기 위한 노력을 중심으로 결론과 제언을 맺고자 한다.

첫째, 어머니들의 전통생활문화교육 실천도를 높일 수 있는 인식 개선 방안을 강구할 필요가 높다. 실천방안으로는 연구결과에서 '부모들의 관심과 모범보이기'가 제시되었으나, 부모의 노력에만 맡겨두기에는 어려움이 많다. 따라서 이에 대한 부모교육이 우선적으로 필요하다. 선행연구에서는 가정생활 문화콘텐츠를 개발하여 확대함으로써 전통적인 가정생활문화를 계승 할 뿐만 아니라, 이를 바탕으로 오늘날에 맞는 가정생활문화를 만들고 확산시킬 수 있다(정영금, 2010)는 점을 강조한 바 있다. 부모교육을 위해서는 동영상 모바일을 활용한 콘텐츠 개발, 웹툰을 활용한 콘텐츠 개발 등 현시대의 교육적 패러다임 변화에 부응할 수 있는 콘텐츠를 부모교육프로그램으로 구안하여, 평생교육프로그램과 문화센터 교육, 나아가 지자체와 각 지역의 건강가정지원센터에서 교육 기회로 제공하는 방안 등을 강구해 볼 수 있다. 한편 어머니들은 스스로 전통생활문화교육을 실천하지 못하고 있는 것에 대한 책임과 갈등도 내재될 수 있음을 고려해 보아야 한다. 본 연구에서는 탐색적 차원에서 실태조사를 토대로 제안을 하는 한계점이 있었다. 현재, 자녀를 양육하는 취업주부들은 가정 내의 역할과 직장 내 역할에 대한 이중적인 어려움을 겪고 있음을 감안하여보면, 가정 내에서의 전통적인 여성의 역할로 부여받았던 가내 활동을 통한 전통생활문화교육의 실천만을 강조하는 것은 오히려 어머니들의 내적갈등과 전통에 대한 무조건적인 반감과 거부를 야기할 수 있다. 사회변화환경을 감안해 볼 때, 그들의 어려움에 대한 질적 연구를 시도하여 구체적인 부모교육 방안을 강구해보는 후속연구도 필요하다고 사료된다.

둘째, 어머니들은 전통생활문화교육 중에서 자녀교육에 대한 관심이 높다. 예의범절과 효 교육 등이 현대사회에도 지켜가야 할 필수 교육이라는 점을 부모교육에서 강조해야 한다. 전통적인 예의범절과 효의 근본정신을 바탕으로 현대에 적용 가능한 실천안을 제시하고, 그것이 인성교육의 기초가 된다는 점을 연구하여 교육해야 한다. 인성교육진흥법 제2조(정의)에 따르면, 인성교육의 목표가 되는 것으로 예(禮)와 효(孝)를 우선으로 명시하고 있고, 제17조에는 교원들이 일정시간 이상 인성교육 관련연수를 받도록 되어 있으며, 제19조에는 인성교육의 확대를 위하여 필요한 분야의 전문 인력을 양성하여야 한다고 되어있다. 앞으로 학교 교사와 전문가를 중심으로 인성교육이 확대될 수 있을 것으로 보며, 가정에서의 전통생활문화교육 실천지도에도 기여하게 될 것으로 기대한다. 따라서 각 학교나 기관 등을 통해서 자녀교육뿐만 아니라 부모교육 시행 시에 인성교육과 연계된 전통생활문화교육 프로그램이 적극 적용되도록 제도적인 뒷받침이 강구되어야 한다.

셋째, 의식주와 관련한 교육에서도 식사교육은 의생활이나 주생활 교육과는 달리 오늘날 가정에서도 전통의 가치를 매일 반복적으로 확인하는 실천 가능한 교육 영역이다. 최근 한국음식은 친환경

웰빙 음식으로 알려져 있고, '전통식생활 문화교육'에 대한 관심이 높아지고 있는 것은 매우 바람직한 현상이다. 이와 더불어 한국의 음식예법도 함께 지도하는 것이 필요하다. 학교를 비롯한 사회교육에서도 서양식 테이블매너 교육은 보편적으로 강조하나, 우리 고유의 '음식예법'은 누구나 할 수 있는 것으로 여겨 교육에서 소홀히 여겨온 바를 자성해야 한다. 선행 연구(조희금 외, 2011)에서도 가족이 함께하는 식사는 단지 함께 먹는 행위만이 아닌 함께 상호 작용하는 과정을 포함하여 가족공동체의식과 세대 간 가족문화의 전달과 창조, 자녀교육 및 사회화, 행복한 가족을 만들 수 있는 기회가 된다고 하였다. 그리고 또 다른 연구(Fulkerson, J.A, Neumark-Sztainer, D. & Story, M, 2006)에서는 부모는 자녀들에게 좋은 역할 모델이 되면서, 식사예절에 도움을 준다고도 하였다. 가정에서 자녀에게 음식예법과 더불어 전통 식생활문화에 대하여 지도를 실천하는 것은 우리의 전통문화를 실 생활화하는 것이며, 자연스럽게 생활문화를 전수하는 길이라 하겠다. 2015년 10월 농림수산부의 지원으로 이루어진 밥상머리 예절교육의 현대적 가치를 논의한 대한가정학회 학술대회에서 조선시대 규범류에 나타난 밥상머리 예절교육의 고찰을 통해서 밥상머리교육이란 전통생활문화교육의 일환이자 인성교육이며, 문화교육으로서의 가치가 있음을 피력(주영애, 2015)한 바 있다. 이러한 사회적 관심의 확산과 국가기관의 지원 등은 전통생활문화교육의 확대를 위해 매우 고무적이라 판단된다.

넷째, 생활문화교육은 1회성 교육으로는 내면화되기가 어려우므로, 본 연구결과에서도 나타났듯이 지속적인 교육, 가정과 교육기관이 연계된 교육, 교사교육도 수반되어야 한다. 특히 교사들의 연수

교육 중에 전통생활문화교육을 다양하게 접근할 수 있는 교육콘텐츠의 개발이 요청된다. 앞선 연구(정영금, 2010)에서도 강조 했듯이 가정생활문화의 전승은 전통적인 가정생활에 대한 소개나 우리 고유의 가치관의 장점을 심어주는 당위적인 차원에서의 교육과 개발이 아니라 가정생활에 자연스럽게 전수될 수 있는 방법고안이 필요하였으며, 이를 위한 문화원 형의 발굴이나 스토리텔링에 근거한 콘텐츠 개발이 요청된다 하였다.

본 연구는 수도권 거주자로 제한된 조사대상 어머니들로부터 수집된 자료를 분석하였고, 표본수도 제한되어 있어, 확대해석하는 데에는 한계점이 있다. 그러나 가정에서 전통생활문화에 대한 관심과 실천도를 파악한 연구가 매우 부족한 상황을 감안하여 본다면, 현 시점에서 실질적인 실태를 파악해 본 탐색적 연구로서의 의의를 찾고자 한다. 후속연구에서는 표본 대상을 확대한 연구가 필요하다. 그리고 자녀교육에 대한 아버지들의 관심도와 참여도가 높아지고 있고(고해선, 2011), 아버지가 일상생활참여를 많이 할수록 자녀교육 관심과 참여가 높으므로(최지선, 2009), 아버지들을 대상으로 한 연구도 필요하다. 뿐만 아니라 유치원, 초등학교, 중고등학교 학부모를 구분하여 자료를 수집, 자녀의 각 교육시기별로 전통생활문화교육 실천도를 향상시킬 수 있는 심도 있는 연구나 전통생활문화교육 실천도에 영향을 미치는 제 변수의 영향력을 다양한 변수를 적용하여, 실천도를 높일 수 있는 방안을 탐색하는 조사연구도 필요하다. 그리고 어머니들의 실천제약에 대한 질적 연구를 중심으로, 교육적 관심이 높다하더라도 실천이 어려운 시대적 상황적 내용을 파악하여, 이를 해결해 나아가는 방향을 모색해 보는 연구도 의의가 클 것으로 보인다. 또한 본 연구에서는 수도권 거주 어머니만을 대상으로 조사하였으므로, 비교적 전통문화에 관심과 실천이 높을 것으로 예상되는 충청·경상·전라 등 지역사회 거주 어머니들의 관심과 실천도의 차이를 비교 검증하는 연구를 시도하면, 동시대인들의 인식 차이를 밝히는 지역학 연구로서의 의의도 있을 것이다. 더 나아가 부모를 대상으로 한 전통생활문화교육 프로그램과 콘텐츠 개발 연구와 실제 교육 프로그램을 적용한 후의 효과성 검증연구 등도 후속 연구로 필요하다. 이러한 학제적이고 총체적인 연구를 통하여 우리의 전통생활문화를 계승 발전시키는 실용적·실천적인 활동이 이어져야 하겠다.

우리는 서구화와 편리화를 지향하면서, 소중했던 한국생활문화의 전통적 가치를 쉽게 잊어가고 있다. 실천 없이 '전통문화가 중요하다'는 의식만으로는 가치와 문화의 계승은 매우 어렵다. 우리는 전통생활문화에서 무엇을 잊고 있으며, 또한 어떤 것을 어떻게 지켜갈 것인지에 대한 깊은 고민과 실천적 노력을 할 때만이 생활 속에서 전통문화계승이 실현 가능해질 것으로 사료된다. 이와 더불어 학계의 관심과 지속적인 연구도 확대되기를 기대한다.

# <참고문헌>


계선자 외(2009). 『가족과 문화』. 신정.

고민경(2005). 「유치원의 전통문화교육 실태와 활성화 방안 연구」. 숙명여자대학교 교육대학원 석사학위논문.

고해선(2011). 「중산층 아버지들의 생활환경 변화가 자녀교육 참여에 미치는 영향」. 한양대학교 교육대학원 석사학위논문.

김경아(2002). 「초등학교에서의 전통 식생활문화 지도를 위한 교육내용 연구」. 서울교육대학교 대학원 석사학위논문.

문미옥(2004). 「영유아 예절 및 전통보육프로그램」. 제3권, 보건복지부.

박영자(2015). 「유아전통문화교육 통합프로그램 개발 및 효과」. 성신여자대학교 대학원 박사학위논문.

박진희(2006). 「전통음식문화교육에 대한 유아교사의 인식과 실태조사」. 이화여자대학교 대학원 석사학위논문.

박인선(2012). 「유아다례교육에 관한 어머니들의 인식과 요구도 조사」. 성신여자대학교 문화산업대학원 석사학위논문.

박진희(2006). 「전통음식문화교육에 대한 유아교사의 인식과 실태조사」. 이화여자대학교 대학원 석사학위논문.

반윤자(2010). 「청소년의 전통 의생활문화인식 고취를 위한 가정과 교수-학습 과정안 개발 및 적용 : 고등학교 1학년 '가정생활문화의 변화' 단원을 중심으로」. 한국교원대학교 대학원 석사학위논문.

법제처. www.moleg.go.kr. 인성교육진흥법.

안순희(2006). 「초등학생들의 생활문화 의식 함양을 위한 교수 학습자료 개발」. 광주교육대학교 교육대학원 석사학위논문.

원덕재(2004). 「주제 중심의 통합적 접근을 통한 실과의 전통문화 교육 프로그램 개발」. 한국교원대학교 대학원 석사학위논문.

이경선(2004). 「전통문화교육 프로그램이 초등학교 아동의 우리 문화 인식에 미치는 영향」. 한국교원대학교 대학원 석사학위논문.

이명숙(2006). 「유아예절교육에 대한 부모의 인식과 실태」. 숭실대학교 대학원 석사학위논문.

이성숙(2004). 「세시풍속 및 세시음식의 인지도에 관한 연구」. 한국 실과교육학회지, 18(3), 179-194.

이성숙 외 6인(2009). 「실과교육을 위한 생활문화교육 프로그램 개발 및 적용」. 실과교육연구, 15(2), 67-92.

이평화(2004). 「전통생활문화중심의 실과교재 개발연구」. 공주교육대학교 교육대학원 석사학위논문.

장성희(2001). 「유아의 기본 생활습관 교육을 위한 유치원의 가정통신문 활용의 효과」. 아동교육, 10(2), 71-80.

정영금(2010). 「가정생활문화콘텐츠 개발과 교육에 대한 시론」. 대한가정학회지, 48(2), 63-74.

조희금 외 5인(2011). 「가족이 함께 하는 식사시간과 영향요인에 대한 연구」. 한국가족자원경영학회지, 15(1), 1-28.

주영애·박상희(2000). 「예절이란 무엇일까 프로그램을 통해 본 유아의 예절행동 연구」. 한국전통생활문화학회지, 3(1), 19-31.

주영애·이영숙(1997). 『유아의 생활예절』. 양서원.

주영애(2015). 「조선시대 규범류에 나타난 밥상머리 예절교육내용에 관한 고찰」. 제68차 대한가정학회 추계학술대회.

최지선(2009). 「아버지의 자녀교육관심 및 참여에 영향을 미치는 변인 : 사회인구학적 변인, 아동특성, 아버지의 양육행동, 자녀와의 일상생활참여를 중심으로」. 이화여자대학교 대학원 석사학위논문.

한국교육과정평가원(2009). 「전통생활문화 교육프로그램 개발 및 지원 방안 연구」. 한국교육과정평가원 한국직업능력개발원.

한경진·위은하(2009). 「광주시 여중생의 전통생활문화교육의 인식에 따른 학교 적응 차이 연구」. 생활과학연구, 19, 27-35.

홍지명·김영옥(2010). 「전통문화에 기초한 유아환경교육 프로그램 개발 및 효과」. 유아교육연구, 30(3), 353-380.

Fulkerson, J.A, Neumark-Sztainer, D. & Story, M(2006). *Adolescent and parent view of family meals.* Journal of the Academy of Nutrition Dietetic, 106(4).

## 주영애

성신여자대학교 소비자생활문화산업학과 교수
성신여자대학교 생활과학대학장, 교양대학장, 평생교육원장 역임
(사)아시아유럽미래학회 부회장
한국가정관리학회 및 한국가족자원경영학회 이사

## 김선주

문학박사, 성신여자대학교 교양학부 조교수
KCEM 주임교수, 상지대학교, 여주대학교 겸임교수 역임

## 김효주

문학박사, 성신여자대학교 외래교수
서울국제여성회 규방공예 강사

## 문지예

문학박사, 성신여자대학교 평생교육원 외래교수

### 박영숙

문학박사, 한국크리스천예절원장

### 박영자

문학박사, 사단법인 예명원시흥지부 지부장
푸르지오어린이집 대표

### 박인선

문학박사, 성신여자대학교, 대전대학교, 병무청 외래교수
MBTI전문강사, CS리더스 관리사 전문위원

### 원미연

문학석사, 성신여자대학교 전통문화콘텐츠전공 대학원 조교 역임

### 홍영윤

문학박사, 성신여자대학교 소비자생활문화산업학과 겸임교수
베리굿웨딩 부대표

# 생활문화의 발전적 계승을 위한 한국생활문화연구

초판인쇄 2018년 8월 31일
초판발행 2018년 8월 31일

지은이 주영애 · 김선주 · 김효주 · 문지예
박영숙 · 박영자 · 박인선 · 원미연 · 홍영윤
펴낸이 채종준
펴낸곳 한국학술정보㈜
주소 경기도 파주시 회동길 230(문발동)
전화 031) 908-3181(대표)
팩스 031) 908-3189
홈페이지 http://ebook.kstudy.com
전자우편 출판사업부 publish@kstudy.com
등록 제일산-115호(2000. 6. 19)

ISBN 978-89-268-8553-6 93330